Paradoxos da modernidade

FUNDAÇÃO EDITORA DA UNESP

Presidente do Conselho Curador
Herman Jacobus Cornelis Voorwald

Diretor-Presidente
José Castilho Marques Neto
Editor-Executivo
Jézio Hernani Bomfim Gutierre

Conselho Editorial Acadêmico
Alberto Tsuyoshi Ikeda
Áureo Busetto
Célia Aparecida Ferreira Tolentino
Eda Maria Góes
Elisabete Maniglia
Elisabeth Criscuolo Urbinati
Ildeberto Muniz de Almeida
Maria de Lourdes Ortiz Gandini Baldan
Nilson Ghirardello
Vicente Pleitez

Editores-Assistentes
Anderson Nobara
Henrique Zanardi
Jorge Pereira Filho

Wolfgang Schluchter

Paradoxos da modernidade
Cultura e conduta
na teoria de Max Weber

Tradução
Roberto Leal Ferreira

© 2010 Editora Unesp

Direitos de publicação reservados à:
Fundação Editora da Unesp (FEU)
Praça da Sé, 108
01001-900 – São Paulo – SP
Tel.: (0xx11) 3242-7171
Fax: (0xx11) 3242-7172
www.editoraunesp.com.br
www.livrariaunesp.com.br
feu@editora.unesp.br

CIP – Brasil. Catalogação na fonte
Sindicato Nacional dos Editores de Livros, RJ

S371p

Schluchter, Wolfgang
Paradoxos da modernidade : cultura e conduta na teoria de Max Weber / Wolfgang Schluchter ; tradução Roberto Leal Ferreira. – São Paulo : Editora Unesp, 2011.
384p. : il.

Tradução de: Paradoxes of modernity : culture and conduct in the theory of Max Weber
Inclui bibliografia
ISBN 978-85-393-0198-0

1. Weber, Max, 1864-1920. 2. Sociologia. I. Título.

11-7657. CDD: 301
CDU: 316

Editora afiliada:

Asociación de Editoriales Universitarias de América Latina y el Caribe

Associação Brasileira de Editoras Universitárias

Sumário

Lista de tabelas   VII

Lista de figuras   IX

Prefácio   1

Introdução   3

I Verdade, poder e ética: Perfil político-filosófico de Max Weber   7
   1. Atividade e renúncia: Max Weber acerca da ciência
   e da política como vocações   9
   2. Convicção e responsabilidade: Max Weber acerca da ética   67

II Religião, economia e política: Perfil histórico-sociológico
   de Max Weber   145
   3. Obstáculos à modernidade: Max Weber acerca do islã   147
   4. O surgimento da modernidade: Max Weber acerca
   do cristianismo ocidental   235

Epílogo: Ação, ordem e cultura   325

Referências bibliográficas   331

Índice   349

Lista de tabelas

Tabela 2.1 Esquema conceitual de valores   100

Tabela 2.2 Tipos de controle de ação   124

Tabela 2.3 Tipologia das éticas de convicção e das éticas de responsabilidade   139

Tabela 3.1 Comparação entre o judaísmo primitivo, o cristianismo primitivo, o islã primitivo e o protestantismo ascético (calvinismo), segundo a versão original de *Economia e sociedade*   224

Lista de figuras

Figura 2.1 Tipologia das éticas   144

Figura 4.1 Aparelho conceitual básico de Weber   324

Figura E.1 Tipologia da orientação da ação de Weber   328

Figura E.2 Arquitetura dos "Termos sociológicos
fundamentais" de Weber   329

Figura E.3 Tipologia da coordenação da ação de Weber   330

Prefácio à edição brasileira*

O presente volume compreende quatro ensaios e um panorama. Três desses ensaios fazem parte da coleção *Religion und Lebensführung* [Religião e comportamento], com sua primeira publicação no ano de 1988 (Schluchter, 1988d), e o quarto, o primeiro na ordem escolhida neste volume, serviu como introdução da edição crítico-histórica dos famosos discursos *Ciência como vocação* e *Política como vocação* (Weber, 1992) e amplia a representação de qualquer controvérsia que seguiu diretamente a publicação de *Ciência como vocação* e apresenta uma visão da discussão de valores daquela época.[1] Originalmente publicados em alemão, os textos foram traduzidos para o inglês e essa versão, depois de revisada por mim, foi publicada em 1996 pela Stanford University Press. Agora publica-se a tradução para o português, resultante das versões revisadas.

Com esses ensaios, tentei traçar duas linhas centrais de argumentação do programa de investigação weberiano e, ao mesmo tempo, ampliá-las. Naquela época, ainda não utilizava o conceito de programa de investigação no sentido técnico. Hoje eu o utilizo, orientado pela metodologia dos programas de investigação científica que se desvia da de Imre Lakatos (1970). Segundo ela, um programa de investigação possui um núcleo rígido, protegido por

---

* Estre prefácio foi traduzido por Petterso Rissatti.

1 Essa versão ampliada de minha introdução aos dois discursos estão em Schluchter, 1996, p.63 et seq.

uma heurística negativa e uma abordagem teórica, os quais evoluem por meio de uma heurística positiva e se aplicam empiricamente, além de se deixarem falsificar. Interpreto o núcleo rígido como político-filosófico, ou seja, como normativo, e a teoria e sua aplicação como histórico-sociológica, ou seja, como empírica. Esse fato antecipa-se na estrutura deste livro, sendo significativa a interação entre esses dois aspectos. Ele desempenha um papel não apenas entre os ensaios, mas também, especialmente na primeira parte, no interior dos próprios textos.

Encerro o livro com um panorama. Para tanto, escolhi a tríade conceitual *Ação, ordem* e *cultura*. Essa é a fórmula sob a qual busco, desde então, reconstruir e ampliar o programa de investigação weberiano. Também chamo essa proposição de *interpretação* e *explicação*. Explicação significa que se segue a problematização de um autor, mas não sua solução de problemas, ao menos não em todos os aspectos. Sempre considerei a problematização weberiana atual, e sua solução de problema, capaz de ser desenvolvida. Isso vale especialmente para sua abordagem de uma sociologia compreendida como teoria de ação e estrutura. Isso já fica sugerido no epílogo deste livro, mas apenas desdobrado na forma de um esboço. Nesse meio tempo, tal esboço foi elaborado, a saber, nos livros *Handlung, Ordnung und Kultur* [Ação, Ordem e Civilização] (Schluchter, 2005), também disponível em espanhol (Id., 2008); em *Grundlegungen der Soziologie* [Fundamentos da sociologia] (Id., 2007), no qual confronto o programa de investigação weberiano com outros programas; e no volume de ensaios *Die Entzauberung der Welt* [O desencantamento do mundo] (Id., 2009).

Fico feliz que agora haja uma tradução para o português deste livro, que representa, em meu desenvolvimento, uma espécie de transição de *Religion und Lebensführung* para *Grundlegungen der Soziologie*. Esse fato mostra para mim que a discussão sobre Weber está viva também no Brasil. Agradeço à Editora Unesp que realizou a publicação e ao tradutor por seu trabalho, com certeza, árduo. Os escritos de Max Weber são difíceis para um tradutor e minha tentativa de interpretá-los e explicitá-los provavelmente também o seja.

Heidelberg, novembro de 2011
Wolfgang Schluchter

Introdução

Em uma carta a Hannah Arendt, de 4 de outubro de 1964, menciona Karl Jaspers uma conversa que teve com Heinrich Rickert, seu colega e rival em Filosofia na Universidade de Heidelberg durante os anos da República de Weimar. Ela girava em torno de Max Weber e do que significa ser filósofo hoje em dia. Segundo Jaspers, Rickert teria dito: "Você tem todo o direito de transformar Max Weber em uma filosofia. Mas é absurdo chamá-lo de filósofo" (Arendt; Jaspers, 1985, p.603). De fato, Weber jamais reivindicou ser um filósofo em qualquer sentido técnico da palavra. Embora tivesse bons conhecimentos do discurso filosófico da época e, até certo ponto, também participasse dele, evitava atravessar profissionalmente essa fronteira, ao contrário de seu amigo Georg Simmel. Weber considerava sua área a Economia e a Sociologia, não a Filosofia.

Embora Rickert estivesse certo, escapou-lhe o ponto crucial de Jaspers. Quando este, logo após a morte de Weber (Jaspers, 1988, p.32, 94-8) e posteriormente, chamou Weber de filósofo, identificava-o não como membro de uma disciplina acadêmica, mas como uma pessoa que, como Nietzsche e Kierkegaard, advogava a honestidade intelectual e, ao contrário destes, também vivia à altura de suas exigências. Para Jaspers, Weber era a encarnação do homem moderno idealizado, que se expõe de modo resoluto aos riscos intelectuais e vive apaixonadamente em meio a tensões existenciais, sem aceitar resoluções finais. Ele via Weber movido não tanto pelo Deus morto de Nietzsche, quanto pelo Deus do Velho Testamento, que experienciava tanto bom quanto mau. Segundo Jaspers, Weber se dedicava à ciência e à política, mas com a consciência de que mesmo viver para elas jamais podia ser, afinal, satisfatório. Essa tensão explica por que, conclui Jaspers, Weber colocava radicalmente, ou seja, filosoficamente, a questão do sentido no mundo moderno (Arendt; Jaspers, 1985, p.671-2, 695-6).

Não precisamos aceitar o Weber filosófico de Jaspers. É válido, porém, o argumento deste de que há uma dimensão filosófica na obra de Weber. Nos primeiros dois capítulos deste livro, tento decifrar pelo menos algumas facetas dessa dimensão. Meus pontos focais são a teoria do valor e a ética, ambas concebidas como partes integrantes da teoria da história e da *Weltanschauung* [Ideologia] de Weber.

Weber não só enfrentou o problema do sentido no mundo moderno; ele também foi guiado pela questão de como esse mundo se produziu. Aos poucos ampliou e aprofundou suas perspectivas comparativas e evolutivas. Nos últimos dois capítulos, tento formular o que considero ser a teoria e a história weberianas da trajetória ocidental.

Como *Max Weber's Vision of History* [A visão da História de Max Weber], que escrevi com Guenther Roth (Roth; Schluchter, 1979), este livro trata de questões deixadas inacabadas por Weber. Na verdade, esta obra volta a questões parcialmente tratadas naquele livro, sobretudo o problema da ética. Espero que a solução que posso agora oferecer se revele superior à posição que assumi quase quinze anos atrás. Essa observação também vale para a reconstrução da visão de Weber do curso da História ocidental oferecida neste livro, que tem seu prelúdio em dois outros livros que escrevi em inglês, *The Rise of Western Rationalism* [A ascensão do racionalismo ocidental] (Schluchter, 1981) e *Rationalism, Religion, and Domination* [Racionalismo, religião e dominação] (Schluchter, 1989). Complemento aqui esses estudos e desenvolvo mais as ideias neles expressas.

Como é notório, Weber pretendia ampliar seus estudos sobre a ética econômica das principais religiões para além daqueles publicados no *Archiv für Sozialwissenschaft und Sozialpolitik* [Arquivo para a ciência e a política sociais], de 1915 a 1920. Esses novos estudos teriam incluído uma investigação sobre o Islã. No Capítulo 3, tento capturar as suas intenções com base nas observações esparsas que encontramos em seus escritos. Embora a imagem que surja dessas passagens seja incompleta e tendenciosa, talvez devamos lembrar que elas são parte de um projeto abrangente e multifacetado, e não uma tentativa de demonstrar a existência de um *homo islamicus* ou a superioridade do Ocidente sobre o Oriente. Tais empreendimentos irrefletidos

Introdução

não eram nem o propósito, nem o resultado dos trabalhos comparativos e evolutivos de Weber. Visavam, ao contrário, a um melhor entendimento de modos alternativos de conduta precipitados pelas constelações de tradições culturais, pelos arranjos institucionais e pelos interesses materiais e ideais dos estratos sociais que eram os portadores culturais daquelas tradições. As observações sobre o Islã devem ser lidas sob essa luz. O Capítulo 3 suplementa tentativas parecidas já desenvolvidas em *Rationalism, Religion, and Domination*, onde se reúnem estudos sobre confucionismo e taoísmo, hinduísmo e budismo, judaísmo antigo e cristianismo primitivo.

Weber queria concluir seus estudos das principais religiões com uma descrição das características distintivas e das tendências de desenvolvimento do cristianismo ocidental. Rastrear o perfil desse estudo não escrito tem sido um desafio para todos os intérpretes de sua obra. No Capítulo 4, tentarei enfrentá-lo. Também tento colocar *A ética protestante e o espírito do capitalismo* em seu contexto próprio, algo que ainda não foi alcançado na maior parte da literatura secundária.[1] O Capítulo 3 ressalta a perspectiva comparativa; o Capítulo 4, a relativa ao desenvolvimento. Lidos juntos, eles devem proporcionar um retrato coerente da trajetória ocidental de um ponto de vista weberiano.

---

1 São exceções notáveis, por exemplo, Poggi (1983) e Lehmann e Roth (1993).

Parte I

Verdade, poder e ética
Perfil político-filosófico de Max Weber

1
Atividade e renúncia
Max Weber acerca da ciência
e da política como vocações

Toda vida, todo agir, toda arte precisa ser antecedido pelo ofício que apenas se adquire na limitação. Saber bem um deles e exercê-lo concede uma formação maior que a superficialidade daqueles que cêntuplos conhecem.

Goethe, *Wilhelm Meisters Wanderjahre* [*Os anos de aprendizado de Wilhelm Meister*]

Como no dia que contigo o mundo agraciara
O sol surgiu para saudar a todos os astros
Tão logo vieste, tiveste prosperidade cara
Segundo a lei que havia em seus rastros.
Assim deves ser, de ti não podes fugir
Disseram logo os profetas e a sibilas
E nenhum tempo, nem poder fará ruir
A forma moldada que evolui, vívida.

Goethe, *Urworte – Orphisch* [*Palavras primordiais – Órfico*]

O caráter das duas conferências de Weber "Ciência como vocação" e "Política como vocação"

"Ciência como vocação" ("Wissenschaft als Beruf") e "Política como vocação" ("Politik als Beruf") são textos essenciais para o entendimento da posição assumida por Weber em relação a questões centrais da cultura moderna. Alguns estudiosos os consideram esforços fundamentais para uma declaração racional de fé, os quais mesmo hoje continuam sendo pioneiros. Na realidade, Weber responde por meio deles mais diretamente que em qualquer outro lugar, de maneira fundamental, à situação intelectual e política de seu tempo e às suas questões de sentido. Esse caráter direto é o elo intrínseco entre os dois discursos. Havia, contudo, também um elo extrínseco. Ambos foram feitos em contextos semelhantes e dirigidos a públicos parecidos. Essa similaridade é a razão pela qual eles devem ser lidos juntos.[1] Ao contrário do que acontece nas edições desses dois discursos preparadas por Marianne Weber e Johannes Winckelmann, "Ciência como vocação" não deve ser incorporado aos textos de Weber sobre a metodologia da ciência (*Wissenschaftslehre*), nem "Política como vocação" deve ser incluído em seus escritos sobre política.

Os dois discursos diferem em caráter dos tratados ou das conferências acadêmicas de Weber, assim como de seus artigos políticos e discursos eleitorais. Eles visam a um objetivo diferente. São textos "filosóficos", que têm como finalidade levar os ouvintes (e, mais tarde, os leitores) a reconhecer fatos e encorajar a autorreflexão, conquistá-los para os esforços responsáveis em prol de uma causa realista. Na visão de Weber, o futuro da nação alemã e da cultura ocidental dependiam da disposição dos indivíduos em se empenharem em tais esforços de autorrenúncia como parte da dialética de dedicação e desapego. Os dois futuros estavam inter-relacionados: a apreensão concernente ao estado da nação era o ponto de partida para aquela em relação ao estado da cultura moderna (Jaspers, 1988, p.81).

Como dizia Karl Jaspers, Max Weber era um "alemão nacional" (ibid., p.50).[2] Weber, porém, lutou contra aqueles representantes do espírito alemão que distinguiam este último, como algo "por si mesmo, autônomo e superior", do individualismo progressista e democrático da Europa Ocidental e

---

1 Ambas as conferências foram corrigidas para publicação como parte de *Max Weber-Gesamtausgabe*, de que diversos volumes já foram publicados. O presente ensaio foi publicado originalmente em alemão, de forma abreviada, como introdução ao volume no qual os dois discursos foram reimpressos (vide Weber, 1992).

2 Em alemão, é possível distinguir *national*, próximo ao português *patriótico*, de nacionalista. Mesmo Weber sempre tentou fazer essa distinção. *National* não deve ser identificado com o Estado. Sem dúvida, nação e Estado, como os lados interno e externo de um só complexo, têm de ser relacionados um com o outro. No entanto, um representa o "espírito", o outro, a "forma". Acerca dos aspectos problemáticos do pensamento político de Weber, vide Mommsen (1974). Jaspers considerava Weber "o maior alemão de nossos tempos", caracterização feita em 1920 e 1932. Em 1958, sobre Weber, o político, acrescentou: "seu ponto de partida foi um poderoso Império alemão – cuja derrota na Primeira Guerra Mundial ele experimentou pouco antes de morrer, enquanto esperava a sua restauração. Hoje, todas as políticas são

da América.[3] Como um alemão nacional, tinha perspectivas cosmopolitas. Combatia, porém, aqueles representantes do pacifismo internacional moralista, que negavam a necessidade de um Estado alemão poderoso (*nationaler Macht-staat*) e "a responsabilidade perante a história" que ele envolve.[4] No fim da Primeira Guerra Mundial, quando a Alemanha imperial entrou em colapso – em razão da política baseada na emoção e na vaidade praticada por suas forças feudal-conservadoras e burguesas[5] –, Weber chegou até a esperar, em uma paráfrase de uma expressão de Heinrick von Treitschke, uma terceira juventude da Alemanha.[6] Se quisessem aproveitar essa oportunidade, a ação política tinha de assumir mais uma vez uma linha de desenvolvimento que começara com os acontecimentos de 1806-1807 e 1848-1849. Tal ação pressupunha que, politicamente, a burguesia por fim se erguesse sobre seus próprios pés e associasse seus poderes aos do movimento operário, em nome de uma política que perseguisse causas realistas.[7] Também pressupunha que a juventude universitária participasse ativamente dessa aliança histórica. Para

---

baseadas nas premissas históricas que não se enquadram naquelas que Weber considerou na prática. Max Weber faz-nos lembrar um passado irrevogavelmente perdido, em que ele seguiu trilhas que foram rejeitadas pela Alemanha. Suas convicções políticas fundamentais são, porém, perenes" (Jaspers, 1988, p.50).

3 Por exemplo, Maurenbrecher (1917, p.104). Sobretudo, nas duas conferências de Lauenstein acerca da cultura, Weber tratou criticamente de Maurenbrecher e suas ideias.

4 O combate das nações deve, naturalmente, valer-se de meios pacíficos, e consiste na competição dentro do quadro da Liga das Nações. Todavia, se é possível ser pacifista nacional nesse sentido, é algo que não depende, por mais desejável que seja, apenas da Alemanha. A esse respeito, vide Weber (1988, p.109).

5 Os perigos desse tipo de política, expresso antes de tudo em sua busca da paz por meio da vitória (*Siegfrieden*) e nos desejos de anexação associados a ela, já são descritos no discurso de Weber de 27 de outubro de 1916, em Munique, acerca do lugar da Alemanha entre as potências mundiais europeias (vide Weber, 1984, p.153-94, em especial p.164-9).

6 Acerca dessa esperança, tem-se o discurso de Weber sobre a restauração da Alemanha (*Wiederaufrichtung*) de 2 de janeiro de 1919, ante um público majoritariamente estudantil em Heidelberg, sobre o qual existem diversas reportagens de jornal (vide Weber, 1988, p.415-28, em especial p.419-20).

7 Vide formulações tais em, por exemplo, "A reorganização política da Alemanha" ("Deutschlands künftige Staatsform") (Weber, 1988, p.106-7), em que encontramos asserções como: muito mais importante do que as soluções técnicas específicas ao problema do governo é a questão de "se a burguesia virá a produzir em suas massas um novo *espírito político*, autoconfiante e disposto a assumir responsabilidades. Até agora, durante décadas, tem predominado o espírito de 'segurança': escudado na proteção das autoridades, temeroso de toda ousadia ou inovação, em suma, a covarde *vontade de impotência*". Antes da virada para o século XX, Weber já polemizara de modo semelhante contra a burguesia presunçosa, tal como o fez em seu discurso inaugural de Freiburg.

isso, a juventude teria de se desfazer de suas ilusões de que se pode substituir o conhecimento racional, cientificamente determinado, pela "vivência" (*Erlebnis*) e que uma política de convicção que ignora tranquilamente as realidades não só da Alemanha, mas também da vida em geral, seja mais autêntica do que uma política de responsabilidade, racional e orientada para o poder. Ambos os discursos dirigiram-se à juventude acadêmica *e* democrática da Alemanha.[8] Eles foram e são discursos sobre a autodeterminação política *e* humana sob as condições da cultura moderna ocidental.

Conscientizar os ouvintes (e mais tarde os leitores) sobre as condições intelectuais e políticas, "o estado do mundo em geral" (Jaspers, 1988, p.81), não era, pois, suficiente para diagnosticar o destino que só a Alemanha enfrentava.[9] Era necessária uma perspectiva histórica mundial. Weber obtivera-a por meio de uma ciência cultural que se valia de uma orientação comparativa e centrada no desenvolvimento. Ela abrangia a investigação relacionada com valores, mas "não era avaliativa" (*werturteilsfreie*) em relação à natureza distinta de cada uma das principais civilizações do mundo (*Kulturkreise*). Exatamente nesse pano de fundo se colocava na perspectiva justa a civilização ocidental moderna e seus problemas vitais associados, bem como os problemas da vida alemã. Portanto, as conferências representaram uma súmula das mais importantes descobertas científicas de Weber e de suas mais importantes convicções políticas.

O que levou a esses dois discursos? Embora devam ser lidos como um par, não formam uma única entidade. Não só tratam de assuntos diferentes, mas também foram concebidos em momentos diferentes. As conferências foram ministradas com uma diferença de um ano: "Ciência como vocação" no dia 7 de novembro de 1917, e "Política como vocação", em 28 de janeiro de 1919.[10] Nesse meio-tempo, a Alemanha imperial sofrera sua derrota militar final, e ocorrera a Revolução de Novembro. Além disso, muitos desenvolvimentos na vida e na obra de Weber aconteceram entre as duas datas: seu retorno aos manuscritos abandonados no início da guerra sobre a economia e outras ordens

---

8 Vide também, nesse contexto, o apelo de 30 de janeiro de 1919, do *Deutsche Demokratische Partei* (DDP) à juventude democrática, que Weber também assinou. Republicado em Weber (1988, p.513-7).

9 Segundo uma reportagem de jornal, Weber previu um período de trevas e desalento para a Alemanha no discurso sobre a restauração alemã (vide Weber, 1988, p.419). Esse período também aparece de forma modificada em "Política como vocação" (vide Weber, 1978c, p.128, 1971, p.559).

10 Acerca da data dos discursos, vide o excurso no fim deste capítulo.

e forças sociais;[11] sua revisão e expansão dos estudos comparativos da ética econômica das religiões do mundo, cuja publicação, entretanto, progredira até o judaísmo antigo; suas reiteradas intervenções na política exterior e, de maneira crescente, doméstica; e, por fim, sua participação na campanha eleitoral para a Assembleia Nacional[12] e na escolha de candidatos para ela, em que não conseguiu ser nomeado. Examinemos, pois, mais atentamente a gênese dos dois discursos. O contexto mais amplo das conferências abrange principalmente o desenvolvimento da obra de Weber desde o momento em que deixou o serviço militar, no dia 30 de setembro de 1915.[13] O contexto mais estrito envolve, acima de tudo, seus laços com a Associação Bávara de

---

11 Embora não se saiba exatamente quando Weber voltou a trabalhar nesses manuscritos, podemos concluir do título da série de conferências ocorrida em Viena, no semestre de verão de 1918, que ele voltou à sua contribuição ainda inédita ao *Grundriss der Sozialökonomik* (doravante referido como *Compêndio*), um empreendimento coletivo que concebera e coordenara desde 1909 e para o qual queria contribuir com seu importante estudo "A economia e as ordens e poderes sociais". Segundo o catálogo de cursos da universidade, o curso de conferências intitulava-se "Economia e sociedade – crítica positiva da visão materialista da História". Segundo a esposa, Weber apresentou os resultados de sua pesquisa nas sociologias da religião e da dominação (Estado) e, portanto, provavelmente, dois dos elementos centrais da versão antiga de "A economia e as ordens e os poderes sociais", como projetado para o manual (vide Weber, Marianne, 1926, p.617; e como suplementação, Heuss, 1963, p.225). Weber já apresentara os componentes básicos de sua sociologia da dominação no dia 25 de outubro de 1917, em Viena. Existe uma reportagem de jornal sobre isso na *Neue Freie Presse*, n.19102, p.10, out. 1917.

12 Em 1917, Weber começou a escrever artigos políticos longos – em forma de séries – para o *Frankfurter Zeitung* sobre questões técnicas de governo na reorganização da Alemanha. Em novembro de 1918, ele até chegou a se tornar temporariamente uma espécie de *freelancer* em seu escritório editorial; e a partir de dezembro de 1918 ele apoiou ativamente a campanha eleitoral do DDP. Os resultados mais importantes do seu jornalismo político foram provavelmente as duas séries de artigos também publicadas como panfletos: "Wahlrecht und Demokratie in Deutschland" [Sufrágio e democracia na Alemanha] e "Parlamentarismo e governo numa Alemanha reconstruída" ("Parlament und Regierung imneugeordneten Deutschland") (vide Weber, 1984, p.344-96; 421-596).

13 Sobre essa partida, vide Weber (1984, p.23-4). Weber solicitou esse licenciamento em razão da iminente dispersão da comissão do hospital de reserva e a consequente reorganização das relações de comando. A partir de 1º de outubro de 1915, ele estava de volta a seus trajes civis, embora continuasse a ir ao escritório regularmente por algum tempo, para treinar seu sucessor (vide Marianne Weber para Helene Weber, 1º de outubro de 1915, coleção particular de Max Weber-Schäfer): "sim, e Max voltou a sair hoje pela primeira vez em trajes civis, ainda que passe no escritório o dia inteiro, pois seu sucessor não está nem um pouco apto para a tarefa, e não sei como ele vai conseguir. Também estou triste e descontente porque Max tem de deixar este trabalho antes do fim da guerra, trabalho a que ele se adaptou tão bem e ao qual se dedicou com um comovente senso do dever, apesar de sua 'desatenção'".

Estudantes Livres (Bayerischen Landesverband der freien Studentenschaft), em Munique, que projetou e desenvolveu a série de conferências "Trabalho intelectual como vocação".[14]

O contexto mais amplo das conferências: surgimento de Weber como orador político e sua volta à docência universitária

Antes do início da Primeira Guerra Mundial, Weber trabalhou intensamente em seus artigos para o *Compêndio* (*Grundriss der Sozialökonomik*).[15] Embora participasse não só do lado acadêmico, mas também do lado organizacional de periódicos como o *Archiv für Sozialwissesnchaft und Sozialpolitik*, e de organizações como a Associação para a Política Social e a Associação Sociológica Alemã, depois de seus colapsos de 1898-1899, seu campo real de atividade era a escrivaninha. Mesmo depois de recuperar sua reconhecidamente precária capacidade de trabalhar, Weber tentou manter distância de falar em público e das atividades docentes.[16] Ele desenvolvera fortes inibições psicológicas em relação a obrigações públicas desse tipo.[17]

---

14 É sabido que o plano e a implementação da série de conferências divergiram um do outro, como mostraremos (vide também os "Editorische Berichte" [Relatórios editoriais] em Weber, 1992).

15 Sobre o desenvolvimento da obra de Weber, vide Schluchter (1989, parte 4).

16 O único discurso acadêmico público proferido por Weber desde a época do seu colapso até o começo de 1917 foi aquele no congresso de St. Louis, em 1904, publicado em 1906 como "As relações da comunidade rural com outros ramos da ciência social". O primeiro discurso público (político) que ele fez depois do colapso foi no dia 1º de agosto de 1916, em Nuremberg, dirigido ao grupo não partidário Comitê Nacional Alemão para a Paz Negociada (Deutscher National-Ausschuss für einen ehrenvollen Frieden), do qual só restam descrições em jornal (Weber, 1984, p.648-89). Imediatamente depois de sua viagem à América, Weber fez um relato das suas impressões sobre o "Novo Mundo" em uma reunião pública do capítulo local da Associação Social Nacional (Nationalsozialen Verein), em Heidelberg, descrita por Johannes Leo (1963, p.17-8). Os demais discursos acadêmicos ou políticos e todas as outras observações feitas por Weber no período entre 1898 e 1899 e meados de 1916 ocorreram ou em ambientes fechados ao público ante uma audiência seleta, tal como a conferência sobre o debate acerca dos juízos de valor em janeiro de 1914, ou como parte de uma discussão, e assim tiveram natureza bastante *ad hoc* e espontânea. Apenas em 1917 Weber mais uma vez dedicou-se a atividades de conferencista político e acadêmico em maior escala. A primeira conferência universitária pública feita por ele após a doença não ocorreu antes do semestre de verão de 1918, e aconteceu na Universidade de Viena.

17 No dia 14 de maio de 1914, Marianne Weber escreveu a Helene Weber (coleção particular de Max Weber-Schäfer): "espero que Max termine seu grande artigo para o manual no

Atividade e renúncia: Max Weber acerca da ciência e da política como vocações

Com a deflagração da Primeira Guerra Mundial, Weber deixou a escrivaninha e, com ela, uma série de manuscritos bem avançados, embora ainda incompletos. No ano seguinte, executou atividades monótonas, mas que consumiam muito tempo, de membro militar da Comissão do Hospital Auxiliar de Heidelberg (Reserverlazarettkommission Heidelberg).[18] Depois de deixar esse "serviço da pátria", começou a publicar os seus ensaios sobre a ética econômica das religiões do mundo, cuja revisão e ampliação o ocuparam a partir do inverno de 1915-1916. Ao mesmo tempo, ele participava do debate sobre política externa, sobretudo no que se refere aos objetivos de guerra, com seus primeiros artigos políticos.[19] Depois de deixar a administração do hospital militar, Weber teve, inicialmente, esperanças de se tornar politicamente ativo. Tal esperança era uma das razões de sua ida a Berlim em meados de novembro de 1915. Contudo, embora mantivesse vivas as suas chances, ali permanecendo (com interrupções) até meados de 1916, isso de pouco adiantou. Ele participou de organizações de natureza mais "privada", como o comitê de trabalho de Friedrich Naumann sobre a Europa Central e um comitê da Associação para a Política Social; mas, além dos contatos esporádicos e informais com altos funcionários do governo, nunca teve a oportunidade de influir no processo de tomada de decisões políticas de maneira que lhe parecesse satisfatória.[20] Assim, Weber empregou seu tempo na biblioteca,

---

outono. Em seguida, seria provavelmente o meu mais profundo e persistente desejo que ele se decida mais uma vez – pelo menos sob a forma de *palestras* ocasionais – a falar para a juventude. Mas será que isso vai acontecer? As inibições psicológicas que o impedem de fazer isso ainda devem ter muito poder sobre ele. Mas um dia a maldição tem de acabar!".

18 No dia 6 de novembro de 1914, Marianne Weber escreveu a Helene Weber (coleção particular de Max Weber-Schäfer): "os domingos, embora nossa juventude já tenha passado quase completamente, são sempre cheios. Agora nos sentamos em grande número na sala de Max... Quando chegará a hora em que Max se sentará de novo à escrivaninha? No momento, nem o seu tinteiro está lá".

19 Vide, sobretudo, os ensaios "Zur Frage des Friedenschliessens" [Sobre a questão de fazer a paz] e "Bismarcks Aussenpolitik und die Gegenwart" [A política externa de Bismarck e o presente] em Weber (1984, p.49-92), que já havia sido escrito em 1915. Weber se orientava em suas análises de política externa pela segurança militar, pelo interesse econômico e pela identidade cultural nacional. Segundo ele, toda nação tem de criar um equilíbrio viável entre esses três princípios racionais de política externa, e isso vale também para a Alemanha. Sobre esse ponto, vide Weber (ibid., p.189). Desde o começo, Weber defendeu a paz de mútuo entendimento (*Verständigungsfrieden*), contra a anexação da Bélgica no oeste, e por um Estado-nação polaco como defesa contra a Rússia no leste.

20 A esse respeito, vide Weber (1984, p.134-52, 645-7).

trabalhando sobre "questões chinesas e indianas".[21] Logo apareceria um dos resultados dessa atividade acadêmica. Em 1916-1917, ele publicou o estudo em três partes sobre o hinduísmo no *Archiv für Sozialwissenschaft und Sozialpolitik*, como continuação de seu estudo sobre o confucionismo e com base nos manuscritos abandonados em 1914.[22]

Depois de tornar a investigar as "questões chinesas e indianas", Weber mergulhou pela segunda vez em "questões judaicas", no outono de 1916. Ele trabalhou sobre o Velho Testamento, analisando principalmente "os profetas, Salmos e o Livro de Jó".[23] Em particular, os profetas do fim do mundo, anteriores ao exílio – independentes tanto das autoridades políticas como do povo, e orientados para os assuntos estrangeiros –, agora causaram profunda impressão nele. Não havia certas semelhanças entre as situações internacionais do antigo Israel e da Alemanha imperial? E, dada a situação, não teria sentido Weber estar cada vez mais atraído pelo papel dos profetas do fim do mundo anteriores ao exílio? Na impressionante série sobre o judaísmo antigo, cuja primeira sequência foi publicada em 1917, ele descreveu esses profetas, os primeiros demagogos políticos da história mundial, com um tratamento histórico de relevância contemporânea.[24] Assim, ele parecia mover-se entre o presente e os mais distantes pretéritos. Mas essas "questões" chinesas,

---

21 Vide, por exemplo, Max Weber para Marianne Weber, 16.5.1916 (coleção particular de Max Weber-Schäfer): "*assim que* começo a trabalhar sobre questões chinesas ou indianas, sinto-me muito bem e disposto no trabalho; quero muito fazer esse trabalho".

22 Sobre esse aspecto do desenvolvimento da obra de Weber, vide Schluchter (1989, cap.13).

23 Marianne Weber a Helene Weber, 12.10.1916 (coleção particular de Max Weber-Schäfer). O trecho da carta que contém a citação é o seguinte: "Max acaba de mergulhar no Velho Testamento, analisando os profetas, os Salmos e o Livro de Jó – e às vezes, à noite ele lê para mim alguns dos seus últimos escritos – isso faz bem, depois de todos os problemas do dia".

24 Sobre o papel dos profetas pré-exílicos, vide Schluchter (1989, cap.5). Sobre a mudança de um tratamento histórico para um tratamento de relevância contemporânea, ou, mais precisamente, de relevância pessoal e contemporânea, vide Weber, Marianne (1926, p.604-5). Na avaliação da esposa, em 1916, os profetas pré-exílicos do fim do mundo agora se mostravam para Weber "como os primeiros 'demagogos políticos' historicamente atestados"; em especial a sua análise de Jeremias, como a dos puritanos, "revelava um forte envolvimento interior". Em um discurso de 1º de dezembro de 1918, Weber formulou sua necessidade de independência em questões políticas, segundo um relato de jornal, da seguinte maneira: não entraria para o Partido Social-Democrata (SPD), embora ele mesmo fosse quase indistinguível em sua postura de muitos membros daquele partido "porque podia dispensar a *independência na expressão da sua opinião* frente ao *demos* ainda menos do que frente às forças da autoridade" (vide Weber, 1988, p.379).

indianas e judaicas não eram só o passado; eram, por assim dizer, também alternativas para o presente.[25]

O ano de 1916 não trouxe apenas a revisão e ampliação de importantes textos acadêmicos e os primeiros resultados do jornalismo de orientação política, mas também assistiu à conquista da plataforma pública. Weber evitava ainda o salão de conferências, para o qual, como escreveu mais tarde, não havia nascido.[26] Em sua primeira conferência pública desde a doença, o discurso de Nuremberg de 1º de agosto de 1916 ao Comitê Nacional Alemão para a Paz Honrosa (Deutscher National-Ausschuss für einen ehrenvollen Frieden), ele ainda se moderou, "seguindo os regulamentos oficiais".[27] Mas partiu para o confronto em seu grande discurso "A situação da Alemanha na política mundial" ("Deutschlands weltpolitische Lage"), no dia 27 de outubro de 1916, em Munique.[28] Se em Nuremberg Weber se contivera quando tratou dos advogados da "paz pela vitória", ele agora deixou de ser "diplomático", sobretudo em relação aos pangermanistas.

"O leão experimentou o gosto do sangue",[29] e agora assumiu o papel de demagogo político, nos moldes dos profetas do fim do mundo anteriores ao exílio. Weber repreendeu impiedosamente a política direitista de prestígio; indicou que as causas da guerra eram principalmente políticas, não econômicas, sendo a razão mais importante a ameaça da Rússia a um Estado nacional alemão forte. Só por essa razão, a entrada da Alemanha na guerra se justificava. Contudo, a bem-sucedida autoafirmação alemã e a preservação da sua honra e de sua segurança militar exigiam uma reorganização política, sobretudo da

---

25 Sobre essa perspectiva, vide a feliz observação de Karl Jaspers acerca da relação entre a consciência do passado e do presente em Weber (Jaspers, 1983, p.88).

26 Depois de suas primeiras horas de conferência em Viena, Weber escreveu no dia 7 de maio de 1918 a Marianne Weber (coleção particular de Max Weber-Schäfer): "não – eu nasci para a *pena* e para o *palanque*, não para o atril".

27 Sobre esse discurso, vide "Editorische Berichte" e as notícias de jornal da palestra reimpressas em Weber (1984, p.649-55).

28 Discurso proferido ante a Associação Popular Progressista (Fortschrittlicher Volksverein) (Weber, 1984, p.153-203).

29 Expressão de Marianne Weber, em carta a Helene Weber, 7.8.1916 (coleção particular de Max Weber-Schäfer): "A palestra recente em Nuremberg foi claramente um grande sucesso para ele. Mas o público não o conhecia e ele não podia espicaçar os pangermanistas, e isso o enfureceu. A primeira palestra *pública* e política em dezessete, dezoito anos. Será que o leão agora tomou gosto pelo sangue!? Ele se queixou muito da necessidade de ser cauteloso e conciliador! Ele é realmente o herói *combativo*".

Europa Central, mas não a anexação.[30] O poder nacional alemão tinha de permanecer ligado à comunidade cultural nacional. Só assim poderia haver uma paz de compreensão mútua, que incluísse a Rússia. Esta última, porém, teria de moderar seus ímpetos expansionistas, que estavam intimamente ligados ao czarismo como sistema. Mais tarde, após as Revoluções de Fevereiro e de Outubro, Weber frisou repetidas vezes que a conquista da Alemanha nessa guerra fora o definitivo descrédito do sistema czarista. Sua eliminação removeu um importante obstáculo às relações internacionais racionais na Europa. No entanto, um acordo de paz baseava-se na disposição dos oponentes em reconhecer a Alemanha como um Estado nacional poderoso, com suas próprias tarefas culturais. A Alemanha não era um Estado pequeno (*Kleinstaat*), mas um grande Estado (*Grossstaat*), não apenas um *Kulturstaat* (Estado de cultura), mas também um *Machtstaat* (Estado de poder), estando, assim, sujeita às "vicissitudes do poder". Os alemães deviam aceitar isso sem presunção, como sua "responsabilidade perante a história". Quem não reconhecesse isso, tanto dentro como fora da Alemanha, seria um "idiota político". Além disso,

> A posteridade não vai tomar os suíços, os dinamarqueses, os holandeses ou os noruegueses como responsáveis pela formação da cultura na terra. Não serão responsabilizados se havia na metade ocidental do planeta nada mais do que a convenção anglo-saxônica e a burocracia russa. Isso é justo. Os suíços ou os holandeses ou os dinamarqueses não poderiam impedir isso. Mas nós poderíamos. Uma nação de 70 milhões de habitantes entre essas duas potências mundiais tinha o *dever* de ser um *Machstaat*. (Weber, 1984, p.192)

Weber, assim, antecipava, ainda no período dos sucessos militares alemães, que a guerra iria provocar uma reorganização da Europa. Por um lado, haveria os grandes e poderosos Estados nacionais, capazes de uma aliança: Inglaterra, França, Rússia, Áustria-Hungria, Itália e Alemanha; por outro lado, haveria uma grande quantidade de pequenos Estados. Mesmo se alguns desses Estados menores estivessem intimamente ligados, em suas economias, em maior ou menor grau, aos Estados grandes e poderosos, todos eles permaneceriam como entidades politicamente soberanas. No entanto, a prolongada autoafir-

---

30 Sabe-se que tampouco Weber queria ouvir falar em ceder a Alsácia-Lorena. Considerava, porém, um erro o seu tratamento como um estado do império (*Reichsland*) com estatuto especial. Vide seu debate com o grupo de Ernst Toller em 1917, em Heidelberg; e a descrição de Käthe Leichter (1963, especialmente p.140).

mação nacional alemã na arena internacional tinha de ser acompanhada, como no caso da Rússia, de reformas domésticas. Quanto mais durasse a guerra, mais intensamente analisava Weber a reorganização necessária da Alemanha em uma Europa reconstruída. E quanto mais se aprofundava, mais áspera se tornava a sua polêmica, primeiro contra a direita e, em seguida, também contra a esquerda. Nesse contexto, ele retomou algumas das suas reflexões anteriores à guerra, desenvolvendo-as mais em termos das sempre mutáveis constelações políticas.

Weber ainda considerava a monarquia estritamente parlamentar a melhor forma de governo.[31] Parecia-lhe claro, porém, que, dada a posição hegemônica inexpugnável da Prússia, essa forma de governo não podia ser plenamente realizada em um futuro próximo. As diversas recomendações de Weber para a reforma constitucional depois de 1917, em parte baseadas em uma teoria comparativa do Estado moderno, podem ser entendidas como passos rumo a uma aproximação desse ideal parlamentar. Só quando a dinastia Hohenzollern ficou completamente comprometida, com a fuga de Guilherme II, e só depois de um intervalo razoável,[32] declarou Weber seu apoio a uma república parlamentar como a única forma de governo então apropriada à Alemanha. Em favor da seleção dos líderes, ele temperou o puro parlamentarismo com certos elementos plebiscitários, e em favor da unidade, o puro federalismo com certos elementos unificantes. Em substância, porém, esse novo Estado alemão devia ter um caráter burguês e de classe operária. Optando por esta orientação política, Weber colocou-se contra os Liberais Nacionais (*Nationalliberale*), e todos os partidos mais à direita, e contra os Sociais-Democratas Independentes (USPD), e todos os partidos mais à esquerda.

A orientação política de Weber, que claramente guiava as suas posições de política exterior e doméstica, tem, porém, um lado mais profundo. Ele

---

31 Salvo os principais textos constitucionais, sobretudo a partir de 1917, como "Wahlrecht und Demokratie in Deutschland" (vide Nota 3) e a primeira versão de "Parlamento e governo" (vide Weber, 1978b), como sua palestra de 1919 sobre a restauração da Alemanha (id., 1988, p.415; vide também Nota 6 deste texto).

32 Essa fuga foi uma das razões pelas quais Weber não ingressou de imediato no DDP, que se originara do Deutsche Volkspartei (DVP), mas o fez com um pequeno atraso. Ele defendera a monarquia como instituição no quadro de um parlamentarismo autêntico até que os acontecimentos fizessem que tal defesa não fosse mais possível. Weber não quis apresentar-se como republicano de um dia para o outro. Apesar dessa prudência, ele logo ingressou no DDP, assinando o seu programa eleitoral e fazendo campanha por ele em dezembro de 1918 e janeiro de 1919. O apelo eleitoral pode ser encontrado em Weber (1988, p.501-4).

considerava a política – como a economia, a ciência, a arte, o erotismo e a religião – uma esfera autônoma que não devia ser definida exclusivamente nem em termos de interesses de classe ou de grupos privilegiados, nem em termos de ideais mais amplos. A distinção conceitual em relação à política não é o útil contra o daninho, nem o verdadeiro contra o falso ou o belo contra o feio, nem mesmo o bom contra o mau; é o honroso contra o vergonhoso. Não conseguir cumprir um dever político não provoca sentimentos de descontentamento ou de culpa, mas de vergonha. Naturalmente, só aquele que funda a sua ação em valores últimos pode preencher a sua "responsabilidade perante a história". Toda política puramente de poder, no fim das contas, está condenada ao esquecimento, na medida em que não oferece nenhum outro respaldo. A política do realismo advogada por Weber, chamada de *política da responsabilidade* em "Política como vocação", não deve ser confundida com a chamada *Realpolitik*.

Os valores políticos, porém, não são primordialmente valores humanos universalistas, se deixarmos de lado aqueles valores incorporados nos direitos humanos; eles são valores culturais particularistas. Assim, a redução deles não só a valores econômicos, mas também a valores éticos, destrói a possibilidade da política por si mesma. Certamente, se a política espera evitar degenerar-se em mera política de poder, deve relacionar-se não só com os valores culturais, mas também com os éticos. Por essa razão, Weber trata da sempre problemática relação entre política e ética na segunda metade de seu discurso "Política como vocação". No entanto, aqueles que se envolvem na política de responsabilidade assim como devem relacioná-la com a ética, também devem usar o poder. Todavia, aqueles que aceitam o poder como um meio, diz Weber, fazem um pacto com forças diabólicas. Embora a comunicação pessoal possa estar impregnada do espírito de amor,[33] a comunicação política está sempre impregnada do espírito de guerra. Isso não quer dizer que Weber quisesse entregar o destino da Alemanha ao mais poderoso dos batalhões. Como ele já havia dito, em 1916, em relação aos objetivos de guerra alemães, "não nos esqueçamos, a guerra alemã tem a ver com *honra*, não com mudanças no mapa ou com rendimentos econômicos" (Weber, 1984, p.192).

Weber tampouco queria, é claro, entregar a sorte da Alemanha para os políticos de convicção, com seu amor à humanidade. Para Weber, o esforço de guerra tinha a ver com a autoafirmação nacional da Alemanha, não com

---

33 Acerca dessa formulação, ver "Ciência como vocação" em Weber (1973, p.612).

a realização do bem para o mundo. A honra nacional e o bem humano são por certo valores igualmente ligados a interesses ideais. Essa relação, porém, não os torna idênticos. Aquele que segue exclusivamente os imperativos da ética só cumpre os imperativos da política naqueles poucos casos em que a autopreservação e a expansão da coletividade se opõem estritamente à autodeterminação do indivíduo. Em todos os outros casos, porém, em que certo grau de liberdade externa é concedido pela coletividade ao indivíduo, não coincidem as condições da liberdade externa e interna. Essa convicção também guiou Weber na energicamente debatida questão da culpa alemã pela guerra depois da derrota. Quem quer que falasse dessa culpa, e sobretudo de culpa unicamente alemã, argumentava Weber, moralizava a política de maneira tal que prejudicava permanentemente os interesses materiais e ideais da Alemanha, e esse era um grande erro político que teria de ser pago por muito tempo, tanto no plano doméstico quanto no internacional.[34]

A orientação política de Weber também tem fundamento na teoria do valor. Essa orientação perpassa ambos os discursos. Embora sempre seja um componente de suas declarações políticas, ela é desenvolvida mais claramente em outras partes de sua obra, em especial naquelas sobre sociologia da religião e nas famosas "Reflexões intermediárias" ("Zwischenbetrachtung"), de 1915 (vide Capítulo 2). Em 1916-1917, outro elemento importante é adicionado a essa teoria do valor. Tal elemento se encontra no ensaio sobre a liberdade de valores, que Weber escrevera originalmente como resposta à chamada con-

---

34 Essa era a principal motivação por trás da crescente invectiva contra Kurt Eisner, que também deixou a sua marca no discurso "Política como vocação". Na realidade, essa palestra aconteceu depois que Eisner assumira a posição de governador da Baviera, em 7-8 de novembro de 1918, e antes de ser assassinado, em 21 de fevereiro de 1919, pelo Conde Arco-Valley. Segundo notícias de jornal, sobretudo em seu discurso de campanha eleitoral de 14 de janeiro de 1919, em Fürth, Weber condenou "em termos os mais incisivos possíveis [...] o tratamento especial dado pelo governo bávaro à questão da culpa de guerra", e frisou que as publicações de Eisner "haviam causado imensos danos". Eisner publicara no dia 23 de novembro de 1918, sem aprovação de Berlim, trechos de relatórios que a embaixada bávara em Berlim mandara ao governo bávaro em julho e agosto de 1914 (vide Weber, 1988, p.453-4). Em uma carta dessa época a Else Jaffé, provavelmente de 10 de fevereiro de 1919 (coleção particular de Eduard Baumgarten), Weber caracterizou Eisner como "um demagogo sem nenhuma consciência política". Sobre a posição fundamental de Weber acerca dessa questão, que – apesar de sua ira contra "os atos do atual regime diletante" e contra *literati* como Eisner, Mühsam, Landauer e Toller – também reflete o seu ponto de vista de princípio acerca da relação entre a política e a ética, vide seu artigo "Zum Thema der 'Kriegschuld'" [Sobre a culpa de guerra], de 17 de janeiro de 1919, em Weber (ibid., p.177-90).

trovérsia sobre o juízo de valor, mas que ele em seguida publicou de forma revisada no começo de 1917. Ele adicionou a essa nova publicação "brevíssimas anotações... acerca da teoria do valor". Elas claramente conceitualizam pensamentos que já guiam as "Reflexões intermediárias": encontramo-nos em relações de valor que não têm um denominador comum e não podem ser mutuamente harmonizadas; isso nos força a escolher nosso próprio destino. Como "defensor da [teoria da] colisão de valores", Weber procurou chamar a atenção sobretudo da juventude para essa perspectiva "angustiante, mas incontornável" (Weber, 1949, p.18, 1978c, p.84, 1973, p.508-9). Ele também queria advertir os jovens para o fato de que o seu compreensível desejo de uma vida harmoniosa, se não for contrabalançado por um "desapaixonamento disciplinado" com que se encaram "as realidades da vida", tem de colidir com o caráter trágico, dilacerado da vida e leva, por fim, à acomodação ao mundo ou à fuga dele (vide Weber, 1978c, p.223, 225, 1971, p.558, 560).[35]

Assim, em 1916, Weber já recapturara a plataforma pública. Ele intensificou suas atividades no âmbito público em 1917, e também tornou a falar sobre temas acadêmicos. No dia 24 de janeiro, ele deu uma conferência na Associação de Ciência Social (Sozialwissenschaftlicher Verein), em Munique, sobre "Os fundamentos sociológicos do desenvolvimento do judaísmo" ("Die soziologischen Grundlagen der Entwicklung des Judentums"),[36] relatando o seu trabalho em andamento acerca do antigo Israel.[37] No dia 25 de outubro, Weber falou para a Associação Sociológica (Soziologische Gesellschaft), em Viena, sobre "Problemas da sociologia do Estado" ("Probleme der Staatssoziologie"). O tema dessa conferência era a sociologia da dominação, com

---

35 No segundo desses trechos (Weber, 1978c, p.225), Weber distingue três reações: "amargura ou filistinismo, simples aceitação apática do mundo e da própria profissão ou, em terceiro lugar, e de modo algum a menos comum, o escapismo místico naqueles que são dotados nesse sentido ou – como é o caso, frequente e lamentavelmente – que se forçam nessa direção para seguir a moda". As duas primeiras, porém, são variantes da adaptação ao mundo.

36 Uma reportagem sobre essa palestra pode ser encontrada em *Das jüdische Echo. Bayerische Blätter für jüdische Angelegenheiten* 4 (26.1.1917, p.40-1), um jornal semanal que aparecia toda sexta-feira. A palestra pública de Weber ocorreu na "quarta-feira à noite, ante um grande público" (ibid., p.40).

37 É interessante a conclusão da notícia de jornal (vide Nota 36), que diz o seguinte: "um público inesperadamente numeroso – em sua maioria judeu – acompanhou a muito cativante palestra. Ela nem sempre exibiu uma estruturação estrita do material (em parte porque o prof. Weber só contava com um público não acadêmico e, portanto, às vezes gastou mais tempo do que pretendia com pormenores necessários para o entendimento de todos), mas ofereceu muitos detalhes interessantes. A maior parte do público saiu com a impressão de ter ouvido coisas nunca antes ouvidas" (ibid., p.41).

seus três tipos puros de dominação legítima e um quarto tipo baseado no desenvolvimento da cidade no Ocidente.[38] Entre essas duas alocuções, ocorreram as duas conferências de Lauenstein sobre a cultura, a primeira de 29 a 31 de maio, e a segunda de 29 de setembro a 3 de outubro de 1917, ambas a portas fechadas e com participantes seletos. Weber ainda pronunciou um discurso ante a Associação Popular Progressiva (Fortschrittlicher Volksverein), em Munique, no dia 8 de junho, falando acerca da "democratização da vida em nosso Estado".[39] Além disso, é possível que ele tenha falado também em Heppenheim em meados de setembro, em um curso de educação para adultos sobre "Estado e Constituição" ("Staat und Verfassung").[40] O ponto alto dessas atividades, porém, ocorreu em novembro, quando o público de Munique teve a oportunidade de ouvir durante três dias o político e o erudito,[41] o combatente em prol da autodeterminação política de uma Alemanha ameaçada interna e externamente pela guerra[42] e o lutador a favor da autodeterminação do ser humano individual ameaçado interna e externamente pelo desencantamento do mundo: em 5 de novembro foi pronunciado o seu discurso em favor de uma paz negociada e contra o perigo pangermânico ["Contra a ameaça pan-

---

38 Vide narrativa na *Neue Freie Presse*, n.19102, p.10, out. 1917. Sobre a questão de uma tipologia tripartite ou quadripartida da dominação, vide Schluchter (1989, cap.6.6, 11). Weber estava em Viena para negociações sobre os possíveis termos de sua contratação pela Universidade de Viena, a qual a Faculdade de Direito recomendara só a Weber (*unico loco*) como sucessor do falecido Eugen von Philippovich.

39 Pronunciado no Fotschrittlicher Verein (vide Weber, 1984, p.712).

40 Não é certo se Weber realmente pronunciou esse discurso; ele é mencionado diversas vezes na correspondência. A despeito da mais intensa pesquisa, nem um anúncio, nem um relato da palestra foi encontrado. A data também é incerta. Nas cartas de Max Weber, a palestra é de 18 de setembro; em uma carta de Marianne Weber a Helene Weber, porém, é mencionado 14 de setembro. No dia 13 de setembro, Marianne Weber escreveu (coleção particular de Max Weber-Schäfer): "amanhã Max vai fazer uma palestra em um curso de educação de adultos em Heppenheim sobre 'Estado e Constituição'. Nós (Tobelchen [seu parceiro]) e eu) vamos juntos, e será a primeira vez que o ouvirei falar em público desde St. Louis, ou seja, em treze anos".

41 Weber ressaltou no início do seu discurso político de 5 de novembro de 1917 que falava como político, não como professor, assim como frisou em "Política como vocação", mais de um ano depois, que falava como professor e não como político.

42 Weber afirmou que a Alemanha tinha de entrar no círculo dos povos senhores do mundo (*Herrenvölker*), e portanto usou de um termo que nesse meio-tempo perdeu sua inocência. Segundo notícias de jornal, porém, o termo, para Weber, se aplicava simplesmente aos povos "que adquiriram controle de seu próprio governo e são mais do que apenas objetos de legislação" (vide Weber, 1984, p.713, 727).

germânica" ("Gegen die alldeutsche Gefahr")],[43] e, em 7 de novembro, sua conferência "Ciência como vocação".[44]

O retorno ao salão de conferências acadêmicas, à cátedra, também voltou a estar ao seu alcance em 1917. Em Viena, convidaram Weber a suceder o falecido Eugen von Philippovich; Göttingen também se empenhou em tê-lo para si, e, em Munique e Heidelberg, era discutida sua nomeação. A oferta de Viena veio no verão, e por fim Weber decidiu, malgrado sérias reservas, não rejeitá-la de imediato. No fim de outubro, ele negociou e concordou, pela primeira vez desde sua enfermidade, em ministrar um "Curso experimental de palestras" no semestre estivo de 1918.[45]

"Ciência como vocação", portanto, veio em uma fase da vida de Weber em que ele mergulhou com determinação cada vez maior nos campos de atividade em parte deixados de lado em razão de sua enfermidade, em parte ainda novos para ele. Foi um tempo durante o qual ele procurou aplicar suas energias reconquistadas, não só à pesquisa, mas também à política e à docência. Apesar de sua sobriedade e desapego, certo otimismo parece ter tomado conta de sua mente.[46] Como pesquisador, fizera progressos decisivos com seu projeto de grande escala e sempre em expansão sobre a ética econômica das religiões do mundo. Com o curso de conferências em Viena, por ele anunciado como "Economia e sociedade – crítica positiva da

---

43 O evento terminou com a aceitação de uma resolução, cujo conteúdo reflete bem a posição de Weber sobre os problemas de política doméstica e externa. Foi republicado em Weber (1984, p.722).

44 Marianne Weber também menciona palestras no verão de 1917 sobre as castas indianas, os profetas judeus e os fundamentos sociológicos da música (vide Weber, Marianne, 1926, p.607). Essas palestras foram provavelmente leituras feitas em círculos privados.

45 Vide Marianne Weber a Helene Weber, 1º.11.1917 (coleção particular de Max Weber-Schäfer): "Max chegou de Viena muito animado ontem à noite, depois de uma ausência de dez dias. Eles o papariciaram muito por lá, aceitaram todas as suas condições e querem que ele ministre em caráter experimental um curso de conferências de duas horas [semanais], para ver se suas energias são suficientes para uma cátedra de professor etc. Não acho que no final ele vá optar por Viena, mas este semestre de verão que dura apenas três meses e lhe impõe apenas uma modestíssima obrigação didática e, ademais, é uma oportunidade bem-vinda de ganhar perspectivas políticas e ter todo tipo de pessoas interessantes ao seu redor, é muito atraente para ele, e acho que não posso dizer que ele não tenha razão nisso".

46 Vide, por exemplo, Max Weber a Mina Tobler, 28.8.1917 (coleção particular de Eduard Baumgarten), em que isto lemos a respeito da situação política: "vejo agora o futuro com otimismo, apesar de todas as apreensões que persistem. Se formos razoáveis e não acharmos que podemos mandar no mundo, decerto passaremos por tudo isso com honra, militarmente ou não. Mas seria bom que acabasse".

visão materialista da História" ("Wirtschaft u. Gesellschaft. Positive Kritik der materialistischen Geschichtsauffassung"), estava preparado o palco para mais do que apenas um trabalho de ocasião sobre os manuscritos que abandonara no começo da guerra.

Com seus artigos e conferências, Weber, o político, adotou uma posição incisiva acerca da situação política doméstica e externa da Alemanha imperial; defendeu um acordo de paz negociado e a reforma parlamentar da vida política alemã. Em vista da resolução de paz dos partidos da maioria no Reichstag alemão em 19 de julho de 1917 e do desenvolvimento na Rússia, um acordo de paz parecia estar próximo; as rápidas mudanças na chancelaria imperial, de Theobald von Bethmann-Hollweg para Georg Michaelis e George Graf von Hertling, aumentara o peso dos partidos na escolha dos líderes, e passos decisivos na direção da parlamentarização pareciam ser só uma questão de tempo.

Como professor, porém, Weber reabrira o diálogo com setores da juventude acadêmica. Como Marianne Weber tanto desejara, ele ministrou pelo menos algumas conferências.[47] Não mais se limitou a falar nas famosas tertúlias das tardes de domingo na casa de Ziegelhäuser Landstrasse 17,[48] mas se pronunciou também nas reuniões exclusivas em Burg Lauenstein. Nessas reuniões, ele se apresentou ante os jovens presentes não tanto como acadêmico ou professor, mas – talvez por causa de seu autêntico desapego diante dos problemas e das pessoas, por causa da sua objetividade apaixonada – como um possível líder político e dos homens.[49]

No dia 7 de novembro de 1917, durante a apresentação de "Ciência como vocação", ele mais uma vez causou impressão de ser um líder. Karl Löwith fez um vivo retrato dos efeitos de seu discurso sobre um grupo de estudantes profundamente sensibilizados por suas experiências de guerra. Observa Löwith em suas memórias escritas durante o exílio:[50]

---

47 Vide Nota 18.

48 Sobre a história dessa casa em Heidelberg, vide Lepsius (1989).

49 Vide distinção do mesmo Weber entre o professor e o líder em "Ciência como vocação" em Weber (1973, p.605); e também as opiniões dos participantes, citadas nos "Editorische Berichte", em Weber (1992).

50 Löwith datou erroneamente a palestra e afirmou que ela foi "publicada *verbatim* como foi pronunciada" (vide Löwith, 1986, p.16). Como Löwith afirma primeiro que a guerra acabou para ele em dezembro de 1917, temos antes de supor que ele não podia ter ouvido a palestra em 7 de novembro de 1917 e que ela aconteceu mais tarde (ou mesmo que tenha ocorrido duas vezes). Tal suposição seria infundada. Um exame das listas de matrícula da Universidade de Munique mostra que Löwith já estava matriculado no semestre de inverno de 1917-1918 e, portanto, a sua recordação poderia muito bem (e até deve) referir-se a 7 de

Paradoxos da modernidade

Nas declarações [de Weber] concentravam-se o conhecimento e a experiência de uma vida inteira; tudo era tirado diretamente de dentro e pensado com entendimento crítico, oferecendo a autoridade de sua personalidade uma poderosa energia a suas ideias. Sua acuidade na formulação de questões é acompanhada por sua rejeição a todas as soluções fáceis. Embora rasgasse os véus de todo otimismo exagerado, todos os que o ouviam percebiam que por trás de sua clara razão havia uma fervorosa bondade. (Löwith, 1986, p.16-7)

Um ano depois, "Política como vocação", apresentada na mesma série e diante de um público parecido, não provocou o mesmo efeito. Löwith disse sem cerimônias: "Uma segunda conferência sobre a 'Política como vocação' não mostrou a mesma verve cativante" (ibid., p.17). O próprio Weber indiretamente confirmou essa impressão. Uns dias antes da conferência, ele escreveu a Else Jaffé: "A conferência será ruim; algo alheio a esse 'chamado' ocupa a minha mente e a minha alma" (Max Weber a Else Jaffé, 22.1.1919, coleção particular de Eduard Baumgarten). Ele hesitou muito antes de pronunciá-la, e parece que foi necessária uma espécie de chantagem política para conseguir que finalmente ele o fizesse.[51] Que havia mudado?

Seu prudente otimismo de 1917 agora desaparecera. Weber viu os alemães – sobretudo em razão de seus próprios erros – serem transformados pela guerra no "povo pária do mundo".[52] A "política da vaidade" da extrema direita, em conjunto com a incapacidade da liderança política, primeiro sob Bethmann-Hollweg e depois sob Hertling, de fazer o exército aceitar o primado da política, levara à destruição da Alemanha como Estado-nação poderoso. Aqueles fundamentos ainda capazes de sustentar a construção de algo estavam agora sendo arrasados pelo "carnaval de sangue", pela "revolução". O preço pago pela ruinosa política submarina, exigida pelo exército e pela direita e criticada por Weber desde o começo (vide Weber, 1984, p.99-125), foi enfim a entrada dos Estados Unidos na guerra. O preço pago pela política em relação à Rússia ditada pelos militares foi o fracasso em se chegar, em separado, a uma paz razoável com a Rússia em Brest-Litovsk que pudesse servir de base para uma paz geral e duradoura.

---

novembro. Que a conferência de Weber não foi impressa *verbatim* tal como foi pronunciada é algo que se depreende da história da sua publicação. Sobre isso, vide "Editorische Berichte" em Weber (1992).

51 A esse respeito, vide "Editorische Berichte" sobre "Política como vocação" em Weber (1992).

52 Vide relato das *Heidelberger Neuesten Nachrichten* sobre o discurso eleitoral de Weber de 2 de janeiro de 1919, em Heidelberg, sobre a recuperação da Alemanha (id., 1988, p.419).

A revolução somou novas calamidades a esses dois graves erros políticos do Antigo Regime. Por exemplo, Kurt Eisner, que conseguira chegar ao poder como governador da Baviera, esperava, com o apoio de "uma pequena multidão de *litterati* de esquerda", conquistar a simpatia dos Aliados, publicando os "registros da culpa". Weber ficou profundamente amargurado com essa indigna política de convicção.[53] Ademais, os desenvolvimentos constitucionais desejados por esses e outros grupos semelhantes pareciam-lhe inadequados para fortalecer internamente a Alemanha e, sobretudo, para enfim conduzir os alemães – segundo os seus valores – para uma política realista, para uma política de responsabilidade. Na época de "Política como vocação", Weber considerava uma possibilidade distinta a perda total do poder por parte da Alemanha – como na época de Napoleão, até mesmo o domínio estrangeiro. As perspectivas políticas eram tristes. A Alemanha estava diante de uma "noite polar de trevas geladas e desolação" que, como escreveu ao fim de "Política como vocação", decerto "só lentamente vai dissipar-se" (vide "Política como vocação" em Weber, 1971, p.548).

Além disso, Weber tinha agora de enfrentar mais outra contrariedade: a volta à docência, que havia considerado ainda mais seriamente desde 1917, estaria ligada a sacrifícios pessoais ainda maiores do que temera. Reconhecidamente, o curso de conferências em Viena fora um tremendo sucesso. Muitos relatos comprovam isso. Theodor Heuss, que assistiu a algumas dessas conferências, resumiu suas impressões:

> Ele se transformara na sensação da universidade, era obrigatório vê-lo e ouvi-lo pelo menos uma vez. Assim, ele foi parar no maior auditório, onde uma curiosidade irreverente mantinha as portas abrindo-se e fechando-se continuamente. Eu estava indignado, e com razão, sobretudo quando notei que isso lhe desagradava, e eu disse isso a ele. Nunca me esqueci da sua resposta: você está certo, certamente não é possível berrar a palavra "ascetismo" em uma sala como esta. (Heuss, 1963, p.225)

Todavia, não eram tanto essas condições externas adversas, como a obrigação que ele impunha a si mesmo de manter separados o atril e o palanque público, que lhe causavam tal dificuldade. Depois de suas primeiras horas

---

53 Sobre essa amargura, vide, por exemplo, Weber (1988, p.432, 453-4), bem como a afirmação feita por pura raiva acerca de Liebknecht e Rosa Luxemburgo antes de serem assassinados (ibid., p.441).

de conferência, escreveu ele: "Meu Deus, que canseira! Dez discursos não são nada perto de duas horas de conferência. Estar simplesmente preso ao plano, à capacidade das pessoas de tomar nota e por aí vai" (Max Weber a Marianne Weber, 7.5.1918, coleção particular de Max Weber-Schäfer). E então: "Nada, absolutamente nada mudou desde vinte anos atrás" (Max Weber a Marianne Weber, 20.6.1918 [data não confirmada], coleção particular de Max Weber-Schäfer).

Do ponto de vista da economia de energias, a experiência de Viena mostrou que o salão de conferências era algo muito mais duro do que o palanque ou a escrivaninha. O curso esgotou completamente a Weber, "embotando seus sentidos" e provocando um "cansaço deprimente". Nesse estado de corpo e espírito, ele voltou a Heidelberg no fim de julho. Em 1918, pouco depois de recusar o convite vienense em meados do semestre, ele escreveu a Mina Tobler:

> Naturalmente, é muito doloroso – mais do que eu esperava – tornarmo--nos tão amargamente conscientes dos limites de nossa própria *capacidade*. Mas isso não é novidade, e a "vista da outra margem", com seu isolamento de todos os que gozam de boa saúde, mesmo dos mais próximos, é algo com que estou muito familiarizado (Max Weber a Mina Tobler, 7.5.1918, coleção particular de Max Weber-Schäfer).

Weber, é claro, recusou a nomeação em Viena não porque a opressiva natureza dessa experiência o convencera a manter-se permanentemente afastado da docência; ele queria ficar na Alemanha por motivos políticos, e nesse meio-tempo surgiram oportunidades profissionais mais favoráveis. Uma das possibilidades era suceder a Lujo Brentano em Munique, a cidade com a qual, fora Heidelberg, ele estava mais intimamente ligado, sobretudo depois dos desenvolvimentos de 1916 a 1918 (vide Lepsius, 1977).[54] Na época em que Weber pronunciou "Política como vocação", estava claro que ele voltaria a lecionar de alguma forma em um futuro próximo, se não em Munique, em Bonn. Mesmo que fosse só por motivos econômicos, era algo praticamente

---

54 De fato, Weber ministrara regularmente palestras em Munique desde sua "volta ao espaço público": ante a Associação Popular Progressista (Fortschrittlicher Volksverein), ante a Associação de Ciência Social (Sozialwissenschaftliche Gesellschaft) e ante a Associação dos Estudantes Livres de Munique (Freie Studentenschaft). Além disso, o *Münchener Neuesten Nachrichten* havia se transformado em um fórum para os seus artigos políticos, perdendo apenas para o *Frankfurter Zeitung*. Ele também tinha relações pessoais (Else Jaffé) na cidade.

inevitável. A guerra não só destruíra a posição da Alemanha como grande potência, mas também abalara severamente a vida de Weber como investidor. Ele já não podia permitir-se apenas viver para o seu trabalho; tinha também de viver dele. Por mais que desejasse conseguir uma renda estável só com a pena ou como conferencista *freelance*, não tinha ilusões de que esse método pudesse funcionar. Só a volta ao exercício da docência podia garantir, no longo prazo, a sua existência material. Um retorno desse tipo, contudo, como o curso experimental demonstrara, de qualquer forma envolveria sacrifícios. Pouco antes de pronunciar "Política como vocação", Weber escreveu a Else Jaffé estar ciente de que "em termos de saúde, vou naturalmente ter de pagar a aceitação de um posto de professor *despedindo-me* de toda 'política', pois não consigo fazer as duas coisas" (Max Weber a Else Jaffé, 20.1.1919, coleção particular de Eduard Baumgarten). Assim, durante algum tempo, estava preparado o palco para que ele exercesse a vocação interior e exterior para a docência, não para a política.

Em março de 1919, Weber aceitou a nomeação para a Universidade de Munique, apesar de ofertas mais atraentes vindas de outras partes. Depois do breve interlúdio de Versalhes, onde preparou, com outros, um documento sobre a culpa de guerra da Alemanha, ele realmente pagou pela aceitação com a renúncia a toda política, que era, como disse uma vez, o seu amor secreto. Essa despedida foi vista como uma confissão, direta ou indireta, de fracasso político. Como fuga, aumentou a concentração em trabalhos acadêmicos, e essa foi uma forma de continuar a luta política por outros meios.[55] Por mais plausível que essas interpretações pareçam à primeira vista, não devemos

---

55 Guenther Roth considera não realizadas quatro das esperanças políticas de Weber: "influenciar significativamente o esboço da nova constituição, eleger-se para a assembleia nacional de Weimar, ajudar a organizar uma campanha internacional contra a imputação da culpa de guerra da Alemanha e ser levado a sério como conselheiro na Conferência de Paz de Paris" (vide Roth, 1989, p.138). Partindo desse suposto fracasso, Roth pergunta: "como se chega de Weber, o político frustrado, a Weber, o puro erudito?". A resposta: "o retorno de Weber ao trabalho acadêmico puro foi não só um ato de renúncia em um sentido óbvio, mas de certa forma também uma continuação de sua guerra política por outros meios" (ibid., p.145). Tal continuação é mostrada pela "nova objetividade" que caracteriza o estilo e a forma de seu trabalho erudito posterior, oral e escrito. Pode-se ver isso, por exemplo, nos "Termos sociológicos fundamentais" ("Soziologische Grundbegriffe") e na nova versão de *Economia e sociedade* como um todo. Podemos levantar as seguintes objeções a esses argumentos: primeiro, mesmo antes de deixar a administração do hospital militar Weber já era "o puro erudito"; segundo, a suposta nova objetividade é a mesma velha objetividade que Weber exigia e praticava, por exemplo, no ensaio sobre a liberdade dos valores, bem como em "Ciência como vocação" e muito antes, e que está intimamente ligada ao seu conceito de personalidade; terceiro, a

desdenhar de um ponto decisivo. Desde o fim da guerra, se tornara cada vez mais inevitável para Weber, fosse qual fosse a constelação política do momento, escolher entre seus compromissos com os estudos e aqueles com a política. É bem verdade que o desenvolvimento político depois da Revolução de Novembro e sua espécie de envolvimento nela pode ter facilitado sua retirada da arena política. Há poucos sinais, porém, de que sua escolha teria sido diferente se tivesse sido mais bem-sucedido na política cotidiana, pois embora Weber fosse eminentemente político, dada a sua avaliação pública dos eventos políticos, fundamentalmente ele não era político, pelo menos um político de partido, que pudesse viver da política. Ele simplesmente cometeu muitos erros táticos,[56] e era grande demais o seu desejo de manter sua independência em relação às autoridades políticas e aos eleitores.[57] A contribuição decisiva de Weber para a política alemã de modo algum consistiu em suas ações políticas, um tanto esporádicas.[58] Ela reside, porém, em seu pensamento político, com o qual ele procurou primeiro possibilitar uma ação política digna do nome. A esse contexto também pertence "Política como vocação". Nessa conferência, ele, deliberadamente, se absteve de assumir qualquer posição direta sobre as questões políticas da época (vide Weber, 1958a, p.77, 1971, p.505). Ao contrário, ofereceu uma contribuição para a teoria da política ou, em sua terminologia, para a *sociologia do Estado* (vide Weber, 1958a, p.79, 1971, p.508). Enquanto tal, a conferência (que ele posteriormente reviu sob forma de tratado para publicação) tornou-se "um documento do Estado do pensamento democrático nesse momento crítico da história alemã", como diz, retrospectivamente, e com razão, Immanuel Birnbaum (vide Birnbaum, 1963, p.21).

A decisão de Weber de voltar à universidade e deixar inteiramente de lado a política teve não só motivos externos, mas também foi causada por sérias

---

forma da segunda versão de *Economia e sociedade* é o resultado de uma crescente divisão de trabalho entre a contribuição para o manual e os escritos sobre a ética econômica das religiões mundiais. Sobre essa forma, vide Schluchter (1989, cap.12). Assim, nenhum desses pontos tem relação com o afastamento de Weber da política de qualquer maneira fundamental.

56 Das três qualidades que um político, segundo Weber, deve ter – a saber, paixão, senso de responsabilidade e senso de proporção (ou perspectiva) – a Weber por vezes faltou o último deles nas posições que tomou na política cotidiana. Essa carência pode ser vista em seus discursos eleitorais de dezembro de 1918 e janeiro de 1919. Na quente atmosfera política da campanha eleitoral, ele também fez algumas declarações que jamais teria escrito.

57 Talvez Karl Jaspers (1988, p.67-8) tenha visto isso com maior clareza do que ninguém.

58 De fato, só o seu compromisso temporário com o DDP pode ser interpretado como ação política.

preocupações íntimas. Apesar dos muitos discursos e do extenso jornalismo políticos e das crescentes atividades na política cotidiana, ele continuou sendo, de 1916 até o começo de 1919, principalmente um homem de erudição. Os ensaios sobre a ética econômica das religiões do mundo continuaram a ser publicados ao longo de todo esse período. É muito provável que as versões desses ensaios tais como os conhecemos hoje, salvo a "Introdução" ("Einleitung") e os ensaios "Confucionismo" ("Konfusianismus") e "Reflexões intermediárias", tenham vindo à luz no inverno de 1915-1916 e, em seguida, como revisões de manuscritos mais antigos.[59] Esses ensaios, porém, representam só os resultados visíveis de um enorme projeto teórico e histórico. Embora suas linhas gerais já fossem visíveis antes da guerra, a partir da época em que Weber deixou a administração do hospital militar seu foco tornou-se cada vez mais agudo. Mudaram as ênfases, algumas partes foram abreviadas, outras ampliadas. Já em 1915, Weber antecipava que, além de *Economia e sociedade*, já muito avançado quando a guerra começou, viria à luz em forma de livro uma ética econômica das principais religiões (*Kulturreligionen*) com *A ética protestante e o espírito do capitalismo* revisto em um futuro não muito distante. Na época em que Weber decidiu voltar à universidade e retirar-se da política, o trabalho nesse duplo projeto já estava bem avançado. Por muito tempo houve oposição e até conflito na vida de Weber entre a *vita contemplativa* [vida contemplativa] exigida para levar a bom termo seu trabalho erudito e a *vita activa* [vida ativa] das atividades políticas do momento.[60] Ainda que sua atividade de conferencista estivesse agonizando, ao contrário do palanque, ela era diretamente útil para o seu programa. Assim, o afastamento da

---

59 Para indícios a esse respeito, vide Schluchter (1989, cap.12).

60 Tal conflito também estava presente durante o período em Munique, no qual, como em Viena, Weber gozou de grande sucesso em suas conferências. Ele discursou diante de várias centenas de estudantes, habitualmente no Auditorium Maximum. As conferências, porém, deram-lhe pouco prazer: "o curso de conferências é uma obrigação – *não* agradável, a que não me adapto de modo algum. O estilo escrito e o estilo falado são diferentes, algo que muita gente pode estranhamente esquecer ou reprimir. Uma 'conferência', porém, é de estilo escrito-falado, pois os m[alditos] rapazes *devem* de fato tomar notas, e eu, por meu lado, sei quão pouco valor isso tem" (Max Weber a Mina Tobler, 3.1.1920, coleção particular de Eduard Baumgarten). E antes até: "o que é tão 'difícil' nas conferências – agora eu vejo – é que meus estilos falado e escrito são completamente diferentes. Só consigo falar sem inibição quando falo extemporaneamente (com base em notas). No meu curso, porém, tenho de dar formulações 'responsáveis' e isso é ridiculamente difícil, pelo menos para mim, pois então falo em estilo escrito, ou seja, inibido, agonizado, praticamente maltratando fisicamente o meu cérebro" (Max Weber a Mina Tobler, 27.7.1919, coleção particular de Eduard Baumgarten).

política facilitou a vida de Weber nesse sentido.[61] De fato, ele só aceitara a nomeação para Munique com a condição de que lhe fosse permitido lecionar sobre sociologia e teoria do Estado, em vez de economia.[62] As palavras escritas e falada deviam coincidir ao máximo. Em Viena, ele já lecionara a partir do seu artigo de manual, sua contribuição ao *Compêndio*, sobre a sua sociologia da religião e da dominação; no semestre de verão de 1919, seu primeiro semestre em Munique, suas conferências forneceram a introdução conceitual básica para "As categorias mais gerais da ciência da sociedade" ("Gesellschaftswissenschaft").[63]

Assim, na primavera de 1919, Weber deixou o palanque que conquistara em 1916 para concentrar todas as suas energias em escrever e descobrir um jeito de lidar mais uma vez com a administração de cursos. Apesar dos enormes esforços de estudo que já dispendera, ainda tinha pela frente uma imensa quantidade de trabalho, cujo núcleo se encontrava em dois projetos de grande escala: "A economia e as ordens e poderes sociais" ("Die Wirtschaft und die gesellschaftlichen Ordnungen und Mächte") e "Ensaios reunidos sobre a sociologia da religião" ("Gesammelte Aufsätze zur Religionssoziologie"). O

---

61 Essa simplificação também tem seu lado pessoal. A constelação de Max Weber, Marianne Weber, Mina Tobler, Else Jaffé e Alfred Weber mudara. O retrato completo só surge quando se leva em consideração essa mudança, algo que não se pode fazer aqui.

62 Vide Marianne Weber a Helene Weber, 13.2.1919 (coleção particular de Max Weber--Schäfer): "chegou uma grande oferta de *Bonn* – carga horária de apenas duas horas, tudo o que queremos e 20.000 MK garantidos!! – isso é mesmo de entusiasmar. Agora a única questão é se Munique vai concordar em permitir que Max dê aulas sobre sociologia e teoria do Estado em vez de sobre economia (*Nationalökonomie*), e em dar-lhe uma carga horária limitada [quatro horas]. Então, naturalmente iremos a Munique, embora o *salário* oferecido seja muito modesto".

63 Vide Max Weber a Marianne em Weber, 16.6.1919 (coleção particular de Max Weber-Schäfer): "acabo de enviar meu programa de curso para a administração, começa na *terça-feira* (cinco, seis da tarde) ('Die allgemeinsten Kategorien der Gesellschaftswissenschaft')". Para o semestre de inverno de 1919-1920, Weber primeiro programou duas horas sobre "História econômica" ("Wirtschaftsgeschichte") e duas horas sobre "Estados, classes e grupos de status" ("Staaten, Klassen, Stände"), mas depois cancelou este último em favor do primeiro, que se tornou por fim o "Compêndio de história social e econômica universal" ("Abriss der universalen Sozial-und Wirtschaftsgeschichte"). No semestre de verão de 1920, ele lecionou sobre a "Teoria geral do Estado e da política – Sociologia do Estado)" ("Allgemeine Staatstheorie und Politik [Staatssoziologie]"), durante quatro horas, e sobre "Socialismo" ("Sozialismus"), por duas horas. Com exceção da "História econômica", todos esses são temas diretamente ligados ao artigo do manual. É sabido que Weber ofereceu a "História econômica" só em resposta a pedidos dos estudantes. Ele escreveu a Mina Topler em janeiro de 1920 sobre a sua relutância em fazer a conferência (coleção particular de Eduard Baumgarten): "*Este* material me entedia, dada a indecorosa pressa com que é apresentado".

Atividade e renúncia: Max Weber acerca da ciência e da política como vocações

primeiro devia provavelmente ser formado de diversas partes, e o segundo, de quatro volumes (vide Schluchter, 1989, p.425, 443). Além disso, Weber aparentemente quisera continuar trabalhando com estudos sociológicos acerca de música, arte, arquitetura e literatura que ele iniciara em 1910 e aos quais sempre voltava, mas jamais concluíra. De 1912 a 1918, Georg Lukács foi talvez o seu mais importante parceiro em diálogos de erudição nessa área de interesse.[64] De novembro de 1917 a janeiro de 1919, enquanto Weber preparava seus discursos para impressão – discursos caracterizados por diferentes humores, e pela mesma experiência de vida –, Lukács pretendia fundar uma interpretação sociológica que, como uma teoria da ação, da ordem e da cultura, se situasse entre a psicologia e a doutrina jurídica. Em contraponto às "realizações diletantes de filósofos engenhosos", a perspectiva de Weber desenvolvia-se de maneira "estritamente objetiva e erudita", no serviço do entendimento histórico, e assim, ao mesmo tempo, em nome do entendimento do presente e de suas tendências de desenvolvimento.[65] As dimensões teórica e histórica de tal ciência da realidade (*Erfahrungswissenschaft*) têm a tarefa de promover o conhecimento dos fatos e o autoconhecimento. De modo geral, tal ciência devia comunicar a uma juventude acadêmica apaixonada e resoluta claridade e honestidade intelectual, senso de perspectiva e responsabilidade, abnegação e dignidade. Deveria também servir a pátria, na medida em que uma felicidade maior em seu futuro continua a depender da prática dessas virtudes e de uma "firmeza de coração" que "pode desafiar até o esboroamento de todas as esperanças".[66]

Na realidade, Weber colocou suas esperanças em relação à Alemanha cada vez mais na reforma do governo e, acima de tudo, na atitude da juventude universitária. No discurso sobre a restauração da Alemanha de 2 de janeiro de 1919, ele afirmou que "a pátria não é a terra dos *pais*, mas a terra dos *filhos*" (vide Weber, 1988, p.419). Acima de tudo, poder-se-ia acrescentar, a

---

64 Weber leu de ponta a ponta os manuscritos sobre estética que Lukács escreveu de 1912 a 1918 para a sua qualificação de docência pós-doutoral em Filosofia na Universidade de Heidelberg. A leitura de Weber também se reflete em "Ciência como vocação" (vide Weber, 1973, p.610). Mina Tobler, é claro, também foi uma importante parceira de diálogo em questões de música.

65 Weber escreveu em 8 de novembro de 1919 a seu editor, Paul Siebeck, que queria dar a sua contribuição ao manual uma "forma didática [...] que considero apropriada para finalmente tratar a 'sociologia' de maneira estritamente objetiva e erudita, e não como façanhas diletantes de filósofos engenhosos". Essa afirmação não deve levar à conclusão de que ele planejasse escrever um livro seco e abstrato. Weber rejeitou expressamente tal possibilidade.

66 Como está escrito em "Política como vocação" (id., 1958a, p.128, 1971, p.560).

Paradoxos da modernidade

juventude tem de aprender o que significa conduzir ou orientar sua própria vida, formar sua própria personalidade. Se seguirmos a sociologia de Weber, essas lições pressupõem não só formas ou arranjos institucionais, mas também um "espírito" (*Geist*). Em uma instrutiva carta a Otto Crusius, professor de Filologia clássica em Munique e participante das conferências de Lauenstein, Weber escrevia já em 24 de novembro de 1918, antes de se lançar na campanha eleitoral, que a solução dos problemas culturais da época implicava acima de tudo a recuperação da "decência" moral. Para lidar com essa ingente tarefa didática, a única forma possível era

> a americana: o "clube" – e associações *exclusivas* –, ou seja, associações de todo tipo baseadas na *seleção* de pessoas, começando na infância e na juventude, *seja qual for* a sua finalidade; os primeiros sinais disso [podem ser vistos] na Juventude Livre Alemã (Freideutsche Jugend).

Como "espírito", porém, na Juventude Livre Alemã permanecia apenas a objetividade e a "rejeição de todo tipo de narcóticos espirituais, do misticismo até o 'expressionismo'". Só assim pode surgir um autêntico senso de vergonha, a única fonte de uma "postura" política e humana "contra o repelente exibicionismo dos intimamente falidos" (vide, Weber, Marianne, 1926, p.647-8).[67] Tal afirmação mostra o quanto Weber vinculava a sua esperança em relação à Alemanha à Juventude Livre Alemã, parte da qual aparentemente ele considerava ser a Associação de Estudantes Livres (Freie Studentenschaft). Mostra também até que ponto os seus dois discursos ante a Associação de Estudantes Livres de Munique devem ser vistos nesse contexto. Tal contexto nos leva a perguntar como se desenvolveu a relação de Weber com a Juventude Livre Alemã e, sobretudo, com a Associação de Estudantes Livres, e assim nos leva à questão do contexto imediato da gênese de "Ciência como vocação" e "Política como vocação".

O contexto imediato das conferências: a relação de Weber com os movimentos de jovens e estudantes

Durante seus três semestres como estudante de Direito e de Economia Política na Universidade de Heidelberg, a partir do verão de 1882, Max Weber entrou para a fraternidade estudantil Allemannia, de Heidelberg. Ele aprovou

---

67 A transcrição do original é corrigida em Mommsen (1974, p.347).

o código de honra da fraternidade, cuja base era a prova de honra por meio do duelo (*Satisfaktion, Mensur*). Como jovem erudito, porém, Weber, em suas análises da deformação autoritarista da burguesia alemã, já nutria dúvidas acerca do valor educativo da patente de oficial da reserva e das sociedades estudantis fundamentadas em duelos. Ademais, com o passar dos anos, ele se afastou ainda mais claramente dessas instituições de "moralidade" e "honra" militar e estudantil (vide Schluchter, 1989, cap.9, especialmente p.313). Continuou, no entanto, sendo membro da fraternidade até depois da Revolução de Novembro, abrindo mão de sua condição de ex-aluno-membro provavelmente no dia 17 de novembro de 1918, no contexto de uma discussão pública sobre o valor simbólico de se ostentar as cores da fraternidade (vide Weber, 1988, p.191-5).[68] Primeiro, em uma reunião pública, Weber chamara de absurdo feudal a tradição de se vestirem as cores, não mais adequadas àqueles tempos e de nenhuma utilidade. Em seguida, em sua carta de desligamento, negou tanto o direito à existência dessa forma de vida estudantil em uma Alemanha reorganizada, como sua capacidade de se reformar. No discurso "Estudantes e política" ("Student und Politik"), pronunciado a um público de estudantes no dia 13 de março de 1919, logo depois de ter aceitado a nomeação para a Universidade de Munique,[69] Weber deixou claro que o caráter politicamente inquietante do sistema de cores das fraternidades provinha de sua "exclusividade com base na qualificação para o duelo" (id., 1988, p.482-4). Esse tipo de exclusividade tornava a democratização impossível e fortalecia uma falsa compreensão da posição especial do estudante e do diplomado. Na opinião de Weber, essa posição claramente não deveria mais basear-se nas pretensões de um grupo de condição acadêmica, mas

---

68 A data da demissão de Weber não é certa (vide Weber, 1988, p.191).

69 O discurso aconteceu em frente à Associação Política dos Estudantes Alemães (Politischer Bund deutecher Studenten [Bund deutsch-nationaler Studenten]) em Munique. Em um anúncio público, afirmava-se: "só serão admitidos estudantes". Além disso, Weber anunciou publicamente nesse evento que ao substituir a cadeira de Lujo Brentano estaria deixando a política. Em 14 de março de 1919, o *Münchener Zeitung* deu a seguinte notícia: "Em um encontro de estudantes [noticiado em outro lugar do jornal], o político democrático, prof. Max Weber [Heidelberg], declarou que no momento em que pretende unir-se ao corpo docente da Universidade de Munique, *abandonará a política*. É demasiado difícil fazer política e transmitir os fatos e conhecimentos úteis da ciência. Evidentemente, Weber considera que, como sucessor de Brentano, a cadeira de Munique traz consigo um mais amplo leque de tarefas docentes e de pesquisa do que em Heidelberg, pois é notório que lá ele era diligentemente ativo na política" (vide Weber, 1988, p.483). Obviamente, o jornal não estava ciente de que, desde a doença, Weber não dera nenhum curso em Heidelberg.

cada um tinha de conquistá-la de forma individual, levando a vida como uma aristocracia do *espírito*, por meio de uma conduta autodeterminada que rejeita todos os vestígios de "feudalismo" e não se fecha aos que não frequentam a universidade.

Weber, assim, após a Revolução de Novembro, rejeitou radical e publicamente as fraternidades estudantis que ostentavam cores. Considerou-as incompatíveis com a futura forma de governo a que ele aspirava para a Alemanha: uma república parlamentar democrática moderna. Sua rejeição, porém, também se estendia a partes do corpo estudantil não organizado nessas fraternidades. A explicação do discurso também torna isso claro. Weber criticou

> fenômenos notórios no movimento de juventude livre que equivalem basicamente a uma emancipação da autoridade e alimentaram esses *litterati* contra os quais, no interesse da saúde espiritual, devemos travar uma verdadeira guerra.

Embora não citasse nomes, não há dúvidas de que Weber tinha em mente, quando falava em *litterati*, entre outros, Gustav Wyneken e seus seguidores,[70] que ele rejeitara em Burg Lauenstein. Weber simpatizava claramente apenas com aqueles grupos de estudantes que, como os Estudantes Livres, se orientavam pela ideia da universidade como uma instituição para a educação científica e o autodesenvolvimento. Tais estudantes acreditariam em uma educação voltada para a atividade independente e para a autonomia por meio

---

70 Vide descrição da primeira conferência de Lauenstein de 29 de maio a 31 de maio de 1917. Eis um trecho: "o prof. Weber saiu contra o movimento jovem, que ele evidentemente viu apenas à luz do movimento Wyneken; fez isso com tal sarcasmo, que perdeu boa parte da simpatia inicial do público" (vide Weber, 1984, p.703). A rejeição de Wyneken por parte de Weber também se exprime em outro documento ligado diretamente a "Ciência como vocação" e "Política como vocação". Em uma carta de Frithjof Noack a Marianne Weber de 26 de outubro de 1924 (coleção particular de Max Weber-Schäfer), em que Noack descreve a sua pesquisa sobre a gênese dos dois discursos, lemos: "Weber estava acima de tudo feliz porque a palestra sobre educação não fora proferida por Wyneken, que ele desprezava intensamente como 'demagogo da juventude' etc.". Essa reprovação torna-se ainda mais pungente pelo fato de o irmão de Weber, Alfred, ser um seguidor declarado de Wyneken. Sobre o efeito deste último sobre outros, tem-se também a correspondência entre Wyneken e Walter Benjamin, o qual, após apoiá-lo inicialmente, rompeu de todo com ele (vide Götz von Ohlenhusen, 1981). Além disso, vide Benjamin (1977, especialmente v.2, livro 1, p.60-6, sobre o relacionamento entre a Freistudentenschaft e a Freischar, e v.2, livro 3, p.824-88). A carta em que Benjamin rompe com Wyneken se encontra em Benjamin (ibid., v.2, livro 3, p.885-7).

dos estudos especializados e se absteriam em sua política universitária de toda forma artificial de política estudantil separada.[71]

Na verdade, a Associação dos Estudantes Livres merece um lugar especial na história da vida estudantil alemã do fim do século XIX até a reorganização da Alemanha depois da Primeira Guerra Mundial. Ela foi de grande importância no desenvolvimento histórico. Seus oponentes ora a difamaram, ora a combateram por ser judia, socialista, racionalista, pacifista, coletivista ou mesmo subjetivista, mas nos tempos modernos ela foi "a primeira decisiva defensora de esforços sociais ambiciosos no sentido do bem-estar de todos os estudantes em dificuldades financeiras". Além disso,

> por meio da ênfase dada à comunidade universitária estudantil e à necessidade de comitês gerais de estudantes, a Associação dos Estudantes Livres abriu caminho para o movimento de unidade estudantil de grande escala que [alcançou] sua meta em 1919, com o estabelecimento da Associação Alemã de Estudantes (vide Schulze; Ssymank, 1932, p.381).

Seu combate visava antes de tudo à posição privilegiada das sociedades e fraternidades estudantis, que estavam muito intimamente ligadas à estrutura mesma da Alemanha imperial. O movimento estudantil livre, originalmente nomeado *Finkenschaftsbewegung*,[72] pode ser entendido como um movimento de cobertura desses esforços estudantis voltados contra as fraternidades e as sociedades de estudantes no começo do século. Seu objetivo recebe uma expressão concisa em uma resolução adotada na Conferência de Estudantes Livres de Weimar, em 1906. Eis aqui um trecho dela:

> O derradeiro e mais alto objetivo do movimento dos Estudantes Livres é o restabelecimento da velha *civitas academica*, a unificação de todos os estudantes em um só corpo independente e autônomo, que seja oficialmente reconhecido como uma unidade em todas as universidades, ao lado do corpo docente como totalidade dos conferencistas, e em pé de igualdade com este último. A organização deve construir um componente essencial do corpo universitário com sua constituição própria. O corpo de estudantes não pode

---

71 Sobre este último ponto, vide novamente a notícia de jornal (vide nota 69) em Weber (1988, p.484).

72 A expressão *Finke* (tentilhão) era originalmente um termo irônico, parecido com a expressão *Wilde* (selvagens) e usado da mesma maneira.

Paradoxos da modernidade

receber sua representação por intermédio de um comitê parcial que inclua apenas representantes de certos partidos; ele só pode fazer isso por meio de um comitê para todos os estudantes, apoiado em uma base parlamentar, na qual todos os grupos da juventude acadêmica encontrem uma representação adequada. Os estudantes também devem compartilhar o ônus e as vantagens, e nenhuma parte do corpo estudantil pode dele retirar-se, mesmo se abrir mão de seu direito à representação (Ibid., 1932, p.420).[73]

Assim, o movimento dos Estudantes Livres era, enquanto movimento coletivo dos "não incorporados" (como se dizia na linguagem da época), pluralista desde o começo. Ele defendia um princípio de tolerância e neutralidade, valorizava as convicções independentes e limitava as suas atividades políticas às questões puramente acadêmicas.[74] O movimento podia, assim, reunir sob um só teto estudantes com as mais diversas visões do mundo e orientações políticas. Além disso, ele também demonstrava diferenças acentuadas de uma universidade a outra. Em particular, a Associação de Estudantes Livres de Munique, que convidou Weber a dar as duas conferências em questão, tinha sua própria imagem distintiva.[75] Todos os grupos, é claro, estavam unidos

---

73 Vide também folheto *Derfreistudentische Ideenkreis. Programmatische Erklärung* [As ideias do Movimento dos Estudantes Livres] (doravante Behrend, 1907). Os Estudantes Livres posicionaram-se contra o "estudante bêbado vestindo as cores de uma fraternidade" como protótipo dos estudantes e contra o "predomínio do princípio das sociedades estudantis, bebendo de manhã e no fim da tarde, divisões de classe e pouco interesse pela educação" na vida estudantil (vide Behrend, 1907, p.18). Em vez disso, advogavam a autoeducação no âmbito de uma comunidade cultural acadêmica para a qual a ideia da unidade das disciplinas acadêmicas, da unidade entre pesquisa e ensino e da unidade entre os que ensinam e os que aprendem continuava sendo definitiva.

74 Sobre o princípio de tolerância e neutralidade, vide Behrend (1907, p.29). O princípio de neutralidade, aliás, de modo algum excluía a ideia de educação política. Muito pelo contrário, era uma das características distintivas dos Estudantes Livres ao ressaltarem a importância da educação política e, portanto, nos departamentos universitários (*Abteilungen*) em que praticavam seu trabalho educacional, e ao darem especial atenção às ciências sociais (ibid., p.33).

75 Immanuel Birnbaum, que, depois de estudar em Freiburg e Königsberg, veio para Munique no semestre de verão de 1913 e logo chegou ao topo da Associação de Estudantes Livres de Munique, escreve em suas memórias: "O movimento estudantil de Munique, porém, também exercia forte atração sobre mim. Ele dera à ideia fundamental da Associação dos Estudantes Livres um novo feitio programático: ela não mais reivindicava todos os estudantes não incorporados como Estudantes Livres; ao contrário, declarava que sua organização era um partido acadêmico que procurava defender direitos iguais e a eleição de representantes estudantis e advogava a mais ampla autoeducação do estudante" (Birnbaum, 1974, p.45).

em sua dedicação à ideia clássica da universidade alemã, acima de tudo, à ideia de educação por meio da erudição e à liberdade acadêmica como liberdade de ensino e de estudos (vide Behrend, 1907, p.5-6). Exatamente por isso, uma das questões controversas era a de como essas ideias deviam ser interpretadas e postas em prática em um sistema universitário cuja população crescera enormemente desde o estabelecimento do Império Alemão[76] e cuja estrutura sofrera mudanças de grande alcance sob a pressão da especialização crescente das disciplinas acadêmicas, sobretudo nas ciências naturais. Weber reagiu a essas discussões: tratou minuciosamente desses desenvolvimentos em "Ciência como vocação".

O movimento dos Estudantes Livres atingiu seu auge antes da Primeira Guerra Mundial, como aconteceu com o movimento Alemães Livres, que inicialmente deve ser distinguido do primeiro. Ao contrário do movimento dos Estudantes Livres, o Alemães Livres nasceu da fusão de diversas associações do movimento de jovens em outubro de 1913, em um encontro no alto do Hoher Meissner, perto de Kassel. A mais importante das associações estudantis representadas era a Juventude Acadêmica Alemã Livre,[77] que, embora se opusesse à vida social corporativa tanto quanto a Associação de Estudantes Livres, de início também se opôs a este último grupo. Desde o começo, em 1913, havia fissuras no movimento Alemães Livres. Logo estourou um conflito aberto entre as associações participantes, sobretudo entre aquelas para as quais esse movimento de jovens era primordialmente cultural e aquelas

---

76 Entre 1872 e 1919-1920, o número de estudantes universitários pulou de cerca de 16 mil para cerca de 118 mil. Sobre esse aumento, vide Schulze e Ssymank (1932, p.428, 465).

77 Vide folheto "Juventude Acadêmica Livre Alemã, 1913, sobre a celebração no Hohen Meissner" ("Freideutsche Jugend. Zur Jahrhundertfeier auf den Hohen Meissner 1913"). Nele são enumeradas as seguintes associações: Juventude Acadêmica Livre (Deutsche Akademische Freischar), Associação Alemã de Estudantes Abstinentes (Deutscher Bund abstinenter Studenten), Associação da Guarda Avançada Alemã (Deutscher Vortruppbund), Associação de Andarilhos Alemães (Bund deutscher Wanderer), Jovens Entusiastas do Excursionismo (Jungwandervogel), Jovens Entusiastas Austríacos do Excursionismo (Österreichischer Wandervogel), Associação Germânica de Estudantes Escolares Abstinentes (Germania-Bund abstinenter Schüler), Comunidade Escolar Livre de Wickersdorf (Freie Schulgemeinde Wickersdorf), Associação para as Comunidades Escolares Livres (Bund für Freie Schulgemeinden), Escola ao Ar Livre sobre a Montanha Solling (Landschulheim am Solling), Associações Acadêmicas de Marburg e Iena (Akademische Vereinigungen Marburg und Jena), Associação Dürer (Dürerbund), Sociedade Comenius (Comeniusgesellschaft), Reforma Agrária (Bodenreform), Entendimento Internacional (Völkerverständigung), Movimento das Mulheres (Frauenbewegung), Movimento pela Abstinência (Abstinenzbewegung) e Higiene Racial (Rassenhygiene).

Paradoxos da modernidade

para as quais ele era principalmente comunitário. Apesar de suas diferenças, que levaram à fragmentação, as associações estavam inicialmente unidas por seu nacionalismo emotivo comum (vide Schwab, A., 1914).[78] Sobretudo em meio à Juventude Acadêmica Alemã Livre, vertentes pacifistas ganharam aceitação com o prolongamento da guerra. Isso facilitou sua aproximação com a Associação dos Estudantes Livres, que, entretanto, havia perdido bastante de sua velha "unidade", reconhecidamente nunca muito firme (vide Schulze; Ssymank, 1932, p.459-60).[79] A Associação também experimentou a difusão das ideias pacifistas em suas fileiras após o início da guerra.

A importância cada vez maior dessa tendência nessa parte do corpo estudantil fica clara com o caso Foerster. Friedrich Wilhelm Foerster, professor de Filosofia e Educação na Universidade de Munique, durante muito tempo advogara, em impressos e conferências, um pacifismo cristão.[80] Em 1917, ele propôs em suas conferências uma paz imediata de compreensão recíproca. Para combater sua influência supostamente derrotista,

> foi formado um comitê entre os estudantes de Munique que protestou contra a propaganda de Foerster e provocou confusão em suas conferências. Foi então criado um contracomitê de defesa daquele ativo pregador da paz (Birnbaum, 1974, p.59).

O contracomitê também era apoiado pela Associação dos Estudantes Livres de Munique. Outras associações de Estudantes Livres, como as de Brelau e de Königsberg, e também a Juventude Acadêmica Alemã Livre, defenderam Foerster em declarações públicas.[81] Em ambos os discursos, Weber tomou posição sobre o caso Foerster, tão entusiasticamente discutido pelos Estudantes Livres de Munique. Em "Ciência como vocação", o caso ajudou-o a

---

78 O grupo ao redor de Wyneken – a Comunidade Escolar Livre de Wickersdorf – logo se retirou (ou melhor, foi expulso).

79 Segundo Schulze e Ssymank, o movimento realmente se manteve vivo em apenas cinco universidades depois do início da guerra.

80 Sobre a posição de Foerster, vide, por exemplo, seu livro *Politische Ethik und Politische Pädagogik* [Sobre a política e a pedagogia ética]. No capítulo "César e Cristo", Foerster chega a um acordo, sobretudo com Otto Baumgarten, primo de Max Weber (Foerster, 1918, especialmente p.327-48).

81 A esse respeito, vide Schulze e Ssymank, 1932, p.459-60; e também a declaração dos estudantes de Heidelberg, assinada por, entre outros, Ernst Toller e Elisabeth Harnisch (*Die Tat. Monatsschrift für die Zukunft deutscher Kultur*, 9 [Set. 1917-1918], p.820).

explicar o princípio lógico da liberdade em relação aos juízos de valor, e seu correlato institucional, a liberdade de ensinar e aprender. Assim, ele pôde fazer declarações acerca da missão da universidade e do papel da instrução universitária. Em "Política como vocação", o caso facilitou o seu retrato do pacifismo cristão como uma convicção ética, com uma perspectiva supostamente ilusionista e falta de senso da realidade.

Essa referência ao caso Foerster já basta para mostrar que, apesar das simpatias que Weber claramente demonstrou pela Associação dos Estudantes Livres, em contraste com seus sentimentos pelas fraternidades, ele também observou que ela "caminhava na direção errada". Assim, muitos dos seus argumentos em ambas as alocuções devem ter provocado os membros desse círculo e certamente tiveram a intenção de ser provocativas. Essa intenção estava ligada ao antipacifismo *de princípio* de Weber que, então como agora, chocou muita gente. Estava ligada ainda mais ao seu diagnóstico da "doença" da juventude acadêmica, que atingia partes da Associação de Estudantes Livres. Acima de tudo, porém, ela estava ligada à terapia por ele prescrita. Weber via essa "doença" manifesta no anseio da juventude acadêmica pela libertação do racionalismo científico por meio de uma "vivência", em seu "elegante 'culto da personalidade'" e, em geral, em sua "disposição extremamente pronunciada de superestimar sua própria importância" (Weber, 1949, p.6, 1973, p.494). Quando, como no caso de Foerster, o professor tem pretensões ao papel de líder ou, pior ainda, quando colegas de convicções menos honrosas propunham um "tipo profissional de profecia" (id., 1949, p.4; 1973, p.492),[82] esse teor destrutivo, em vez de ser ameaçado, só se fortalecia. Na verdade, "Ciência como vocação" – com seus agudos ataques contra a "vivência", o ídolo principal da juventude acadêmica e sua visão restritiva da missão da universidade e do papel do docente acadêmico – produziu uma coalizão entre os Amigos da *Bildung* ("Bildungs"-Freunde) e os Entusiastas do "Uso Científico da Mente" (Schwärmer für den "wissenschaftlichen Verstandesgebrauch"). Immanuel Birnbaum escreveu a Weber que depois da conferência "Ciência como vocação" só um pequeno círculo adotou a posição deste último sem restrições, um círculo formado principalmente por aqueles que haviam sido "preparados pelo ensaio do prof. Husserl publicado em *Logos* ("A filosofia como ciência de rigor"), pelo *Methodenstreit* [debate

---

82 Weber fez o seguinte juízo sobre Foerster em "Política como vocação": "meu colega, o sr. F. W. Foerster, que muito estimo pessoalmente pela indubitável honradez das convicções, mas rejeito irrestritamente como político" (vide Weber, 1958a, p.122, 1971, p.553).

sobre o método] dos historiadores e pelo debate dos economistas acerca do juízo de valor".[83]

É verdade, de fato, que com a sua compreensão da ciência e da política e com sua visão das missões e do valor educativo da universidade, Weber não podia contar com a simpatia unânime nem dos estudantes, nem dos colegas professores. Dadas as tendências da época, a sua era uma posição minoritária. Como mostram as observações de Birnbaum, era uma posição profundamente entrelaçada com a história das ciências e da política na Alemanha imperial. A crítica de Husserl ao naturalismo e ao *Methodenstreit* e o debate sobre o juízo de valor faziam, de fato, parte do pano de fundo de sua posição.[84] Como já mencionei, mesmo antes de pronunciar a conferência "Ciência como vocação", o seu texto revisado sobre o debate acerca do juízo de valor fora publicado em *Logos*. O texto contém argumentos propostos nos dois discursos, sobretudo em "Ciência como vocação". Portanto, vale a pena prestar certa atenção nesse texto. Ele nos proporcionará uma perspectiva mais ampla sobre as reações negativas à posição de Weber descrita por Birnbaum.

No ensaio sobre a liberdade em relação ao juízo de valor, Weber entende a "liberdade dos valores" como um princípio lógico e como uma máxima de ação (na política universitária). Como princípio lógico, ela se refere à heterogeneidade das esferas da cognição e da avaliação (*Wertungssphäre*), situando-se no contexto de uma crítica radical do naturalismo. Weber combateu a naturalização da consciência e a naturalização das ideias e dos ideais e, por conseguinte, a naturalização da esfera da avaliação. Um ato que fornece sentido não pode ser posto no mesmo plano que um fenômeno físico, argumentava ele, nem pode ser validamente equiparado ao sucesso. Quando ocorrem essas equiparações, são inevitáveis os autoenganos. Quanto a isso, Weber está de acordo não só com Rickert, Simmel e muitos outros, mas também com Husserl.[85]

---

83 Immanuel Birnbaum a Max Weber, 26.11.1917, coleção particular de Max Weber-Schäfer. Cf. também o ; "Prefácio editorial" a "Ciência como vocação" em Weber, 1992). Os nomes alemães dos grupos em comum oposição a Weber eram: "Bildungs'-Freunde" e "Schwärmer für den 'wissenschaftlichen Verstandesgebrauch'".

84 Isso vale especialmente para a crítica de Husserl da redução da epistemologia (a teoria do conhecimento) à psicologia cognitiva (a psicologia do conhecimento). Para evitar tal reducionismo, Weber fundamentou seus argumentos, entre outros, nas *Investigações lógicas* de Husserl. Naturalmente, a fundamentação não é suficiente para inferir qualquer simpatia da parte de Weber pelo método fenomenológico. O neokantismo do sudoeste da Alemanha também combateu a redução da epistemologia à psicologia cognitiva.

85 Tanto Husserl como Weber discutem essas ilusões naturalistas, em parte, em termos dos mesmos autores, por exemplo, Wilhelm Ostwald (vide Husserl, 1911, especialmente

Atividade e renúncia: Max Weber acerca da ciência e da política como vocações

Para defender suas próprias teses antinaturalistas, Weber seguia uma teoria dos valores com três premissas: a heterogeneidade das esferas de cognição e avaliação, a ampliação da esfera cognitiva para incluir valores não éticos e a colisão de valores irresolúveis por meios científicos.[86]

Weber, assim, exigia do professor universitário que, por princípio, mantivesse separadas duas coisas: a objetividade dos juízos de fato, por um lado, e a subjetividade e a objetificabilidade dos juízos de valor, por outro. Só quem está ciente da qualidade heterogênea desses dois problemas e torna clara essa qualidade não vai educar mal os seus ouvintes, levando-os "a confundir essas esferas diferentes uma com a outra". Só essa pessoa evita o perigo de tratar do estabelecimento do fato e da adoção de uma posição ante os grandes problemas da vida "com a mesma frieza desapaixonada" (Weber, 1949, p.2, 1973, p.490). É tarefa dos professores universitários tratarem e apresentarem as questões de conhecimento científico de maneira neutra, sóbria e objetiva. Eles se qualificaram para cumprir seu dever. Se eles também devem tratar da segunda categoria de problemas em seu papel de professor, essa é para Weber uma questão prática. A posição adotada quanto a essa questão, portanto, lança uma luz sobre o valor educativo que se atribui à universidade. Só pressupondo o valor educativo abrangente da universidade pode-se esperar que ela assuma o segundo tipo de problemas como uma de suas tarefas. Pode-se defender essa posição sem contradição interna, contanto que se reconheça a heterogeneidade das esferas de cognição e de avaliação. Nesse caso, decide-se que os professores universitários, em razão de suas qualificações, podem também ter pretensões ao "papel universal de moldar seres humanos, de inculcar atitudes políticas, éticas, estéticas, culturais ou outras" (id., 1949, p.3, 1973, p.491). Poder-se-ia acrescentar que os fundadores da Universidade de Berlim pensaram algo nesse sentido. Se rejeitarmos essa posição – e segundo Weber, as premissas sobre as quais se baseava o ideal clássico da universidade alemã desmoronaram sob o peso cada vez maior do subjetivismo na cultura moderna[87] –, então só resta limitar a educação universitária ao "treinamento especializado ministrado por pessoas especialmente

---

p.295; "Energetische' Kulturtheorien" [Teorias "energéticas" da cultura], em Weber, 1973, p.400-26).

86 Para uma discussão abrangente, vide Capítulo 2. Helmuth Plessner fez a seguinte avaliação da relação de Weber com Husserl: "Weber respeitava a seriedade de Husserl, mas julgava abominável a sua causa" (vide Plessner, 1963, p.33).

87 Weber diz isso em referência aos últimos quarenta anos de desenvolvimento na economia (vide Weber, 1949, p.3, 1973, p.492).

qualificadas" (id., 1949, p.3, 1973, p.491). Declara expressamente Weber que é esse o seu ponto de vista (ibid.). A missão da universidade em seu tempo claramente já não é, portanto, a de educar os estudantes para que se tornem generalistas que se cultivam por si mesmos (*Kulturmenschen*), mas apenas especialistas (*Fachmenschen*).[88]

Relacionando essas reflexões com as reações negativas descritas por Birnbaum, logo vemos com clareza por que os Amigos da *Bildung* não podiam adotar a linha argumentativa de Weber. Obviamente consideravam a universidade uma instituição de aprendizagem no sentido clássico. É menos claro, porém, por que os Entusiastas do "Uso Científico da Mente" também rejeitaram a sua posição. Só estudando mais atentamente esse último grupo essa rejeição se torna menos misteriosa.

Sem dúvida, Weber considerava a universidade principalmente um lugar de treinamento especializado. Essa visão, porém, não implica que ele, provavelmente como aqueles entusiastas, defendesse um mundo de especialistas, ingênuo e irrefletido. Ele já fizera observações críticas acerca desse mundo de especialistas em seu famoso estudo do protestantismo ascético. Em tal estudo, ele se valeu da expressão do Zaratustra de Nietzsche para caracterizar aqueles que não veem os limites internos dos especialistas modernos como os últimos humanos, como aqueles que inventaram a felicidade. Para eles, Weber escolheu a formulação "especialistas sem espírito, sensualistas sem coração" (id., 1921, v.I, p.204, 1958b, p.182; "Zarathustra" em Nietzsche, 1960, v.1). O treinamento especializado deve, sim, acontecer, mas tão somente para produzir honestidade intelectual e, acima de tudo, uma consciência simultânea das próprias limitações. Tal treinamento especializado é, porém, educação e formação (*Bildung*) especializadas no verdadeiro sentido das palavras. Ele aguça a consciência dos limites do mundo dos especialistas como tal e do fato de que os problemas de sentido que a vida apresenta não podem ser resolvidos apenas com treinamento especializado (vide Weber, 1949, p.3, 1973, p.491).

Assim, Weber não mais considerava as universidades capazes de produzir generalistas no velho estilo. Nesse sentido, o ideal de "plena e bela huma-

---

88 Em termos tipológicos, Weber realmente distingue três tipos diferentes de educação: educação carismática, baseada em conhecimentos não cotidianos ("extraordinários"), por meio da qual um dom natural já presente no ser humano é levado a se manifestar; educação cultural, baseada em conhecimentos formativos, por meio da qual o caráter do ser humano é cultivado; e treinamento especializado, fundamentado em conhecimentos especializados, por meio do qual o ser humano é treinado para poder executar funções úteis (vide Weber, 1989, p.302 et seq.).

Atividade e renúncia: Max Weber acerca da ciência e da política como vocações

nidade" em que se baseara o classicismo alemão estava irremediavelmente perdido (id., 1921, v.I, p.203, 1958b, p.181).[89] Mas Weber também procurou impedir que os estudantes se tornassem especialistas bitolados, especialistas sem espírito. Ele desejava o especialista culto, que aprendera três coisas:

> Primeiro (...) contentar-se com o humilde cumprimento de determinada tarefa; segundo, reconhecer antes os fatos – mesmo, e sobretudo, aqueles que considera pessoalmente inconvenientes – e em seguida distinguir entre afirmá-los e assumir uma posição avaliativa em relação a eles; e, terceiro, subordinar sua própria personalidade à matéria em questão e assim, acima de tudo, suprimir a necessidade de exibir seus gostos pessoais e outros sentimentos quando não solicitado. (Weber, 1978c, p.73, 1973, p.493)

Weber queria um especialista culto, que, além do mais, defendesse livre e abertamente suas próprias ideias. A universidade deveria moldar seres humanos autodeterminados, comprometidos com uma causa. Para tanto, ela precisaria de professores que conhecessem o nexo entre atividade e renúncia e o praticassem de maneira crível em suas próprias vidas ante os estudantes.

Quando Weber insiste enfaticamente em distinguir o papel do professor universitário que fala aos estudantes como um especialista científico do papel do cidadão que se dirige ao público em geral, ele lembra um dos ensaios de Kant sobre o Iluminismo.[90] Como em Kant, esses papéis pertencem a instituições que diferem em seus respectivos mecanismos de controle e critérios de racionalidade. Em contraste com as reuniões e os discursos públicos, o salão de conferências e as próprias conferências colocam-se sob o "privilégio da liberdade em relação à vigilância" (Weber, 1978c, p.72, 1973, p.493).[91] Tal

---

89 É sabido que Weber julgava que as últimas obras de Goethe, sobretudo *Fausto II* e *Os anos de aprendizado de Wilhelm Meister*, se afastavam desse ideal. Tal avaliação também desempenhou seu papel em sua crítica dos esforços não idealistas, sobretudo os desenvolvidos no círculo ao redor do editor Eugen Diederichs, e desempenhou um papel central nas conferências de Lauenstein (o irmão de Weber, Alfred, também simpatizava com esses círculos, que incluíam partes do movimento Alemães Livres). Sobre as tentativas de Eugen Diederichs em geral, vide Hübinger (1987, p.92-114) e também Diederichs ([s.d.], especialmente p.270-308). Sobre a organicidade, a harmonia e a humanidade como conceitos guias do classicismo alemão, vide Lukács (1953, p.57-75). Para Weber, o livro de Gundolf (1916) era importante.

90 Kant chamava isso de a distinção entre os usos privado e público da razão (vide "Beantwortung der Frage: Was ist Aufklärung?" em Kant, 1977, p.487-8).

91 Weber fala da "inatacabilidade da cátedra acadêmica" (Weber, 1949, p.5, 1973, p.493). Isso deve ser entendido em um sentido institucional. Naturalmente não quer dizer que os estu-

Paradoxos da modernidade

privilégio, porém, torna possíveis os abusos. Esse perigo não pode ser evitado pela "intrusão do público, por exemplo, sob a forma da imprensa" (Weber, 1978c, p.72, 1973, p.493), mas apenas pela autolimitação do professor universitário, evitando toda propaganda em favor de suas convicções pessoais. Tal autolimitação causava grandes dificuldades para o próprio Weber, como descrevemos anteriormente. No entanto, esse era o seu objetivo no salão de conferências. Por essa razão, talvez, exerceu tamanho impacto em alguns dos seus ouvintes a sóbria racionalidade que ele alcançou em visível combate com suas próprias paixões.[92]

Ver os fatos, até os pessoalmente desagradáveis, e reconhecê-los; colocar-se completamente a serviço de uma determinada causa e cumprir suas exigências diárias; pensar clara e sobriamente e sentir-se responsável: é para isso que o professor deve educar o estudante. São virtudes pouco espetaculares,

---

dantes não estão autorizados a criticar a doutrina apresentada. Weber também reconhecia que a dúvida e a crítica são o elixir da vida. Com Fichte, declara: "pois a dúvida mais radical é a mãe do conhecimento" (vide Weber, 1978c, p.75, 1973, p.496; "Sittenlehre. Drittes Hauptstück" em Fichte, 1962, sec.5).

92 Um bom exemplo desse efeito se encontra na descrição feita por Julie Meyer-Frank, que começou a estudar em Munique no semestre de inverno de 1917-1918 e também viu Weber em, além de suas duas palestras públicas, seus cursos de conferências e seminários de Munique. Escreveu ela: "em contrapartida, Max Weber palestrava com uma ênfase precisa, como um regente que acompanha o ritmo da fala com as mãos, mãos estranhamente delicadas para aquele homem alto, de cabeça grande. Eu assisti aos seus principais cursos de conferências sobre as 'Categorias sociológicas' e 'História social e econômica' e participei de seus seminários. Sei que as categorias sociológicas, elaboradas em seu livro *Economia e sociedade*, hoje causam grandes dificuldades para os estudantes, que suam para compreender suas formulações abstratas. Na época, porém, acompanhávamos tensos, e até com excitação ansiosa, as breves sentenças que, como a correia de chicote de uma lógica inexorável, davam definições, exegeses abstratas e exemplos claros, cada qual cheio de significado e, vistos como um todo, fontes de novos conhecimentos. Nunca tomei notas de conferências com tanta atenção como naquelas, e nunca antes ou depois tive tanta consciência de ter aprendido" (vide Meyer-Frank, 1982, p.216). Ela era também membro da Associação dos Estudantes Livres de Munique. Uma lembrança diferente é apresentada por Helmuth Plessner, que também assistiu ao curso de conferências sobre as categorias sociológicas: "o número de ouvintes logo caiu, o que para ele não era problema. A apresentação não era o seu forte, nem nas conferências, nem nos livros. Ele desprezava a profecia vinda de qualquer púlpito. Ele iniciou uma conferência superlotada – ou será que era uma daquelas reuniões de estudantes frequentes na época? – com a seguinte citação de George: 'só o seu número já é um crime'. Ele deixava de lado todas as suas habilidades retóricas ao lecionar. No curso sobre as 'Categorias', ele apresentou um verdadeiro retrato do ascetismo intramundano, até onde me lembro, puras definições e explicações, fornecendo apenas a quintessência, a *crème de la crème* (*Trockenbeerauslese, Kellerabzug*)" (vide Plessner, 1963, p.34).

"cotidianas", não "extraordinárias". Quem consegue administrar o dia a dia sem meramente conformar-se com ele é também um "herói". Weber elogiou diversas vezes as virtudes da "normalidade", nesse sentido, para os seus estudantes. Aparentemente, tal louvor pouco podia entusiasmar muitos dos jovens, agitados pela guerra e pela revolução. Eles não buscavam o comum, mas o extraordinário; não o professor sóbrio, mas o herói ou o profeta; não um racionalismo científico incapaz de dar sentido, mas uma moralidade substantiva ou uma *unio mystica* (unificação com o sagrado) religiosa, muitas vezes só pseudorreligiosa. Weber tomou posição tanto contra o substancialismo como contra o romantismo. Até hoje, muitos se têm irritado mais com a primeira oposição do que com a segunda. Werner Mahrholz, que, como Immanuel Birnbaum, ocupava um dos cargos de liderança da Associação dos Estudantes Livres de Munique e com ele ajudou a organizar os dois discursos públicos, provavelmente exprimiu os pensamentos íntimos de muitos quando fez este comentário sobre "Ciência como vocação" em novembro de 1919:

> é triste a posição justamente daqueles entre os professores que são líderes naturais: para um número cada vez maior deles, o trabalho intelectual se tornou uma forma respeitável de suicídio, um jeito de morrer em estoico heroísmo (Mahrholz, 1919, p.230).[93]

Havia, porém, um pequeno grupo dos que se deixaram convencer pela defesa de Weber do ideal de um ascetismo no mundo, liberto de seus fundamentos religiosos e para os quais ele desempenhava o papel de líder justamente por seu jeito sóbrio de ensinar. Tal grupo certamente incluía Karl Löwith.[94] Também poderiam ser citados outros nomes.[95] Muitas dessas pessoas eram de origem judaica ou protestante e politicamente de esquerda liberal ou social-democrata, e alguns até socialistas. Um dos que se encaixam especialmente bem nesse retrato é Immanuel Birnbaum. Foi principalmente graças a ele

---

93 Marholz foi, aliás, quem presidiu a sessão em que Weber proferiu sua "Política como vocação". Ele já conhecia Weber da primeira conferência de Lauenstein. Por ocasião dela, aliás, Edgar Jaffé escrevera algo parecido, sem dúvida referindo-se a Max Weber: "o sermão do trabalho resignado e da honestidade modesta surgiu como o sol que banha de ouro esse túmulo [do espírito] com seus últimos raios, um sol que perdeu o poder de aquecer" (vide Jaffé, 1917, p.995).

94 Sua reação a Weber já foi citada.

95 Encontram-se diversos nomes na transcrição da conversa entre Birnbaum e Horst J. Helle, 3.3.1982 (Birnbaum, 1982, p.4); outros se encontram em König e Winckelmann (1963).

que os dois discursos foram pronunciados ante a Associação dos Estudantes Livres e, em seguida, publicados em forma de revista em nome da Associação.

Birnbaum iniciara seus estudos em Freiburg sob Gerhart Schulze-Gaevernitz, Heinrich Rickert e Friedrich Meinecke. Ao ir a Munique via Königsberg, onde entrou para a Associação dos Estudantes Livres, ele foi atraído principalmente pelas atividades docentes de Lujo Brentano e Heinrich Wölfflin. Todas essas eram figuras pertencentes ao contexto intelectual da vida de Weber, a quem Birnbaum, provavelmente, encontrou mais tarde, durante as discussões políticas na casa de Lujo Brentano (vide Birnbaum, 1974, p.75). Depois de primeiro simpatizar com grupos de esquerda liberal, ele se uniu aos sociais-democratas em 1917.[96] Birnbaum chegara ao topo da Associação de Estudantes Livres de Munique em 1913-1914. Mesmo depois de conseguir o seu Ph.D., ele participou decisivamente do desenvolvimento da Associação até o estabelecimento do Comitê Geral dos Estudantes (Allgemeiner Studentenauschuss) em Munique durante a revolução. No verão de 1919, ele foi eleito um dos três presidentes do Comitê (id., 1974, p.75). Assim, Birnbaum contribuiu para transformar em realidade aqueles objetivos que o movimento dos Estudantes Livres estabelecera para si mesmo. Ao fim de seu desenvolvimento, o corpo estudantil estava legalmente constituído.

"Ciência como vocação" e "Política como vocação" eram partes de uma série de conferências que os Estudantes Livres de Munique provavelmente planejaram já no verão de 1917. Chamava-se "Trabalho intelectual como vocação" e fora inspirada pelo ensaio "Vocação e juventude", de Franz Xaver Schwab (muito provavelmente pseudônimo de Alexander Schwab), publicado na revista mensal *Die weissen Blätter,* no dia 15 de maio de 1917.[97] Nesse ensaio, Schwab chamava a "vocação" (ou profissão) de ídolo a ser esmagado. Era o ídolo do mundo burguês europeu ocidental-americano: formava o núcleo ao redor do qual tudo girava; veio a figurar entre as forças básicas da existência, entre a vida (física) e o espírito, ainda que "fosse completamente estrangeira a essas potências primordiais em sua pura divindade" (Schwab, F., 1917, p.104). Dessa situação só podia resultar alienação, a alienação da vida

---

96 Escreve Birnbaum que participou em Freiburg da Liga Livre dos Estudantes (Akademischer Freibund), "uma associação informal de estudantes de tendências políticas de esquerda liberal" (Birnbaum, 1974, p.38). Em sua conversa com Helle, ele chegou a afirmar que Weber o enviara ao SPD, e não só a ele, mas também Mahrholz e outros (Birnbaum, 1982, p.10-1)!

97 Sobre os pormenores, vide "Editorische Berichte" em Weber (1992).

em relação ao espírito e, portanto, de cada um em relação à sua verdadeira essência. Produzir a reconciliação representava a necessidade da época, e isso só podia acontecer onde o domínio da vocação e de seu mundo associado de especialistas tivesse sido destruído. Como os "gregos em seus tempos de prosperidade", a juventude da época também podia alcançar a bela e plena humanidade, uma vez que reconhecesse os perigos para a alma representados pela vocação. Tal reconhecimento empurraria a juventude para uma oposição radical ao mundo burguês, indissociável da ideologia que transformou em virtude moral a necessidade de trabalhos vocacionais escravizantes.[98]

É improvável que o anticapitalismo romântico de Schwab provocasse muito entusiasmo entre os Estudantes Livres de Munique, embora tais tendências não fossem raras entre diversos movimentos de juventude e de estudantes da época. O que deve ter provocado certa agitação foi a observação de Schwab de que ainda nenhum daqueles grupos juvenis e estudantis havia tratado seriamente do problema das vocações, inclusive os Estudantes Livres.[99] Ao mesmo tempo, Schwab indicava uma saída para essa lamentável situação: devia-se examinar com atenção as obras de Max e Alfred Weber, pois "as únicas pessoas de nossa época que disseram algo importante acerca da vocação de maneira clara foram os irmãos Max e Alfred Weber, em Heidelberg" (ibid., p.104).[100]

Não sabemos quando Birnbaum ou algum outro membro da Associação Bávara de Estudantes Livres se aproximou pela primeira vez de Weber convidando-o a falar, no âmbito de uma série de conferências concebida em resposta à provocação de Schwab, sobre a "Ciência como vocação" e em seguida sobre a "Política como vocação" (vide "Editorische Berichte" em Weber, 1992). O interessante nessa circunstância, porém, não é o curso externo dos acontecimentos, mas as controvérsias no nível das ideias. E é nesse contexto que notamos que, em "Ciência como vocação", Weber, pelo menos indiretamente, toma posição diante da provocação de Schwab. Weber destrói impiedosamente o mito da plena e bela humanidade proclamado por

---

98 Schwab também fala, nesse contexto, de "humanidade europeia-americana ocidental" (vide Schwab, F., op. cit., p.105).

99 Além dos Estudantes Livres, Schwab citou o Círculo George, o Entusiastas do Excursionismo (Wanderwogel), Início (Sprechsaal e Anfang), a Juventude Acadêmica Livre, os Estudantes Abstinentes, Lietz, Wyneken e "todo o círculo de Wickersdorfer" (vide Schwab, F., op. cit.,, p.105).

100 Vide também "Editorische Berichte" sobre "Ciência como vocação" em Weber (1992).

Paradoxos da modernidade

Schwab[101] e também mostra que a vocação e uma vida plena de sentido não se opõem necessariamente. Tudo, é claro, depende de um entendimento correto do elo entre as duas. Ambas estão vinculadas não pela remoção dos limites do trabalho vocacional, mas pela limitação mesma desse trabalho que Schwab acha tão deplorável. Weber afirma, não só em relação ao trabalho intelectual, que "um trabalho realmente definitivo e bom é hoje sempre um trabalho especializado" (Weber, 1958a, p.135, 1973, p.588-9). Só aqueles que podem entregar-se completa e continuamente a um tema limitado e cumprir as exigências cotidianas que dele provêm pode captar "a única parte do sentido [da vocação] que ainda permanece genuinamente significativa hoje em dia" (id., 1978c, p.73, 1973, p.494).

Ora, tal "sentido da vocação" pode mostrar-se plausível para o intelectual e o professor universitário. É também plausível para o político? Este último não deve fornecer respostas aos grandes problemas coletivos da vida, respostas que não podem ser obtidas nem pelo treinamento especializado, nem pela educação e cultura especializadas? Segundo Weber, é claro que a democracia moderna, que por certo não dá aos políticos "o privilégio de verem-se livres da vigilância", está sujeita à burocratização nos grandes Estados. É uma "democracia burocratizada".[102] Em tal sistema, tem-se de lidar com a "necessidade do treinamento especializado durante muitos anos, uma especialização cada vez maior e a direção por um corpo de funcionários especializados assim treinados" (Weber, 1984, p.606-7). Tal burocratização não significa, porém, que esse corpo treinado de funcionários, por mais indispensável que seja, deva também gozar da liderança política. A "democracia de grande Estado" moderna, como democracia de massas, também precisa de *líderes* políticos. E para Weber, eles representam na prática o contraponto não só em relação àqueles funcionários, mas também em relação aos intelectuais.[103]

É claro, assim como existem diferentes concepções acerca dos eruditos e dos professores universitários, também há várias concepções acerca dos

---

101 Que Weber trate do mundo grego em "Ciência como vocação" é algo que provavelmente se deva a Schwab e sua utopia retrospectiva, e não, como por vezes se afirma, a Georg Lukács, que, em sua *A teoria do romance*, caracterizava a era burguesa como a era da maldade absoluta (em referência a Fichte) e – como Schwab – contrastava tal era com a dos gregos (vide especialmente "Culturas fechadas" em Lukács, 1916, parte 1).

102 Sobre esse conceito, vide, por exemplo, Weber (1984, p.606); sobre sua interpretação, vide Schluchter (1989, cap.10).

103 Para uma análise geral da demarcação desses três papéis um em relação ao outro e seus contextos normativos e institucionais, vide Schluchter (1984, p.65-116).

líderes políticos. Weber as discutiu em seu segundo discurso público, "Política como vocação", traçando um retrato do político "responsável", em contraste com o político "de princípios", por um lado, e o político obcecado com o poder, por outro. O político responsável deve ter habilidade para formular posições políticas capazes de ganhar apoio e estar disposto a defendê-las mesmo sob risco pessoal. Ele deve também envolver-se com os "poderes infernais" que estão à sua espreita em toda forma de força, mesmo o controle e o uso legítimos dela (Weber, 1978c, p.222, 1971, p.557, 1958a, p.125-6), e resistir à sua influência corruptora. O político responsável deve, ainda, servir apaixonadamente uma causa, assumir responsabilidades em relação a ela e praticar uma "disciplina desapaixonada" ao encarar "as realidades da vida" (id., 1978c, p.223, 1971, p.558, 1958a, p.126-7). Pode-se seguir um líder assim. Não se faz isso em razão de "sensações românticas" (id., 1958a, p.127, 1971, p.559) ou do "culto do poder" (id., 1978c, p.214, 1971, p.547), mas por uma convicção esclarecida ou, quando as paixões exaltadas do líder são expressão de seus dons carismáticos, por um espontâneo "despertar".

O intelectual como especialista autocrítico e o político como líder, no sentido de agir com base em uma ética da responsabilidade, parecem, pois, estar em irreconciliável oposição um ao outro. No primeiro, temos o sóbrio reconhecimento dos fatos, no segundo, o compromisso apaixonado de tomar partido; em um, a demonstração do possível, no outro, além disso, o empenho em alcançar o aparentemente impossível.[104] No entanto, logo fica claro que essa não é a palavra final de Weber sobre o assunto. Embora mostrem diferenças, ambas as figuras também têm traços em comum.

Não se deve esquecer que Weber, em "Política como vocação" (como de fato em "Ciência como vocação"), aventou um argumento capaz de criar uma coalizão entre dois campos que, caso contrário, seriam antagônicos – analogamente, para parafrasearmos Birnbaum: entre os "amigos de uma política da convicção" e os "entusiastas do uso do poder puro". Weber reprovou energicamente esses políticos de convicção e seus adeptos entre os Estudantes Livres que "se intoxicam com sensações românticas" (id., 1958a, p.127, 1971, p.559), e assim se iludem. A mais grave de todas as ilusões é a crença de que possa haver alguma atividade política séria e importante que *não* enrede o ator político nas vicissitudes do poder. Weber via tal ilusão principalmente entre os pacifistas, os sindicalistas e os espartaquistas em

---

104 A esse respeito, vide a eloquente formulação em Weber (1949, p.23-4, 1973, p.514).

ação; acima de tudo, porém, ele a encontrava entre os *litterati* políticos que se reuniram no governo revolucionário de Kurt Eisner. (De fato, os membros radicais dos Estudantes Livres momentaneamente consideraram convidar Eisner a falar sobre "Política como vocação".)[105] Segundo Weber, todos esses grupos tendiam ou a negar a incontornável realidade de toda política, a saber, a força com sua própria lógica interna, ou a se valer do uso da força "pela *última* vez, produzindo uma situação em que *toda* violência seja abolida" (id., 1978c, p.219, 1971, p.553). Nessa fé, porém, no poder criativo da força eles se aproximavam dos "entusiastas do uso do poder puro", para os quais o poder é um valor em si mesmo. É claro que esses políticos "do poder puro" não são capazes de empenhar-se em uma causa que vá além do pessoal. Assim, eles agem em um "vácuo carente de sentido" (id., 1978c, p.214, 1971, p.547), ao passo que os políticos "de convicção", vítimas de ilusão, pelo menos os da esquerda radical, são guiados pela esperança de uma libertação que possa ser produzida por ações diretas.[106]

Assim como odiava puros especialistas, Weber também sentia repulsa pelos que defendiam o poder puro. Eles encarnavam todas as qualidades que ele detestava na política: falta de objetividade, irresponsabilidade e vaidade. Considerava-os os histriões da política, cuja "íntima fraqueza e impotência se esconde por trás dessa pose ostentatória, mas completamente vazia" (id., 1978c, p.214, 1971, p.547). Essa pose não é assumida pelos políticos "de

---

105 A esse respeito, vide "Editorische Berichte" sobre "Política como vocação" em Weber (1992).

106 Apenas dois meses antes de ministrar a palestra "Política como vocação", Weber dera uma explicação crítica das tendências delirantes e realistas dentro do socialismo em sua palestra "Socialismo", de 13 de junho de 1918, em Viena, que logo depois foi publicada como folheto. Nela, ele tratou da greve geral e do terrorismo como recursos revolucionários e do "*romantismo* da esperança revolucionária" ligado a eles, tão "fascinante para esses intelectuais" (vide Weber, 1984, p.628). Em seu discurso "A reorganização política da Alemanha", proferido em Munique, 4 de novembro de 1918, ele se enfureceu com uma "minoria" de esquerdistas intelectuais "fortemente movidos pelo quiliasmo revolucionário", inclusive o anarquista Erich Mühsam e o bolchevique Max Lewien (vide Weber, 1988, p.359-69). Em seu discurso "Política como vocação", de 28 de janeiro de 1919, Weber provavelmente encontrou em meio ao público – além dos Estudantes Livres, dos Alemães Livres e de "um grupo de jovens estudantes com atitudes poeticamente revolucionárias (Trummler, Roth)" – Ernst Toller, que era na época membro do governo de Eisner. O relacionamento de Weber com Erich Trimmler e Ernst Toller datava já das conferências de Lauenstein. Sobre a composição do público que assistiu à "Política como Vocação", vide Frithjof Noack a Marianne Weber, 26.10.1924 (Max-Weber-Archiv, Munique). Knud Ahlborn pode ter sido um dos Alemães Livres presentes. Ele era membro da Juventude Acadêmica Livre, estava próximo do movimento proletário jovem e também participara das conferências de Lauenstein.

princípios", que servem uma causa que vai além do pessoal. Eles buscam um ponto íntimo de orientação, um apoio íntimo. É claro que todos eles raramente estão à altura das realidades da vida. Contudo, sempre que os políticos "de princípios" conseguem provar objetivamente o valor de sua "missão" e lidar com as complicações das relações de poder, Weber está disposto a reconhecer sua vocação para a política, pois eles têm consciência do "elemento trágico com que toda ação, mas sobretudo a ação política, está emaranhada" (ibid.). Assim, eles também têm consciência das limitações da ação política e de que ela exige um tipo específico de comedimento.

Essa consciência da natureza trágica da ação política também é característica do político "responsável". Mas ao contrário do político "de princípios", aquele extrai dessa natureza trágica uma consequência de maior alcance. O político "responsável" não se contenta em assumir a responsabilidade pelo valor de convicção de sua ação política, mas amplia essa responsabilidade para abranger os efeitos previsíveis dessa ação. Pode, porém, fazer justiça a essa responsabilidade ampliada apenas se possuir as virtude que, segundo Weber, os estudantes devem aprender com seus professores na sala de aula. São as virtudes que citamos anteriormente: contentar-se com o cumprimento de uma determinada tarefa, reconhecer fatos pessoalmente desagradáveis e subordinar sua própria personalidade ao caso em questão (Weber, 1978c, p.73, 1971, p.493).

Os termos essenciais: dever vocacional, comedimento e personalidade

Em ambas as vezes que Weber falou para os Estudantes Livres de Munique, defendeu a mesma ideia básica: que se despoja a vocação de todo significado "se não [houver] o exercício dessa forma específica de comedimento que ela exige" (ibid.). Embora difira o tipo de comedimento exigido, ele é necessário tanto no trabalho intelectual como na política. A mensagem de Weber aos Estudantes Livres é a de que o trabalho intelectual como vocação significa uma vida cheia de renúncias, não de reconciliação; significa "restrição ao trabalho especializado, não onicompetência fáustica".[107] Muitos não queriam ouvir falar nessa ênfase dada à base ascética da ação. "Política como vocação", como antes "Ciência como vocação", provocou sensações de desconforto entre

---

107 Como está escrito no fim do estudo do protestantismo ascético (Weber, 1958b; vide também 1978c, 1921, I, p.203).

os Estudantes Livres. Esse desconforto não se devia apenas ao fato de Weber tecer juízos, por exemplo, sobre Foerster, Eisner e os conselhos de soldados e operários com "tranquilo desrespeito", como disse um dos participantes (vide Frithjof Noack a Marianne Weber, 26.10.1924, Max-Weber-Archiv, Munique).[108] Devia-se muito mais ao fato de Weber confrontar brutalmente o idealismo dos políticos "de convicção" com o emaranhamento de toda ação política em questões de poder, dando assim a impressão de que a ação política nada tivesse a ver com os valores. Não há dúvida de que não foi isso que Weber sustentou. Mas é preciso ouvir com neutralidade para apreender a complexa trama de relações entre poder, ética e verdade em que ele colocou a forma de política por ele sem dúvida defendida, a política da responsabilidade.

Vocação e comedimento, vocação *como* comedimento, é essa a mensagem de Weber à juventude acadêmica. Quem quer dar sentido ao trabalho intelectual como vocação, quem – ao contrário de Schwab – não a considera simplesmente uma necessidade econômica deve afirmar a base ascética da ação. Para Weber, a vocação desde o começo fez parte do modo burguês de conduta. E se a conduta não quiser degenerar-se em mera técnica de gerir a vida, não se pode permitir que ela simplesmente desapareça. Inegavelmente, o espírito cristão que outrora lhe dera um apoio interior há muito se dissipara. Weber já demonstrara isso em seus estudos sobre o protestantismo ascético. Por essa razão, esse modo de ação não pode mais ser avaliado com base na fé religiosa; deve-se estabelecer um fundamento secular para ele. É justamente isso o que ocorre nos dois discursos de Weber.

Para oferecer esse fundamento, Weber coloca os dois conceitos de vocação e comedimento em uma relação intrínseca com um terceiro conceito, o de personalidade. Primeiro, o termo é despojado de todas as implicações "românticas". Anteriormente, em sua crítica a Knies e ao problema da irracionalidade, Weber se insurgira contra esse conceito romântico-*naturalista* de personalidade que "procura o santuário real do pessoal no 'subsolo' difuso, indiferenciado, vegetativo da vida pessoal" (Weber, 1949, p.192, 1973, p.132). Nas duas conferências, ele se opôs a um conceito romântico-*esteticista* de personalidade, que descobre esse núcleo sagrado na vivência ou mesmo no

---

108 Vide também depoimento de Weber como testemunha no processo legal contra Ernst Toller e Otto Neurath (Weber, 1988, p.485-95). Conta Julie Meyer-Franck que logo após o fim do discurso "Política como vocação", o público presente teve de abandonar o auditório porque os seguidores de Eisner queriam interromper o evento. Logo depois da palestra, Weber chamou Eisner de "palhaço do carnaval de sangue". Sobre isso, vide Meyer-Frank (1982, p.213-4).

empenho em moldar a própria vida como obra de arte.[109] Nem a variante naturalista, nem a estética capta o que é crucial para Weber, a saber, "a relação constante e *intrínseca* com certos 'valores' e 'sentidos' últimos da vida" (id., 1949, p.192, 1973, p.132) que a pessoa obtém no desdobrar de seu destino, processo que ao mesmo tempo é um processo de *Bildung*. O individualismo ascético e humanista representa a mais justa aproximação do conceito de personalidade: ascético, porque é necessária a *ação* contínua a serviço de uma causa; humanista, porque essa causa pressupõe o compromisso constante com os *valores* últimos; e individualista, porque esse compromisso constante tem de ser *escolhido* por meio de uma série de decisões definitivas. Quando tais condições são satisfeitas, a pessoa torna-se uma personalidade, sem necessariamente pretendê-lo. Nas palavras de conclusão de "Ciência como vocação", ela encontra o seu demônio e aprende a obedecê-lo, satisfazendo suas exigências diárias.

Por certo não é coincidência que dois dos textos mais importantes de Weber, *A ética protestante e o espírito do capitalismo* e "Ciência como vocação", terminem com uma alusão às últimas obras de Goethe. A segunda obra apresenta uma formulação preliminar do conceito de personalidade que Weber tinha em mente. Apesar de certas tendências para um humanismo estético e cosmológico na obra de Goethe, que Weber certamente via com frieza, ele considerava que *Os anos de aprendizado de Wilhelm Meister*, com subtítulo original *oder die Entsagenden* [Ou os abnegados], e *Fausto II* desenvolveram de maneira válida o significado de uma base ascética de conduta não fundamentada na religião cristã. Além disso, na descrição da interação do demônio de uma pessoa (ou seja, sua individualidade ou caráter) com o "mundo", feita nas "Palavras primordiais", de Goethe, Weber percebeu estar claro que a única maneira de evitar o perigo de perder o que é próprio da pessoa em favor do que é meramente acidental, de perder o intrínseco em favor do extrínseco, é por meio do comedimento. Seria certamente injusto com Weber interpretar sua adoção do conceito de demônio de maneira elitista, algo que Friedrich Gundolf, o adepto de Goethe, fez em seu livro sobre o poeta. Alegou Gundorf que só os grandes homens, os gênios, são capazes de ter um demônio e, assim, seu destino próprio, ao passo que a pessoa normal só é capaz de "meras qualidades, opiniões, preocupações e experiências, condicionadas de fora, não formadas de dentro" (Gundolf, 1916, p.4). Weber, ao contrário,

---

109 Vide Weber (1958a, p.137, 1973, p.591), onde Weber afirma que "mesmo com uma personalidade do nível de Goethe, foi ruim tomar a liberdade de tentar fazer da 'vida' uma obra de arte".

lutava por uma aristocracia do espírito, não por uma forma de elitismo.[110] Todas as pessoas podem encontrar o seu demônio, tornar-se personalidades e determinar suas próprias vidas, basta servirem com total sacrifício uma causa por elas mesmas escolhida, indo além do plano pessoal. Naturalmente, isso pressupõe que as ideias e imagens do mundo, segundo as quais interpretamos nossas próprias vidas, e as ordens sociais em que somos forçados a viver não obstruem completamente a base ascética de conduta. Pressupõe, no entanto, acima de tudo, que a próxima geração seja conscientizada – em particular em tempos de crise e de mudança radical, quando as esperanças e os anseios são grandes – das inter-relações entre a atividade vocacional, o comedimento esperado do lado de fora e aceito de dentro, e a formação da personalidade.[111] Em última instância, ambos os discursos têm o propósito de conscientizar a nova geração. Assim, em seu cerne, eles têm intenções "filosóficas", exibindo tanto uma declaração de fé como um desafio à ação.

O papel da ciência no mundo moderno: uma controvérsia

Depois de Max Weber pronunciar a segunda das duas conferências, Immanuel Birnbaum empenhou-se em que ambas fossem publicadas o quanto antes, em um único volume. Embora quisesse incluir os outros discursos da série, eles ainda não haviam sido apresentados, e não parecia que viriam a sê-lo em um futuro próximo. Mais tarde, porém, o editor vetou a publicação em um único volume e lançou os dois discursos como brochuras independentes.[112] Essa decisão parece ter sido resultado de considerações de ordem comercial. Como se pode inferir do número diferente de cópias impressas, o editor claramente esperava que "Política como vocação" obtivesse melhor êxito. Não temos como saber se foi isso o que aconteceu de fato.

O que sabemos, sim, é que, imediatamente depois de sua publicação, "Ciência como vocação" provocou mais reações do que "Política como vocação". Logo iniciada com um breve artigo de Ernst Robert Curtius em agosto de 1919 (Curtius, 1919), a discussão prosseguiu em ensaios mais longos de Erich von Kahler (1920)[113] e Arthur Salz (1921). Os dois últimos eram ami-

---

110 Isso o distinguia não só dos seguidores de Stefan George, mas também dos de Nietzsche.

111 Basta pensar nos trechos finais de "Política como vocação", com sua citação do Soneto 102 de Shakespeare (Weber, 1978c, p.224, 1971, p.559).

112 Sobre a história da publicação, vide "Editorische Berichte" em Weber (1992).

113 Esse livro de Kahler foi publicado pela mesma editora que editava as obras do círculo de Stefan George, a Georg-Bondi Verlag.

gos e membros do círculo de Stefan George. Salz, que também pertencia ao círculo de Weber, considerou uma crítica o artigo de Kahler e visava a defender o ponto de vista de Weber contra algumas das acusações do primeiro. Ernst Troeltsch (1981b) e Max Scheler (1922), enfim, também intervieram na controvérsia. "Política como vocação", ao contrário, inicialmente não provocou nenhuma resposta.[114] Assim, tanto em sua forma oral como escrita, dos dois discursos, "Ciência como vocação" foi o que teve maior impacto, disparidade que prossegue essencialmente até hoje.[115]

Qual era o ponto focal desse primeiro debate? Embora as partes contendoras defendessem pontos de vista radicalmente diferentes, estavam unidas por uma fonte comum de dúvida: eram as limitações que Weber situava na ciência moderna e no trabalho intelectual de natureza obrigatória em sentido histórico e, sobretudo, sistemático? É o trabalho intelectual moderno, como afirmava Weber, simplesmente "uma 'vocação' organizada em disciplinas especiais a serviço do autoesclarecimento e do conhecimento de fatos inter-relacionados"? Ou é "o dom de graça de videntes e profetas que distribuem valores e revelações sagradas [...] participando da contemplação dos sábios e filósofos acerca do sentido do universo", afinal (Weber, 1958a, p.152, 1993, p.609)? Pode-se na realidade atribuir à experiência e à cognição, à vida e ao conhecimento funções diferentes no processo cognitivo, como diz Weber, ou, como afirma Curtius, estarão eles tão intimamente inter-relacionados que na prática se deva exigir que o intelectual cumpra suas "obrigações experimentais" (Curtius, op. cit., p.202)? E qual é o estatuto das pressuposições de valor a que Weber se refere para resistir à noção de que a ciência moderna não tem pressupostos? Serão meramente subjetivas ou devem ser filosoficamente desenvolvidas a partir de uma "filosofia da vida universalmente fundamentada, com valores existenciais e suas posições relativas" (ibid., p.203)?

Contudo, embora as partes contendoras estivessem unidas em suas dúvidas comuns acerca da ideia restritiva de Weber sobre as possibilidades da ciência moderna, suas respectivas contrapropostas difeririam muito umas das outras. Entre todos, Erich von Kahler foi mais longe, pedindo nada menos que uma ciência completamente nova. Com isso, exprimia sentimentos de uma geração

---

114 Por vezes conjectura-se que Walter Benjamin se referiu à "Política como vocação" em sua "Zur Kritik der Gewalt" [Crítica da força] (Benjamin, 1921). Não há, porém, nenhuma prova filológica ou substantiva para tal afirmação. Embora por fim publicada no *Archiv Sozialwissenschaft und Sozialpolitik*, o texto devia ser originalmente publicado em *Die weissen Blätter*.

115 Certa mudança resultou recentemente do papel desempenhado pela distinção entre a ética de convicção e de responsabilidade na controvérsia a respeito do movimento de paz alemão.

Paradoxos da modernidade

marcada pela experiência da guerra e pelo desgaste de uma civilização. Na realidade, seu ataque frontal à posição de Weber faz lembrar o ataque frontal de Schwab à desnorteada humanidade europeia ocidental-americana.

Para Kahler, Weber é um representante da velha ciência, em que o "maior potencial" desta é realizado. Isso significa ao mesmo tempo que o indiscutível *ethos* de Weber está a serviço de uma "causa perdida" (vide Kahler, op. cit., p.8): a autolibertação da razão, que teve início com Kant. Como este, ele segue um percurso antiplatônico que destrói "o elemento intuitivo, profundamente visionário, de fato, o elemento visionário *per se*, o simples clamor primeiro de unidade cósmica e substância metafísica". O que sobra é uma "razão puramente irrelevante" (ibid., p.15). Porque Weber segue esse percurso desnorteado do Iluminismo, sua concepção de um politeísmo helênico ressurreto, de uma batalha dos deuses que caracteriza o compromisso existencial do homem moderno nada compartilha com o politeísmo do homem antigo. Enquanto este último envolve a especificação da "vida boa" reconhecível e definitiva segundo o tempo e o lugar, o primeiro gira ao redor da escolha entre diferentes vidas de igual mérito, fora do lugar e do tempo. Essa ausência de unidade, porém, implicaria um relativismo prático, algo que é simplesmente a expressão filosófica de uma vida interior conflituosa e fragmentada (ibid., p.27 et seq.).

Na visão de Kahler, Weber oferece em "Ciência como vocação" uma apologética em favor dessa vida conflituosa e fragmentada, uma apologia da separação entre pensamento e emoção, conhecimento e ação, erudição e liderança. Tal apologia demonstra que o modo básico de pensamento e método da velha ciência já está em declínio, pois o racionalismo de Weber, cortado de tudo o que é visionário, é tão consequente que ele é forçado a mostrar a única saída dessas divisões: a volta ao todo. Na visão de Kahler, não há nada de acidental no fato de que um diagnóstico tão radical possa ser feito na Alemanha; como para outros antes dele – vem à mente o jovem Marx –, a Alemanha se lhe aparece como o lugar da mais radical privação e, assim, como o lugar mesmo em que a mais radical revolução, a revolução da ciência, pode e deve ter início.[116]

---

116 A seguinte passagem torna isso especialmente claro: "o desenvolvimento do mundo está hoje ocorrendo na Alemanha. A Alemanha tem sido forçada aos limites absolutos da privação, porque deve dar à luz a grande transformação. A Alemanha é o palco do colapso do velho porque deve ser o palco do triunfo do novo. Em nenhum outro lugar experimentamos a tal ponto a decomposição conceitual da forma orgânica. Em nenhum outro lugar esse tipo terrível de homem funcional, de homem de produção, de homem como [mera] peça, se desenvolveu em tão exemplar pureza como na Alemanha: essa criatura totalmente inumana, de

Atividade e renúncia: Max Weber acerca da ciência e da política como vocações

É, portanto, vocação dos alemães adquirir essa nova ciência para a Europa e, na verdade, para toda a humanidade. Embora retenha a velha ciência, dá-lhe merecidamente uma condição mais baixa.[117] A nova ciência baseia-se na reviravolta dos trabalhos puramente empíricos realizados desde Kant; baseia-se no restabelecimento da verdadeira hierarquia da ideia e do conceito, do conhecimento e do fato, do fundamento básico e da causa, e no papel fundamental da contemplação ante a análise. Além disso, ela se baseia na paixão, no sentido da mania platônica, não no sentido da mera devoção a uma causa que em si mesma é apenas subjetivamente vinculante, como no racionalismo restritivo da ciência weberiana. O novo conhecimento existe, assim, nos contemplativos e "orgânicos trabalhos de imaginação", e não, como no velho conhecimento, "em fragmentos [isolados] de fatos e cálculos" (ibid., p.65). No entanto, o novo conhecimento também é conhecimento, e não fé ou arte.[118] Contudo, como esse novo conhecimento apresenta uma visão (*Zusammenschauen*) do "vivente em seu cerne, em sua unidade e unicidade e segundo suas leis", ele também resolve o problema do valor que Weber julgava insolúvel (ibid., p.39).

Assim, Kahler não quer simplesmente melhorar a velha ciência, mas divorciar-se radicalmente dela. Ele busca, como Ernst Troeltsch já observara corretamente, uma revolução contra a revolução provocada pelo Iluminismo; em outras palavras, sua meta é um contrailuminismo. Ao mesmo tempo, Kahler é "contemporâneo" o bastante para evitar simplesmente convocar o retorno à humanidade da Antiguidade, cujo modo de conduta morreu para sempre. Devemos buscar mirar tanto antes quanto além do Iluminismo. Assim, o contrailuminismo também se revela um pós-iluminismo.[119]

---

que todos os laços de sangue e de alma foram rompidos, cuja vida inteira gira em torno de atividades racionalmente materiais que aprendeu, e que até parece nada mais ser do que essa atividade tirada de, abstraída de e estabilizada fora de todo contexto vivo" (Kahler, 1920, p.35).

117 Kahler afirma que o racionalismo weberiano forma o mais baixo estrato do conhecimento, o estrato dos meros fatos. Tal estrato está subordinado ao conhecimento do "mais alto e mais abrangente *vir a ser e avançar viável*", como se exprime no intuicionismo de Bergson. Ambos os estratos do conhecimento, porém, têm de ser reintegrados à mais alta e definitiva forma de conhecimento, que nasce da penetração do "mais alto, mais abrangente e completo fundamento do *ser eterno*", possível apenas com base na contemplação (*Schauen*) e, portanto, como resultado da contemplação platonizante das essências (vide Kahler, 1920, p.46).

118 Diz Kahler que essa forma de conhecimento, que é o produto do espírito e não do intelecto, tem de ser distinguida da forma da fé e da forma da arte, na medida em que "ela não é capaz de assumir forma pessoal ou simbólica" (ibid., p.65).

119 É evidente o paralelo com o debate contemporâneo sobre a modernidade e a pós-modernidade.

Paradoxos da modernidade

Sob esse aspecto, a posição de Kahler é sintomática. Faz parte da busca do "compromisso (*Bindung*) e da unidade, do dogma e da lei na vida espiritual" que começou muito antes da Primeira Guerra Mundial e se erguia não só contra o naturalismo e sua tendência ao intelectualismo, mas também contra o historicismo e sua tendência ao relativismo.[120] O "panfleto revolucionário"[121] de Kahler, com seu viés antinaturalista e anti-historicista, é evidentemente apenas uma faceta dessa corrente de pensamento. Contudo, sua contracrítica torna claro que "Ciência como vocação" era vista mesmo pelos contemporâneos como uma defesa da continuação do Iluminismo e um manifesto contra as novas sínteses de valor.[122]

Sem dúvida também Arthur Salz viu assim o ataque de Kahler contra Weber. Para ele, a "revolução do espírito" de Kahler era uma rejeição neorromântica do moderno racionalismo europeu e, acima de tudo, da contribuição específica da Alemanha para ele, a filosofia transcendental de Kant e, portanto, de seu correlato político, a Revolução Francesa (Salz, op. cit., p.73 et seq., especialmente p.77).[123] Kahler e os outros neorromânticos procuravam dissolver o vínculo entre o pensamento científico do Iluminismo e o constitucionalismo republicano. Seu muito difundido partido anti-intelectual e antiburguês exigia não só o vidente em vez do erudito e o sábio em vez do especialista, mas também requeria o círculo com conhecimento esotérico reunido ao redor do gênio, que ficava, enfim, fora de qualquer controle externo (Salz, op. cit., p.29). Por mais que Salz simpatizasse com a exigência de Kahler de

---

120 Vide análises em Troeltsch (1981b, p.654) e, em grande detalhe, em Troeltsch (1922, especialmente cap.1 e 3, parte 6).

121 Nas palavras da crítica de Arthur Salz (op. cit., p.11).

122 Somos tentados a interpretar uma passagem da "Vorbemerkung" [Introdução do autor] aos *Gesammelte Aufsätze zur Religionssoziologie* como uma reação direta ao panfleto de Erich von Kahler: "a moda e o zelo dos *literati* querem fazer-nos crer que o especialista possa ser dispensado hoje, ou rebaixado a uma posição subordinada à do vidente. Quase todas as ciências devem algo aos diletantes, e até, não raro, pontos de vista muito valiosos. Mas o diletantismo como princípio orientador seria o fim da ciência. Quem anseia por visões deve ir ao cinema, embora elas hoje também lhe sejam oferecidas copiosamente sob forma literária para os atuais campos de investigação" (Weber, 1958b, p.29, 1921, I, p.14). O que não sabemos, porém, é se Weber pôde ler o ensaio de Kahler. Embora este último certamente já estivesse concluído em novembro de 1919, só foi publicado pouco depois da morte de Weber (vide Kahler, 1920, p.5). É possível que Weber soubesse do ataque de Kahler, sobretudo porque deste era amigo Salz, que também era muito próximo de Weber, em Munique. Salz pode ter pelo menos informado Weber do manuscrito e talvez até o mostrado a ele.

123 Sobre a relação da filosofia clássica alemã com a Revolução Francesa em geral, vide Henrich (1990, p.73 et seq.).

uma renovação fundamental da ciência moderna após sua era rotineira (ele situava sua era carismática no Renascimento, não na Grécia), não aceitava a solução proposta por Kahler sobre como fazer isso. No confronto entre o elitismo antidemocrático de um Friecrich Nietzsche e um Stefan George e a aristocracia do espírito de um Max Weber, que podia ser democratizada, a posição de Weber finalmente ganhou a adesão de Salz.[124]

Ernst Troeltsch observou de maneira perspicaz, com relação à controvérsia, que os contendores mais jovens tendiam a avaliar a história do espírito alemão "de Lutero a Nietzsche e George", ao passo que os participantes mais velhos a viam como indo "de Lutero a Goethe e Helmholtz" (Troeltsch, 1981b, p.675). Para Troeltsch, essa diferença explica por que, em geral, se pode encontrar uma avaliação mais favorável das ciências positivas nos escritos dos autores mais velhos do que naqueles dos mais jovens. O que diz Weber sobre essas ciências em "Ciência como vocação" é, segundo Troeltsch, "em sua clareza e virilidade, a única verdade" possível (ibid., p.673). Reconhecê-lo, porém, não significa estar de acordo com a sua concepção da filosofia. Para Troeltsch, mesmo aqueles que rejeitam[125] as ciências humanas visionárias com sua busca da sensualidade cognitiva praticada no círculo de George e alhures, que não seguem nem um novo platonismo nem um novo catolicismo em relação ao problema do valor, não estão presos ao conceito muito restrito de filosofia de Weber. Sob esse aspecto, Troeltsch até reconhece certo mérito no anseio de Kahler pela unidade. Ele se aproxima mais da verdade "do que o ceticismo de Weber, que eu também acho impossível, e seu heroísmo que afirma energicamente os valores" (ibid.). Curtius já fizera observações parecidas.

---

124 Tal preferência não significa, é claro, que Salz se identificasse completamente com a posição de Weber. Ele também parece ter sonhado com a volta de um tempo carismático, em que, como no Renascimento, a ciência também desenvolveria poderes visionários e poéticos e os cientistas também poderiam ser imbuídos de um sentido da vida fáustico e extático. Também Salz parece ter buscado, em última instância, a religação da ciência moderna com a vida, que vai além do "programa minimalista para o erudito por vocação" de Weber. Contudo, ele se opunha a uma filosofia teocrática da restauração que significasse um retorno à Idade Média ou à sabedoria do Oriente e se opôs, acima de tudo, à ditadura dos poucos, concomitante com tal restauração (vide Salz, op. cit., p.11, 13, 61 et seq., 91). No entanto, apesar de sua orientação para o Ocidente, Salz ainda se apega à missão especial da Alemanha (ibid., p.81 et seq.).

125 Troeltsch tinha em mente, sobretudo, as obras de Gundolf, mas também a Escola de Sabedoria do Conde Keyserling e a antroposofia de Rudolf Steiner. O pano de fundo aqui é constituído pelos desenvolvimentos na História intelectual associados aos nomes de Schopenhauer, Nietzsche, Bergson, Dilthey, Simmel e Husserl. Kahler também considerava o livro de Gundolf sobre Goethe um exemplo da nova ciência!

Para ele, "Ciência como vocação" era "um sintoma da anarquia dos valores" da cultura recente da Europa Ocidental (vide Curtius, op. cit., p.202).

Podemos encontrar também em Max Scheler argumentos nesse sentido. Embora ele compartilhe em boa medida a caracterização feita por Weber das ciências positivas, vê a combinação weberiana entre ciência ascética e uma *Weltanschauung* (ideologia) antifundacional como o "documento chocante de toda uma era" (Scheler, op. cit., p.20). A posição de Weber é prejudicada pelo fato de não mais possuir uma "metafísica substantiva" ou uma "cognição substantiva da hierarquia objetiva dos valores", um lamentável estado de coisas que pode enfim ser rastreado até Kant e só pode ser remediado com uma posição antikantiana (que na verdade é uma posição pré-kantiana) (ibid., p.19). Scheler continua a dizer que mesmo os neokantianos do sudoeste da Alemanha, com que Weber simpatizava filosoficamente, só eram capazes de uma doutrina formal da cognição e das normas. Todavia, Weber e toda a sua escola, em que Scheler inclui Karl Jaspers e Gustav Radbruch, transformam mesmo esses resíduos formais em uma doutrina descritiva da *Weltanschauung*. Assim, o que Scheler afinal critica é a suposta abstenção de Weber ante a filosofia em qualquer sentido real da palavra, e "não só ante o estado da arte contemporânea, mas como uma *posição cognitiva essencial* do homem *per se*" (ibid., 1922, p.25).

O duro juízo de Scheler acerca de Weber como filósofo nada tem de avaliação isolada. Ele é basicamente compartilhado por Curtius e Troeltsch, e não só eles: mesmo Heinrich Rickert, cuja lógica da formação do conceito histórico inicialmente ajudou Weber a desenvolver sua própria opinião, achava sua posição sobre a filosofia em retrospecto "negativamente dogmática" (vide Rickert, 1926, p.234). Segundo Rickert, Weber "formou uma opinião um tanto unilateral acerca da filosofia científica e seu potencial contemporâneo". Afinal, Weber só considerava filosofia científica a lógica, mas não o esforço por uma filosofia compreensiva do valor (id., 1929, p.XXV). Ademais, para Rickert, em "Ciência como vocação" Weber exagera indevidamente essa diferença entre passado e presente, entre a ideia de verdade platônica e a moderna, pois a filosofia científica moderna, que é mais do que apenas lógica, não só desmistifica, mas também "traz pela primeira vez o 'mistério' da vida à plena consciência". E isso porque "aquilo que é *claro* acerca da existência, da natureza, da arte, da felicidade, de Deus ainda [é] em princípio acessível à ciência hoje" (id., 1929, p.XXV).

Assim, mesmo alguém que compartilhava o antinaturalismo e o antirromantismo de Weber, que afirma esse conceito de ciências racionais e empíricas,[126] de modo algum concorda necessariamente com sua resposta sobre a questão do valor. Muito pelo contrário: as reações a "Ciência como vocação" relatadas mostram que a tese de Weber de politeísmo objetificado, da batalha dos deuses, foi a causa real da controvérsia filosófica. Em uma época em que as mais diversas orientações filosóficas buscam todas elas o compromisso e a unidade, o dogma e a lei na vida espiritual, as observações de Weber tinham de parecer antifilosóficas e expressão de um relativismo simplista. Aqui o protestantismo cultural de Troeltsch, o catolicismo de Scheler e o criptoplatonismo de Rickert parecem estar todos de acordo. O desejo de uma nova síntese dos valores estava em toda parte. Não se queria mais viver sem ela. A necessidade de vivermos sem ela, se quisermos ser honestos conosco mesmos, foi o que Weber ensinara em "Ciência como vocação".[127]

Weber, é claro, nunca se proclamou filósofo. Mesmo na época em que trabalhou intensamente nas questões metodológicas das ciências sociais e estudou os lógicos modernos, repetidas vezes frisou que estudava a lógica não por si mesma, mas apenas para testar a utilidade das ideias dos lógicos modernos, sobretudo Rickert, na solução dos problemas de sua própria disciplina. Weber se julgava mais um paciente consciente de seus sintomas do que um médico que sabe como curá-lo. Sua atitude ante a questão do valor em "Ciência como vocação" pode ser caracterizada de maneira semelhante. Ele descreveu a doença; também deu o nome dos remédios que já falharam ou que, sendo meros narcóticos, acabariam falhando. Além disso, mostrou como podemos continuar vivendo nessa situação incurável, mas não se apresentou como um médico que conhece a terapia redentora. No máximo, Weber apresentou aos médicos, sobretudo os filosóficos e teológicos, um problema difícil.

Se quisermos captar o caráter existencial desse problema que tanto preocupou a Weber, devemos primeiro afastarmo-nos da concepção de que Weber

---

126 Nem todos. Curtius (op. cit., p.201), por exemplo, acusou Weber de ter tirado seu conceito de ciência "das ciências naturais mecânicas" e de tê-las orientado para "o ideal contemporâneo de meticulosidade".

127 Uma avaliação equilibrada das diferentes visões do mundo (*Weltanschauungen*) que desempenharam um papel, sobretudo conjuntamente com "Ciência como vocação", é obtida por Eduard Spranger. Ele distingue os pressupostos imanentes à ciência dos transcendentes a ela. Sobre o estatuto destes últimos, Weber os considera representativos da visão das gerações mais velhas. Spranger discute, além da postura de Scheler, as contraposições de Erich Rothacker e Theodor Litt; ele também dá as grandes linhas de sua própria posição, que se concentra na autocrítica e na obtenção do conhecimento com base em razões. Assim, ele se aproxima muito da posição de Weber (vide Spranger, 1929).

defende um relativismo simplista em "Ciência como vocação". Podemos vê-lo com mais clareza hoje do que era possível imediatamente depois de sua publicação, quando floresciam as novas sínteses de valor.[128] No entanto, esse caráter realmente não era uma questão de universalismo ou relativismo, mas de como Weber formulou a questão do valor e, o que é mais importante, como ele a vivenciou. Parece que foi Karl Jaspers que reconheceu isso pela primeira vez e com a maior clareza. Em seu discurso comemorativo de 1920, comentou Jaspers que Weber, o erudito e político, era tido por muitos como um filósofo, embora claramente não "em um sentido realizado antes dele". Ao contrário, em sua própria existência, no caráter fragmentário *e* no espírito de unidade e coerência que ele simbolizou, Weber dera à ideia de filosofia uma presença e, portanto, uma nova realização. Nesse sentido, ele vivera uma existência filosófica. Pois a

> essência de uma existência filosófica é [...] a consciência do absoluto e a conduta guiada em sua incondicionalidade pela viva seriedade do absoluto. Isto é que era singular em Max Weber, que ele irradiasse tal essência sem concretamente reconhecer e apresentar o absoluto (Jaspers, 1988, p.46).

O debate inicial ocorrido logo após a publicação de "Ciência como vocação" está hoje amplamente esquecido. As filosofias acadêmicas que se opunham à concepção restritiva da ciência moderna de Weber também desapareceram. Todavia, a vitalidade filosófica que Karl Jaspers percebia no trabalho de Max Weber, e em especial nos seus dois discursos, permanece. Nesse sentido, eles são de fato textos "filosóficos": além da perspectiva e da convicção racionais, eles também dão expressão a uma existência filosófica.

Excurso: a controvérsia acerca da datação dos dois discursos

Há muito tem havido uma controvérsia na literatura acerca da data da conferência "Ciência como vocação". A suposição de que ela tenha ocorrido no verão de 1918-1919 pode provavelmente provir de uma afirmação de Marianne Weber em sua biografia do marido. Declara ela que tanto "Ciência

---

128 Que Weber não defendesse um relativismo simplista foi ressaltado pela primeira vez por Dieter Henrich (1952, parte 2) em sua dissertação. Por meu lado, procurei desenvolver a teoria do valor de Weber a partir da perspectiva de um universalismo regulador (vide Capítulo 2).

Atividade e renúncia: Max Weber acerca da ciência e da política como vocações

como vocação" quanto "Política como vocação" foram proferidas em 1918 e publicadas em 1919 (Weber, Marianne, 1975, p.664). Tal declaração é surpreendente, uma vez que Marianne Weber instruiu Frithjof Noack a verificar a data para ela enquanto escrevia o livro. Ela foi assim informada de que "Ciência como vocação" "já" tinha sido proferida no "começo de novembro de 1917", e "Política como vocação", "um ano e meio depois, em fevereiro ou março de 1919" (Frithjof Noack a Marianne Weber, 24.10.1924, Max-Weber-Archiv, Munique). Johannes Winckelmann adotou a datação de Marianne Weber, verão de 1918-1919, para "Ciência como vocação" quando reimprimiu esse texto (vide Weber, 1951), e Eduard Baumgarten também defendeu em seu livro a tese de que ambos os discursos tenham sido proferidos em tempos próximos, situando-os em janeiro-fevereiro de 1919 (vide Baumgarten, 1964, p.715).

Nos anos seguintes se travou uma controvérsia entre Immanuel Birnbaum e Eduard Baumgarten, provocada por uma pergunta de Winckelmann (vide sua carta a Immanuel Birnbaum, 8.7.1970, Max-Weber-Archiv, Munique). Enquanto Birnbaum, que naquela altura era editor no *Süddeutsche Zeitung*, se julgava capaz de lembrar um intervalo de "vários meses" entre "Ciência como vocação" e "Política como vocação", Baumgarten, com base no seu bom conhecimento da correspondência e das circunstâncias pessoais de Max Weber, julgava poder dizer com exatidão que "Ciência como vocação" fora pronunciada no dia 16 de janeiro de 1919, e "Política como vocação", no dia 28 de janeiro de 1919 (vide os argumentos de Baumgarten em "Sobre a questão da datação dos discursos de Weber", Max-Weber-Archiv, Munique, datilografado).

Com base nos relatos dos jornais de Munique, outros por fim conseguiram afirmar definitivamente que o discurso público "Ciência como vocação" fora pronunciado em novembro de 1917 (vide Mommsen, 1974, p.289-90; Schluchter, 1979, p.113-6, 1980, p.236-9). Contudo, a possibilidade de que Weber possa ter apresentado "Ciência como vocação" uma segunda vez no inverno de 1918-1919 ainda era discutida. Birnbaum, perguntado sobre esse assunto novamente em 1979, afirmou ser essa possibilidade "muito improvável" (vide carta sua a Martin Riesebrodt, 17.1.1979, Max-Weber-Archiv, Munique).

Todavia, a velha ideia da grande proximidade temporal de "Ciência como vocação" e "Política como vocação" ou a tese da segunda apresentação de "Ciência como vocação" ganhou nova vida a partir de um relato escrito por Karl Löwith no Japão, em 1940, e publicado em 1986. Afirma Löwith ter ouvido ambos os discursos no verão de 1918-1919 (vide Löwith, 1986, p.16-7). As datas de Löwith, porém, são extremamente vagas. Por exemplo, ele começou

Paradoxos da modernidade

a estudar em Munique no semestre de inverno de 1917-1918 (segundo a informação que se pode encontrar nos Arquivos Universitários de Munique de 5.7.1989) e não, como ele afirma em seu livro (ibid., p.14), no semestre de verão de 1918. Assim, é bem possível que ele tenha estado presente na conferência de Weber do dia 7 de novembro de 1917. Segue-se dessa relativamente correta descrição do transcorrer do discurso de Weber que ele estava de fato presente. Ressalta ele que Weber falara extemporaneamente e que seu discurso foi taquigrafado. Se Löwith não o ouviu falar no dia 7 de novembro de 1917, Weber teria tido de falar duas vezes no mesmo auditório, em um evento organizado pelas mesmas pessoas, diante do mesmo público, com seu discurso extemporâneo sendo taquigrafado pela segunda vez. Não há, porém, nenhum apoio para essa suposição na correspondência da Associação dos Estudantes Livres ou dos editores, Duncker & Humblot, que publicaram como textos tanto "Ciência como vocação" quanto "Política como vocação", ou nas recordações de Birnbaum. Tampouco a afirmação de Baumgarten de que podia provar com base na correspondência de Max Weber que a conferência "Ciência como vocação" teve lugar no dia 16 de janeiro de 1919 resiste à investigação. Os "discursos diante dos estudantes", mencionados na correspondência a que Baumgarten se refere, não são discursos pronunciados por Weber ante a Associação de Estudantes Livres, mas, em vez deles, os discursos "Burguesia ocidental" ("Abendländisches Bürgertum") e "Estudantes e política" ("Student und Politik"), organizados pela Associação de Ciência Social da Universidade de Munique e pela Associação Política dos Estudantes Alemães (Politischer Bund deutscher Studenten [Bund deutsch-nationaler Studenten]) e que, depois de diversos adiamentos, ocorreram nos dias 12 e 13 de março de 1919 (vide Weber, 1988, p.482 et seq., 557-8).

2
Convicção e responsabilidade
Max Weber acerca da ética

Em certo sentido, a ação política bem-sucedida é sempre a "arte do possível". No entanto, muitas vezes só alcançamos o possível se nos empenhamos em atingir o impossível que fica além dele. [...] Eu, por meu lado, não vou tentar dissuadir a nação da ideia de que a ação deve ser julgada não só pelo seu valor de sucesso (Erfolgswert), mas também por seu valor de convicção (Gesinnungswert). De qualquer modo, o não reconhecimento desse fato impede a nossa compreensão da realidade.

Max Weber, The Meaning of 'Ethical Neutrality'"
["O significado da 'neutralidade ética'"]

O uso polêmico da distinção entre ética de convicção e ética de responsabilidade

A distinção feita por Max Weber entre ética de convicção e ética de responsabilidade tornou a ganhar certa atualidade em debates políticos recentes, sobretudo na Alemanha. Cumpre observar, porém, que essa distinção serve antes de tudo a propósitos de polêmica. Ela é muitas vezes usada para dividir o mundo político em duas partes: uma boa e outra má. Os bons são os defensores de uma ética de responsabilidade; os maus, aqueles que se apegam a uma ética de convicção, considerada não só fora de moda, mas também politicamente perigosa. Há uma preferência pela ética de responsabilidade, relativamente independente do próprio ponto de vista político, ao passo que não se tem muito respeito pela ética de convicção. Esta é quase usada como um insulto. Por um lado, temos o ingênuo defensor da ética de convicção, de cuja sinceridade ninguém duvida, mas cuja cegueira em relação à realidade leva a uma conduta politicamente irresponsável. Por outro lado, temos o prudente defensor de uma ética de responsabilidade, guiado pela razão e pela experiência, o qual antecipa as consequências dessa ação e orienta de maneira responsável sua conduta nesse sentido. É bem verdade que, se fossem essas as alternativas, quem não se colocaria do lado da razão e da experiência, apesar do perigo de ser censurado, pelos defensores de uma ética de convicção, como um mero *Realpolitiker*?

É fato que mesmo Weber nem sempre resistiu à tendência de, com propósitos de polêmica, simplificar em excesso a distinção. Sobretudo naqueles trechos de "Política como vocação" em que toma partido político em relação à situação da Alemanha depois da Revolução de Novembro de 1918, ele tendeu – como observa Guenther Roth (1987a, p.207-8) – a "estabelecer uma equivalência entre a inimizade ao capitalismo e a incapacidade de suportar a irracionalidade ética do mundo" e "forçar os pacifistas cristãos e os revolucionários socialistas [...] dentro de uma mesma categoria", a da adesão a uma ética de convicção. A depreciação política que acompanha tal classificação é óbvia.[1]

No entanto, tão logo observamos com maior atenção os textos de Weber, de imediato percebemos que a questão não pode ser tão simples, pois ele mesmo ressaltou que a ética de convicção não deve ser considerada sinônimo de irresponsabilidade, nem a ética de responsabilidade, sinônimo de mera *Realpolitik* (Weber, 1971, p.539, 1958a, p.120).[2] Uma correta demarcação das duas éticas obviamente se baseia em uma especificação do *tipo* de responsabilidade a elas ligada, isto é, na respostas às perguntas *ante quem* e *pelo que* se é responsável.[3] Essa demarcação exige uma análise mais abrangente. Apenas se reconstruindo todo o contexto teórico na obra de Weber de que a distinção é uma parte, pode a distinção dele ser protegida do mau uso – quer nas mãos do próprio Weber, quer na de seus "seguidores".

Para não sermos presas de uma simplificação polêmica já logo de início, devemos lembrar que a distinção de Weber é feita no contexto de uma teoria

---

1 Sobre o público visado pelo discurso, vide Roth e Schluchter (1979, p.113-6).

2 Sobre a distinção entre a ética de responsabilidade e a mera *Realpolitik*, vide Weber (1973, p.515, 1949, p.25) e Roth e Schluchter (1979, p.55-9).

3 Sobre a importância nas questões éticas da distinção entre *ante quem* e *pelo que* somos responsáveis, vide sobretudo Picht (1980, p.202 et seq.) e Huber (1983, p.55 et seq.).

dos valores e dos *limites* da ética. Os valores éticos não são os únicos com pretensões de validade. Também nem sempre podem oferecer diretrizes inequívocas para a solução de problemas práticos. Isso é verdade, sobretudo no que se refere aos problemas políticos, nos quais os valores éticos e culturais sempre competem. Em certas circunstâncias, os valores culturais podem até ser percebidos apenas pelos que "assumem para si a 'culpa' ética" (Weber, 1973, p.504, 1949, p.15, trecho a que voltarei mais tarde). Assim, a distinção é parte da caracterização de diferentes visões de mundo e de diferentes modos de conduta. Isso tem também um lado histórico-sociológico e outro normativo-axiológico. O primeiro é estudado principalmente na sociologia da religião. O segundo, porém, que se relaciona com a visão axiológica do próprio Weber, nunca foi examinado em profundidade (Henrich, 1952, parte 2).[4] Combinando a sociologia da religião de Weber com alguns dos seus textos políticos, podemos descobrir uma tipologia das éticas que guia, em parte, sua pesquisa. É esse o contexto em que a distinção entre as éticas de responsabilidade e de convicção desempenha um papel diagnóstico. A posição axiológica do próprio Weber, sua própria "filosofia de vida", pode ser apreendida com base em suas observações esparsas sobre a teoria do valor. De fato, em alguns dos seus textos eruditos, ele admitiu abertamente seguir tal filosofia. Ele se dizia, por exemplo, um defensor da ideia da colisão dos valores que ao mesmo tempo considerava a designação de relativista "o mais grosseiro erro de compreensão [imaginável]" da sua posição. Relativismo, escreveu Weber, denota

> uma filosofia de vida baseada em uma visão das inter-relações das esferas de valor que é diametralmente oposta [à dos defensores da teoria da colisão dos valores], e que só pode ser defendida de maneira coerente caso seja baseada em um tipo muito especial de metafísica ("orgânica"). (Weber, 1973, p.508, 1949, p.18)

Assim, é apenas nos termos da filosofia de vida de Weber, nos termos de sua visão da inter-relação das esferas de valor, que a instância normativa que ele ligava à distinção pode ser plenamente apreciada. E é nesse contexto que ela desempenha um papel *terapêutico*. Somente depois de esses dois aspectos –

---

4 Para a discussão entre Dieter Henrich, Claus Offe e Wolfgang Schluchter, vide Henrich, Offe e Schluchter (1988, p.155 et seq.).

O diagnóstico e o terapêutico – terem sido investigados podemos dizer que apresentamos uma visão completa dessa dicotomia conceitual.

Restringirei, porém, a minha análise ao aspecto diagnóstico, tratando apenas ocasionalmente do lado terapêutico. Concentrando-me no primeiro aspecto, quero aperfeiçoar uma tipologia das éticas que subjaz às análises históricas e sociológicas de Weber. Tal aperfeiçoamento me permitirá elaborar a distinção entre a ética de convicção e a ética de responsabilidade e também, em seguida, corrigir algumas das minhas análises anteriores.[5]

A carreira de uma distinção: temas fundamentais das três fases da obra de Weber

A primeira fase: a aula inaugural em Freiburg

Inicialmente, Weber não fez uso da distinção entre a ética de convicção e a ética de responsabilidade em seus escritos. Ela aparece plenamente formulada só depois de 1910, portanto na terceira fase de sua obra.[6] Ambos os

---

5 Isso vale para a tipologia da ética, desenvolvida em Schluchter (1981, p.39-69).

6 Sobre a divisão da obra de Weber em três fases, vide Schluchter (1989, cap.1, 12, 13, apêndice 1). Já fizeram a tentativa de atribuir essa mudança pós-1910 à influência de Georg Lukács, que começou a trabalhar em Heidelberg no verão de 1912 e esteve envolvido em uma intensa troca de ideias com Max Weber. Sobre essa tentativa, vide o interessante livro de Beiersdörfer (1986, especialmente p.88). Por exemplo, Beiersdörfer afirma que "Weber desenvolve a concepção da 'ética de convicção e responsabilidade' inspirado por um ensaio de Lukács e em seu confronto com a 'ideia russa', com o mundo das ideias de Tolstoi e Dostoievski, tais como são a ele comunicados na interpretação especificamente lukacsiana" (ibid., p.91). O ensaio aqui mencionado chama-se "Von der Armut am Geiste. Ein Gespräch und ein Brief" [Sobre a pobreza do espírito: uma conversa e uma carta]. Nele, Lukács refletia sobre o seu envolvimento cúmplice no suicídio da amiga Irma Seidler. A maneira como ele descreveu esse processo em sua significação ética exerceu obviamente uma impressão forte em Max Weber e ainda mais em Marianne Weber (vide Weber, Marianne, 1926, p.474; e carta dela a Lukács, 31.7.1912, agradecendo-lhe o manuscrito que ele lhe dera para ler em Lukács (1982, carta 168). No texto, que provavelmente teve origem em agosto de 1911, Lukács estabelecia uma diferença entre a ética do dever e a ética do amor ou, mais precisamente, entre uma vida em adesão a convenções (sociais) e uma vida que rompe com essas convenções em favor da bondade, que ele exemplifica com figuras tomadas dos romances de Dostoievski (Sonia, Príncipe Myshkin e Alexei Karamazov). As vidas beatíficas desses "agnósticos do ato", vividas incondicionalmente pela salvação do Outro, claro, é fundamentalmente uma vida para além de toda ética, na medida em que tal bondade vai além de todas as categorias éticas. Claramente, Weber pensou longa e intensamente sobre a "ideia russa". Todavia, ele não devia essa familiaridade com ela (ou sua perspectiva sobre ela) a Lukács. Além disso, a distinção entre a ética do dever e a ética do amor ou, na formulação posterior de Lukács em

conceitos têm predecessores com que se combinam ou que os substituem. Isso levanta a questão sobre essa ser apenas uma questão terminológica ou envolver ela mudanças substantivas.

Para responder adequadamente a essa questão, vale reunir os temas fundamentais relacionados com o "problema da ética" em Weber. Isso também serve para preparar o terreno para uma tipologia das éticas mais refinada, que pode ser encontrada na literatura secundária. Começaremos com os temas fundamentais da primeira fase da obra de Weber e em seguida passaremos aos temas dos dois períodos seguintes.

No semestre de inverno de 1894-1895, Weber assumiu a cátedra de economia (*Nationalökonomie*) da Universidade de Freiburg. Em sua aula inaugural, (*Antrittsvorlesung*) em maio de 1895, intitulada "O Estado nacional e a política econômica" ("Der Nationalstaat und die Volkswirtschaftspolitik"), ele aproveitou a oportunidade para tratar dos problemas básicos dessa disciplina, apresentando o seu ponto de vista, algo ainda hoje esperado em tais ocasiões. Tais problemas surgiram na disputa entre as abordagens histórica e teórica. Era controvertida a relação correta entre teoria e história e entre teoria e prática.[7] Os economistas alemães consideravam seu campo não só uma disciplina teórica e histórica, mas – sob a forma de política econômica nacional – uma arte prática voltada a oferecer diretrizes políticas. O padrão

---

correspondência com Paul Ernst, entre a primeira e a segunda ética, entre o dever em relação às formas e o dever em relação aos imperativos da alma, não é equivalente à distinção entre a ética de convicção e a ética de responsabilidade. Weber desenvolveu publicamente a sua concepção da "ideia russa" muito antes de Lukács entrar em sua vida: primeiro, em seus relatos sobre a revolução burguesa na Rússia (1906); em seguida, em suas intervenções na discussão do discurso de Ernest Troeltsch sobre o "Direito natural estoico-cristão" ("Das stoich-christliche Naturrecht und das moderne profane Naturrecht") na Primeira Convenção de Sociólogos Alemães (Erster Soziologentag, 1910). As intervenções feitas na convenção fornecem até as categorias para atacar o ensaio de Lukács. A bondade descrita por este como a entrega incondicional ao Outro é, em Weber, o amor acósmico da humanidade, que rejeita qualquer convenção do mundo. Weber contrasta isso com a entrega incondicional a um objetivo, uma causa, uma obra. Essa distinção, que também se encontra no ensaio de Lukács, é para Weber, porém, uma distinção *dentro* do reino da ética (religiosa) de convicção. É a distinção entre misticismo e ascetismo refletida no contraste entre religiosidade russa e calvinista. Não é por acaso que Marianne Weber ressaltou em sua carta de agradecimento que o que tanto a fascinou – e provavelmente também a Max Weber – no ensaio sobre a "Pobreza do espírito" foi a apresentação do conflito insolúvel e, portanto, trágico, entre a entrega ao Outro e a entrega ao trabalho. Esse fascínio está totalmente de acordo com a perspectiva que Weber esboçou na convenção e em seguida elaborou em pormenor em sua sociologia comparativa da religião.

7 Sobre a natureza do contexto geral dessa controvérsia, vide Schluchter (1989, cap.1).

avaliativo da política econômica nacional era a preocupação do jovem professor. Como ressaltou em uma nota introdutória ao texto editado da conferência, ele queria oferecer uma franca "apresentação e explicação de seu ponto de vista na *avaliação* dos fenômenos de política econômica" (Weber, 1971, p.1). Weber formulou assim o seu ponto de vista normativo, sua posição quanto aos valores. É verdade que antes ele fez uma análise e uma explicação das mudanças sociais e econômicas causadas pela capitalização da agricultura na Alemanha do leste, um exame baseado em suas investigações sobre as condições dos trabalhadores agrícolas no campo a leste do Elba. No entanto, seguiu-se a essa análise uma discussão do padrão avaliativo da política econômica predominante entre seus colegas e o padrão que ele mesmo defendia. Este último, que estava em oposição à doutrina dominante, provocou a conhecida acusação de que Weber fosse um nacionalista alemão, e até mesmo um imperialista.[8] Tal acusação é decerto justificada, mesmo se levarmos

---

8 Mesmo alguns contemporâneos, nessa época por certo não "antipatriótica", ficaram chocados com o discurso, como conta Theodor Heuss (Weber, 1971, p.xiii). Por exemplo: "A política econômica de um Estado alemão, assim como o padrão de avaliação (*Wertmassstab*) de um teórico alemão da economia só pode, portanto, ser alemã" (ibid., p.13). Aliás, deixando de lado seu conteúdo, somente alguém que ainda não distinguiu entre uma relação de valor teórica e uma avaliação prática pode fazer uma afirmação dessas. A esse respeito, vide Schluchter (1989, p.10-6). Sobre o nacionalismo exagerado de Weber e sobre o *Machtstaat* nacional alemão como ideal político e o mais alto valor, vide Mommsen (1974, parte 3) e Nolte (1963, p.535 et seq.). Recentemente, tivemos a oportunidade de assistir a uma reabilitação um tanto estranha dessa "imatura" aula inaugural, que serviria como chave, como uma espécie de código genético para a obra total de Weber. Sobre isso, vide Hennis (1987, p.46 et seq., 161 et seq.; neste último trecho, esse papel é atribuído aos "primeiros escritos sobre economia" como um todo.) Hennis está perfeitamente ciente de que Weber mais tarde se distanciou dessa aula inaugural; contudo, afirma que esse distanciamento não afeta o fato de ter Weber nesse discurso "famosamente infame", pela primeira vez, formulado claramente a sua questão *central*, a do "desenvolvimento da humanidade". (Se fosse esse o caso, não teria sido mais precisamente o desenvolvimento da humanidade alemã?) Seja como for, mesmo assim isso não deve obscurecer as mudanças qualitativas ocorridas entre a aula inaugural e o duplo projeto de Weber, "Economia e as ordens e poderes sociais" ("Die Witschaft und die gesellschaftlichen Ordnungen und Mächte") e "A ética econômica das religiões mundiais" ("Die Wirtschaftsethik der Weltreligionen"). Elas também se refletem na reavaliação feita pelo próprio Weber de seu discurso. Em uma passagem importante nesse contexto, porém, Weber primeiro repetiu sua tese anterior, e nunca repudiada, de que a vida cultural representa um conflito e que a "paz" significa simplesmente uma "mudança nas formas de luta, nos oponentes ou nos objetos contestados ou nas possibilidades de ser escolhido", mas não o fim do conflito. Se tais mudanças devem ser avaliadas positivamente é algo que depende do padrão avaliativo de cada um. Além disso, "não há dúvida sobre uma única coisa: cada ordem determinada de relações sociais, independentemente de sua forma,

em conta as mudanças de valor e os problemas culturais práticos ocorridos desde 1895.[9] Weber convidava enfaticamente os seus colegas economistas, sobretudo aqueles com uma abordagem histórica, a se tornarem nacionalistas econômicos e abrirem mão de seus padrões em parte eudemonistas, em parte éticos, em prol do bem-estar do povo, pois

> o que vamos deixar aos nossos descendentes para as suas jornadas não é a paz e a prosperidade humana, mas a *luta eterna* pela conservação e cultivo de nosso caráter nacional (Weber, 1971, p.14, 18).

No entanto, o ponto decisivo não é essa glorificação do *Machtstaat* nacional alemão (louvor misturado, aliás, com um diagnóstico excepcionalmente crítico da debilidade política do império e suas classes mais importantes, inclusive a burguesia); é a tentativa de neutralizar moralmente a política econômica, para *politizá-la*. Weber lutava contra um conjunto de fusões: contra a identificação dos ideais políticos com os éticos e dos ideais políticos *ou* éticos com a felicidade. Combateu ainda mais duramente a "falácia naturalista":

---

tem de ser analisada em termos de a que *tipo humano* ele dá as maiores chances de se tornar o tipo predominante, por seus processos de seleção externo e interno (motivacional). Caso contrário, a investigação empírica não será realmente exaustiva, nem tampouco será a base necessária real dada para uma *avaliação*, seja ela 'conscientemente' subjetiva ou uma que tenha pretensões à validade 'objetiva'. Era isto que a minha aula inaugural acadêmica – de forma certamente imatura sob muitíssimos aspectos – tentava exprimir: um discurso com que não posso mais identificar-me sobre muitos pontos importantes" (apud Baumgarten, 1964, p.127). Em minha opinião, tal reavaliação tem três consequências. A primeira, com exceção desse único ponto, é que Weber não quis mais *identificar-se* com nenhum outro ponto importante de sua aula inaugural. A segunda está no fato de que o ponto que ele ainda procurou manter foi expresso na aula inaugural "de forma certamente imatura sob muitíssimos aspectos". E a terceira consequência está presente em sua formulação madura, a qual afirma que as ordens sociais ou configurações de ordem devem também, mas não apenas, ser analisadas segundo o tipo de personalidade e conduta que elas favorecem. Essa afirmação não mostra interesse pelo "desenvolvimento da humanidade", nem pretende que os processos de seleção externos e, sobretudo, internos motivacionais possam ser exclusivamente concebidos em termos de ordens sociais. Tampouco tal afirmação pretende que estas últimas sejam meros meios para os fins, nesse contexto. Em outras palavras, da maneira como é formulado aqui, esse ponto é compatível com o programa desenvolvido por Weber para a pesquisa sociológica, um programa de pesquisa que vai além da economia (nacional). A esse respeito, vide Schluchter (1989, p.48-52).

9 Atualmente, porém, os matizes nacionalistas e nietzschianos do jovem Weber, que ele em boa medida descartou durante o seu amadurecimento, parecem mais uma vez estar tornando atraente a posição primitiva de Weber, especialmente entre os neoconservadores.

Paradoxos da modernidade

> Como se, graças ao trabalho da ciência econômica, não apenas o *conhecimento* da base das comunidades humanas fosse grandemente aumentado, mas também o *padrão* pelo qual *avaliamos* enfim os fenômenos se tornasse totalmente novo, como se a economia política pudesse derivar ideais distintivos de seu próprio material. (Ibid., p.16)

Em vez de confiar no (que mais tarde foi chamado de) "monismo naturalista", a economia tem de "cooperar na educação *política* de nossa nação". Isso significa levar a sério a "responsabilidade da Alemanha *perante a História*" (ibid., p.24), e – dada a unificação do país sob Bismarck – criar a unidade social e a democracia nacional para garantir às gerações vindouras o "espaço livre" necessário para cumprir as tarefas culturais. Essa contribuição à educação política nacional, porém, só pode ser realizada por aqueles economistas, seja qual for sua abordagem, que praticam o autocontrole consciente, que separam estritamente a análise da avaliação, e que sempre se lembram de que, na avaliação,

> *não* há ideais distintivos e conseguidos independentemente, mas só *os velhos e gerais tipos de ideais humanos*, que nós também trazemos aos materiais de nossa ciência (Ibid., p.16).

Além disso, nunca devemos nos esquecer de que a política é um campo que, por si mesmo, não deve ser reduzido ao econômico ou ao ético. Somente se qualifica para ser líder político quem pode responsavelmente garantir a continuidade dos interesses econômicos, políticos e culturais de uma nação e a de sua existência e expansão no círculo das nações (Ibid., p.18).[10]

Assim, nessa aula inaugural, Weber formulou (embora, como mais tarde confessou, de maneira reconhecidamente muito insatisfatória) uma dupla tese: a da heterogeneidade do "é" e do "deve" e a das várias "leis que gover-

---

10 Sobre isso, vide também o discurso de Weber na convenção de Erfurt para o estabelecimento de um Partido Nacional Social (National-Soziale Partei) em novembro de 1896. Na discussão do programa do partido proposto por Friedrich Naumann, Weber fez a seguinte observação: "mas a política é um negócio difícil, e quem quer ser o timoneiro do desenvolvimento político da pátria deve ter nervos sólidos e não deve ser sentimental demais para seguir uma política pé no chão. Deve antes de tudo não ter ilusões e reconhecer o único fato fundamental: o eterno e inevitável combate do homem contra o homem nesta terra" (Weber, 1971, p.28-9).

nam o deve" (*Sollensgesetze*).[11] Nem tudo que é válido é ético e nem tudo que busca tal validade está de acordo com a busca da felicidade. Na terminologia do neokantismo – do qual não há vestígio nem na aula inaugural nem nos "primeiros escritos econômicos" em geral – a dupla tese reflete a transição do contraste entre o "é" e o "deve" para aquele entre o "factual" e o "válido". Por um lado, isso significa que enquanto as coisas "existem", os valores são portadores de pretensões; por outro lado, isso implica que "embora todo 'deve' se refira a um valor, não é verdade que todo valor funde um 'deve'" (Schnädelbach, 1983, p.1).[12]

Assim, Weber rejeita a economia como ciência ética. Nas palavras da segunda fase da sua obra, ele fez isso porque essa "atitude buscava despojar as normas éticas de seu caráter formal", obliterando assim "a autonomia particular do imperativo ético" (Weber, 1973, p.148, 1949, p.52). Até mesmo bem mais tarde, no debate sobre a neutralidade axiológica,[13] ou seja, na terceira fase da sua obra, Weber atacou Gustav Schmoller, o principal repre-

---

11 A expressão vem de Gustav Radbruch. Weber mais tarde abordou a *Einführung in die Rechtswissenschaft* [Introdução à jurisprudência] de Radbruch (1913) em ambas as versões do ensaio "Neutralidade ética" ("Der Sinn der 'Wertfreiheit' der soziologischen und ökonomischen Wissenschaften"), de 1913 e de 1917. Esse ensaio pode ser entendido como uma "nova versão" da aula inaugural. Ela não foi só corrigida, porém; foi fundamentalmente revista e ampliada. Apenas pela comparação da aula de 1895 com o ensaio de 1913 já fica evidente o processo de amadurecimento a que o próprio Weber aludiu. O Weber de 1913 é simplesmente um Weber diferente do de 1895. Sobre isso, vide Capítulo 3, Nota 12.
   Segundo Theodor Heuss, a aula inaugural, apesar de sua intenção totalmente política, não teve impacto político; simplesmente deu à concepção de Friedrich Naumann do socialismo cristão um tom nacionalista (vide Weber, 1971, p.xiii). Naumann mais tarde definiu – em suas cartas sobre a religião – a relação da ética cristã com as ordens política e econômica deste mundo sob as condições do capitalismo e do Estado modernos. E realmente, a meu ver, ele fez isso de um modo muito congruente com a concepção de Weber (sobre a qual a discussão de Naumann das duas éticas também se baseia), embora eliminando em boa medida a retórica moralista reminiscente da "Cultura ética" encontrada em sua proposta de programa partidário de 1896 (ibid., p.27).

12 Vide Schnädelbach (1983, especialmente Cap.6), sobretudo suas distinções (ibid., p.206) e seus três tipos de filosofia do valor: teleológica, transcendental e fenomenológica. Nos termos dessa tipologia, Weber aderiu à abordagem transcendental, tanto terminológica como metodologicamente, depois da virada para o século XX. Com base nos critérios de diferenciação de Schnädelbach, poder-se-ia também esboçar outra tipologia, que caracterizaria posições nunca desenvolvidas plenamente na história. De qualquer modo, a própria tipologia de Schnädelbach já mostra que a teoria do valor não é monolítica e que a variante representada essencialmente pela posição de Weber nunca foi analisada de maneira satisfatória.

13 Embora referido como tal, esse debate pode ser mais precisamente chamado de controvérsia sobre a *liberdade em relação ao juízo de valor*. Vide nota de rodapé informativa de Guenther Roth em Roth e Schluchter (1979, p.65-6).

sentante da (nova) Escola histórica de economia, porque este se tornara presa do "grave, mas muito comum equívoco" de que "proposições formais, por exemplo, as da ética kantiana, não contêm diretrizes materiais", e ademais de que se possa estabelecer uma equivalência entre imperativos éticos e valores culturais (Weber, 1973, p.504, 1949, p.15).[14] Weber também combateu a cultura ética, movimento que, segundo ele, além de suas ilusões políticas, cometia erros parecidos com os da economia ética. Acima de tudo, porém, Weber declarou guerra contra o eudemonismo, a doutrina de que a felicidade ou a alegria espiritual deve ser vista como a derradeira ou suprema meta da ação humana. Em outras palavras, ele contestou as posições *pré-kantianas* na ética, quer tendessem para a felicidade (individual) egoísta, quer para o eudemonismo altruísta, ou seja, para a felicidade da maioria.[15] Em ética como em epistemologia, a abordagem de Weber, no que se refere ao aspecto normativo-axiológico, baseava-se na virada crítica de Kant.[16] Quem quer que adote ideais eudemonistas na ética a reduz – em termos kantianos – a uma doutrina de prudência, ou – em termos weberianos – a naturaliza.

A segunda fase: a revolução burguesa na Rússia e a revolução sexual na Alemanha

Essa rejeição a todas as formas de eudemonismo na ética encontra uma expressão clara nos temas fundamentais que surgem na segunda fase da obra de Weber. Nesse período, ele se viu às voltas com dois processos "revolucionários": a revolução política na Rússia e a revolução erótico-sexual em seu próprio círculo de amigos e conhecidos. Enquanto o primeiro envolvia mais uma vez a relação entre ética e política, o segundo dizia respeito à relação entre a ética e a esfera de valores não racionais. Isso apresentava um desafio à visão própria de Weber e o forçava a tomar posição.[17]

Em 1905, ocorreu a revolução "burguesa" na Rússia. Ficou claro que o velho sistema autocrático do czarismo chegara ao fim e que a Rússia se colocara

---

14 O conteúdo desse trecho não mudou em relação aos comentários da discussão de 1913 de Weber, mas encontraram uma expressão mais sucinta.

15 Sobre as diversas formas de eudemonismo, vide Windelband (1914, p.265 et seq.).

16 Sobre epistemologia, vide Weber (1973, p.208-9, 1949, p.106). "Pré-kantiano" é tomado aqui, é claro, com um sentido mais tipológico do que temporal.

17 Sobre isso, vide Weber, Marianne (1926, p.317-97) e Roth, que apresenta uma brilhante caracterização do movimento feminista alemão da época e da posição de Marianne Weber dentro dele.

no mesmo curso de desenvolvimento do resto da Europa. Weber acompanhou fascinado o percurso dos liberais democratas da Rússia. Ele aprendeu russo para poder acompanhar os acontecimentos, e escreveu "notas em forma de crônica" para os leitores do *Archiv für Sozialwissenschaft und Sozialpolitik*, um periódico que vinha editando com Edgar Jaffé e Werner Sombart desde 1904. Reunidas, essas notas ganharam a dimensão de um livro imponente. Para Weber, essa revolução burguesa representava um processo de significação cultural universal, envolvendo nada menos do que a missão política do liberalismo. Este último se via às voltas não só com a tarefa de ajudar a superar o sistema autocrático, mas também de

> opor-se tanto ao *centralismo* burocrático quanto ao jacobino e [...] buscar difundir entre as massas o velho princípio individualista dos "direitos humanos inalienáveis", que, para nós, na Europa Ocidental, parece tão "trivial" quanto o pão preto para o homem que dispõe de comida em abundância.[18]

---

18 Os relatos, caracterizados por Weber como uma coletânea de notas ordenadas de maneira improvisada, foram publicados nos volumes 22 e 23 do *Archiv für Sozialwissenschaft und Sozialpolitik* (doravante *Archiv*), distribuídos em 8 de fevereiro e 25 de agosto de 1906 (vide Weber, 1906a, 1906b). Tais relatos foram, portanto, escritos muito pouco tempo depois dos eventos. Eles somam mais de 350 páginas, com amplos trechos em caracteres miúdos. Somente os trechos reimpressos em Weber (1971, p.30-108) são conhecidos pelo público acadêmico em geral. Os textos completos estão agora disponíveis na série 1, livro 10, da *Max-Weber-Gesamtausgabe* (MWG), de 1989. A citação em si é do primeiro relato, "Zur Lage derbürgerlichen Demokratik in Russland" (Weber, 1906a, p.345-6, 1971, p.59, 1978c, p.281), em parte traduzido para o inglês como "The Prospects for Liberal Democracy in Tsarist Russia" [As perspectivas da democracia liberal na Rússia czarista] em Weber (1978c, p.269-84). É mais um relato das esperanças de Weber do que das perspectivas reais. Em termos políticos reais, os magros resultados da revolução foram: a transição da Rússia para o pseudoconstitucionalismo, que nem sequer foi bem-sucedido no estabelecimento do racionalismo burocrático esclarecido, e o fracasso do liberalismo de Zemstvo, do qual os russos, nas palavras de Weber, podem ter tanto orgulho quanto os alemães o podem em relação ao Parlamento de Frankfurt. Apesar desse fracasso, Weber passa aos leitores a esperança de que o liberalismo possa tornar-se uma força política efetiva no futuro. Tal esperança naturalmente pressupõe que o liberalismo não concorde em estabelecer compromissos com um regime czarista pouco disposto a permitir uma reforma constitucional autêntica. Apenas assim ele pode continuar sendo "uma 'força' no plano das ideias, para além do alcance de qualquer poder externo" e restaurar a sua unidade com a *intelligentsia* proletária (id., 1978c, p.280, 1971, p.59, 1906a, p.345-6). Sobre o caráter dos relatos, vide Weber (1906a, p.234-5). Que a abordagem inteira de Weber possa ser vista à luz do problema dos direitos humanos é algo desenvolvido de modo impressionante em Brugger (1980, sobretudo seções 9, 14 e 15).

Havia basicamente duas alternativas ao governo autocrático: a democracia constitucional e a radical.[19] Seus representantes concordaram, enfim, com a reivindicação de eleições gerais, livres e diretas por meio do voto secreto. No entanto, eles discordaram acerca dos meios pelos quais essa reivindicação devia realizar-se, dado o analfabetismo, a inexperiência política e a falta de educação das massas. Nesse contexto, Weber formulou o seguinte trecho de importância para o nosso tema:

Conheço Democratas Russos que têm algo deste ponto de vista: *"Fiat justitia, pereat mundus.* Deixemos as massas rejeitarem ou destruírem todo o progresso cultural. Podemos pedir apenas o que é justo, e teremos cumprido nosso dever quando lhes concedermos o direito de votar e com ele a responsabilidade de suas próprias ações". No máximo acrescentam: "Mesmo a mais extrema forma de governo das massas não pode cair ao nível das 'Centenas Negras' contratadas por aqueles funcionários cuja posição de poder foi ameaçada. Mas, apesar de tudo, é melhor suportar gerações de trevas culturais do que cometer injustiças políticas. E talvez em algum momento do futuro, o poder educativo do direito de voto venha a fazer de fato a sua parte".

E prosseguindo, agora em estilo analítico:

A rejeição absoluta de uma "ética orientada para o sucesso" mesmo no campo político significa aqui: só o imperativo ético incondicional se sustenta como guia possível da ação positiva. Só há a possibilidade do combate pelo que é certo *ou* da "santa" abnegação. Uma vez cumprido o que é reconhecido como "dever" positivo, e desde que *todos os outros* valores além do ético tenham sido eliminados, entra inconscientemente em vigor este princípio bíblico que está profundamente arraigado na alma, não só de Tolstoi, mas do povo russo como um todo: "Não resistir ao mal". A brusca flutuação entre a vontade teimosa de ação e o abandono à situação resulta do não reconhecimento da existência ou pelo menos do possível "valor" do eticamente indiferente, um

---

19 O exame de Weber parte da revisão de uma constituição proposta para o Império russo apresentada por um grupo do Partido Democrático Constitucional (Konstitutionell-Demokratische Partei). Essa facção tratou com especial brandura a posição do Czar. Ela propunha uma lei eleitoral em quatro camadas no quadro de um sistema de duas câmaras e a monarquia parlamentar com uma corte constitucional. As simpatias de Weber dirigem-se a essa perspectiva política.

não reconhecimento igualmente inerente ao pan-moralismo da "santidade" solovieviana e à democracia de orientação puramente ética.[20]

A meu ver, nesse trecho três pontos são importantes. O primeiro deles está na afirmação de Weber de que

> é melhor suportar gerações de trevas culturais do que cometer injustiças políticas. E talvez em algum momento do futuro, o poder educativo do direito de voto venha a fazer de fato a sua parte.

Tal declaração representa a rejeição consciente da responsabilidade pelas consequências previsíveis da ação reconhecida como um dever, e equivale a confiar em que o "bem" vencerá no final. O que é decisivo aqui não é que não se possam prever as consequências de determinada ação, mas que não nos devemos basear na previsão para justificar uma ação. ("Só podemos exigir o que é justo", e, acrescentar-se-ia, devemos então fazer o que é reconhecido como nosso "dever" positivo sejam quais forem as consequências.) Weber mais tarde caracterizou essa posição com as palavras: "O cristão age corretamente e deixa as consequências de sua ação para Deus". Tal posição exprime uma fé incondicional em Deus, ou, em termos seculares, uma confiança incondicional na vitória final do bem no mundo.[21] O segundo ponto importante é que essa é claramente uma posição não problemática em um sentido puramente ético. Contudo, ao discutir a autonomia do político ante a ética, ela rejeita a justificação de uma ação ética (ou o evitar de tal ação) em termos das suas

---

20 *Erfolgsethik*, traduzido aqui como "ética orientada para o sucesso", é muitas vezes traduzido como "ética instrumental" (Weber, 1906a, p.254-5, 1971, p.36-7).

21 Weber usa essa formulação mais tarde, em uma série de passagens. Vide, por exemplo, Weber (1973, p.505, 1949, p.16, 1971, p.539, 1958a, p.120, 1921, v.1, p.193 e 553). Em alguns casos, ela é atribuída aos primeiros cristãos, e provavelmente se refere à relação de Abraão com Deus na interpretação do Novo Testamento, na Epístola aos Romanos. A esse respeito, vide Gêneses 15:6, 17:17, 18:18 em relação a Romanos 3 e 4. Weber considera, porém, essa formulação realizada de modo mais coerente não no cristianismo primitivo, mas no movimento religioso surgido do *Bhagavad-Gita*. No cristianismo, o contexto dessa formulação encontra-se evidentemente no ensinamento da justificação pela fé, que ganhou uma relevância renovada com Lutero. E é de fato na leitura de Lutero do Gênesis que se encontra uma formulação muito próxima à de Weber. Em referência a Gêneses 32:6 et seq., declara Lutero: "*Fac tuum officium, et eventum Deo permitte*" (Lutero, 44, 78, 14). Agradeço ao meu falecido colega Albrecht Peters por essa referência. A *ética protestante* prova a familiaridade de Weber com os escritos latinos de Lutero.

consequências políticas previsíveis. Isso, porém, também significa que na política devemos seguir incondicionalmente o imperativo ético e aceitar as consequências negativas como expressão da irracionalidade do mundo ou como teste da firmeza de nossa fé ou de nossas convicções. Em terceiro e último, tal postura baseia-se em uma visão do mundo em que só os valores éticos podem ser reconhecidos como princípios orientadores da ação e em que esse estado de coisas vale para *todos e cada um* dos setores da vida. É por essa razão que Weber o chamou de "pan-moralismo". Assim, essa visão ética do mundo ou nega totalmente todos os valores não éticos, ou os deprecia ante os valores éticos. Nesse sentido, ela não conhece nenhum limite à ética; só a ética pode reivindicar validade.

Weber, assim, contrasta o pan-moralismo e a ética orientada para o sucesso.[22] O pan-moralismo reconhece apenas o imperativo *ético* como um guia possível para a ação positiva. É *incondicional* e *inequívoco* e, por ter de ser realizado *completamente*, exige nossa disposição a nos envolvermos em uma constante "luta pelo que é certo", pela justiça. Se tal luta (revolucionária) for rejeitada, porque o eticamente necessário amor e o bom desdém pelas ordens do mundo (*Akosmismus*) é incompatível com o uso da força, por exemplo, a única alternativa que resta é a abnegação. Tal alternativa significa a renúncia à ação política, de que é um bom exemplo Tolstoi em seus últimos anos.[23] Em contrapartida, a ética orientada para o sucesso invoca uma relação diferente com o mundo, como se pode inferir do texto.

---

22 A expressão *pan-moralismo* é o equivalente ao que Weber chamava de uma ética absoluta, sobretudo em seu discurso "Política como vocação": a incondicionalidade e a inequivocidade dos imperativos que temos de obedecer por si mesmos, independentemente das oportunidades dadas. Vide Weber (1971, p.538, 1958a, p.119).

23 Vide também nesse contexto a carta de Weber de 4 de agosto de 1908 a Robert Michels: "Há duas possibilidades [...] (1) 'meu reino não é deste mundo' (Tolstoi) *ou um sindicalismo totalmente coerente*, que *nada mais é* do que a tradução do princípio de que 'o objetivo final não é para mim, o *movimento* é tudo' para a *ética revolucionária* ou a *pessoal* [...] ou (2) cultura – isto é, cultura objetiva que se exprime em 'realizações' técnicas ou não, *afirmação* mediante a *adaptação* às condições de *todas* as técnicas, sejam elas ec[onômicas], políticas ou o que quer que seja. No caso do ponto (2), toda conversa de 'revolução' é uma farsa, *toda* ideia de acabar com a 'dominação do homem pelo homem' por meio de *algum tipo* de sistema social, por mais 'socialista' que seja, por meio da 'democracia', *por mais* sofisticada que seja a sua forma, é uma *utopia*" (apud Mommsen [1981,p.60]). A possibilidade (1) corresponde às duas posições do pan-moralismo; a (2), a uma ética orientada para o sucesso, pela qual este último, como nos escritos sobre a Rússia, ainda permanece indefinido. Weber já usou a expressão "amor que transcende a ordem do mundo" (*Akosmismus der Liebe*) na segunda fase de seus escritos. A carta agora também pode ser lida em MWC, ser. 2, livro 5, 1990.

O defensor de uma ética orientada para o sucesso aceita como guias possíveis para a ação positiva tanto os valores não éticos quanto os éticos. Tal aceitação não significa que os primeiros *tomem o lugar* dos segundos. Como está implícito no conceito mesmo de *ética* orientada para o sucesso de Weber, está claramente em jogo um equilíbrio entre imperativos éticos e não éticos. Assim, o ponto aqui é a relação *problemática* entre a ética e a política. Embora Weber ainda não tivesse definido completamente esse conceito dessa maneira, não devemos reduzi-lo à mera *Realpolitik*, pois Weber não só contrastou a política dos pan-moralistas (que ele também chamava de "românticos políticos") com a dos defensores de uma ética orientada para o sucesso, mas também distinguiu ambas do tipo de autopreservação pela ação policial praticada pelo regime. Apresentou uma crítica devastadora deste último (bem como, aliás, dos praticantes alemães da *Realpolitik*):

> A horrenda insensatez objetiva dessa meta, a completa impossibilidade de nos iludirmos pensando que esse regime encarne mesmo os mais modestos "valores morais" ou "culturais" dá na realidade às ações desses detentores do poder e aos "trabalhos vocacionais" desses servos do Estado – sobretudo dos mais "eficientes" deles – justamente a qualidade obsessiva que a posição apolítica de Tolstoi em sua *Ressurreição* soube retratar tão incrivelmente bem. (Weber, 1906b, p.397, 1971, p.106-7)[24]

Que para Weber *nenhuma* posição que pregue a simples adequação às realidades da vida – quer políticas, quer não – mereça ser chamada de ética é algo que se pode inferir de sua reação à outra revolução, a erótico-sexual, que ocorreu por volta de 1907 em seu próprio círculo de amigos e conhecidos. Esse "movimento de libertação", em parte um fenômeno geracional, desempenhou um papel importante na subversão dos conceitos éticos aceitos, sobretudo nos círculos acadêmicos; provocou a reflexão sobre "questões de princípio na ética sexual".[25] Contudo, ele envolvia mais do que o reconhecimento de uma

---

24 O contexto da passagem é um ataque aberto contra o *Realpolitiker* reacionário alemão. Sobre a crítica aos políticos puramente orientados para o poder – e sua fraqueza e impotência íntimas – vide sobretudo Weber (1958a, p.116-7, 1971, p.535).

25 Esse é o título de uma palestra – com clara referência à revolução sexual em seu próprio círculo de amigos e conhecidos – que Marianne Weber proferiu no Congresso Social Evangélico (Evangelischer Sozialer Kongress) em Estrasburgo, na festa de Pentecostes de 1907, a convite de Adolf Harnack. Ela defendeu uma posição muito equilibrada entre o velho e o novo. Eduard Baumgarten e Guenther Roth, por exemplo, desconfiam que Max Weber

Paradoxos da modernidade

esfera de vida erótico-sexual heterogênea em relação a toda ética, uma esfera com sua própria dignidade inerente. Pelo menos em setores desse movimento, surgia uma nova *Weltanschauung* e uma nova ética. Em seu relatório de trabalho para a Convenção Alemã de Sociólogos (Deutscher Soziologentag) de 1910, em Frankfurt, Weber usou esse movimento como exemplo, em relação a uma proposta de investigação da vida associativa. Falou de uma seita orientada pelas teorias de Freud, que pregava uma vida livre de inibições, por meio da qual "pode ser criado e conservado um ser humano livre de complexos".[26] Como coeditor do *Archiv*, ele já tivera um contato profissional (e privado) com esse lado do "movimento de libertação". Em suas observações públicas, a alusão de Weber era a Otto Gross, que oferecera ao periódico um ensaio para publicação, em que defendia, nas palavras sarcásticas de Weber, uma "ética" psiquiátrica, uma ética de uma "ostentação completamente banal de saúde mental".[27] Weber recusou a publicação com uma longa explicação, que é de muito interesse para os nossos propósitos.

O alvo da polêmica de Weber não era simplesmente, como ocorreu tantas vezes, a inflação da perspectiva de uma disciplina acadêmica (nesse caso, a psiquiatria) na direção de uma *Weltanschauung*. Seu alvo real era muito mais uma determinada compreensão da ética que relativizava as exigências morais segundo necessidades "naturais" e assim transformava sua justificação e a adesão a elas em uma questão de custos psíquicos. Essa relativização, porém, subverte a natureza absoluta da reivindicação caracteristicamente feita por toda ética autêntica, e o sacrifício e a responsabilidade são riscados do raciocínio ético. Weber também distinguiu diferentes tipos de ética segundo o grau como se adaptam à natureza humana. Mas para ele uma ética no sentido estrito da palavra (o que ele chamava de uma "ética idealista") era impensável sem a crença em valores absolutos e sem a contínua compulsão

---

tenha escrito o texto com a esposa, o que o torna, pelo menos indiretamente, um dos seus textos. Considero isso um exagero. No entanto, a palestra pelo menos fornece informação de fundo sobre esse aspecto do desenvolvimento de Weber a respeito desse assunto, na segunda fase de seus escritos. Vide Weber, Marianne (1919, p.38 et seq.).

26 Sobre isso, vide Weber (1924b, p.446). Ele está claramente se referindo a Otto Grass nesse trecho.

27 A visão de Weber sobre o ensaio pode ser encontrada em sua carta a seu coeditor, Edgar Jaffé, na qual ele votou pela rejeição do ensaio. A carta é endereçada a Else Jaffé, com quem Gross estava envolvido e teve um filho. A carta foi republicada em Weber, Marianne (1926, p.378-84), junto a um bom resumo dos ensinamentos e efeitos de Otto Gross (ibid., 376-8); também foi republicada em Baumgarten (1964, p.644-8). Vide agora a edição integral e anotada dessa carta crucial em MWG, ser. 2, livro 5, seção 393-403.

íntima para a autotranscendência, a supressão de necessidades "naturais". Toda ética autêntica tem um caráter imperativo, que faz que – nas palavras de Kant – suportemos coerções contrárias às nossas inclinações. Exige sacrifício colocarmos a responsabilidade pelo nosso próprio caráter moral no centro de nosso empenho. Antecipando uma distinção posterior entre a ética dos *virtuosi* e as massas em sua sociologia da religião, formulou Weber:

> Podemos dividir toda "ética", seja qual for o seu conteúdo substantivo, em dois grandes grupos. Um deles faz exigências de princípio aos seres humanos, que em geral estes *não* conseguem satisfazer, salvo nos grandes momentos de suas vidas, que dão direção a suas *buscas* como destinações em um horizonte inacessível. Essas são as "éticas heroicas". O outro conjunto se contenta em aceitar a "natureza" humana comum como o limite máximo para as exigências. Essas são as "éticas do dia a dia ou da mediocridade" (*Durchschnittsethik*). Creio que só a primeira categoria, "ética heroica", pode chamar-se "idealismo". Ela subsume tanto a ética do *primeiro*, "autêntico" cristianismo como o de Kant. Ambas – em termos dos seus respectivos ideais – partem de uma avaliação tão pessimista da "natureza" do homem médio, que as descobertas freudianas no reino do inconsciente – Deus sabe – não têm mais *nada* de mais "terrível" a lhe acrescentar. (Baumgarten, 1964, p.646)[28]

---

28 Essa carta também é importante porque dá indicações sobre a relação de Weber com Freud e com Nietzsche. Weber afirma que estava familiarizado com os textos fundamentais de Freud e reconhece a possível importância do psicanalista para os fenômenos de História religiosa e moral, mas que não conseguiu encontrar uma casuística (*Kasuistik*) precisa naqueles textos. Weber elogia Nietzsche por sua ética aristocrática (*Moral der Vornehmheit*), mas rejeita as ornamentações biológicas na sua teoria moral. Isso está de pleno acordo com a perspectiva desenvolvida no presente ensaio. A formulação "ética aristocrática" aponta para o livro de Georg Simmel de 1907, *Schopenhauer und Nietzsche* (um livro dedicado a Gustav Schmoller), cujo último capítulo tinha esse mesmo título. Ainda temos a cópia pessoal de Weber. Suas notas marginais demonstram sua atitude extremamente crítica em relação a Nietzsche. A mais aguda observação de Weber encontra-se na p.230, onde Simmel escreveu: "Nietzsche deveria ter pelo menos traçado com clareza a linha entre a sua vontade de potência e a vontade comum de possuir, tornando claro que o valor da primeira se fundamenta, não na dominação e na força bruta como realidade externa, mas na formação da alma soberana, cujo aparecimento e expressão representam essa relação social [isto é, o distanciamento do aristocrático e do forte em relação à multidão, ao medíocre e ao fraco]". Acrescentou Weber ainda: "esta justamente *não* é a visão de Nietzsche. Era exatamente neste ponto que ele mesmo se mostrava um filisteu alemão". Um comentário parecido também pode ser encontrado em sua obra publicada (vide Weber, 1921, v.2, p.174).
Nesse ponto, vou poupar-me o trabalho de enfrentar o crescente número dos que procuram vestígios de Nietzsche na obra de Weber. A maneira mais fácil de fazer isso é, naturalmente, a

Paradoxos da modernidade

Essa reação à "ética" psiquiátrica confirma o que já estava visível na aula inaugural em Freiburg: Weber rejeita toda forma de eudemonismo na ética, seja qual for o modo como ele seja fundamentado. Tanto em Weber como em Kant, sempre há uma tensão entre o eticamente imperativo e a busca da felicidade; ademais, a moralização da pessoa é sempre mantida separada do cultivar-se e civilizar-se dessa pessoa.[29] Essa separação implica a ideia de uma virada ética e, de um modo mais geral, axiológica. Os seres humanos, embora sujeitos às leis da natureza, vão além de seu "estado natural" (*Naturalität*) ao se vincularem aos valores. Tal "idealismo" produz necessariamente certa tensão e mesmo conflito entre o estado natural e o "estado cultural" (*Kulturalität*).[30] Quais valores o indivíduo considera imperativos é, para Weber, uma questão de fé ou de razão, não de conhecimento científico. No entanto, esse compromisso de valor, se entendido corretamente, exige – seja qual for seu conteúdo específico – uma abertura para a crítica científica. Em uma instrutiva carta a Ferdinand Tönnies na mesma época do confronto de

---

usada por aqueles que declaram ser Nietzsche um hóspede silencioso, que só fala exatamente no momento em que Weber formula alguma ideia importante (sendo pressuposto que Weber tem de ter tirado a ideia de alguém, e não só de alguma outra pessoa, mas de um "genial espírito alado", na medida em que os especialistas disciplinares só podem fazer o trabalho de faxina). Autores dessa linhagem chegam então ao ponto de afirmar que Weber também ocultou de maneira deliberada essa influência supostamente constitutiva; por essa razão, é preciso primeiro desarmar essa cilada. Wilhelm Hennis (1987, p.167 et seq., especialmente 176, 177, 185, 190) assim argumenta. Tais premissas garantem uma base maravilhosa para especulações, permitindo elaborar uma ciência realmente gaia. Nesse ponto, eu prefiro Georg Stauth e Bryan S. Turner, que afirmam ter Weber transformado completamente a perspectiva crítica de Nietzsche. O que não compartilho é o fato de o lamentarem. Se tal transformação não tivesse ocorrido, não haveria por que interessar-se pelo programa de pesquisa de Weber. O fato de que ele não concorda com Nietzsche sobre pontos cruciais acerca de metodologia, na reconstrução da genealogia do racionalismo ocidental, na avaliação do significado cultural da ciência moderna da realidade (*Erfahrungswissenschaft*) e na teoria dos valores é justamente o que faz que Weber continue a ser relevante hoje. Vide Stauth e Turner (1986).

29 Quanto a isso, vide a caracterização feita por Kant da espécie humana em sua *Antropologia*, B 313-20, A 315-22 (Kant, 1977). As aptidões (*Anlagen*) técnicas, pragmáticas e morais correspondem aos três tipos de imperativo.

30 Em *The Rise of Western Rationalism*, distingo entre "naturalidade" e "socialidade" para caracterizar a distinção entre magia e religião. Essa distinção é enganosa, pois "socialidade" inclui ambas as coisas. Além disso, o problema é de natureza muito mais geral do que o indicado pela maneira como o tratei naquele livro, como o demonstra a distinção entre a ética heroica e a mediana ou entre a ética dos *virtuosi* e das massas. Cair no naturalismo da vida cotidiana não é para Weber um problema específico de uma cultura ou de um desenvolvimento particular. Se e como essa capacidade de efetuar a virada axiológica está ligada à "causalidade por meio da liberdade" de Kant é algo que terá de ser discutido mais tarde.

Weber com as éticas psiquiátricas, este definiu os limites e as possibilidades da ciência em relação ao problema do valor ou, mais especificamente, em relação ao problema da ética, da seguinte maneira:

> Por certo também sou de opinião (tão decididamente quanto você, ou talvez até mais) de que, *se* alguém reconhece de alguma forma a necessidade de orientar a sua ação pessoal em termos de "valores", "juízos de valores", ou como você queira chamá-los, e se ela não for "insensível" sob esse aspecto, então se pode demonstrar que todas as consequências do imperativo kantiano (modernizado ou não, dá na mesma) valem para ele. Prová-lo dialeticamente (ou mais precisamente: compreender esse problema) *é* uma questão tanto ética como ciência – uma ciência que procede tão dialeticamente, por meio da crítica "imanente", desvelando o que está logicamente implícito ou "pressuposto" em uma tese – quanto de lógica. Mas isso nunca proporciona mais do que uma prova das características *formais* da *convicção* moral. Nunca se pode provar que um sistema de estruturas sociais, suprapessoais, seja *eticamente obrigatório* [*ethisch gesollt*] por meio dessa crítica de convicção puramente formal. Os dogmas metafísicos sempre desempenham um papel aqui [...] e *o indivíduo pode afirmá-los, mas não deve jamais acreditar que seja permitido apresentá-los como ciência.*[31]

Além disso, porém, também se pode considerar que a reação de Weber à "ética" psiquiátrica mostre que para ele uma ética orientada para o sucesso não pode ser nem uma ética da felicidade, nem uma ética do dia a dia ou da mediocridade. Não pode ser uma ética da felicidade, pois pressupõe a crença em valores éticos absolutos; não pode ser uma ética do dia a dia, pois provoca exigências incondicionais. Se Weber tivesse desejado caracterizar essa ética não só negativamente, como o fizera em boa medida até então, mas positivamente, poderia ter tentado distingui-la da ética do primeiro cristianismo e da ética kantiana como outro tipo de ética heroica ou de *virtuosi*. Isso teria sido congruente com a ideia dos limites da ética já implícita na aula inaugural em Freiburg.

A meu ver, é esse o caminho que Weber tomou na realidade. Passo a passo, ele definiu mais precisamente a ideia dos limites internos e externos da

---

31 Como citado em Baumgarten (op. cit., 1964, p.398-9). Weber alega então que o pensamento não se restringe aos limites da ciência e faz então uma distinção (kantiana) entre o pensamento, por um lado, e o entendimento empírico e racional, por outro.

ética: enquanto os primeiros envolvem a natureza dos valores éticos em si, os segundos dizem respeito à relação deles com os valores não éticos, chamados até hoje de valores culturais. Essa distinção, porém, também exige uma teoria do valor que – partindo do caráter dado dos valores – permite pelo menos a caracterização dos diferentes tipos de valores ou esferas de valor. A ideia de que essa tipologia tinha de abranger mais do que apenas valores políticos já surgira no confronto com o "movimento de libertação" erótico-sexual.[32] Assim, Weber acompanhou com interesse cada vez maior os debates sobre a teoria dos valores na filosofia da cultura que envolveu os contemporâneos inspirados no neokantismo ou na filosofia vitalista (Schluchter, 1989, cap.1, parte 9).[33] Ele apresentou ao público a sua própria teoria dos valores – em forma razoavelmente desenvolvida, se comparada a sua aula inaugural de Freiburg – pela primeira vez na versão das "Reflexões intermediárias" que apareceu no fim de dezembro de 1915. Nela, o foco principal foi colocado na dimensão histórico-sociológica.[34]

A terceira fase: das "Reflexões intermediárias" à "Política como vocação"

Nas "Reflexões intermediárias", as éticas de convicção e responsabilidade são distinguidas uma da outra da mesma maneira que nos escritos finais de Weber. (Isso é verdade ainda que a forma adjetiva da ética de convicção [*gesinnungsethisch*] seja utilizada como termo, mas não a forma correspondente da ética de responsabilidade [*veranwortungsethisch*].) Essa distinção é parte da análise das tensões a que uma ética (religiosa) da fraternidade (como se

---

32 Vide Weber, Marianne (1926, p.391-2), com sua descrição do interesse de Weber pelos "efeitos de um erotismo não limitado por normas sobre a personalidade total". Ela cita esta notável passagem da correspondência de Weber na época: "os valores éticos não estão *sozinhos* no mundo. Como exigem renúncia, eles podem tornar *pequenos* os que foram pegos em erro. E podem levar a conflitos insolúveis naqueles casos em que a ação sem culpa é *impossível*. Aqui, temos de agir (eticamente) de tal maneira que as pessoas envolvidas sofram a menor perda possível de dignidade humana, da capacidade de ser bom e de amar, e esse é muitas vezes um cálculo difícil". Aqui é sugerido um (novo?) fundamento para a ação: a ponderação dos bens éticos como alternativa ao rigorismo ético. Segundo Weber, não só uma vida moralmente íntegra, mas também o fracasso moral diante de um conflito insolúvel pode ter pretensões à plena humanidade (ibid., p.393).

33 O fórum de debate mais importante é o periódico *Logos*.

34 Quanto a isso, vide Schluchter (1989, cap.4.1).

encontra nos escritos sobre a Rússia e na crítica da ética psiquiátrica) deve estar sujeita em relação ao mundo. Tais tensões existem, em primeiro lugar, entre a ética de fraternidade e as outras esferas de valor, não religiosas. Contudo, elas também existem dentro da ética (religiosa) de fraternidade, na medida em que ela visa realizar o seu ideal no mundo, pois essa ética se vê diante da questão do que é suficiente para justificar (ou evitar) uma ação como ética: a (boa) convicção ou as consequências previsíveis da ação (Weber, 1921, v.1, p.552-3).[35]

Em 1917, Weber revisou a sua contribuição de 1913 ao debate acerca da neutralidade dos valores na Associação para a Política Social. Em um novo trecho que discute explicitamente os limites da ética, ele oferece, a meu ver, a formulação definitiva:

> Mas mesmo no campo da ação pessoal há problemas éticos muito específicos que a ética não pode resolver com base apenas em seus próprios pressupostos. Entre eles, antes de mais nada, as questões básicas: (a) se o valor intrínseco de uma ação ética – a "vontade pura" ou a "convicção", em termos habituais – é suficiente para a sua justificação, segundo a máxima dos moralistas cristãos: "o cristão age corretamente e deixa as consequências da sua ação para Deus"; ou (b) se a responsabilidade pelas *consequências* previsíveis da ação devem ser levadas em consideração. Todas as atitudes políticas revolucionárias, em especial o "sindicalismo" revolucionário, têm seu ponto de partida no primeiro postulado; toda *Realpolitik*, no segundo. Ambos invocam máximas éticas. Mas tais máximas estão em eterno conflito – um conflito que não pode ser resolvido apenas por meio da ética. (Weber, 1973, p.505, 1949)

---

35 Salvo a adição de itálicos, o texto permaneceu idêntico à versão de 1915 que se encontra no *Archiv* 41, p.402-3. O trecho é o seguinte: "pois fica claro que não há como resolver mesmo a primeira das perguntas: com que base, em um caso individual, deve o valor ético de uma ação ser determinado, a partir do *sucesso* de sua execução ou a partir do seu valor *intrínseco*, por mais eticamente que este seja definido? Assim, se e até que ponto a responsabilidade do ator pelas consequências justifica os meios ou, por outro lado, o valor da convicção que está na base da ação deve dar ao ator o direito de negar sua responsabilidade pelas consequências e de atribuí-las a Deus ou à depravação e à loucura que Deus permitiu que se instalasse no mundo. A sublimação da ética religiosa no sentido de uma ética de convicção tenderá a favorecer a segunda alternativa, ou seja, 'o cristão age corretamente e deixa as consequências para Deus'. Assim, porém, se nossa ação é praticada realmente de modo consistente, ela será condenada à irracionalidade das consequências em relação à lógica autônoma do mundo".

A isso acrescenta Weber: tais máximas possuem um caráter estritamente formal, e "nisso elas se assemelham aos famosos axiomas da *Crítica da razão prática*" (id., 1973, p.505, 1949, p.16).[36] Enfim, em "Política como vocação" e no fim da vida de Weber, uma das máximas é chamada – como anteriormente – de "*gesinnungsethisch*", ao passo que a outra máxima é pela primeira vez chamada de "*verantwortungsethisch*" (id., 1971, p.539-40).[37]

O que podemos aprender dessa terceira fase da obra de Weber para os nossos propósitos? A meu ver, três pontos são importantes. (1) A ética que Weber descreveu nos escritos sobre a Rússia como pan-moralismo passou a ser chamada de "ética de convicção". Ele manteve a subdivisão dessa ética em variantes ativa e passiva (radicalismo revolucionário *versus* amor tolstoiano, que desconsidera as ordens do mundo). Elas são enfrentadas por uma "ética de responsabilidade" de igual estatuto. Este último conceito substituiu o de ética orientada para o sucesso. A ética de responsabilidade é – como a ética de convicção – uma ética de *virtuosi*, mas torna possível uma *Realpolitik* eticamente fundamentada, uma "política de responsabilidade". Assim, a se-

---

36 Weber se refere provavelmente às *Elementarlehre*, em Kant (1976, seção 1).

37 Devem ser mencionados dois escritos nesse contexto. O primeiro é uma carta ao editor do periódico *Die Frau* escrita por Weber em 1916. Ela foi publicada com o título "Zwischen zwei Gesetzen" [Entre duas leis], provavelmente dados pelos editores. Nessa carta, Weber intervinha em uma discussão na revista acerca do mau uso do Evangelho: por um lado, como um meio de justificação política e, por outro, como programa político. Nela, ele indicava a diferença quanto aos deveres *históricos* entre um Estado pequeno (*Kleinstaat*) e um grande Estado (*Großstaat*), quanto aos de um *Kulturstaat* e aos de um *Machtstaat*. Nesse contexto, ele também tocou no conflito entre as exigências do Evangelho e a legalidade da cultura deste mundo, tomando uma posição que no mínimo se aproximava da de Naumann tal como descrita anteriormente. As ideias daquela carta foram retomadas por Marianne Weber em sua contribuição a esse debate, publicada posteriormente. Vide seu ensaio "Der Krieg als ethisches Problem" [A guerra como problema ético] (Weber, Marianne, 1915-1916). Sobre a carta de Weber ao editor, vide Weber (1971, p.139 et seq., 1984, p.95 et seq.). A tese de Marianne é que quem se sujeita ao "Sermão da montanha" e à cultura deste mundo, se sujeita a duas leis, o que o leva a conflitos insolúveis.

O segundo texto é o seguinte: em um fragmento de 1912, Weber contestou a tese de que conflitos desse tipo pudessem ser resolvidos com a ajuda de regras formais. Essa foi talvez a primeira vez que ele formulou a distinção entre a ética de convicção e a ética de responsabilidade. Encontramos ali a afirmação: "não há regras formais sobre até que ponto o indivíduo deve orientar a sua ação segundo a responsabilidade pelo seu resultado ou deve atribuí-la a Deus e se satisfazer ou estar autorizado a se satisfazer com a pureza de sua própria *intenção*". O fragmento foi republicado em Baumgarten (op. cit., p.399 et seq.). As mudanças no original, claramente feitas por Marianne Weber, foram incorporadas sem serem assinaladas como tais. O fragmento também é interessante por causa do uso da expressão *Entgegengelten*, uma validade que enfrentamos, que tem origem em Emil Lask.

gunda é agora também terminologicamente distinguida da pura política de poder.[38] (2) Weber refere-se explicitamente ao valor de convicção e ao valor de sucesso da ação ética (ou do evitamento de uma ação). O valor de convicção é ilustrado – como em Kant (e em Fichte) – em termos da pura ou boa vontade.[39] O valor de sucesso é retratado em termos de suas consequências previsíveis. Por essa razão, a distinção não representa um estrito ou/ou. A máxima da ética de responsabilidade não exige que a responsabilidade pelas consequências previsíveis de uma ação deva ser levada em consideração, em vez da responsabilidade pela pureza da vontade. Ao contrário, a primeira responsabilidade deve ser levada em conta juntamente com, ou melhor, em adição à segunda. Por conseguinte, não existe algo como uma ação moral sem valor de sucesso, sem perder assim a sua condição ética. (3) As duas máximas têm um caráter formal estrito e são, portanto, independentes dos conteúdos particulares de qualquer ética dada. Isso implica que só podem ser adotadas quando o valor de convicção da ação já está determinado.

Tornando a refletir sobre a nossa questão inicial, vemos agora claramente que essas mudanças terminológicas também estão ligadas a outras mais substantivas. Certamente, na segunda fase da obra de Weber, o palco já estava arrumado para que se fizesse a distinção entre a ética de convicção e a ética de responsabilidade. No entanto, ainda não haviam sido feitas duas distinções que impedem qualquer equívoco: entre a ética orientada para o

---

38 Em suas notas para o discurso "Política como vocação", Weber substituíra política do poder pela política da responsabilidade nas passagens correspondentes. Ele reconhecia três tipos de política: a política de convicção, a política de responsabilidade e a política de poder. Só as duas primeiras são constituídas segundo uma relação de valor ético, ao passo que só as últimas duas são constituídas segundo uma relação com a realidade.

39 Vide a famosa formulação de Kant: "é impossível conceber coisa alguma no mundo, ou mesmo fora dele, que possa ser considerada absolutamente boa, a não ser uma *boa vontade*". E mais adiante: "uma boa vontade não é boa pelo que efetua ou realiza – por causa de sua aptidão para atingir algum fim proposto: é boa apenas por seu querer –, ou seja, boa em si mesma. Considerada em si mesma, deve ser estimada incomparavelmente mais do que tudo o que possa proporcionar meramente para favorecer alguma inclinação ou, se preferirem, a soma total das inclinações". Kant, *Grundlegung zur Metaphysik der Sitten*, BA 1, BA 3, Kant, 1977, 1948, p.61-2). Sobre Fichte, vide, por exemplo, as formulações em *Die Bestimmung des Menschen. Drittes Buch.* "Glaube" 3 (Fichte, 1962, v.2, p.284-5). Max Weber, aliás, provavelmente compartilhava a conceptualização de Marianne Weber da relação entre Kant e Fichte, bem como sua crítica a Fichte. Vide *Fichte's Sozialismus und sein Verhältnis zur Marx'schen Doktrin* [O Socialismo de Fichte e sua relação com a doutrina marxiana] de Marianne Weber (1900, p.23-4).

sucesso e uma simples "ética" de adaptação ao possível,[40] e entre a política de responsabilidade e a política de poder. Além disso, as éticas de convicção e responsabilidade ainda não haviam sido apresentadas como máximas de caráter estritamente formal. Todavia, justamente porque Weber fez isso de maneira cada vez mais enérgica, surgiu na terceira fase de sua obra um problema que antes não aparecera: os dois conceitos foram usados para caracterizar, por um lado, regras ou princípios alternativos, um modo de ligar o valor de convicção a outros valores, sobretudo a valores de sucesso, e, por outro lado, diferentes tipos de ética. Essa é uma ambiguidade crucial, que é preciso resolver.

É sabido, que nesses estudos de sociologia da religião, Weber usou o conceito de ética de convicção, sobretudo para denotar um tipo específico de ética. A ética de responsabilidade absolutamente não aparece nesse contexto. Isso, porém, talvez se deva ao fato de a última ser uma formulação conceitual muito tardia; seu tratamento como um tipo específico de ética só ocorreu de maneira ampla nos textos políticos de Weber. Seja como for, uma coisa é clara para mim: *ambos* os conceitos possuem a dupla relevância que acabamos de descrever. Ambos, portanto, também são empregados para caracterizar diferentes tipos de ética que desempenharam e ainda desempenham um papel culturalmente significativo. Ambos são parte de uma tipologia das éticas. A questão é: como é essa tipologia?

A tipologia da ética

Ética e doutrinas de prudência

Como um modo de introduzir a tipologia das éticas, que, a meu ver, subjaz à sociologia comparativa da religião, gostaria de voltar a três temas fundamentais desenvolvidos anteriormente. Eles envolvem as distinções entre éticas heroicas e éticas do dia a dia, entre valores éticos e valores culturais (sobretudo os valores políticos) e, por fim, entre ética e felicidade.

Como mencionei em momento precedente, Weber valeu-se da distinção entre éticas heroicas e do dia a dia em sua sociologia comparativa da religião, mas sistematicamente transformou esses conceitos na ética ou religiosidade

---

40 Todos sabem que Weber categorizava o confucionismo como tal ética mesmo ainda em seu ensaio sobre a "Neutralidade ética". Vide Weber (1973, p.14, 1949, p.24). Que ele tenha assim forçado a realidade histórica é algo que já foi suficientemente demonstrado. Vide Schluchter (1983, 1989, cap.3).

Convicção e responsabilidade: Max Weber acerca da ética

dos *virtuosi* e das massas. Isso pode ser visto na primeira versão da "Introdução" aos ensaios comparativos sobre a ética econômica das religiões mundiais, publicada inicialmente em outubro de 1915, que em seguida recebeu como suplemento comentários na edição de 1920 (em parte com relação a esse mesmo aspecto). Nesse ponto, Weber indicava a ligação intrínseca entre heroísmo e virtuosidade e para o fato de que temos de remover do conceito de virtuosidade "toda e qualquer conotação avaliativa que hoje ainda se atribua a ele" (Weber, 1921, v.1, p.259-60, 1958a, p.287-8, 450, nota 5).[41] A distinção

---

41 Dever-se-ia acrescentar, principalmente, toda conotação nietzschiana. Isso oferece ao mesmo tempo um excelente exemplo de *como* Weber lida com os mais interessantes construtos de Nietzsche: ele os despe dos ornamentos biológicos e dos matizes moralistas. Assim, eles são abertos à pesquisa histórica e sociológica ao mesmo tempo que sua pretensão de validade é limitada de duas maneiras: eles são concebidos como asserções *empíricas* e ligados a fenômenos históricos *determinados*. O moralismo do *ressentimento*, por exemplo, um conceito intimamente relacionado com a distinção entre a moral do senhor e a do escravo, tem um alcance histórico muito menor do que Nietzsche acreditava. Segundo Weber, ele não tem nenhuma aplicação, por exemplo, no caso do budismo e só tem uma aplicação muito limitada à tradição judaico-cristã. Principalmente, porém, ele não é um elemento constitutivo na distinção entre ética heroica e cotidiana ou, em nosso caso, entre ética de *virtuosi* e de massa. O argumento a favor da estratificação religiosa com base em uma diferenciação das exigências éticas e a divisão da humanidade entre "gênios da virtude" e homens normais, nas palavras de Fichte, somente mostra semelhanças superficiais com o construto original de Nietzsche. Vide Fichte (op. cit., v.4, parte 3, seção 16, especialmente 4, p.185, 203). Weber decerto não apreciava Nietzsche como moralista, e se o estimava de alguma maneira, era como um *psicólogo* moral, e somente na medida em que pertencia à categoria de psicólogo do espírito. Ele explicitamente classificava assim Jaspers e Klages, implicitamente Freud, talvez Kierkegaard e, não nos esqueçamos, Kant. Karl Jaspers oferecia fontes parecidas para a sua psicologia da *weltanschauung* em um livro que Weber certamente considerou com simpatia, *Psychologie der Weltanschauungen* (Jaspers, 1919). Jaspers menciona Kant, Kierkegaard, Nietzsche e então o próprio Max Weber, realçando claramente este último em relação aos demais. Jaspers reconhecia a diferença entre colocar e resolver um problema. A sua avaliação do lugar de Weber na história intelectual desse contexto ainda hoje é notável: "os escritos de Max Weber sobre a sociologia da religião e da política contêm uma espécie de análise psicológica das visões de mundo (*weltanschauungen*) que difere de todas as análises anteriores desse tipo. Pois ele combina o que antes parecia incombinável: a mais concreta pesquisa histórica e o pensamento sistemático. Seu poder sistematicamente objetivante, expresso essencialmente em fragmentos mais do que congelados em um sistema, está ligado a uma vibrante veemência cujo equivalente só encontramos em escritores como Kierkegaard e Nietzsche" (ibid., p.14). Jaspers também apresentou uma das mais brilhantes análises da posição de Nietzsche na filosofia moral e na psicologia moral. Ele se norteava pela tese de que a inimizade de Nietzsche pelo cristianismo como realidade era de fato "inseparável de seu real *compromisso* com o cristianismo" como ideal (*Anspruch*). Vide Jaspers (1985, especialmente, p.10). A meu ver, somente nesse nível faz sentido a comparação com Weber, porque a pesquisa de Weber permite a análise

Paradoxos da modernidade

refere-se exclusivamente ao fato da desigual qualificação religiosa ou ética, e do interesse desigual em tais qualificações. Assim, as "massas" não são, nesse caso, necessariamente nem os não socialmente privilegiados, nem o "grande número" do "rebanho". As "massas" incluem aqueles "desafinados" (*unmusikalisch*) em questões religiosas ou éticas. Por essa razão, a oposição entre *virtuosi* e massas encontra uma expressão mais ou menos aguda em todas as configurações diferenciadas de ordem. É a expressão da estratificação religiosa ou, mais genericamente, cultural; pode ser congruente ou opor-se à estratificação econômica.[42] Como um instrumento para se fazerem distinções culturais, essa estratificação cultural é relativamente independente de um tipo específico de ética. Por essa razão, a distinção entre os *virtuosi* e as massas continua a ter para a tipologia uma importância subordinada.

Esse não é o caso das outras duas distinções anteriormente mencionadas. Justapondo valores éticos e culturais, Weber ressaltou o estatuto especial do ético em relação aos outros tipos de valores. A ética impõe imperativos incondicionais à consciência do indivíduo. Afeta, portanto, a conduta prática, por assim dizer, a partir de dentro. Tal força propulsora é a razão pela qual a sociologia da religião lida antes de tudo com os efeitos de diferentes tipos de concepções éticas do dever.[43] Essas nascem de compromissos de valor e exigem a ação por si sós. Se a ação for racional, são geradas ações racionais quanto aos valores. Esse tipo de ação deve ser estritamente distinguido da

---

comparativa de reações *paradigmáticas* ao problema da modernidade. Buscando meramente de maneira especulativa vestígios de Nietzsche em Weber, podemos apenas confirmar a declaração de Weber de que "quase todas as ciências devem algo aos diletantes, muitas vezes pontos de vista muito férteis, mas o diletantismo como princípio diretor seria o fim da ciência" (Weber, 1921, v.1, p.14, 1958b, p.29). Certamente Weber estava em dívida com Nietzsche por alguns férteis pontos de vista, mas o classificava essencialmente entre os diletantes e entre os pregadores, como quase todas as observações em sua obra mostram. O que Nietzsche disse sobre o cristianismo também pode – segundo Weber – ser dito dele mesmo: para o convento com ele! (ibid.). A caracterização de Weber, porém, é dirigida não só a Nietzsche, mas também a Sombart, e seu contraste avaliativo de mercadores e heróis, de povos mercantes e heroicos. Vide Sombart (1915).

42 Quanto a isso, vide as observações de Weber acerca da relação entre classes e grupos de *status* em *Economia e sociedade* (Weber, 1972, p.177-80, 285-314, 531-40, 1978b, p.302-7, 468-518, 926-40). Uma interessante tentativa de levar mais adiante a abordagem teórica de Weber e de aplicá-la empiricamente desse ponto de vista encontra-se em *Distinction*, de Pierre Bourdieu (1984, especialmente parte 1, seção 4 e conclusão).

43 Sobre isso, vide especialmente Weber (1921, v.1, p.12, 1958a, p.27). "As forças mágicas e religiosas e as ideias éticas de dever nelas baseadas no passado sempre estiveram entre as influências formativas mais importantes sobre a conduta [na vida]."

ação orientada para o sucesso; nesse caso, se a ação for racional, resultam ações instrumentais ou racionais relativas a meios e fins (*zweckrationales Handeln*). Weber definiu explicitamente o propósito como a concepção de sucesso que se torna a causa de uma ação. Analogamente, o valor pode ser definido como a concepção de validade que se torna causa de uma ação (Schluchter, 1989, p.29 em referência a Weber, 1949, p.83, 1973, p.183). Algumas dessas concepções estão ligadas à concepção de *dever*. Mas nem toda concepção de dever dirige imperativos incondicionais à consciência do indivíduo.

Com relação aos temas fundamentais que definem a relação entre a ética e a política (como esboçado anteriormente), podemos distinguir entre duas concepções do dever. Enquanto os valores éticos estão vinculados a concepções absolutas do dever, os valores políticos estão vinculados a concepções históricas do dever. O objeto de referência para os valores éticos é o indivíduo, para os valores políticos, a "coletividade". Consequentemente, o valor ético é a concepção de uma validade absoluta relacionada com o indivíduo que se torna a causa de uma ação. O valor político, porém, é a concepção de uma validade *histórica* relacionada com a coletividade que se torna a causa de uma ação.[44] O que Weber já descrevera em sua aula inaugural como *nossa* responsabilidade ante a História – tendo de preencher as tarefas culturais de um *Machstaat* na Europa – ele mais tarde chamou explicitamente de dever histórico. Esse dever histórico foi causado pela fundação do Reich por Bismarck e foi, assim, o resultado não de uma necessidade geográfica, econômica ou política, mas de uma decisão política (Weber, 1971, p.141-2, 1984, p.97-8).[45]

---

44 Para evitar mal-entendidos, permitam-me acrescentar que essa distinção não é idêntica àquela entre moral privada e política. Os valores éticos têm significação tanto para a vida pessoal como para a sociopolítica. Weber examinou ambos os aspectos, o ético-individual e o socioético (vide, por exemplo, Weber, 1973, p.505, 1949, p.15-6). Temos de estabelecer uma separação entre a relação de valor e a área de aplicação. Os valores éticos são relevantes para a maioria das áreas da vida e, portanto, estabelecem uma relação de tensão com os direitos autônomos e com a legalidade dessas áreas. Por essa razão, como ressaltava Weber, "as tensões com o ético" não se limitam à esfera da ação política.

45 Weber na realidade fala aqui dos "deveres históricos do nosso próprio povo impostos pelo destino". Mas mesmo o destino coletivo – assim como o individual – é fundamentalmente a consequência de uma série de decisões finais e é, portanto, escolhido para si mesmo. Aqui, ele diz expressamente isso: "e isto é igualmente claro: que *sem desgraça* jamais pudemos nem podemos evitar a escolha, uma vez feita – na época em que criamos o Reich. Nem pudemos ou podemos evitar os deveres que assim assumimos para nós. Mesmo se quiséssemos". Observe-se a escolha das palavras: *sem desgraça, não sem culpa*. Culpa é um conceito ético, como consciência e responsabilidade, e permite a atribuição da responsabilidade e da culpabilidade individual. Tal conceito pertence à vida individual e ao destino individual.

É claro que a decisão poderia ter sido contra o estabelecimento do Reich. Contudo, uma vez que Bismarck e sua geração criaram o *Machstaat* alemão, "o caráter distinto da cultura do futuro", como dizia Weber, foi colocado "à disposição" de sua geração. Segundo ele, essa era a exigência histórica a que não lhes era permitido esquivar (id., 1971, p.140).[46] Tais deveres, porém, não se aplicam ao indivíduo como tal, mas ao indivíduo como membro de *determinada* coletividade. Assim, a especificidade da relação entre ética e política provém da tensão envolvida entre diferentes concepções do dever.

A terceira distinção – entre ética e felicidade – está ligada à segunda, pois as concepções do dever, seja qual for seu estatuto, são sempre diferentes da concepção da felicidade. É geralmente sabido que Weber falou sobre os interesses ideais e materiais, interesses de dentro e de fora. As concepções do dever fazem parte dos interesses ideais, seja de dentro, como os interesses relativos à salvação, seja de fora, como os interesses na honra individual ou coletiva. A divisão entre a busca da felicidade (saúde, riqueza, longevidade etc.) ou, de modo mais geral, a busca do sucesso e a busca de obrigações de valor permeia toda a sociologia de Weber. Quanto à orientação para a ação, a divisão exprime-se na distinção entre duas orientações: uma para o sucesso e outra para o valor. Quanto às relações sociais, exprime-se em dois tipos de coordenação: uma segundo as constelações de interesse, em que os participantes se comportam de acordo com cálculos de perdas e ganhos; a outra segundo concepções sobre a validade de uma ordem, em que os deveres

---

A desgraça, por outro lado, semelhante à honra e ao prestígio, também pode ser relacionada com a vida coletiva e o destino coletivo. Para Weber, portanto, não pode haver culpa coletiva, embora possa haver desgraça coletiva (e talvez vergonha coletiva). Isso pode ser visto também em sua atitude em relação à discussão sobre a culpa que se seguiu à Primeira Guerra Mundial. No que se refere ao destino de formações que exercem força política, podemos falar de interesse, honra e talvez de reparações, mas não de culpa e expiação. A fórmula "nossa responsabilidade perante a história" ou mesmo "nossa responsabilidade ante o futuro" dirige-se para esse contexto político e serve, portanto, como expressão da aceitação da legalidade autônoma e dos direitos autônomos do político, enquanto oposto à esfera ética. Para obter exemplos acerca do tema da "culpa de guerra", vide Weber, 1971, p.537, 1958a, p.118, 1971, p.476 et seq.; sobre o problema da solidariedade política e coletiva (em contraste com a solidariedade individual, a fraternidade) e sua penetração na esfera do valor, vide sobretudo Weber, 1972, p.528, 1978b, p.922.

46 Grosso modo, Weber viu uma necessidade de escolher entre as seguintes opções: ou a autoafirmação da cultura alemã ou o imperialismo (cultural) russo ou anglo-americano. Nesse caso, ele considerava o perigo "russo" o maior deles. Também é verdade que a consideração dos deveres históricos determinou sua avaliação política do antimilitarismo e do pacifismo, uma avaliação que variou segundo o contexto político.

desempenham seu papel. O cumprimento desses deveres é garantido por sanções, quer (e principalmente) de dentro, quer de fora (Weber, 1972, cap.1, seção 4, 1978b). Essa dicotomia básica, porém, pode ser encontrada mais uma vez na sociologia da dominação, em que se distinguem dominação em virtude de constelação de interesses e dominação em virtude da autoridade.[47] Gostaria de propor que ela seja formada em analogia com a distinção kantiana entre imperativos hipotéticos e categóricos. A ação orientada para o sucesso segue enfim imperativos técnicos ou pragmáticos, regras de astúcia ou prudência. Como diz Weber em seu ensaio sobre Stammler, ela segue máximas utilitárias motivadas por interesses materiais. Em contrapartida, a ação orientada para o valor segue imperativos categóricos, máximas normativas impelidas por interesses ideais.[48] Tais imperativos são postos em prática por si mesmos, por respeito pelo dever assim formulado e de maneira completamente independente do sucesso.[49] Seguindo a filosofia prática de Kant, podemos, além disso, dividir tais deveres em legais e de virtude, em imperativos legais e imperativos morais.

O que é mais importante, porém, é que a ação orientada para o sucesso pertence ao domínio da ação técnico-prática, nas palavras de Weber, ao domínio das máximas utilitárias; a ação orientada para valores pertence ao domínio da ação normativo-prática, em termos weberianos, ao domínio das máximas éticas e das máximas de *fair play*.[50] No primeiro domínio, nossa liberdade de decidir é limitada pelas "leis naturais" de caráter mais ou menos rígido. Se não aderirmos a regras técnicas ou pragmáticas (Weber às vezes as chama de "regras teleológicas"), que são derivadas aplicando-se um conhecimento intersubjetivamente válido e nomológico, agimos desajeitada e imprudentemente e prejudicamos a nossa felicidade e bem-estar. No segundo domínio, nossa liberdade de decisão é limitada por "leis normativas", que contam com sanções mais ou menos rigorosas. Ao transgredirmos regras morais, por

---

47 Sobre isso, vide o Capítulo 3 deste livro.

48 Sobre as distinções de Kant, com as quais ele, em suas próprias palavras, corrigiu um erro encontrado na *Grundlegung zur Metaphysik der Sitten*, vide especialmente Kant, 1965a, H6. As distinções de Weber, análogas às de Kant, podem ser encontradas no ensaio sobre Stammler. Vide Weber, 1973, p.334 et seq., 1977, p.112 et seq. É claro, naturalmente, que Weber assumiu uma visão empírica ao interpretar as distinções de Kant.

49 Vide as definições da orientação racional para meios e fins e orientação racional para valores em Weber, 1972, cap.1, seção 2, 1978b.

50 Sobre Kant, vide *Die Metaphysik der Sitten*, AB 1-AB 52, especialmente AB 13 et seq. (Kant, 1977). Sobre Weber, vide Weber, 1973, p.338, 1977, p.117.

exemplo, não estamos necessariamente agindo de maneira inepta ou imprudente, nem prejudicamos necessariamente os nossos interesses materiais. Esquecemo-nos, porém, do nosso dever e pomos em risco o amor-próprio, além do respeito aos outros.[51] Como no caso da distinção feita por Durkheim entre regras técnicas e morais, temos de considerar a distinção weberiana entre a ação orientada para o sucesso e a ação orientada para o valor, entre a ação racional relativa a meios e fins e a ação racional em relação a valores, contra o pano de fundo do sistema kantiano de razão. Nem Durkheim, nem Weber se valem de argumentos de Kant, mas ambos adaptaram sua arquitetônica para fins sociológicos, é claro que com intenções e resultados diferentes.[52]

---

51 A esse respeito, vide também o interessante comentário em Weber, 1924b, p.443-4.

52 Em termos formais, a apropriação de ideias de Kant por parte de Weber leva a uma sociologia baseada em princípios kantianos. Aliás, ela não nega as premissas cruciais da filosofia de Kant tal como se encontram na epistemologia ou em sua filosofia prática. Ela simplesmente reserva o julgamento. A apropriação de Kant por parte de Durkheim leva a um kantismo sociológico que substitui essas premissas por outras sociológicas. Isso também o força a negar a possibilidade da reflexão metafísica, quer dogmática, quer crítica, possibilidade que Weber jamais negou. Assim, em Durkheim, a metafísica da natureza se transforma em uma física (social) da natureza, e a metafísica da moral e da lei se transforma em uma física (social) das mesmas. Ele não distingue nem entre um uso crítico e doutrinal da razão, nem entre os níveis puro e empírico (entre as esferas numenal e fenomenal). Isso é traduzido no contraste entre os mundos individual e coletivo. Todavia, é mantida a arquitetônica kantiana. Ela é apenas completamente sociologizada e historicizada.

Em contrapartida, Weber nunca nega a diferença entre os conceitos transcendental e empírico de natureza, entre os conceitos transcendental e empírico de liberdade. Nesse contexto, é instrutiva a sua crítica a Stammler. Nas palavras de Weber, Stammler queria ser reconhecido como o mais autêntico discípulo de Kant, embora aquele tivesse compreendido muito mal os ensinamentos deste. Uma das razões para isso era a sua contínua fusão desses dois níveis de análise. Na epistemologia, isso significa que ele regrediu a uma posição pré-kantiana, a uma posição humiana ou até escolástica. Também instrutiva nesse contexto é a crítica de Weber a Wundt, que torceu o princípio de causalidade de Kant por meio da liberdade, "o arqu[é]tipo filosófico de todas as teorias metafísicas 'culturais' e da 'personalidade' desse tipo" (Weber, 1973, p.62, 1975, p.16). Sobre Stammler, vide Weber, 1973, p.293, 309, 317, 1977, p.61-2, 81, 90-1. Naturalmente, Weber não adaptou a filosofia de Kant simplesmente. Assim, por exemplo, em relação à crítica a Wundt, afirmou ele que a um exame mais atento a teoria metafísica kantiana da liberdade é autocontraditória. A intenção de Weber, porém, não era substituir as reflexões transcendentais de Kant sobre a categoria de causalidade e sobre a ideia de liberdade por meio dessas reflexões feitas a partir da ciência da realidade acerca da atribuição causal e do conceito de ação. Ele fez, aliás, essas reflexões a partir da ciência da realidade no espírito crítico de Kant, permitindo no mínimo, portanto, a possibilidade lógica de interpretações metafísicas de tipo kantiano. Sobre o caráter da metafísica kantiana, vide, por exemplo, Picht, 1985 (especialmente p.550 quanto à construção do sistema de Kant).

A distinção kantiana entre a esfera dos conceitos naturais e a esfera dos conceitos da liberdade também oferece o pano de fundo para a tese de Weber de que a racionalização da ação orientada para o sucesso e, portanto, a racionalização relativa aos meios e fins, não precisa desenvolver-se na mesma direção (*gleichsinning*) que a racionalização da ação orientada para valores, e, portanto, a racionalização segundo os valores. As duas formas de racionalização pertencem a esferas heterogêneas. A relativa a meios e fins pertence à esfera cognitiva e a segundo os valores, à "esfera avaliativa" (*Wertungssphäre*), um termo que devemos distinguir da "esfera de valor" (*Wertsphäre*), embora Weber os empregasse em ampla medida de maneira intercambiável.[53] A racionalização relativa a meios e fins depende de nosso conhecimento nomológico. Quanto melhor for, mais abrangentes as possibilidades de uma crítica técnica da ação orientada para o sucesso. Isso é exequível porque as regras técnicas e pragmáticas são a simples reversão das relações causais. Sem dúvida, o progresso metodicamente controlado de nosso conhecimento nomológico por meio da ciência moderna – um conhecimento do comportamento "de objetos do mundo exterior e de outros humanos" (Weber, 1972, cap.1, seção 2, 1978b) – não torna supérflua a distinção entre a racionalização relativa a meios e fins subjetiva e objetiva (sendo a última também chamada de *Richtigkeitsrationalisierung*).[54] Contudo, na área da ação orientada para o sucesso, ocorre um progresso objetivo, isto é, há uma substituição gradual da racionalidade relativa a meios e fins subjetiva pela racionalidade da correção objetiva (*Richtigkeitrationalität*). Não é o que acontece com a racionalização segundo valores. Ela pertence à esfera avaliativa, um domínio heterogêneo em relação à esfera cognitiva. Embora também exista conhecimento nesse caso, ele não vem de uma ordenação conceitual da realidade.[55]

---

53 Até onde vejo, Weber só faz essa distinção no ensaio sobre a "Neutralidade ética". Contudo, faria sentido fazê-la, pois, segundo a sua teoria do valor, a esfera cognitiva também é uma esfera de valor.

54 Sobre *Richtigkeitsrationalität* – em português a melhor tradução é provavelmente "a racionalidade da correção objetiva" – a que Weber redundantemente acrescentou o adjetivo "objetivo", vide o ensaio "Kategorien" ("Über einige Kategorien der verstehenden Soziologie"), especialmente seção 2 (Weber, 1973, p.432-8). Sobre a distinção entre um conceito de progresso livre de avaliação (*wertungsfrei*) e um avaliativo (*wertend)*, vide Weber (ibid., p.518-30, especialmente 526, 1949, p.7-39, especialmente 34-5).

55 Vide a carta a Tönnies supracitada (Nota 31), em que a cognição científica é distinguida do raciocínio. Vide também Weber (1973, p.156, 1958a, p.59): "Estamos, aliás, completamente livres do preconceito segundo o qual as reflexões sobre a cultura que vão além da análise dos dados empíricos para interpretar metafisicamente o mundo não podem, por seu

A racionalização segundo valores está ligada ao fato de que somos forçados a tomar posição ante o mundo e dar sentido a este. Sabemos, por exemplo, que podemos assumir uma postura crítica em relação ao mundo e ao progresso técnico que nele ocorre. Também sabemos que tal crítica não é puramente técnica e que o conhecimento que ela informa não se limita ao empírico ou mesmo ao filosófico da esfera cognitiva. É muito mais um conhecimento da validade dos valores. Portanto, não é conhecimento no sentido habitual, mas antes uma "posse", da maneira como Weber aplicava esse termo ao conhecimento religioso. Corretamente entendido, porém, isso deve ser dito de todo conhecimento dos valores (Weber, 1973, p.611, 1958a, p.154).[56] Em analogia a Kant, podemos dizer que os objetos da esfera cognitiva nos são dados (*gegeben*), enquanto os da esfera avaliativa são postos (*aufgegeben*);[57] a realidade objetiva da esfera cognitiva pode ser provada, enquanto a da esfera avaliativa só pode ser defendida. É claro, assim como podemos escrutar a racionalização subjetiva relativa a meios e fins, podemos fazê-lo com a racionalização subjetiva segundo valores. Podemos sujeitar uma obrigação assumida, um compromisso de valor, a uma crítica formal, como argumentou Weber em sua carta a Tönnies. Mas tal crítica não é capaz de transformar a racionalização subjetiva em objetiva, como no caso da racionalidade relativa a meios e fins. Uma decisão relativa a valores só pode ser objetificada (*objektiviert*) por meio de tal crítica. Isso, porém, também aponta para o fato de que, apesar da "irredutível diferença" entre as esferas cognitiva e avaliativa, a transferência de conhecimento é não só possível entre elas, mas também necessária (id., 1973, p.155, 1958a, p.58).[58] Para Weber, há uma relação com a verdade das

---

caráter metafísico, cumprir nenhuma tarefa epistemológica útil. Exatamente quais sejam essas tarefas cognitivas é, sobretudo, uma questão epistemológica, cuja resposta devemos e podemos, na perspectiva de nosso objetivo, deixar de lado neste momento".

56 Há claramente uma diferença entre a posse de uma pessoa positivamente religiosa que se baseia em revelações como fatos relevantes para a salvação e a posse de ideias livremente escolhidas pela pessoa. Mais sobre isso a seguir.

57 Como todos sabem, essa é a distinção que está no fundamento das "ideias kantianas". A meu ver, nos valores de Weber estão os substitutos das ideias kantianas. É nesse sentido que a observação de Jaspers deve ser interpretada: "Max Weber não estava familiarizado com as ideias kantianas". Wilhelm Hennis, que cita essa observação, parece crer que Jaspers pretendesse caracterizar a falta de conhecimento de Weber sobre Kant. Isso seria, é claro, absurdo. Kant permeia toda a obra de Weber. Não é preciso sair à cata de pistas, como no caso de Nietzsche. Vide Hennis (op. cit., p.208).

58 Vide a fórmula já encontrada em "Die 'Objektivität' sozialwissenschafter und socialpolitischer Erkenntnis", o ensaio sobre a "Objetividade", que também se vale das distinções básicas de Kant.

questões práticas *e* uma relação com a práxis das questões teórico-históricas. Tais relações, é claro, devem ser entendidas corretamente. As questões teórico-históricas que pertencem à esfera cognitiva têm de ser relevantes, têm de despertar o nosso interesse. Isso exige uma relação teórica com os valores. As questões práticas que pertencem à esfera avaliativa exigem avaliações. Podem e até devem ser discutidas. Com essas discussões, os participantes ganham um conhecimento cada vez mais claro de seus compromissos de valor em relação aos dos outros. Mas embora isso implique cognição, não há uma ligação necessária na esfera avaliativa, ao contrário da esfera cognitiva, entre conhecimento e reconhecimento.[59]

Assim, não vemos a substituição gradual da racionalização subjetiva pela objetiva na esfera avaliativa. Pode-se até dizer que acontece o inverso. A transformação do mundo em um mecanismo causal por meio da esfera cognitiva está ligada à subjetização da esfera avaliativa. Na medida em que ocorre essa subjetização, os antes aparentemente "objetivos" fundamentos dos valores se desintegram.[60] Mas, independentemente das circunstâncias históricas mutáveis, Weber pressupõe uma tensão *fundamental* entre as regras técnicas e normativas, entre os valores de sucesso e os de convicção. Por essa razão, não há vínculos *inequívocos* entre a racionalização relativa a meios e fins, no sentido do progresso técnico, e a racionalização segundo valores, no sentido do progresso moral ou cultural. Nenhuma delas determina a outra, ainda que a racionalização relativa a meios e fins por certo crie condições restritivas para a racionalização segundo valores. (Para uma visão geral, vide Tabela 2.1.)[61]

---

59 Vide, mais uma vez, as observações de Weber (1973, p.155-6, 1958a, p.58-9).

60 Sobre essa distinção, vide *A religião nos limites da simples razão*, B xxi-xxvi (Kant, 1977) e a distinção de Weber entre as religiões da salvação e o carisma da razão.

61 Sobre a racionalização dos valores, vide a asserção explicativa de Weber (1972, cap.1, seções 2, 3, 1978b, p.25): "Seriam exemplos de orientação axiológico-racional pura as ações de pessoas que, independentemente do possível custo para si mesmas, agem para pôr em prática suas convicções do que lhes parece exigir o dever, a honra, a busca da beleza, a vocação religiosa, a lealdade pessoal ou a importância de certas 'causas', qualquer que seja a sua natureza. Em nossa terminologia, a ação axiológico-racional sempre implica 'ordens' ou 'exigências' que, na opinião do ator, são obrigatórias para ele. Só nos casos em que a ação humana é motivada pelo cumprimento de tais exigências incondicionais ela será chamada axiológico-racional. Isso acontece em graus muito diferentes, mas em sua maioria só em uma medida relativamente pequena". Essa explicação mostra que a ação de acordo com a ética de convicção é orientada para os valores, mas nem toda ação orientada para valores segue uma ética de convicção. Ela também mostra que a ação de acordo com a ética de

Tabela 2.1 Esquema conceitual de valores

Valor	Teórico	Ético	Extraético
Faculdades	O que somos capazes de fazer	O que devemos fazer	O que queremos fazer
Ação	Técnico-prática	Moral-prática	Cultural
		Normativo-prática	
Processo	Tecnicização com base em valores de sucesso	Moralização com base em valores de convicção	Cultivação com base em valores culturais
Racionalização	Racionalização instrumental	Racionalização segundo valores	

A distinção entre a ação técnico-prática e a moral-prática, entre prudência e ética, apropriada da tradição kantiana, é central para a abordagem de Weber. Isso pode ser visto claramente na primeira versão do jamais concluído estudo *A ética protestante e o espírito do capitalismo*.[62] Nessa tentativa de 1904-1905 de revelar as raízes religiosas das concepções sobre o moderno dever vocacional (*Berufspflicht*) e, portanto, de um dos mais vívidos elementos da cultura moderna, Weber tinha justamente essa distinção kantiana em mente. Não é por acaso que ele frisou esse mesmo ponto na versão revista desse estudo, lançando uma contracrítica às objeções levantadas por Werner Sombart e Lujo Brentano à sua explicação histórica.[63]

O ponto de partida da análise de Weber era a questão: quem foi o pai espiritual do "espírito do capitalismo moderno"? Em sua busca pela resposta, Weber primeiro citou o "espírito" de Benjamin Franklin tal como é refletido

---

convicção pode, em maior ou menor medida, aproximar-se da pura e absoluta racionalidade dos valores e, portanto, há graus ou níveis de racionalidade das éticas de convicção, ou seja, diferentes graus e níveis segundo os quais as éticas de convicção podem ser racionalizadas.

62 Sobre a distinção entre axiomas práticos e teóricos e entre axiomas e postulados usada por Weber em suas observações dispersas sobre a teoria do valor, especialmente em seu ensaio sobre a "Neutralidade ética", vide Windelband (op. cit., p.12-3).

63 Boa parte da contracrítica (*Antikritik*) encontra-se nas notas de rodapé adicionadas à monografia. Elas se referem principalmente a Sombart (1913) e Brentano (1916), especialmente as Notas 117 et seq. O fato de Weber *não* ter incluído as críticas e contracríticas da controvérsia Fischer-Rachfahl na edição revista de *A ética protestante e o espírito do capitalismo* reflete-se de maneira desfavorável na asserção de Wilhelm Hennis de que Weber revelou pela primeira vez a sua questão central, a saber, o "desenvolvimento da humanidade", "com total franqueza" em sua segunda crítica a Rachfahl na "Última palavra anticrítica" (vide Weber, 1978a). Vide Hennis (op. cit., p.22). É de se perguntar quem é que está revelando o que com total franqueza!

por seu aconselhamento acerca da vida comercial. Isso deveria servir como um retrato provisório desse complexo "indivíduo histórico".[64] Sua tese era a de que as sugestões de Franklin refletem uma orientação para o

> ideal do homem honesto, de crédito reconhecido, e acima de tudo a ideia de um dever do indivíduo em relação ao aumento do seu capital, que é pressuposto como um fim em si.

Se compararmos, como nota Weber, as declarações de Franklin com as de Jakob Fugger, que Werner Sombart tomou como exemplo do espírito do moderno capitalismo, podemos ver que

> o que no caso [de Fugger] era expressão de ousadia comercial e de uma inclinação pessoal moralmente neutra, no caso [de Franklin] assume o caráter de uma máxima de matiz ético para a conduta da vida.[65]

Na segunda edição, de 1920, Weber desenvolveu mais a tese:

> Na verdade o que aqui é pregado não é só um jeito de vencer na vida, mas uma ética singular. A infração às suas regras é tratada não como idiotice, mas como esquecimento do dever. Essa é a essência do caso. Não se trata meramente de astúcia nos negócios, isso é bastante comum, é um éthos. *Essa* é a qualidade que nos interessa. (Weber, 1921, v.1, p.33, 1958a, p.51-2)

Doutrinas de prudência e orientação para o sucesso *versus* ética e orientação para os valores é a fórmula que abrange os contrastes essenciais. A infração às regras técnicas ou pragmáticas é idiotice; a infração às regras morais é negligência do dever. Na realidade, sabe-se que a orientação para o sucesso e a orientação para o valor são encontradas associadas. Além disso, mesmo

---

64 Weber referiu-se a *Sugestões necessárias a quem queira ficar rico* e a *Conselho a um jovem comerciante*. Vide Weber (1921, v.1, p.32, 1958a, p.192 nota 2). Ele citou Franklin a partir de Kürnberger (1855).

65 Vide Weber (1921, 1, p.33, 1958a, p.51-2), com referência a *Der moderne Kapitalismus* de Sombart (1902a). O epigrama que cita Fugger desapareceu na segunda edição de 1916, mas a tese substantiva, não. Nela, Sombart (1916, v.2, p.56) escreveu: "usei as palavras de Jacob Fugger de que 'queria lucrar durante o maior tempo possível' como epigrama na primeira edição para prefaciar o meu retrato da gênese do capitalismo moderno. Julguei--as características da mentalidade capitalista plenamente desenvolvida (o que elas decerto eram). Ele estava certamente à frente de sua época".

na primeira versão de *A ética protestante e o espírito do capitalismo*, Weber já dera ênfase ao subentendido utilitarista das exigências morais de Franklin. O utilitarismo de fato substituiu parcialmente o protestantismo ascético.[66] A virada aconteceu já no século XVIII. A mudança também representou o início da passagem da ética às doutrinas prudenciais. Assim, a transformação da conduta "burguesa" que já ocorrera com Franklin não se deve só à secularização, mas também à substituição dos valores éticos pelos não éticos, em especial os relacionados ao sucesso. É por isso que Weber observou no fim de seu estudo que na era do capitalismo avançado a ideia de dever vocacional está presente em nossas vidas como o *fantasma* dos valores religiosos anteriores.[67] No começo da "idade de ferro", no século XIX, o "espírito" capitalista já havia perdido todos os fundamentos éticos; o dever vocacional foi substituído pela mera luta pelo sucesso. Quando a atividade econômica significava mais do que

---

66 Sobre a teoria ética do utilitarismo clássico e sobre a discussão contemporânea que nela se baseia, vide Höffe (1975), em especial sua introdução, com a exigência de um utilitarismo crítico que inclua os princípios de utilidade, perfeição individual e justiça por meio da ideia de humanidade. Para uma continuação de sua abordagem, vide Höffe (1987). Sobre as origens do utilitarismo na filosofia radical do Iluminismo inglês, vide sobretudo Halévy (1972). Segundo Weber, não é a base filosófica enquanto oposta à base religiosa que distingue principalmente a ética utilitária da ética do protestantismo ascético; a principal diferença reside no uso do princípio de utilidade para a fundamentação dos deveres éticos. Para o protestantismo ascético, assim como para Kant, a utilidade não é um princípio ético; na verdade, ele é antiético. No protestantismo ascético, fundamentar a ética na utilidade teria de levar à idolatria da carne. Em Kant, isso teria de levar à corrupção do coração humano, pois seria uma expressão do fato de que as "motivações vindas da lei moral só podem ser seguidas quando subordinadas a outras (motivações não morais)" (*Religion*, B22, A20, em Kant, 1977). O aspecto decisivo dos fundamentos éticos desse tipo de ação tratado em *A ética protestante e o espírito do capitalismo* é exatamente o seu antiutilitarismo, a depuração de todo aspecto eudemonístico ou hedonístico e de todas as máximas egocêntricas a eles ligadas. Só dessa maneira é possível compreender (como Weber – em oposição a Sombart – já o dissera na primeira versão) esse "motivo burguês com que estamos lidando. O lema desse ascetismo é '*Entsagen sollst du, sollst entsagen*' [Renunciar, deves renunciar!] no sentido capitalista positivo de '*Erwerben sollst du, sollst erwerben*' [Adquirir, deves adquirir!]. Em sua pura e simples não racionalidade, é uma espécie de imperativo categórico" (Weber, 1921, v.1, p.190 nota 1, 1958a, p.276 nota 79). Dever e autocontrole, não utilidade nem a perfeição ou o crescimento próprios, são os motivos essenciais. Uma moral de imperativos é contraposta a uma moral de utilidade e perfeição. Como já foi sugerido, isso valia para Weber não só em uma perspectiva histórica e sociológica, mas também em uma perspectiva normativo-axiológica.

67 Vide Weber (1921, v.1, p.204, 1958a, p.182); e a conclusão de *História econômica geral* (Weber, 1923, p.314-5, 1961, p.270).

a adequação a exigências econômicas estritas, quando ela também reivindicava ser gratificante, não mais tomava as regras morais como ponto de referência. Elas foram substituídas por regras técnicas e pragmáticas. Como no caso de Jacob Fugger, a atividade econômica mais uma vez assumiu o caráter de uma inclinação pessoal e moralmente indiferente. Ela permitia um estilo de vida, mais do que uma conduta.[68] Assim como Leon Battista Alberti oferecera à economia pré-capitalista uma doutrina prudencial, a teoria da utilidade marginal o faz com o capitalismo avançado.[69] Obviamente, uma doutrina prudencial moderna distingue-se da de Alberti por sua fundamentação na ciência, mas promove uma relação puramente tecnológica com o mundo. Além disso, se não desafiada por outros ideais, a doutrina prudencial promove, enfim, um modo de vida de adequação (formalmente racional) ao mundo, elevando a racionalidade baseada na verificabilidade científica ao estatuto de único guia para a ação positiva.

Assim, a primeira tarefa de uma tipologia das éticas é distinguir a ética da mera doutrina prudencial. Como mostrou a discussão anterior, isso pode ser feito em termos de regras, de interesses ou motivação e de sanções. Comparativamente às doutrinas prudenciais, a ética formula regras normativas, não técnicas. A ética baseia-se em interesses ideais, não materiais, e está ligada a sentimentos de dever, não de inclinação. Por fim, ela sanciona pela perda do respeito pelos outros e, acima de tudo, do autorrespeito, e pela mobilização de sentimentos de pecado e culpa, não de ganhos ou perdas.

---

68 A distinção entre estilo de vida e conduta, nesse sentido, não se encontra em Weber. Ele usava o conceito de conduta de modo bastante livre. O estilo de vida pertence ao domínio da ação tecnicamente prática e adere ao processo de cultivação. A conduta pertence ao reino da ação moralmente prática e também inclui processos de moralização. Isso não significa que só exista a conduta ética. A conduta também pode basear-se principalmente em valores não éticos. Contudo, deve existir uma relação com valores éticos. O *Kulturmensch* [pessoa culta] é sempre um ser moral, também. A redução da humanidade ao tecnicamente prático leva ao "último homem". Em *A ética protestante e o espírito do capitalismo*, em um estilo que lembra Nietzsche, Weber encerrou seu estudo declarando-os "especialistas sem espírito, sensualistas sem coração".

69 Sobre Alberti, vide a nota de rodapé incluída em 1920 (Weber, 1921, v.1, p.38-41, 1958a, p.194 nota 12). Sobre os dois processos de transformação, vide principalmente o fim do estudo (id., 1921, v.1, p.202-6, 1958a, p.180-3). A construção de uma doutrina prudencial para viver a própria vida não precisa basear-se em teorias econômicas, é claro; ela pode começar com qualquer das teorias das ciências da realidade. A ciência da realidade, porém, só pode ensinar como podemos conduzir a nossa vida e, talvez, como procuramos conduzi--la. Não pode, porém, ensinar como *devemos* conduzi-la.

Mágica, ética de normas e ética de princípios

A distinção entre ética e doutrinas prudenciais é importante não só de um ponto de vista tipológico, mas também da perspectiva do desenvolvimento. A diferenciação entre os reinos da orientação para o sucesso e da orientação para os valores foi um processo extraordinariamente prolongado e complexo na história. Um passo crucial nesse processo foi dado nas civilizações da era axial, há dois milênios e meio. A simbiose entre a orientação para o sucesso e a orientação para os valores, entre concepções de utilidade e de dever, que perdurara até então foi definitivamente dissolvida (Jaspers, 1949, p.15 et seq.).[70] Tal passo também desempenha um papel importante na sociologia da religião de Weber. Esse papel pode ser observado em suas reflexões sobre o surgimento gradual da ética religiosa a partir do mundo da mágica. Independentemente de quão tortuosas tenham sido as vias históricas reais, pode-se fazer uma generalização: somente com a transição dos tabus para as leis religiosas, da coerção e do suborno para o culto e o serviço do divino, de uma fraternização garantida por tabus para outra garantida pela "consciência" de cada um, foi rejeitada a equação do útil *versus* o nocivo em favor do de bem *versus* mal, e a fé no poder dos demônios e dos deuses e na mediação deles se tornou relativamente independente de sua contribuição para o sucesso (material) do fiel.[71]

Por essa razão, uma "ética" mágica não é uma ética no sentido estrito da palavra. Ela carece da distinção clara entre regras técnicas e normativas. Também carece da concepção de que a benevolência divina não pode ser obtida nem pela subordinação coagida, nem por suborno, mas somente pela obediência e devoção voluntárias. Sabe-se que a maioria das éticas religiosas permanece permeada de tabus e práticas mágicas, assim como muitas regras normativas estão entulhadas de motivos utilitários. Em termos tipológicos, porém, a ética deve ser distinguida conceitualmente de maneira estrita não só das tecnologias científicas, mas também da mágica, que pode ser vista como uma técnica baseada em relações subjetivas relativas a meios e fins.

---

70 Shmuel N. Eisenstadt ressuscitou essa ideia e a tornou relevante para os atuais problemas sociológicos. Vide sua "Introdução geral" em Eisenstadt (1987b, p.10 et seq.).

71 Sobre isso, vide sobretudo Weber (1978b, 1972, p.261 et seq.). Descrevi esse processo em diversos contextos como a transição de uma visão do mundo monista para uma dualista. O "mundo bilateral" da mágica, em que demônios e deuses gozam de uma superioridade apenas relativa, é progressivamente absolutizado. Isso, é claro, não exclui a possibilidade de construtos de mediação que diminuam ou mesmo "superem" esse dualismo. Vide, por exemplo, Roth e Schluchter (op. cit., cap.1).

Em suma, o desenvolvimento de uma ética religiosa, e até de toda ética no sentido estrito da palavra, pressupõe a virada axiológica e a distinção estrita entre o estado natural e o cultural, entre ação e norma.[72]

Assim, em sua sociologia da religião, Weber utilizou o conceito de ética religiosa como um conceito de classe genética, contraposto às tecnologias científicas, por um lado, e às "técnicas" mágicas, por outro. Ambos os "contraconceitos" desempenham um papel importante em sua análise da ação religiosa em seus diversos ambientes sociais e culturais, porque, como alhures, a ação em conformidade com uma ética (nesse caso, de natureza religiosa) é mais a exceção do que a regra, e quando tal ação é buscada, sempre está mesclada com outras orientações. Como vimos, só minorias vivem a vida de *virtuosi* religiosos. Como elas vivem é algo que depende, assim como das condições externas – exaustivamente tratadas por Weber em sua sociologia da religião –, do caráter da ética religiosa a que elas aderem. Embora a ética religiosa deva ser claramente distinguida das doutrinas prudenciais e da mágica, parece, porém, que nem toda ética religiosa seja uma ética de convicção. Surge, portanto, a questão: o que se pode aprender da sociologia da religião de Weber para diferenciar o conceito de ética religiosa?

Weber trata de três tipos de ética religiosa, além da mágica: a ética ritualista, a ética legal e a ética de convicção. Os efeitos das duas primeiras são semelhantes aos da mágica: tendem a estereotipar normas convencionais e legais, tornando-as sagradas, ou seja, conferindo-lhes a santificação religiosa. Elas representam, portanto, não dois tipos, mas dois subtipos de um único tipo. Ambas proporcionam uma base religiosa para "o domínio inteiro das instituições legais e das convenções sociais". Ajudam a criar uma situação em que as normas cerimoniais e rituais devem ser tratadas exatamente da mesma maneira que as prescrições legais e éticas (Weber, 1978b, p.577, 1972, p.348).[73] Permanecem mescladas regras morais, legais e convencionais, todas asseguradas em primeiro lugar por garantias externas. A lei, em particular, é com isso elevada à condição de lei sagrada e, assim, amplamente protegida da secularização. As obrigações legais são consideradas obrigações de virtude e vice-versa; na terminologia de Weber: a legalidade (*Rechtlichkeit*) determina a conduta do indivíduo.

---

72 Sobre a distinção entre ação e norma e sua significação sistemática para o tratamento da "ética" mágica e da "ética" religiosa, vide Schluchter (1981, cap.4.B.1). Adiante, retomo os conceitos e distinções naquele livro utilizados, desenvolvendo-os mais e, ao mesmo tempo, corrigindo-os.

73 Esse texto, aliás, é uma versão preliminar das "Reflexões intermediárias".

Isso muda apenas com a transição a uma ética religiosa de convicção. Nesse ponto, as normas éticas são separadas das normas legais. Além disso, as normas éticas são sistematizadas e interiorizadas. A ação obrigatória pode agora tornar-se uma ação feita por senso do dever; as prescrições culturais subdividem-se nas esferas da liberdade interior e exterior, legalidade e moralidade. Enquanto a convenção e a lei antes davam as cartas, agora entra em cena a convicção. Na pesquisa weberiana na sociologia comparada das religiões, esse é o aspecto central de sua análise das condições interiores de conduta. Ao contrário da tipificação sacralizada da convicção e da lei nas religiões ritualistas e ético-legais, a religião com uma ética de convicção cria uma situação interior essencialmente diferente, por meio de

uma sistematização das obrigações religiosas guiadas por princípios. Ela rompe a tipificação das normas individuais, para relacionar toda conduta com a meta da salvação religiosa. Além disso, a ética de convicção não reconhece nenhuma lei sagrada, mas apenas a "convicção sagrada" que pode sancionar diferentes máximas de conduta em diferentes situações, e é, portanto, elástica e suscetível de acomodação. Ela pode, dependendo da conduta que gera, produzir consequências revolucionárias a partir de dentro, em vez de exercer um efeito estereotipante. Mas a ética de convicção adquire essa capacidade de revolucionar ao preço de adquirir também todo um complexo de problemas que se tornam cada vez mais intensos e interiorizados. O conflito inerente entre o postulado religioso e as realidades do mundo não diminui, mas até recrudesce (id., 1972, p.349, 1978b, p.578).

Esse trecho contém uma formulação de significação sistemática, a saber, que a ética religiosa de convicção provém de uma sistematização da obrigação baseada em princípios. As normas individuais, antes muito fragmentadas, são colocadas, por assim dizer, em grupos e situadas em diferentes níveis. Mas, o que é mais importante, há uma conexão pelo menos de todas as normas éticas, pois agora todas elas são dirigidas para o objetivo religioso da salvação, um axioma de valor religioso final e internamente coerente que serve como ponto de referência comum. Em outras palavras, as normas estão todas elas sujeitas a um processo de abstração cognitiva. Em um contexto diferente, Weber descreveu esse processo da seguinte maneira: é uma

operação que começa com avaliações particulares e a análise de seu significado. Em seguida, ele avança continuamente no sentido de uma avaliação cada vez mais baseada em princípios (Weber, 1973, p.510, 1949, p.20).

A partir dos axiomas de valor assim revelados, podem então ser derivados postulados práticos. Assim, a ética religiosa de convicção possui não apenas um princípio de integração normativa, mas também um princípio de geração de normas. Ao contrário da ética ritualista e legal, que se baseia em normas individuais estereotipadas (e, portanto, em boa medida intercambiáveis) e desconexas, a ética de convicção é uma ética de princípios. Pressupõe um trabalho lógico e especulativo, efetuado por intelectuais religiosos, inclusive teólogos,[74] ou leigos.[75]

Além disso, também é importante uma segunda formulação presente na citação, a saber, de que uma ética de convicção santifica uma convicção do indivíduo que "pode sancionar diferentes máximas de conduta em diferentes situações e é, portanto, elástica e suscetível de acomodação". Assim, a ética religiosa de convicção já é uma ética da personalidade (*Persönlichkeitsethik*) no sentido estrito do termo, ou seja, exige uma pessoa autônoma com a capacidade de fazer juízos práticos. Como formulou Karl Jaspers em relação a Kant, o adepto de uma ética de convicção agiria de maneira imoral se considerasse "irresponsavelmente" que "o caráter absoluto de abstrações do supostamente bom, correto e sagrado" devesse ser encontrado "na obediência unidimensional" a tais abstrações (Jaspers, 1983, p.105).[76] A adesão a princípios incondi-

---

74 Weber observou repetidas vezes que a teologia e o dogma não são de modo algum fenômenos universais de todas as religiões com ética. Vide, por exemplo, Weber (1973, p.610, 1958a, p.153).

75 Esse trabalho intelectual, porém, não se limita à ética religiosa de convicção. Por exemplo, também se encontra "nos livros sagrados dos hindus, muçulmanos, parsis e judeus e nos livros clássicos dos chineses", todos eles subsumidos por Weber sob o tipo ideal de uma ética ritualista ou legal, ou, mais geralmente, sob o tipo ideal de uma ética de normas. Vide Weber (1972, p.348, 1978b, p.576-7).

76 Jaspers percebeu que o que Kant realmente formulara em sua ética era uma alternativa para além tanto da ética rigorista de convicção como da ética de sucesso baseada em cálculos de vantagem. E percebeu que a melhor forma de se caracterizar essa verdadeira terceira via era o conceito de ética de responsabilidade de Max Weber: "a ética de responsabilidade é a verdadeira ética de convicção que busca o seu caminho no mundo sem estar vinculada nem ao padrão de sucesso, nem ao fundamento racional de uma convicção. Seu caminho pertence, pelo contrário, ao espaço livre das possibilidades, vinculado a um incondicional que só se mostra sob a forma de pensamento em ação e não em termos de quaisquer conteúdos específicos". Isso, sem dúvida, vale para a ética de Kant, que é tão completamente deturpada como uma ética rigorista de convicção quanto a ética de responsabilidade de Weber o seria se fosse apresentada como uma ética de sucesso baseada no cálculo das vantagens. Além disso, a primeira sentença na fórmula de Jaspers vale até para a ética religiosa de convicção, como mostra a fórmula de Weber. Há, porém, ainda uma diferença entre as éticas religiosas de convicção, a ética de Kant e a ética de Weber. O que se segue tentará mostrar isso.

cionais de modo algum exclui sua aplicação flexível. Se, de fato, um "tipo de consciência" autônomo, mas rígido, em vez de outro autônomo, mas flexível, tende a ser vinculado com a convicção ética é, naturalmente, uma questão histórica e empírica. De qualquer modo, o trecho supracitado demonstra que para Weber um "tipo de consciência" autônomo pode desenvolver-se a partir de uma ética religiosa de convicção.[77]

Assim, se quisermos distinguir tipologicamente uma ética religiosa baseada em princípios (ética de convicção) de uma ética religiosa de normas (ética ritualista e legal), podemos, mais uma vez, recorrer aos três aspectos anteriormente selecionados: (1) quanto às regras, regras morais em vez de regras convencionais ou legais; (2) quanto à motivação, obediência por senso do dever em vez de obediência obrigatória, ou interesse ideal interior em vez de interesses ideais exteriores; (3) quanto às sanções, culpa e vergonha em vez de reprovação ou punição.

A transição da ética religiosa de normas para a ética religiosa de princípios implica, assim, uma racionalização dos valores: da tipificação de normas individuais a princípios unificadores, da legalidade à moralidade. Quanto a regras, esse é um processo de sistematização; quanto à motivação, é um processo de individuação; e quanto a sanções, é um processo de substituição ou pelo menos de suplementação de sanções externas por internas, físicas por psíquicas e do controle pelos outros pelo autocontrole e a autocensura.[78]

Onde, porém, se encaixam as éticas não religiosas? E, acima de tudo, qual é o lugar da ética de responsabilidade nessa tipologia? Essas são as duas questões que devem agora ser tratadas. As respostas a elas vão não só nos levar para além da tipologia bipartida da ética religiosa, já desenvolvida, mas também para além da sociologia da religião.

Éticas baseadas em princípios reflexivos: ética formal de convicção

A questão das éticas não religiosas em Weber pode ser esclarecida considerando-se suas observações dispersas sobre a ética de Kant. Elas podem ser

---

77 Isso serve para corrigir uma classificação que fiz ligando as éticas e os tipos de consciência, em Schluchter (op.cit., p.64, Fig.6). Contra o pano de fundo dessas considerações e das que se seguem, os argumentos desenvolvidos em Schluchter (ibid., sobretudo p.59-66) teriam de ser reescritos hoje.

78 Podem-se encontrar boas análises desse processo em termos da passagem dos meios de sanção física aos meios de sanção psíquica em Durkheim e, mais tarde, em Foucault. Vide, por exemplo, Durkheim (1899, p.65 et seq.) e Foucault (1976).

interpretadas de duas maneiras: como observações que descrevem um tipo específico de ética e como observações destinadas a assinalar a posição do próprio Weber perante Kant quanto aos valores. Ainda mais do que em nossa discussão anterior, ambos os aspectos estão entrelaçados. Sem perder isso de vista, descreveremos o debate de Weber com Gustav Schmoller sobre o caráter formal da ética kantiana especialmente instrutivo como ponto de partida.

Weber contestou a tese de Schmoller de que o formalismo de Kant na ética seja vazio de quaisquer diretrizes substantivas.[79] Apresentou um exemplo com o objetivo de mostrar exatamente o contrário. Começou por traduzir a seguinte sentença na linguagem da ética de Kant: "no começo, a nossa relação recíproca era só paixão, agora é um valor". Na linguagem de Kant, seria: "no começo, éramos *simples meios* um para o outro; e podemos acrescentar: agora somos *fins* um para o outro" (Weber, 1973, p.506, 1949, p.16).[80] Mesmo sem a segunda metade da sentença na linguagem de Kant (que ele preferiu não considerar), Weber considerou a primeira parte como uma "formulação totalmente brilhante de uma imensa variedade de estados de coisa éticos". Por quê? A sentença completa descreve a transição de um relacionamento não moral ou moralmente indiferente para um relacionamento moral ou pelo menos de matiz moral. Ela faz, portanto, a distinção entre estados de coisa não éticos e éticos. Em um sentido básico, são não éticos os estados de coisa em que trato qualquer outra pessoa como meio para um fim, seja esse fim meu próprio ou de outrem, individual ou geral. Na medida em que isso acontece, comporto-me para com o outro de maneira orientada para o sucesso. Só quando trato a outra pessoa como fim em si mesmo, quando

---

79 É notório que a objeção clássica ao formalismo sem conteúdo de Kant na ética se encontra no jovem Hegel. Vide seu ensaio *Sobre as maneiras científicas de tratar o direito natural* (Hegel, 1969, v.2, p.434 et seq., em especial 459 et seq.). Em tal ensaio, Hegel trata do famoso exemplo de Kant do *depositum* [depósito] para demonstrar o caráter tautológico de um tipo kantiano de legislação baseado na razão prática. Afirmava Hegel que tal legislação era supérflua, pois não fornece leis nem define nada, dependendo, ao contrário, em tudo o que faz de uma dada definição. O fato de Weber expressamente ter defendido o formalismo de Kant na ética e de nunca se ter valido da distinção hegeliana entre moralidade e *Sittlichkeit* [vida ética] é apenas mais uma indicação de que sobre as questões fundamentais Weber tendia a aderir – na terminologia de Lask – mais ao racionalismo crítico de Kant do que ao racionalismo emanacionista de Hegel. Vide Schluchter (1989, cap.1.3).

80 Weber reformulou só a primeira parte e a usou no seguinte argumento. Na *Fundamentação da metafísica dos costumes*, diz o correspondente imperativo prático: "age de tal maneira que trates a humanidade, quer em sua própria pessoa, quer na pessoa de outros, nunca simplesmente como meio, mas sempre ao mesmo tempo como fim" (Kant, 1948, p.61).

reconheço nessa pessoa um caráter inteligível capaz de autodeterminação racional, honro a comunidade dos seres racionais na outra pessoa e, assim, em mim mesmo. Mas nesse caso não posso comportar-me para com o outro de maneira orientada para o sucesso. Ao contrário, a minha relação com ele ou ela assume uma significação em termos prático-morais. Ela se torna a *nossa* relação, mediante o reconhecimento comum de um valor (ético).

Sabe-se que o ceticismo de Weber se dirigia precisamente a essa versão positiva dos estados de coisa éticos que resultam da adição da segunda metade da sentença, e veremos por quê. Depois de interpretar a primeira parte, ele deixa a questão de lado. Satisfazia-o a versão negativa da formulação, estabelecendo o que os estados de coisa éticos jamais podem ser. Só nisso, na suposta vacuidade substantiva da ética de Kant, ele já viu exibirem-se três importantes implicações para uma teoria do valor:

(1) o reconhecimento de esferas autônomas, não éticas; (2) a delimitação da esfera ética em relação a elas; e (3) a determinação do sentido segundo o qual graus diferentes de estatuto ético podem ser imputados à atividade orientada para valores não éticos (Weber, 1973, p.506, 1949, p.17).

Assim, Weber começou defendendo o formalismo da ética de Kant. Weber tentou mostrar que o reconhecimento de "verdades éticas 'formais'" no sentido da *Crítica da razão prática* não fica de modo algum sem consequências para uma teoria do valor e para o lugar da ética nela.[81] Esse tipo de ética formal, porém, é também uma ética de princípios. E apela também a um sentimento do dever. Justamente a "fria factualidade"[82] da ética de Kant, segundo Fichte, a "fria aprovação" com que Kant escora motivacionalmente o imperativo ético ressalta a dignidade única dos imperativos éticos e a distinção de princípio que eles exibem frente aos ideais culturais. Estes últimos via de regra se vinculam não só à fria aprovação, a um sentimento do caráter evidente do verdadeiro e do certo, mas ao entusiasmo (agradável).[83] Pois há e sempre haverá, segundo Weber,

---

81 Vide a fórmula em Weber (1973, p.504, 1949, p.15) que introduz o debate com Schmoller sobre esse ponto. O trecho em Weber (1973, p.505-8, 1949, p.16-8) foi inserido no texto de 1913. A meu ver, trata-se de uma das mais importantes explicações da teoria do valor na obra de Weber.

82 Como citado em Weber (1973, p.506, 1949, p.16).

83 Weber citou essa interpretação de Kant feita por Fichte em "Política como vocação". Vide Weber (1971, p.545 et seq.). Vide também Fichte (op. cit., v.4, p.167).

uma distinção irredutível [...] [na esfera avaliativa entre] (1) aqueles argumentos que apelam para o nosso sentimento e a nossa capacidade de nos entusiasmarmos com objetivos práticos concretos ou formas e valores culturais e (2) aqueles argumentos em que, uma vez que seja questão da validade de normas éticas, o apelo se dirige à nossa consciência.[84]

Sabe-se que também para Kant o respeito pela lei moral é um sentimento de que a vontade precisa para executar o que a autodeterminação arrazoada conclui que o deva ser. Contudo, trata-se de um sentimento ideal, um sentimento que surge da execução do dever dado.

Nesse sentido também, é claro, Weber evitou a adoção da construção *filosófica* de Kant de um "sentimento [...] *autoproduzido* por um conceito racional" baseado em um dualismo postulado entre a razão pura e a sensibilidade patológica, entre o dever e a inclinação (Kant, 1948, p.69, BA 16-7). Weber, contudo, adotou o que Kant ressaltava como a posição especial da ética no concerto dos valores com relação a regras e motivação. Também para ele, uma ética formal formula imperativos incondicionais, absolutos e mobiliza sentimentos "ideais", a saber, interesses ideais interiores que estão vinculados à consciência.[85] Além disso, como para Kant, também existe para

---

84 Como está escrito na primeira parte do ensaio sobre a objetividade, onde se trata da relação entre teoria e práxis. Vide Weber (1973, p.155, 1949, p.58).

85 Segundo Kant, o sentimento moral é um "sentimento extraordinário", produzido não pela sensualidade patológica, mas pela razão prática. O respeito pela lei "não é o incentivo à moralidade, é a moralidade mesma, considerada subjetivamente como incentivo" (Kant, 1976, p.183, A 134-5). Desde o começo, foi levantada a questão da origem da força desse sentimento ideal ao limitar o amor-próprio em suas pretensões, ao romper com as inclinações. A questão permanece mesmo se admitirmos, como Kant admitia, que a distinção entre o princípio de felicidade e a moralidade não significa que "devamos renunciar a pretensões à felicidade; ela só exige que não os levemos em conta sempre que se trata de uma questão de dever" (ibid., p.199, A 166). Em Kant, esse problema estava no centro de seu esforço para destruir a base das teorias morais tanto empiristas como dogmático-metafísicas. Contudo, em sua alternativa, há uma coisa que ele não conseguiu resolver (como pensadores imediatamente posteriores a ele notaram): o problema da "mediação" entre moralidade e felicidade. A solução de Kant consistia em ampliar a filosofia crítica moral com uma teologia moral. A defesa da ideia racional de liberdade, cuja existência conhecemos por meio de nossa ação moral, é ampliada para incluir a ideia racional de Deus e da imortalidade da alma; a legalidade da natureza e da liberdade são reunidas pelo conceito de mais alto bem. Nesse contexto, a versão primitiva de Kant tem de ser distinguida da sua versão madura. Vide Henrich (1971, p.48 et seq.). Sobre a versão madura, vide principalmente Kant (1982). Sobre isso, vide *Crítica da faculdade de julgar* e sobretudo "Apêndice: teoria do método de aplicação do juízo teleológico" e "Observação geral sobre a teleologia" (parte 2, p.75-163).

Weber uma ética de princípios fora das religiões. Quanto mais formal ela é, menor o perigo de fundir imperativos éticos e valores culturais (como a religião por vezes faz). O ensaio sobre a "Objetividade" ("Die 'Objektivität' sozialwissenschaftlicher und sozialpolitischer Erkenntnis") já contém a seguinte formulação interessante:

> Seja qual for a interpretação do fundamento e da natureza da validade dos imperativos éticos, é certo que essas normas para a ação concretamente condicionada dos *valores culturais individuais* não podem ser derivadas sem ambiguidade como normativamente desejáveis; e isso tanto menos quanto mais abrangente for o conteúdo em questão. Apenas as religiões positivas – ou, mais precisamente, as *seitas* dogmaticamente vinculadas – podem conceder ao conteúdo dos *valores culturais* o estatuto de imperativos *éticos* incondicionalmente válidos. Fora dessas seitas, os ideais culturais que o indivíduo deseja realizar e as obrigações éticas que ele *deve* cumprir não compartilham, em princípio, o mesmo estatuto. (Weber, 1949, p.57, 1973, p.154)

Se seguirmos as indicações dadas até aqui, fica claro que Weber não acusava a ética formal de Kant de pan-moralismo. Considerava-a, porém, uma ética de *virtuosi*, que formula deveres absolutos, incondicionais. Em nossa terminologia, deve ser classificada, portanto, como uma ética de princípios. Como tal, porém, ela é distinta de uma ética religiosa de princípios. Isso parece dever-se à fundamentação de seu imperativo. Os princípios das religiões positivas são "revelados", ao passo que o princípio da ética de Kant é estabelecido pela razão. Além disso, embora estabelecido pela razão, não é um princípio substantivo que possa ser deduzido teoricamente e assim fundamentado. Ao contrário, é um princípio formal pelo qual podemos examinar o caráter racional, e, portanto, a legalidade geral, de máximas e regras que são consideradas moralmente válidas por indivíduos.[86] O que a vontade busca,

---

Weber, argumentando sobretudo no nível da psicologia e da sociologia da moral, transforma de imediato o interesse pela vontade de obedecer (*Gehorchenwollen*) em um motivo para o dever. No entanto, ele (também Kant, naturalmente) carecia de uma teoria psicodinâmica da formação da consciência. Ele não se valeu da contribuição de Freud nesse campo.

86 Vide dissertação de Dieter Henrich sobre Weber. O fato de que o fundamento do método teórico-dedutivo de prova usado pela teologia natural esteja destruído não significa, porém, que se dispense necessariamente a dedução da lei de moralidade e do imperativo categórico. Essa, contudo, é uma dedução que "depende da autocerteza factual dos seres morais" e, portanto, se baseia em última instância em uma teoria da evidência (vide Henrich, 1975,

Convicção e responsabilidade: Max Weber acerca da ética

seu material, já está sempre dado sob a forma de máximas que se originam de um mundo vital concreto, um ambiente social e cultural determinado. A questão é: pode o objeto dos desejos da vontade ser reconhecido como moral? A única resposta afirmativa possível é: se ele puder ser levado a tomar uma forma específica. Somente as máximas que podem ser desejadas como leis (práticas) *universais* podem ser consideradas morais. Uma máxima em relação à qual eu desejo que, embora eu aja de acordo com ela, nem todos os outros a sigam jamais pode merecer ser chamada de moral. Não pode ser considerada um imperativo incondicional, porque não satisfaz a condição de poder ser "reconhecida [...] como válida pela vontade de todo ser racional" (Kant, 1976, p.130, A 35). Por conseguinte, a lei fundamental da razão prática pura é: "age de tal forma que a máxima de tua vontade possa sempre servir ao mesmo tempo como princípio de uma legislação universal" (ibid., A 54).[87] Esse princípio fundamental (ou lei fundamental, *Grundgesetz*) vincula todos os seres racionais. Consequentemente, como diz Albrecht Wellmer, o "teste de generalizabilidade [de uma máxima] é ao mesmo tempo um teste de [sua] capacidade geral de receber aprovação". Nesse sentido, o princípio básico da razão pura prática pode ser interpretado como um princípio universalizante (Wellmer, 1986, p.20).[88] Dos imperativos categóricos nasce o "imperativo categórico", dos princípios éticos nasce um princípio de segunda ordem ou metaprincípio. Todos os deveres morais "estão sujeitos" a esse princípio. Na terminologia deste livro, os princípios são transformados em um único princípio reflexivo (Schluchter, 1981, p.45).[89]

Assim, a ética de Kant não é simplesmente uma ética de princípios, mas uma ética de um princípio reflexivo. Por isso, apesar de sua incorporação da

---

p.86). Nessa teoria da evidência na ética, Henrich considera Weber muito próximo de Kant: "pois a ética de Weber está ligada à de Kant por também procurar fornecer uma teoria da evidência" (vide Henrich, 1952, p.116).

87 É notório que há diversas formulações dessa lei fundamental que são em parte diferentes umas das outras.

88 Wellmer distingue entre dois princípios generalizadores que se fundamentam reciprocamente sem que seja possível derivar o segundo do primeiro por meio de uma premissa adicional. Os princípios são um princípio generalizador análogo ao princípio de indução no caso das sentenças descritivas e um princípio generalizador de segundo nível que não envolve o caráter de generalidade dos juízos normativos, mas sim as condições universalistas que tornam possível o reconhecimento intersubjetivo. O princípio moral de Kant exige generalização tanto no primeiro como no segundo sentido. É por essa razão que ele pode ser chamado "princípio universalizante" (Wellmer, 1986, p.20).

89 Hoje eu desenvolveria esse argumento de maneira um tanto diferente.

Paradoxos da modernidade

teologia moral, a ética de Kant continua sendo claramente distinta das éticas religiosas baseadas em princípios (ou convicções). Além disso, em Kant, a fé na revelação tem de se conformar às exigências da razão e não o inverso, pois "a religião que sem hesitar declara guerra à razão não sobreviverá contra ela por muito tempo" (*Religion*, BA xviii f). Nos escritos kantianos, a relação entre fé e razão assumiu um significado diferente do encontrado nas éticas religiosas segundo normas ou princípios. Nestas últimas, a seguinte sentença – atribuída a Tertuliano e frequentemente citada por Weber – é afinal verdadeira: *Credo quia absurdum* (Creio porque é absurdo).[90] A sentença aponta menos para a irracionalidade da fé do que para o sentido de que a fé fica *além ou acima da* razão (para sua *Übervernünftigkeit*).[91] Ela reflete a tese de que, segundo a tradição ocidental, Jerusalém deve ter prioridade sobre Atenas. Essa relação de sobreordenação e subordinação é descartada em Kant. A religião é colocada dentro dos limites da razão pura.

Embora Kant inverta assim a relação entre fé e razão, embora dispare uma crítica aguda das ilusões da religião, do clericalismo e da obsequiosidade,[92] não visa a uma oposição irredutível entre fé e razão. Ao contrário de Weber, Kant não necessariamente força o indivíduo que segue uma religião positiva a operar o "sacrifício do intelecto" (Weber, 1973, p.611, 1958a, p.154).[93] Em Kant, é realmente possível que um indivíduo com um modo esclarecido de pensar seja um "crente na Igreja" sem padecer de contradição interna. Mesmo assim, apesar do potencial da religião, especificamente da religião cristã, de vincular-se à razão, a ética de Kant não é, em termos tipológicos,

---

90 Não é possível provar que a fórmula tenha origem em Tertuliano. A passagem de *De Carne Christi* 5 é a mais próxima que podemos encontrar. Weber costumava usar a seguinte formulação inabitual e linguisticamente questionável: *credo non quod, sed quia absurdum est*. Em Tertuliano, o trecho é dirigido contra o cristianismo estoico e platônico, isto é, contra a hegemonia da filosofia.

91 Esta é a interpretação de Windelband (1907, p.187), edição usada por Weber.

92 Vide sobretudo a parte 4 de "A doutrina filosófica da religião", em *Religião* (Kant, 1977).

93 Para interpretação, vide o Capítulo 3 deste livro. A fórmula "sacrifício do intelecto" (bem como *sacrificium intellectus* ou *sacrifizio dell'intelleto*) encontra-se em toda parte na literatura sobre religião dessa época. Há exemplos em Friedrich Nietzsche (dirigidos contra Pascal), mas também em Albrecht Ritschl ou em Gerhart Schulze-Gävernitz. O conflito entre fé e razão a que a fórmula aponta envolve a necessidade de se renunciar até mesmo às próprias convicções racionais por obediência à Igreja. A fórmula provavelmente surgiu como uma reação (protestante) ao Primeiro Concílio Vaticano e é, portanto, um conceito polêmico. Weber usou-a para caracterizar a oposição irredutível entre a esfera de valor religiosa e a esfera de valor da ciência ou do saber (*Wissenschaft*), isto é, a esfera da cognição racional e empírica.

Convicção e responsabilidade: Max Weber acerca da ética

nem uma ética religiosa, nem uma ética não religiosa baseada em princípios substantivos. É uma ética baseada em um princípio formal ou reflexivo que interpreta – com base em nossa racionalidade e liberdade – a relação recíproca entre a consciência da liberdade e o caráter imperativo da lei moral. Assim, ela representa um tipo distinto da ética religiosa de convicção.[94] Em comparação com todas as outras éticas baseadas em normas ou princípios, ela fornece um novo significado à "base e natureza de validade dos imperativos éticos". As normas e princípios substantivos revelados ou racionalmente deduzidos são substituídos por um princípio formal, o princípio universalizante. Essa substituição implica ao mesmo tempo uma subdivisão do domínio da moralidade. A esfera da moralidade concreta que ainda permanece embutida em seu ambiente social e cultural específico, em seu "mundo vital" específico, tem agora ao seu lado uma esfera de moralidade abstrata, em que o "culturalismo" dessa moralidade concreta é reflexivamente rompido.[95] Isso é verdade – embora seja justamente a ética de Kant que demonstre que a moralidade

---

94 Para prevenir possíveis desentendimentos, não digo isso em sentido histórico, ou seja, Kant não foi o primeiro a formular tal ética. Tampouco estou pretendendo dar uma caracterização abrangente da ética de Kant, nem, falando de modo mais geral, oferecer uma interpretação de Kant em nenhum sentido estrito do termo. Ao contrário, a atenção é dirigida para uma tipologia da ética que pode servir de fundamento para as investigações de Weber sobre sociologia histórica.

95 Isso, de certa forma, inverte a ordem de sequência encontrada na *Filosofia do direito* de Hegel. O que aqui é chamado de "moralidade concreta" provavelmente seria chamado de *Sittlichkeit* no texto hegeliano. Jürgen Habermas – em um sentido parecido – vê uma ligação entre a transição para uma moralidade (cognitivista) universalista, por um lado, e o desapego do culturalmente tido como certo e as distinções entre questões morais e avaliativas, de justiça e de vida boa, por outro (vide Habermas, 1983, p.117 et seq.). Na teoria de Weber, tal transição corresponderia à diferenciação cada vez mais estrita entre valores éticos e culturais, virtualmente imposta pela transição para uma ética formal.

"Moralidade concreta" poderia ser interpretado no sentido da *Sittlichkeit* natural de Hegel, o ponto de partida para o capítulo sobre *Sittlichkeit* na *Filosofia do direito*. Isso, porém, entraria em contradição com a tese de Weber de que pelo menos a ética religiosa de convicção leva a um rompimento com a solidariedade primeva da família, parentela e vizinhança. A ética religiosa de convicção já é (substantivamente) universalista: ela transcende o dualismo da moralidade intragrupo e extragrupo. Contudo, ela continua sendo, em comparação com o universalismo formal de uma ética cognitivista de convicção, presa ao "mundo vital" e – nos termos de Habermas – seu sucesso em se abstrair do contexto e da motivação não é tão radical. Assim, a ética religiosa de convicção não se depara na mesma medida com o problema da mediação entre moralidade abstrata e concreta (ou *Sittlichkeit*), ainda que naturalmente já familiarizada com subculturas claramente diferenciadas de peritos que possuem suas próprias linguagens especializadas e formas de vida. (A diferenciação entre linguagem cotidiana e sagrada, característica de muitas culturas, já aponta nessa direção.)

Paradoxos da modernidade

abstrata pressupõe a concreta, que o princípio universalizante pressupõe o "mundo vital" – porque a moralidade concreta serve de fonte para essas máximas cuja adequação como leis práticas deve ser investigada.[96]

Segundo Jürgen Habermas, Kant formulou assim um exemplo único desse tipo de ética cognitivista "que em um ou outro sentido se aferra ao potencial de afirmar a verdade (*Wahrheitsfähigskeit*) das questões práticas" (Habermas, 1983, p.53). Ele consegue fazer isso, não subordinando as leis práticas às leis teóricas, as leis da liberdade às leis da natureza, mas relacionando o uso da razão tanto teórica quanto prática à unidade da razão. Tal unidade é ao mesmo tempo a comunidade de todos os seres racionais que participam do reino dos fins. Esse reino é definido como a "união sistemática dos seres racionais sob a lei objetiva comum" (Kant, 1948, p.101, BA 75). Toda vez que defino minhas máximas de acordo com o princípio universalizante e toda vez que eu, de acordo com o compulsão prática ou dever moral resultantes, ajo então por respeito à lei dada dentro de mim, ajo como membro desse reino e assim me mostro digno de minha pertença. Estou, pois, seguro no conhecimento de estar ligado solidariamente com todos os outros membros. Esse mérito cabe apenas àqueles que não obedecem a nenhuma outra lei além das que se dão a si mesmos e que, ao mesmo tempo, é uma lei geral. Segundo Kant, é um valor íntimo, distinto em princípio do valor exterior, da recompensa, que obtemos por habilidade e prudência. Esse mérito, essa virtude é conquistada apenas pela convicção moralmente boa e não por nossas capacidades técnicas e pragmáticas. As ações que têm origem nessa convicção permanecem virtuosas "mesmo se não forem favorecidas pelo bom êxito" (ibid., p.102 BA 78). Estão acima de qualquer "recompensa". Somente a convicção é, em última instância, a garantia de que a "razão prática [a vontade] pode não só administrar um interesse alheio, mas simplesmente manifestar sua própria autoridade soberana como o supremo legislador" (ibid., p.109, BA 89).

É nesse sentido que podemos interpretar a ética de Kant como uma ética formal de convicção segundo a qual a autodeterminação racional da vontade é operada monologicamente e a ação moral, severamente, sem exceções da regra e em boa medida sem consideração das circunstâncias especiais das situações

---

96 Afirma corretamente Wellmer que o imperativo categórico não pode "operar em um 'vácuo' normativo" (vide Wellmer, op. cit., p.39). Em Rüdiger Bubner, também encontramos interessantes análises do caráter integrado das máximas no mundo vital e da sequência conceitual: ação – máxima – norma (vide Bubner, 1984, especialmente B.3, e seu livro anterior, Bubner, 1982 [1976]).

de ação (ou, nas palavras de Weber, *sine ira et studio* [com imparcialidade]).[97]
Sabe-se que a correção dessa caracterização é um ponto controverso acerca
da ética de Kant, e eu fico com os que tendem a considerar que essa é uma
visão distorcida. Primeiro, Kant certamente indicou a necessidade de mudar
perspectivas na determinação racional da vontade. Na *Crítica do juízo* temos
a seguinte descrição de um modo esclarecido de pensar: "(1) pensar por si
mesmo, (2) pensar a partir das posições de todos e cada um dos outros, (3)
sempre pensar em harmonia consigo mesmo" (ou pensar de modo coerente) (Kant, 1982, B 158-60, A 156-8). Isso, porém, mais inclui do que exclui
a "adoção ideal de papéis" e o "discurso universal" e, portanto, a abertura
ao diálogo proposta por Jürgen Habermas com referência a George Herbert
Mead.[98] Além disso, Kant – ciente da tradição ética – tinha plena consciência
dos problemas ligados à aplicação da lei moral ante os "defeitos médios dos
seres humanos".[99] Basta ler *A metafísica dos costumes* e, principalmente, a *Antropologia de um ponto de vista pragmático* para nos convencermos disso. O fato
de que o sucesso possível deva ser totalmente deixado de lado na transformação de uma máxima em lei prática por certo não significa que tal máxima

---

97 Fala Wellmer da "problemática de 'concretização' ou aplicação" bem como do fato de que
o juízo desempenha um papel muito mais fundamental na aplicação das normas morais
"do que Kant estava disposto a admitir" (vide Wellmer, op.cit., p.28, 30). Vimos anteriormente que, segundo Weber, a importância do juízo prático aumenta com a transição da
ética de normas para a ética de princípios. Além do problema da aplicação, que envolve
a relação entre norma e situação de ação, para Weber, são dados os seguintes problemas
de maior alcance – como apresentados: (1) o problema da postulação, isto é, como inferir
postulados a partir de axiomas de valor e (2) o duplo "problema-ponte", a saber, (2a) as
restrições quanto aos meios de ação (*Mittelgebundenheit*): até que ponto deve o fim ético
justificar moralmente meios corruptores? e (2b) conflitos entre diferentes normas: (2b.1)
entre diferentes normas éticas e (2b.2) entre normas éticas e não éticas. Ao desenvolver esses
problemas, a razão prática não desempenha o mesmo papel que no problema de aplicação,
estritamente entendido. Paralelamente a este último problema, Wellmer também trata do
problema do conflito intraético de normas (2b.2).

98 Vide Habermas (op. cit., p.75), em referência a George Herbert Mead (1962 [1934], p.379
et seq.); e especialmente a formulação (ibid., p.379): "o homem é um ser racional por ser
um ser social. A universalidade de nossos juízos, a que Kant dá tanta ênfase, é uma universalidade que surge do fato de tomarmos a atitude da comunidade inteira, de todos os
seres racionais. Somos o que somos através de nossa relação com os outros".

99 Weber se vale dessa fórmula em "Política como vocação", referindo-se a Fichte e sua interpretação da tese de Kant sobre o radicalmente mau no homem. Vide Weber (1971, p.540,
1958a, p.121) e em *Das System der Sittenlehre* [O sistema de doutrina moral], parte 3, seção
16, apêndice (Fichte, op. cit.). A respeito da apreciação de Weber sobre a visão realista de
Kant em relação ao homem, vide também a carta a Jaffé citada na Nota 27.

deva ser posta em prática sem se considerarem as perdas e excluindo-se toda habilidade e prudência.[100] No entanto, podemos justificar o uso dessa caracterização um tanto "distorcida" para fins tipológicos. Encontramos em Kant um novo tipo de ética, uma ética de princípio reflexivo, que o próprio Weber obviamente considerava uma ética de convicção diferente daquelas com que lidou em seus estudos comparativos sobre a ética econômica das religiões do mundo.

Há pelo menos uma passagem em Weber que indica ter ele de fato confrontado uma ética religiosa de convicção com uma ética kantiana de convicção de um ponto de vista tipológico. Nas "Reflexões intermediárias", depois dos ensaios comparativos, é estabelecida uma distinção entre a ética religiosa da fraternidade e o rigorismo *a priori* na ética, sendo este último, sem dúvida, uma referência a Kant. Essa observação é de interesse para nós, não só como referência, mas também por causa do contexto em que se acha (Weber, 1921, v.1, p.554, 1958a, p.341).[101] Weber não limita as suas observações aos dois tipos de ética, mas os estende à arte. Ele ofereceu – pelo menos implicitamente – a análise de uma relação de tensão trilateral centrada no problema forma *versus* conteúdo e seus problemas correlacionados. Seguindo essa linha de raciocínio e articulando-o com algumas ideias de Kant, podemos ampliar o nosso entendimento da ética formal de convicção, sobretudo no que se refere aos motivos a ela associados. Comecemos com as observações de Weber. Como a arte se torna cada vez mais uma esfera de valor autônoma, argumenta ele, a forma estética em si se vê ressaltada. O interesse tanto do criador como do intérprete de arte está ligado à forma, não ao conteúdo. Essa busca da bela forma na arte, prossegue Weber, pode facilmente despertar a suspeita da ética religiosa da fraternidade, na medida em que esta última "se concentrou apenas no significado, não na forma, das coisas e ações relevantes para a salvação" (id., 1921, v.1, p.555, 1958a, p.341). Especialmente em suas versões místicas, a ética religiosa da fraternidade praticamente se opõe à forma como tal. E essa oposição prática à forma vale não só para a sua relação com a arte, mas também para a sua relação com o rigorismo ético *a priori*, porque este último, no domínio moral, análogo à arte autônoma em seu domínio, subordina o conteúdo à forma. Podemos acrescentar que o mesmo rigoris-

---

100 Kant apontou diversas vezes para a diferença entre renunciar a algo e se abstrair de algo. Abstrair-se da felicidade não implica renunciar a ela, o mesmo valendo para o sucesso. Vide, por exemplo, Kant (1983, A 208-10).

101 A cláusula original "Para a ética religiosa" foi ampliada na edição de 1920 como "Para a ética religiosa da fraternidade, assim como para um rigorismo ético *a priori*...".

mo ético *a priori* está em tensão com a arte autônoma. Esta última tende a violar as fronteiras, ignorando as diferenças entre o belo e o bom, entre as definições estéticas e morais da forma, entre a apreciação desinteressada e o respeito pela lei, entre juízo esteticamente reflexivo e moralmente definido. Essa violação das fronteiras pode levar à estetização das questões éticas, que, como ressaltou Weber, é algo a que uma época intelectualista, com suas necessidades subjetivistas e seus preconceitos mesquinhos, está especialmente propensa.[102] Quando essa violação de fato ocorre, perde-se a consciência da responsabilidade moral. Torna-se, então, comum

> transformar juízos de intenção moral em julgamentos de gosto ("de mau gosto" em vez de "repreensível"). Uma vez que estes últimos são inapeláveis, exclui-se a discussão (id., 1921, v.1, p.555, 1958a, p.342).[103]

Dois aspectos dessas observações de Weber sobre a relação entre ética e estética, entre moral e arte, merecem ser comentadas aqui. Primeiro, os juízos de gosto não podem fazer a mesma reivindicação de validade geral que os juízos morais, e assim não estão abertos à discussão no mesmo sentido. Essa é uma expressão renovada da ideia anteriormente mencionada da relação com a verdade das questões práticas. Segundo, a ética de rigorismo *a priori* tem dificuldade em defender seu valor intrínseco e autônomo ante a arte ou a ética religiosa da fraternidade. Essa dificuldade parece dever-se ao fato mesmo de que tal ética tem de recorrer, como a estética, à forma, não ao conteúdo. Por ser uma ética, não pode concluir sua defesa com uma apreciação puramente desinteressada. Por ser uma ética formal, não pode apelar para o amor e o afeto, como a ética religiosa da fraternidade.

Como associar a ética formal com os interesses é, de fato, um dos problemas de Kant, pois a natureza humana não concorda com o bem por sua própria natureza, "mas só em virtude do domínio que a razão exerce sobre a sensibilidade" (Kant, 1982, B 120, A 119). Assim, ao contrário da forma

---

102 Trata-se de uma reminiscência de Simmel, que observou isso e pelo menos em parte reagiu a isso de maneira estética.

103 Mesmo quando a estetização da vida leva a um humanismo estético, como em Goethe, Weber permaneceu cético. Isso é importante para o seu conceito de personalidade (caráter pessoal). Ele rejeitou não só o romantismo, mas toda tentativa "de querer transformar a própria 'vida' em obra de arte", algo que ele atribui a Goethe. Vide Weber (1973, p.591, 1958a, p.137) e, acerca da concepção romântica da personalidade, Weber (1973, p.132, 1975, p.192).

estética bela, a forma ética exige uma apreciação interessada, mas, ao contrário da ética da fraternidade, tal apreciação interessada deve limitar-se a uma "apreciação intelectual pura e incondicionada" (ibid., B 120, A 118). Sabe-se que a lei moral desperta um sentimento de respeito. Esse sentimento, porém, é, nas palavras de Talcott Parson, "afetivamente neutro" e assim, em um sentido psicológico, um impulso motivacional fraco. Refere-se a uma motivação puramente cognitiva, a um interesse da razão em si mesma. É, pois, a motivação fraca pela qual a razão se torna prática. É verdade, claro, que os afetos, e, portanto, os sentimentos de prazer e desprazer, podem associar-se à lei moral. Definia Kant o entusiasmo moral como a ideia do bem com afeto (ibid., B 121, A 120).[104] Contudo, embora os afetos possam ampliar a base motivacional para a execução da lei moral, eles só podem atrapalhar a livre reflexão e a "fria aprovação". Tendem, portanto, a fazer mais mal do que bem e não são apoios confiáveis para a conduta eticamente racional da vida, de acordo com o princípio moral formal.

De fato, Kant eliminou do sentimento moral tudo o que Durkheim, em sua crítica a Kant, chamou de objetos de desejo moralmente dignos de serem buscados.[105] O único "objeto de desejo moral" que Kant admitia era a própria lei, e a única motivação de acordo com ela era o puro respeito por essa lei. A ética religiosa da fraternidade, em contrapartida, reconhece outras fontes de motivação.[106] É bem verdade que mesmo a ética religiosa de convicção muito

---

104 Kant distinguia entre afetos e paixões. Embora os afetos sejam cegos, eles se referem, ao contrário das paixões, somente ao sentimento e assim, ao contrário das paixões, não tornam impossível definir discrição ou arbitrariedade (*Willkür*) de acordo com princípios.

105 Sobre isso, vide Durkheim (1967, sobretudo p.94 et seq.). Durkheim, porém, seguia Kant, na medida em que também distinguia entre a maneira como buscamos objetos de desejo morais e não morais. O mérito dos objetos de desejo morais de serem buscados é um mérito *sui generis*. Sem dúvida, ele explicava a gênese desse sentimento moral (de modo semelhante, por exemplo, ao de George Herbert Mead) de maneira diferente de Kant: o crucial é o apego a um grupo social histórico e não ao reino "eterno" dos fins da razão, a razão além do tempo. Mead, aliás, acusava Kant de uma falsa compreensão (psicológica e sociológica) dos desejos humanos. Segundo Mead, Kant considerava (como os utilitaristas) que tais desejos se voltavam para o próprio prazer e, portanto, para uma condição subjetiva, e não para um objeto e, assim, para uma condição objetiva. No entanto, para Mead, a felicidade só pode ser corretamente entendida em termos da orientação para o objeto de nossos desejos. No caso da moral, motivos e objetos amparam-se mutuamente e se fortalecem uns aos outros. Quanto melhor o objeto, melhor o motivo. Vide Mead (op. cit., p.384-5).

106 Na tradição cristã, segundo Weber, existiram diversas variações de ambas as tendências. Aqui, uma das causas mais importantes para essa diferenciação dizia respeito à interpretação (teológica) da relação entre Deus e o homem. O homem podia ser visto ou como

geralmente exige respeito pelas leis divinas. Mas esse respeito não está vinculado puramente às leis como tais, mas às promessas ligadas à obediência a essas leis, ou seja, aos bens da salvação. Isso, porém, implica que, em termos tipológicos, não devemos categorizar a ação executada por senso do dever apenas em termos do modelo de Kant. As éticas religiosas de convicção, independentemente de tenderem para uma ética do dever ou para uma ética do amor, motivam o respeito pela lei por meio dos bens salvíficos que são por si mesmos dignos de serem buscados. Isso, porém, implicaria também que não se lutasse contra motivos cognitivos ou puramente racionais. Embora os sentimentos morais estejam ligados a orientações cognitivas, eles também estão relacionados, para usar outro dos termos de Talcott Parson, a "objetos catectados".[107]

Assim ganhamos a possibilidade de distinguir tipologicamente as éticas baseadas em princípios das éticas de princípio reflexivo, pelo menos em termos de regras e motivação. Podemos contrapor os princípios morais substantivos, dogmáticos, a um princípio moral formal, reflexivo, ou seja, o princípio universalizante (*Universalisierungsgrundsatz*); a ação executada por senso do dever devido aos bens (salvíficos) prometidos pelo cumprimento do dever pode ser contraposta à ação executada por senso do dever devido ao (puro) respeito pelo princípio moral formal. É verdade que o mesmo Kant promete um bem à boa vontade, que é o conceito do bem supremo. Este, porém, não é, como no caso da ética religiosa de convicção, concebido como uma base de motivação.[108]

---

criança ou como servo de Deus e, portanto, envolvido em uma relação de amor ou dever. No protestantismo ascético, a segunda variação era, pelo menos intelectualmente, levada a suas conclusões lógicas. Isso ocorria tão completamente que até a expectativa de reciprocidade – comum a todas as éticas de normas e as de princípios, de forma mais ou menos sublimada – era anulada (no ensinamento da predestinação). Tal anulação é uma das causas mais importantes da afinidade eletiva *interna* entre a ética do protestantismo ascético e a ética kantiana, embora esta última possua um caráter mais humano e benévolo. E, é claro, Weber demonstrou em *A ética protestante e o espírito do capitalismo* por que a ética de dever que realiza plenamente suas últimas consequências intelectualmente não pode ser realizada de maneira coerente na realidade. Em determinado momento, ela entra em conflito com os interesses íntimos, ideais do homem. Quanto a isso, vide minhas interpretações no Capítulo 3 e Schluchter (op. cit., cap.4).

107 Para estabelecer mais precisamente a diferença com Kant, teríamos de desenvolver a sua teoria do maior bem. Estou omitindo isso porque não acrescentaria nenhum aspecto novo no que se refere aos meus interesses tipológicos.

108 Estritamente falando, a ideia racional de liberdade (que teoricamente não pode nem ser provada nem refutada) basta para os propósitos do construto de Kant, como uma ideia com cuja realidade objetiva estamos familiarizados como atores morais. Segundo Kant, a ação

Paradoxos da modernidade

Surge então a questão: pode a distinção ser estendida também ao terceiro aspecto da tipologia das éticas, as sanções? E se assim for, como? Ao contrário das regras e da motivação, venho tratando o aspecto da sanção de maneira razoavelmente sumária até aqui. Assim, fazem-se necessárias certas considerações conceituais básicas. Primeiro, o conceito de sanção faz parte de um contexto mais amplo, o do controle da ação. Este pode ser dividido em controle interno e externo, conforme quem o exerça. Ademais, as sanções também podem ser distinguidas segundo recompensa ou punição – conforme possam ser chamadas de sanções positivas ou negativas. Especialmente na sociologia da religião de Weber, as sanções positivas desempenham um papel decisivo no que se refere aos prêmios ligados a certos tipos de ação religiosa. Como Talcott Parsons principalmente mostrou, a operação de controle pode comunicar sanções por dois canais: pode tentar influenciar por meio de sanções ou a situação do ator ou suas intenções. Combinando os dois tipos de controle com os dois canais de controle, Parsons classificou quatro tipos de controle que podem definir a interação entre a operação de controle e o ator. Ele os chamou de "recompensa" (*inducement*; relacionada positivamente com a situação), "dissuasão" (*deterrence*; relacionada negativamente com a situação), "ativação de compromissos" (relacionada negativamente com as intenções) e "persuasão" (relacionada positivamente com as intenções). Descreveu-os da seguinte maneira:

(1) A recompensa é a tentativa do ego de obter uma decisão favorável da parte do *alter*, oferecendo vantagens situacionais ligadas à aceitação [por parte do *alter*] de suas sugestões. (2) Dissuasão é a tentativa correspondente do ego de obter aquiescência invocando compromissos de tal maneira que a não aquiescência expõe o *alter* a uma ameaça de sofrer um prejuízo situacional. (3) A ativação de compromissos é a tentativa do ego de obter aquiescência apresentando razões pelas quais, do ponto de vista do *alter*, seria "errado" para ele se recusar a agir como o ego deseja. E, por fim, (4) a persuasão é a tentativa por parte do ego de obter aquiescência apresentando razões pelas quais seria, do ponto de vista do próprio *alter*, independentemente de desvantagens situacionais, "uma boa coisa" para ele agir como o ego deseja. (Parsons, 1967, p.362-3)

---

baseada em uma ética de convicção realizada para alcançar um bem salvífico não passa de uma ação efetuada de maneira zelosa, e não uma ação efetuada por senso do dever. Nesse ponto, portanto, não sigo o construto kantiano.

Aplicarei aqui essas distinções de um modo modificado, para esclarecer o aspecto de sanção. A modificação envolve a aplicação dos quatro tipos de controle ao controle interno e externo.[109] É justamente o caráter e a inter-relação dessas duas operações de controle que mudam com a transição de uma ética de normas para uma ética de princípios, como mostrou a análise anterior. O primeiro tipo de controle, recompensa (relacionado positivamente com a situação), inclui, no caso do controle externo, a provisão de estímulos materiais de todo tipo. No caso do controle interno, ele se refere à autodisciplina, com a decorrente expansão de nossas próprias capacidades físicas e psíquicas. O segundo tipo de controle, a dissuasão (negativamente relacionada com a situação), significa, em casos de controle externo, a ameaça de prejuízo material e, em sua forma mais severa, a exclusão (física) das organizações sociais. Nos casos de controle interno, significa autodisciplina, com a decorrente "inibição dos instintos" e, em sua forma mais severa, repressão. As técnicas físicas e mentais que desempenham seu papel em um sentido positivo ou negativo no processo de autodisciplina foram estudadas por Weber no que se refere às diferentes técnicas ascéticas e místicas para se alcançar a salvação. O terceiro tipo de controle, a ativação de compromissos (negativamente relacionada com as intenções), exprime-se, no caso do controle externo, na desaprovação social; sua forma mais severa é o ostracismo social. No caso do controle interno, exprime-se na perda do autorrespeito e em sentimentos de vergonha e culpa. Por fim, o quarto tipo de controle, a persuasão (relacionada positivamente com as intenções), exprime-se, no caso do controle externo, na concessão de prestígio ou reconhecimento. No caso do controle interno, exprime-se em termos de autorrespeito. (Para uma visão geral, vide Tabela 2.2.)

A transição de uma ética de normas para uma ética de princípios está, segundo a minha interpretação, ligada à importância crescente do controle interno. Isso não significa que o controle interno cresça em detrimento do controle externo. Mostrarei logo mais que, segundo a análise do protestantismo ascético feita por Weber, somente o contrário pode acontecer. A controvérsia nesse caso é que o processo de controle já não funciona sem formas cada

---

109 Segundo a teoria de Parsons, essa aplicação significaria desenvolver tipos de controle e os meios a eles ligados também para o sistema de personalidade. Ele jamais conseguiu fazer isso. Depois de ter desenvolvido os meios para o sistema social, ele primeiro passou para o sistema geral de ação. Uma teoria plenamente desenvolvida, porém, teria de conter meios para todos os subsistemas do sistema geral de ação. Sobre isso, vide a contribuição ao problema dos meios de Baum (1976, sobretudo p.448 et seq.) e Jensen (1984, sobretudo p.160 et seq.).

Tabela 2.2 Tipos de controle de ação

Operação de controle e tipo de sanção / Canal de controle	Controle exterior		Controle interior	
	Negativo	Positivo	Negativo	Positivo
Situacional	Ameaça de prejuízos materiais	Provisão de recompensas materiais	Autodisciplina como motor da inibição e da repressão	Autodisciplina como autorrealização
Intencional	Desaprovação social e ostracismo	Consideração social, atribuição de prestígio social	Mobilização de sentimentos de culpa e vergonha	Autorrespeito

vez mais difusas de controle interno. A história das religiões da salvação, e sobretudo das asiáticas, serve para ilustrar bem esse ponto.[110] Todas as éticas de princípio exigem, em comparação com as éticas de normas, um grau mais alto de ação interiormente dirigida. Assim, elas assinalam a transição de um tipo heterônomo a um tipo autônomo de consciência, de uma personalidade dirigida por outros a uma personalidade interiormente dirigida. Esse tipo autônomo de consciência, porém, ainda continua incrustado em formas concretas de moralidade, algo que Weber demonstrou no que se refere ao protestantismo ascético. Aqui, a compulsão interior ao autocontrole vigilante, à disciplina metódica e racional da própria conduta, liga-se ao controle externo cada vez maior por formas variadas de organização eclesiástica. O controle interior não substituiu o controle exterior; pelo contrário, ambos aumentaram, e em uma medida alheia tanto ao catolicismo como ao luteranismo. No mundo do protestantismo ascético retratado por Weber, o indivíduo nunca está em condições de se tornar senhor – nas palavras de Kant – de sua tendência para o mal (por exemplo, Weber, 1972, p.726)[111] sem o açoite de

---

110 Vide, por exemplo, minhas tentativas de sistematizar as "Reflexões intermediárias" em Schluchter (op. cit., cap.4.1). Sobre os processos de longo prazo de controle afetivo crescente e suas condições sociogenéticas, embora de uma perspectiva puramente eurocêntrica, vide sobretudo Elias (1969, principalmente v.1). Que esses processos de controle interno já haviam iniciado relativamente cedo no contexto da instituição da confissão na Igreja medieval é algo mostrado por Hahn (1982). Vide também Hahn (1988).

111 O fato de Kant atestar apenas a tendência da natureza humana para o mal, mas não sua constituição naturalmente má, livra-o logo de saída de um problema que sempre controlou

uma igreja sectária ou de uma autêntica seita. O crente tem de chegar a uma situação em que, por meio de seu próprio impulso, e sobretudo por meio do autocontrole situacional, ele, com o apoio e sob o controle de seus colegas congregantes, possa pelo menos aproximar-se do cumprimento das exigências de uma ética de princípios.

Nesse ponto, entra em ação uma interessante diferença entre Weber e Kant. Na teoria de Kant, todo uso desse castigo exterior, desse açoite, foi superado. Ao contrário do protestante ascético crente, o homem de razão, seguidor da ideia de bem, não está sujeito a nenhuma lei de coerção exterior. É verdade que também Kant constrói, em analogia com sua teoria da jurisprudência, um princípio para unificar o homem apenas em termos de leis de virtude. Assim como é um mandamento ético passar do estado de natureza para um estado cívico-legal (a uma condição política), também é um mandamento ético deixar o estado natural da ética, em que o indivíduo está exposto ao "ataque contínuo do *mal*" (Kant, 1960, B 134, A 126), e estabelecer, juntamente com todos os homens bem dispostos, "uma comunidade ética", uma "república geral segundo leis de virtude" que assume como tarefa a promoção comunitária do bem supremo (ibid., B 133-40, A 125-32). No entanto, ao contrário do conceito de igreja e de seita no protestantismo ascético, Kant não liga a ideia de controle externo à sua comunidade ética (ela reúne os cidadãos do mundo, não apenas os de um Estado individual). Na ética de Kant, o controle interior não só tem prioridade sobre o controle exterior, mas, entre as sanções ligadas ao controle interior, as relacionadas com as intenções de ação têm prioridade sobre as ligadas à situação de ação.[112]

Podemos, agora, distinguir tipologicamente uma ética de princípio reflexivo de uma ética de princípios, segundo todos os três aspectos. A primeira fundamenta as regras morais com a ajuda de um princípio formal (o princípio universalizante) e não de princípios substantivos; ela motiva por ser a regra moral digna de ser seguida, e não com bens morais; e se baseia exclusiva-

---

todas as éticas religiosas de convicção, pelo menos na tradição cristã: como pode o homem desenvolver-se para o bem por seus próprios poderes? Para Kant, o caráter mau exprime-se na inversão na hierarquia dos motivos que se impinge a si mesmo: o amor-próprio é colocado *à frente* da lei moral. Essa falsa prioridade pode ser corrigida a qualquer momento, por meio de uma revolução no jeito de pensar, ainda que possa levar muito tempo até essa nova ordem de prioridade tornar-se rotina.

112 Nesse contexto, é claro, teríamos de investigar com maior precisão a "caracteriologia" de Kant e suas considerações acerca do desenvolvimento de um caráter inteligível e perceptivo (*sensibel*).

Paradoxos da modernidade

mente em sanções interiores, relacionadas com as intenções e não em uma combinação de sanções. Essa ética de princípio reflexivo é, em termos tipológicos, porém, pelo menos em Kant, uma ética de convicção. No entanto, ela é qualitativamente diferente da ética religiosa de convicção encontrada na sociologia da religião de Weber. A diferença decisiva não se deve, como se poderia pensar, ao caráter "não religioso" da ética de princípio reflexivo, mas ao seu caráter formal, ao fato de que ela, ao contrário da ética de princípios religiosa ou não religiosa, é uma ética formal de convicção. A distinção entre o religioso e o não religioso depende apenas de como as regras morais são "produzidas": mediante revelação, por dedução racional ou, o que não se deve desdenhar, por nossa própria decisão, nossa própria escolha. Assim, a ética de Kant representa o tipo ideal de uma ética formal de convicção, uma ética de princípio reflexivo e, segundo Habermas, de variedade cognitivista.

Assim, a tipologia bipartida é ampliada em uma tipologia tripartida. Essa ampliação levou a uma diferenciação do conceito weberiano de ética de convicção. A meu ver, tal diferenciação é indispensável para a classificação correta de suas análises históricas e para o julgamento adequado de sua teoria do valor. Basta examinar brevemente a literatura secundária para ver que isso nem sempre é reconhecido. Que essa importante distinção seja, via de regra, deixada de lado é algo que pode estar ligado ao fato de que, em sua sociologia da religião, Weber está preocupado principalmente com os efeitos das éticas substantivas de convicção sobre a conduta. E mesmo nos casos, como na sociologia do direito, em que, em uma perspectiva voltada para o desenvolvimento, ele explicitamente apresenta a inter-relação entre os princípios substantivos e formais nos construtos da lei natural, que são, então, contrastados com as qualidades formais do direito positivo moderno (Weber, 1978b, p.865-80, 1972, p.496-503).[113] A sociologia do direito mostra

---

113 Duas análises na sociologia do direito lidam com o problema forma *versus* conteúdo: a análise dos princípios substantivos da lei sagrada (natural) e sua relação com o formalismo, e a análise dos princípios substantivos da lei profana (natural) e sua relação com o formalismo. No primeiro caso, são tratadas variantes dos princípios das éticas religiosas. Nele, a comparação mostra que o cristianismo representa a variação entre os casos de lei sagrada cujas características formais são desenvolvidas com maior força. Segundo Weber, isso lhe vale pelo menos uma "posição relativamente especial" entre os casos de lei sagrada nas principais culturas (Weber, 1978b, p.828, 1972, p.480). No entanto, ele continua sendo apenas mais uma variação dentro do quadro das éticas de princípio. Ele não marca a transição a um princípio reflexivo. No segundo caso, é diferente. Nele, justamente essa transição é o foco da discussão. A transição para um princípio reflexivo de lei no direito formal, racional e natural foi uma das condições de desenvolvimento histórico para a positivação geral do direito.

claramente, porém, como é importante fazer essa distinção para qualquer reconstrução integral das investigações de Weber no campo da sociologia histórica. O mesmo vale para a sua teoria do valor, ou seja, para a vertente axiológica da sua teoria. Weber não raro parece "saltar" da ética religiosa de convicção para a moderna indiferença moral, ou do direito natural substantivo para o direito positivo moderno, mas devemos atentar para o vínculo habitualmente oculto. Esse é um dos elementos da teoria de Weber que somente se torna inteligível jogando-se uma parte da teoria contra a outra.[114]

No entanto, a meu ver, é só contra o pano de fundo dessa diferenciação que o conceito weberiano de uma ética de responsabilidade pode ser definido de maneira sistematicamente satisfatória. É insuficiente a prática habitual de simplesmente contrastar a ética de responsabilidade com a ética religiosa de convicção ou, mais geralmente, com a ética substantiva de convicção baseada em princípios revelados ou deduzidos. Também está em desacordo com a ética formal de convicção, por muitas razões. Assumindo a ética de responsabilidade como um tipo ideal e avaliando-a em termos de regras e motivação, isso se torna muito claro. Embora seja só sumariamente descrita por Weber, segundo o meu argumento a ética de responsabilidade pode ser considerada uma ética de princípio reflexivo, como a ética formal de convicção de Kant. Mas, ao contrário desta última, a ética de responsabilidade modifica o princípio formal de maneira decisiva. Ao mesmo tempo, oferece uma interpretação diferente da motivação, ou sentimento moral. Por fim, torna a abrir vários dos canais de sanção fechados por Kant. Por essas razões, a ética de responsabilidade não está ligada à ética formal de convicção por meio de sua comum oposição à ética substantiva de convicção (a distinção entre princípios e princípio reflexivo); ela também representa uma alternativa a ela.

Éticas de princípio reflexivo: ética formal de responsabilidade

Procuremos argumentos que possam apoiar a tese por meio de uma discussão comparativa entre a ética formal de convicção de tipo kantiano e a ética de responsabilidade tal como descrita por Weber. Por parecer aceitar

---

114 Naturalmente, isso pressupõe que sigamos interesses sistemáticos e não exilemos Weber, não importa por que razão, no século XIX ou na Velha Europa. Almas não gêmeas como Wilhelm Hennis e Niklas Luhmann mostram-se de acordo no empenho em fazer exatamente isso.

Paradoxos da modernidade

este último tipo como uma posição ética viável para si mesmo, a apresentação comparativa delas permite-nos, pelo menos indiretamente, inferir a posição crítica de Weber acerca de Kant. Como ponto de partida para essa discussão comparativa, tomo as diferenças estabelecidas entre uma ética de convicção substantiva e outra formal. Tais diferenças também valem inicialmente para a relação entre a ética de convicção substantiva e a ética de responsabilidade, na medida em que esta última, como uma ética formal de convicção, baseia-se em um princípio reflexivo. Nesse sentido, tratamos a ética de responsabilidade de Weber desde o princípio como uma ética formal. Isso coloca a seguinte questão: como se pode justificar essa decisão?

Se quisermos responder a essa pergunta, temos de esclarecer o conceito de formalidade aqui utilizado. Para tanto, gostaria de dar sequência a dois temas fundamentais introduzidos por nossa passagem anterior através da obra de Weber: a ética de responsabilidade implica uma convicção; e uma pessoa que age de acordo com uma ética de responsabilidade *também* tem de levar em conta o que se pode prever das consequências de sua ação. A combinação desses dois temas parece implicar que a ação que aspira ao estatuto moral segundo uma ética de responsabilidade tem de satisfazer duas condições. Primeira, resultar de uma convicção moral. Segunda, refletir o fato de estar presa nas malhas de um mundo eticamente irracional e, portanto, prestar homenagem à ideia de que o mal pode resultar do bem.[115] Em outras palavras, tal ação tem de justificar-se não só segundo uma convicção moral, mas também segundo uma avaliação de consequências previsíveis. Ao determinarmos a nossa vontade, não podemos, como em Kant, abstrair todas as consequências; temos de levá-las em conta.[116]

Weber chamou a primeira condição de "valor de convicção"; a segunda, de "valor de sucesso" a que a ação moral deve estar relacionada, como fica evidente na citação que prefacia este capítulo. Todo ator moral tem de enfrentar

---

115 A esse respeito, vide Weber (1971, p.541-2, 1958a, p.122), em que ele acusou seu colega Friedrich Wilhelm Foerster, um dos cofundadores da "cultura ética" na Alemanha, de supor exatamente o contrário em seu livro (Weber provavelmente se referia a *Politische Ethik und Politische Pädagogik*, publicado em 1918). Na verdade, nele podemos ler que "primeiro temos de compreender a verdade fundamental de que o bem jamais pode vir do mal, e o mal jamais pode vir do bem" (Foerster, 1918, p.202). Posteriormente, Foerster se defendeu dessa crítica, comentando que a posição de Weber baseava-se em uma citação sua ouvida por Weber em uma discussão e tomada fora do contexto.

116 Weber ressaltou expressamente que aqui está em jogo a justificação da ação moral (vide Weber, 1973, 505, 1949, p.16).

o conflito implicado nessa dupla relação. Mesmo os que aderem a uma ética de fraternidade se veem às voltas com o conflito inerente entre valores de convicção e valores de sucesso, entre a boa intenção e o efeito irracional da boa intenção coerentemente percebida, como sugerem as palavras de Weber nas "Reflexões intermediárias". Ou seja, quanto mais a ética de fraternidade se transforma em uma ética de princípios, mais ela tem de lidar com o problema de como relacionar os valores de convicção aos de sucesso. E o que vale para a ética de princípios vale para a ética de princípio reflexivo. Tanto a ética formal de convicção substantiva como a formal resolvem o problema negando a relevância ética ao valor de sucesso.[117] Segundo Fichte, valem as seguintes máximas para esses tipos de ética diante de tal problema: age somente de acordo com sua mais profunda convicção (*Überzeugung*) sobre o seu dever; ou age sempre de acordo com sua mais profunda convicção sobre o seu dever; ou simplesmente age de acordo com a sua consciência (*System der Sittenlehre*, parte 2, seção 13 – Fichte, 1962, v.4, p.155-6) e nada mais. Essa recusa da relevância ética ao valor de sucesso não vale para a ética de responsabilidade; ao contrário, segundo esta os valores de sucesso possuem relevância ética. Isso não quer dizer que os valores de sucesso sejam valores éticos, mas quer dizer, sim, que as exigências decorrentes dos primeiros têm de ser reconhecidas. Por essa razão, vale a seguinte máxima: age segundo a sua mais profunda convicção de seu dever e, além disso, de tal maneira que possa também prestar contas quanto às consequências (previsíveis) de sua ação, na medida do seu conhecimento. Ao passo que os adeptos da ética de convicção assumem, por assim dizer, uma única responsabilidade, a saber, pelo valor de convicção de sua ação, o adepto da ética de responsabilidade tem de assumir uma dupla responsabilidade, a saber, pelo valor de convicção *e* pela sua relação com outros valores, em especial os valores de sucesso, em um "mundo" eticamente irracional. Podemos dizer que as máximas da ética de responsabilidade exigem uma atenta ponderação dos bens alternativos segundo a ética antes de se executar a ação, algo não exigido pelas máximas de uma ética de convicção.

Isso nos dá a primeira distinção entre a ética formal de responsabilidade e a ética formal de convicção. Ao mesmo tempo, faz a distinção entre a ética de responsabilidade e todo tipo de ética de convicção, quer formal, quer substantiva, quer religiosa, quer não. Tal distinção confere um sentido preciso ao

---

117 Uso intencionalmente o conceito de relevância. Sobre a distinção entre "condicionado" e "relevante", vide Weber (1973, p.162, 1958a, p.65).

que Weber deve ter tido em mente quando chamou a ética de convicção e a ética de responsabilidade de máximas opostas de caráter estritamente formal. Weber estava pensando em princípios-pontes.[118] Os valores de convicção, independentemente de seu estatuto, devem ser relacionados com os valores de sucesso. Para evitar a confusão terminológica, sugiro distinguir entre o "princípio-ponte de hierarquia" e o "princípio-ponte de equilíbrio". Qualquer um dos dois pode ser adotado por um ator moral que tenha de resolver o problema de relacionar os valores de convicção com os valores de sucesso.

Poderíamos simplesmente deixar a questão por aqui. Esse resultado, porém, não representaria uma exposição exaustiva da ética de responsabilidade como tipo alternativo à ética formal de convicção. Uma coisa são os princípios-pontes alternativos, outra coisa são as determinações alternativas de valor de convicção. É possível que uma ética formal de responsabilidade difira de uma ética formal de convicção não só no que se refere ao princípio-ponte utilizado, mas também à determinação do valor de convicção em si mesmo.

É esse, sem dúvida, o caso. Para esclarecer essa diferença, temos de voltar a Kant. Segundo Kant, é boa a vontade que sempre pode definir-se de acordo com uma lei geral da razão. As qualidades decisivas são a autodeterminação e a lei geral. Tal vontade, tal convicção, recebe um apoio crucial de um modo esclarecido de pensar. Tal maneira de pensar, como vimos anteriormente, exige que pensemos por nós mesmos, pensemos do ponto de vista de todos os demais e sempre de modo coerente. Esse modo de pensar tem um caráter "público"; baseia-se no diálogo. Que esse não precise ser um diálogo real, mas possa permanecer imaginário, é algo que resulta da natureza do ponto de vista geral: é o mesmo para todos os seres racionais. Assumir o ponto de vista dos outros significa assumir o ponto de vista da razão. Sempre podemos refletir sobre as "condições subjetivas privadas" de nosso juízo (Kant, 1982, p.153, B 159, A 157)[119] tomando o ponto de vista geral ante o nosso próprio,

---

118 Poderíamos considerá-los princípios-pontes éticos especiais, distintos dos princípios-pontes gerais que valem para toda ética. Um exemplo de tal princípio-ponte geral seria o axioma: "obrigação implica capacidade". Assim, segundo essa interpretação, os princípios-pontes ainda pertenceriam ao domínio da razão prática e não poderiam ser equiparados a regras de juízo. Isso valeria quer se estas últimas regras dissessem respeito à definição do juízo prático, segundo o qual as normas existentes são aplicadas a situações de ação, quer se tais regras envolvessem o juízo reflexivo, segundo o qual as normas são buscadas para as situações de ação.

119 Essa é uma caracterização de um modo de pensar mais amplo, e não estreito. Tal modo se caracteriza pela incapacidade de superar reflexivamente um ponto de vista particularista.

baseando-nos em nossa própria razão, que é ao mesmo tempo a razão de todos os seres racionais.

Qual é posição de Weber em relação a esse construto de uma ética formal de convicção? Nesse caso, para darmos uma resposta, devemos estar dispostos a especular, porque não há uma discussão sistemática da ética kantiana em seus escritos. No entanto, um dos termos fundamentais utilizados nesse contexto dá-nos uma pista importante. Na carta a Tönnies em que é discutida a possibilidade de uma ética científica, descreve Weber a tarefa dessa ética da seguinte maneira: demonstrar as qualidades formais de uma dada convicção moral, efetuar uma crítica formal da convicção. Ele o faz demonstrando para todo aquele que reconheça a necessidade de orientar a sua ação pessoal de acordo com valores *a incontornável necessidade* de [aderir a] todas as consequências do imperativo kantiano (independentemente da forma, mais ou menos modernizada – tanto faz)" (Baumgarten, op. cit., p.399).

Como já observamos, Weber distinguia entre deveres éticos e políticos e entre juízos éticos de valor e juízos de gosto. Os deveres éticos são absolutos, ao passo que os deveres políticos têm caráter histórico; os juízos éticos de valor estão sujeitos à apelação e podem, assim, ser discutidos, algo que não se aplica aos juízos de gosto, pelo menos não no mesmo sentido. Tais distinções implicam que os valores éticos pretendem ser absolutos e universalmente válidos e se dirigem para a nossa consciência. Isso não é verdade nem para os valores culturais (por exemplo, os valores políticos) nem para os valores estéticos. Em sua carta a Tönnies, Weber discute a orientação para os valores ou os juízos de valor em geral. Considero, porém, justificado, e até apropriado, ler esse comentário sobre o imperativo kantiano e sua função como "instrumento" de uma ética formal de convicção contra o pano de fundo das distinções entre valores éticos e não éticos. O que está em jogo, como o mesmo Weber escreve em sua carta, é o juízo de convicção moral: ao contrário da convicção política ou de qualquer outro tipo, ele pode ser submetido a uma crítica formal com a ajuda do princípio universalizante.

O princípio universalizante da ética formal de convicção é assim, para Weber, totalmente adequado para se examinar o caráter moral de uma dada convicção. Em um fragmento escrito por Weber, cuja data é incerta – supõe-se que tenha sido escrito em 1912 –, lemos que "os imperativos kantianos [são] [...] análises válidas de alguns dos fatos mais simples (*Tatbestände*) do procedimento [utilizado] em um *juízo ético*". Para além disso, fica pelo menos aberta a possibilidade lógica de que "como resultado disso" eles também sejam aptos a desempenhar uma "função" em decisões substantivas de natureza ética (ibid., p.400).[120] Se isso for de fato verdade, o que exatamente pode o princípio universalizante oferecer? Que papel tal princípio desempenha, segundo Weber, na determinação do valor de convicção?

Como já foi mencionado, o princípio universalizante oferece uma regra para se examinar máximas, não para produzi-las. Aquilo que estou disposto a e sou capaz de reconhecer como lei geral depende de minhas convicções. Desenvolvi o princípio universalizante como partícipe em um ambiente social e cultural definido, em um mundo vital, em processos complicados ou, como diria Weber, por meio de uma cadeia de decisões definitivas.[121] Se seguirmos Albrecht Wellmer, o princípio universalizante no sentido kantiano é, por assim dizer, um princípio de segundo nível. Um princípio de universalização de primeiro nível implicaria apenas que eu mesmo estou sempre preso às obrigações que reconheço e que exijo dos outros. Tal princípio, porém, de modo algum implica "a possibilidade de um 'estar obrigado' ou um 'dever' *racionalmente aceitável*". Embora seja "um princípio válido para todos os 'seres racionais', não é um princípio que favoreça necessariamente certas normas universalistas e não outras" (Wellmer, op. cit., p.19). Wellmer observa corretamente que o princípio de primeiro nível, que representa uma das dimensões do kantiano, não é de modo algum irrelevante quando o aplico à minha própria convicção. Tal princípio significa que devo "reconhecer as obrigações normativas já reconhecidas *aqui e agora e sem iludir-me em minha própria ação*". Além disso:

> A exigência de agir segundo minhas próprias convicções normativas não significa, porém, que penso toda vez em uma justificação apropriada para as minhas ações, e não significa que eu deva agir de acordo com *aquilo* que posso *afirmar* ser a minha convicção normativa em uma dada ocasião; o que essa exigência realmente implica é uma exigência, que *não* pode ser *facilmente* satisfeita, de eu não me iludir acerca do que esperar da *outra* pessoa *se* os papéis se invertessem. (Ibid., p.18-9)

---

120 O fragmento é datado de cerca de 1912. É improvável que seja uma declaração acerca de um suposto "Hellmuth Kaiser", como citado por Baumgarten, uma vez que (ainda) não se demonstrou que exista alguma obra relevante de algum autor com esse nome. Como já foi mencionado, Baumgarten publicou a versão provavelmente editada por Marianne Weber e não o original. No fragmento, tenta-se demonstrar que o formalismo ético não pode fornecer uma regra para a tomada de decisões, nem para conflitos dentro da esfera ética, nem para conflitos entre esta e outras esferas de valor.

121 Naturalmente, entre esses processos há os de interação.

Acredito que Weber adota o princípio universalizante nesse sentido restrito. Ele apaga o segundo nível e, portanto, aquela parte da teoria de Kant que a transforma, como observa ele, no arquétipo de uma teoria metafísica da cultura e da personalidade (vide trecho já citado, Weber, 1973, p.62, 1975, p.118). Como em Kant, a vontade tem de assumir uma forma definida em Weber. A maneira como essa forma é determinada, porém, perde o caráter de universalismo constitutivo que possui em Kant. É verdade que, para Weber, os valores éticos estão ligados a reivindicações de caráter absoluto e de validade geral. Essa ligação é o que dá à ética a sua posição especial diante das outras esferas de valor. Por essa razão, a boa vontade nunca pode aceitar um particularismo estreito. Ao contrário, ele sempre tem de se definir como se existisse a possibilidade de um "dever moral" racionalmente aceitável. Esse pode ser chamado de universalismo "regulador". Ao mesmo tempo, isso significa que a realização da razão prática (universalista) é substituída pela realização do imperativo (universalista) de ser racional. Embora a ideia de que a minha mais profunda convicção de meu dever moral também seja a convicção correta não possa mais ser fundamentada racionalmente, ela agora tem de ser crida. No entanto, essa fé, essa posse (ou preensão de uma convicção) está vinculada à satisfação de condições racionais (Henrich, 1952, sobretudo p.120 et seq.).

Uma dessas condições é vincular as minhas pretensões ao modo esclarecido de pensar (como definido anteriormente). Os imperativos de autonomia, mudança de perspectiva e coerência também valem para a ética de Weber. Somente pode, na verdade, ser chamada boa a vontade que se sujeita ao imperativo de ser racional. E só se sujeita, na verdade, a esse imperativo a vontade que não age cegamente, mas segue uma lei escolhida por si mesma e com isso permite saber que age de certa maneira.[122] Em analogia com a

---

122 Há uma ligação intrínseca entre calculabilidade (*Berechenbarkeit*), o conceito empírico de personalidade, o conceito empírico de liberdade e a objetivação do entendimento (*Verstehen*). Vide a disputa de Weber com Knies e o problema da irracionalidade nas ciências da ação. Porque o livre-arbítrio humano "se projeta" no reino da ação, porque essa vontade pode "legitimamente" definir-se e porque motivos constantes podem estabelecer-se nesse processo, a dignidade específica da ação pessoal não é a irracionalidade no sentido de incalculabilidade, mas antes racionalidade no sentido de calculabilidade. Weber rejeitava as falsas identificações correspondentes ao conceito romântico de personalidade de Roscher: "no lugar da distinção entre ação humana intencional, por um lado, e as condições naturais e históricas para essa ação, por outro, encontramos, portanto, uma distinção completamente diferente, a saber, a ação 'livre', *e portanto irracional-concreta* das pessoas, por um lado, e a determinação nomológica das condições dadas naturalmente para a ação, por outro" (Weber, 1973, p.45,

formulação kantiana, podemos dizer que, para Weber, é boa a vontade que sempre pode determinar-se segundo uma lei individual.[123] É individual porque a correção do valor de convicção que se tem é uma questão de fé. É uma lei, porque tenho de satisfazer sempre de maneira coerente, sem iludir-me, aquilo que reconheço. Isso aponta para algo estabelecido há muito tempo por Dieter Henrich – a saber, que o imperativo de ser racional é, afinal, um imperativo de conduta consciente e de cultivo da personalidade (Henrich, op. cit., p.118).

Todo aquele que busca cumprir – sem iludir-se a si mesmo – a lei segundo a qual age deve ter conhecimento de seus próprios "axiomas de valor definitivos, interiormente 'coerentes'" e de suas consequências. Isso exige, para usar um termo de Nietzsche, "honestidade intelectual". Também exige, porém, estar disposto ao diálogo real, estágio preliminar indispensável ao confronto real (Weber, 1973, p.510, 1949, p.20). Weber ressaltou muitas vezes que os ideais só podem provar-se a si mesmos na luta com outros ideais, ou morrer, se não tiverem força para vencer. Contudo, antes de poderem passar pela prova na vida real, eles devem sobreviver aos efeitos relativizantes das discussões de valor. Só assim eles podem despertar a convicção (*überzeugungsfähig*). Enquanto em Kant todos sempre podem, em princípio, se não de fato, assumir o ponto de vista geral, a abordagem de Weber exige necessariamente uma crítica formal da convicção no âmbito de uma discussão de valor. A instituição de tais discussões está – juntamente com uma teoria da personalidade – no centro de seu próprio ponto de vista quanto à ética.[124]

Podemos, portanto, distinguir entre dois princípios universalizantes que podem ser inferidos da ética de Kant e da crítica dessa ética feita por Weber. A primeira tem sua formulação clássica da lei básica da *Crítica da razão prática*:

1975, p.96). Vemos que Weber defende uma posição em relação ao problema da liberdade e da necessidade que deixa em aberto a questão de se a filosofia de Kant deve ou não ser aceita. De qualquer modo, a ação calculável só existe porque a liberdade (empírica) é dada. Ou seja, a liberdade é a condição que torna possível a ação humana calculável e, portanto, entendível!

123 É notório que o conceito de lei individual foi desenvolvido por Georg Simmel conjuntamente com a crítica da ética de Kant. Sigo a argumentação de Simmel, inspirada que foi na filosofia vitalista, em um sentido muito limitado. Vide Simmel (1913) e também Schluchter (op. cit., cap.1.6).

124 Dieter Henrich ressalta que Weber desenvolveu uma aproximação de uma filosofia científica da moralidade (vide Henrich, op. cit., p.117). Ele também ressalta que a tese de que "a teoria de Weber seja equiparada a um simples relativismo [tem de] ser completamente abandonada" (ibid., p.123).

age de tal forma que a máxima de tua vontade possa sempre valer como princípio de legislação universal. Essa também representa a lei básica de uma ética de princípio reflexivo, na medida em que defende um universalismo constitutivo, ou seja, na medida em que concebe o princípio universalizante como princípio de justificação (*Begründungsprinzip*). Analogamente, o princípio weberiano poderia ser formulado da seguinte maneira: age como se a máxima da tua vontade, enquanto expressão verídica de uma lei individual, sempre pudesse valer também como princípio de legislação universal. Isso também representa a lei básica de uma ética de princípio reflexivo, uma vez que representa um universalismo regulador e, portanto, concebe o princípio universalizante como um princípio de exame crítico (*kritische Prüfung*). Assim, a justificação formal de convicção é contrastada com sua crítica formal. Ambas as posições exigem que sempre se pense de modo coerente. Além disso, ambas exigem que se pense do ponto de vista de todos os outros envolvidos. Contudo, enquanto no primeiro caso isso pode ocorrer em um diálogo ideal que é na realidade um monólogo, no segundo caso é indispensável um diálogo real. Pode-se exprimir isso modificando uma máxima de Goethe que Weber cita repetidas vezes: "Como podemos conhecer nossa própria convicção? Nunca por observação. Exponhamo-la a uma discussão de valor e logo saberemos o que ela pode oferecer!".

Como mencionei anteriormente, Jürgen Habermas chama de *cognitivista* todas as posições que de algum modo sustentam o potencial de dizer a verdade acerca de questões prático-morais. A disputa que ele encena entre cognitivistas éticos e céticos éticos no estilo dos diálogos filosóficos clássicos mostra que ele, afinal, considera o cognitivismo uma expressão diferente para o procedimento racional de justificação na ética (Habermas, op. cit., p.86 et seq.). Se entendermos o cognitivismo nesse sentido, a ética formal de responsabilidade – desenvolvida até agora principalmente para fins tipológicos – não é uma ética cognitivista, ao contrário da ética formal de convicção. Ela admite o potencial de dizer a verdade das questões prático-morais só em um sentido muito limitado. Por essa razão, falei intencionalmente da relação com a verdade das questões prático-morais em Weber, mas não do potencial de dizer a verdade de tais questões. Um dos elementos indispensáveis da posição de Weber é a asserção de que um valor de convicção pode ser criticado, mas não justificado pela razão. Essa posição contrasta com a de Kant e com as de outros cognitivistas éticos examinados por Habermas. Todos eles se apegam à pretensão de justificação, de uma forma ou de outra. Nesse sentido, Weber pertencia ao grupo dos céticos éticos e não dos cognitivistas éticos. Assim, no nível da ética de princípio reflexivo, pode-se dizer que ele era mais um criticista do que um cognitivista.

Isso serve para caracterizar a diferença decisiva entre uma ética formal de tipo kantiano e uma ética formal de tipo weberiano em termos de regras. Tal distinção envolve o estatuto do princípio universalizante. Em um dos casos, esse princípio é entendido como um princípio de justificação; no outro, como um princípio de exame crítico. Em um caso, ele é entendido como constitutivo; no outro, como regulador.

Há, porém, duas consequências interessantes dessa tentativa de definir com maior nitidez os conceitos de ética formal em relação não só a princípios-pontes alternativos, mas também a princípios universalizantes alternativos. Uma das consequências diz respeito diretamente aos princípios universalizantes; a outra, à ligação entre esses princípios e os princípios-pontes. A distinção proposta entre as versões kantiana e weberiana do princípio universalizante implica que este último requer sua aplicação dialógica. O princípio universalizante como princípio de exame crítico exige uma ética do diálogo. O princípio básico de tal ética pode ser formulado, em analogia com a filosofia da religião de Kant, da seguinte maneira: devemos passar do estado de natureza ético, onde a nossa convicção é continuamente ameaçada pela autoilusão, para o estado de discussões de valor concretas, porque estas últimas são capazes de produzir o autoconhecimento e o senso de responsabilidade,[125] duas coisas que devem ser buscadas por todos os que procuram cumprir o imperativo de ser racional.

A segunda consequência diz respeito às relações entre os princípios universalizantes e os princípios-pontes. Fiz a distinção entre esses dois conjuntos de princípios. Isso era adequado porque Weber usou o conceito de ética de responsabilidade (bem como o de ética de convicção) para caracterizar ora certo tipo de ética, ora a maneira como o valor de convicção deve ser relacionado com outros valores, em especial os de sucesso. Um dos objetivos da reconstrução proposta da tipologia das éticas é a solução dessa ambiguidade sistematicamente insatisfatória. A meu ver, porém, não é coincidência que exista essa ambivalência em Weber, pois há, na realidade, ligações intrínsecas entre os princípios universalizantes e os princípios-pontes. A versão de

---

125 Em "Ciência como vocação", diz Weber que certo tipo de professor "age a serviço das forças 'morais'; ele cumpre o dever de propiciar autoesclarecimento e um senso de responsabilidade" (Weber, 1973, p.608, 1958a, p.152). A discussão sobre valores desempenha uma função pedagógica parecida.

Kant do princípio universalizante exige que abstraiamos as consequências ao determinarmos a vontade. Isso exclui a afinidade eletiva com a máxima formal de uma ética de responsabilidade, ou, em nossa terminologia, com o "princípio-ponte de equilíbrio". Em contrapartida, a versão de Weber do princípio universalizante exige – ante o eterno combate dos "deuses", onde finalmente o destino e não a ciência predomina – que as consequências previsíveis de um valor de convicção pensado e posto em prática com coerência sejam levadas em consideração em *todos* os seus aspectos na determinação da vontade (Weber, 1973, p.604-5, 1958a, p.148-9).[126] Isso implica uma afinidade eletiva com as máximas formais de uma ética de responsabilidade ou com o princípio-ponte de equilíbrio. Para Weber, tanto o problema fundacional como o problema de estabelecer pontes devem ser tratados em uma discussão de valores, porque ela pode conseguir o seguinte: a formulação dos axiomas de valor definitivos, internamente coerentes; a dedução das consequências acarretadas pelas posturas avaliativas de estados de coisa determinados; o estabelecimento das consequências factuais da realização dessas posturas; e o confronto com os axiomas de valor não levados em conta pela postura em questão. Segundo todos esses aspectos, um diálogo real pode ajudar a superar o "particularismo" estreito e destruir as ilusões em que geralmente caímos em relação à nossa própria convicção moral e à de nosso oponente (Weber, 1973, p.510-1, 1949, p.20).

Assim, em termos tipológicos, no caso das éticas formais, o verdadeiro contraste é entre uma ética de convicção monológica e cognitivista e uma ética de responsabilidade dialógica e crítica. Isso porque em ambos os casos existe uma relação intrínseca entre a determinação do valor de convicção e a determinação da relação entre o valor de convicção e o valor de sucesso. Fundamentalmente, é claro, ambos os princípios-pontes opostos podem ser associados a valores de convicção determinados de diferentes maneiras. É assim que eu interpreto a afirmação de Weber de que a máxima formal da ética de convicção e a da ética de responsabilidade "estão eternamente em conflito – um conflito que não pode ser resolvido apenas por meio da ética" (id., 1973, p.505, 1949, p.16). Essa possibilidade de combinação, porém, também nos permite resolver a contradição entre essa afirmação e outra feita por Weber em "Ciência como vocação", segundo a qual a ética de convicção e a de responsabilidade não são absolutamente contraditórias, mas complementares uma à outra. Isso pode acontecer porque o adepto da máxima formal da ética

---

126 Para a interpretação, vide Schluchter (op. cit., cap.8).

de responsabilidade pode enfrentar circunstâncias em que, depois de ponderar cuidadosamente as opções, ele ou ela não encontre equilíbrio entre o valor de convicção e o valor de sucesso. Nesse caso, o valor de convicção tem de ser realizado mesmo quando são violadas todas as exigências relacionadas com os valores de sucesso. Assim, pode-se dizer que o ator moral agiu como um adepto de uma ética de convicção. Estritamente falando, é claro, isso ainda pode ser compreendido como uma aplicação coerente do princípio-ponte da ética de responsabilidade, o princípio de equilíbrio.[127]

Se aceitarmos as observações de Weber acerca da ética religiosa de fraternidade nas "Reflexões intermediárias", tal conflito entre as duas máximas formais como princípios-pontes não surge em primeiro lugar no nível das éticas de princípio reflexivo. As éticas de princípios já estão às voltas com ele. Admitindo isso, não devemos abrir mão do duplo significado dos conceitos de ética de convicção e de ética de responsabilidade: que eles se referem ora à maneira como o valor de convicção é determinado, ora à maneira como é determinada a relação entre o valor de convicção e o de sucesso.[128]

Isso encerra a primeira etapa na distinção entre a ética formal de responsabilidade e a ética formal de convicção enquanto tipos. Essa etapa envolveu o aspecto relativo às regras. A reconstrução, porém, produziu resultados inesperados. Ao distinguir mais nitidamente entre os princípios universali-

---

127 Diz a declaração: "Contudo, é muitíssimo comovente quando um homem *maduro* – não importa se de muita ou pouca idade – está ciente da responsabilidade pelas consequências de sua conduta e realmente sente essa responsabilidade com o coração e com a alma. Ele age, então, seguindo uma ética de responsabilidade e, a certa altura, chega o momento em que ele diz: 'aqui estou; não posso fazer outra coisa'. Isso é algo genuinamente humano e comovente. E cada um de nós que não esteja espiritualmente morto deve conceber a possibilidade de se encontrar em algum momento nessa posição. Na medida em que isso é verdade, a ética de fins últimos [convicção] e a ética de responsabilidade não são contrastes absolutos, mas antes suplementos, as únicas que, em uníssono, constituem um homem autêntico – um homem que *pode* ter a 'vocação para a política'" (Weber, 1971, p.547, 1958a, p.127).

128 Um ponto que poderia falar em favor de tal opção seria a distinção entre monoteísmo formal e substantivo e politeísmo dos valores. A famosa fórmula de Weber permitiria tal interpretação: "muitos velhos deuses se erguem de seus túmulos; estão desencantados e por isso assumem a forma de forças impessoais. Eles tentam ganhar o domínio de nossas vidas e mais uma vez retomam sua eterna luta de uns contra os outros" (id., 1958a, p.149, 1973, p.605). O monoteísmo dos valores é o "dogma metafísico" que demonstra de forma típica uma afinidade eletiva com a ética de convicção. E tem afinidade com o princípio monológico. Por outro lado, o "dogma metafísico" que tipicamente demonstra uma afinidade eletiva com a ética de responsabilidade é o politeísmo dos valores. Ele, porém, tem uma afinidade eletiva com o princípio dialógico. Desse ponto de vista, eu teria de rever completamente minha proposição anterior. Vide Schluchter (1981, p.64, Fig.6).

zantes para a determinação dos valores de convicção e os princípios-pontes para a determinação da relação entre valores de convicção e de sucesso, fomos forçados a considerar de um novo ângulo as éticas de princípios. A partir da suposição de que os princípios fundacionais, que não se restringem aos princípios universalizantes, é claro, e os princípios-pontes variam independentemente uns dos outros, temos de ampliar a nossa tipologia para além da distinção entre a ética formal de convicção e a ética formal de responsabilidade. Não há apenas uma variante cognitivista e outra crítica de cada um desses tipos, há também uma ética substantiva de convicção e uma ética substantiva de responsabilidade. (Para uma visão geral, vide Tabela 2.3.)

Tabela 2.3 Tipologia das éticas de convicção e das éticas de responsabilidade

Princípio fundacional	Dogmático (substantivo)	Reflexivo (formal)	
Princípio-ponte		Constitutivo	Regulador
Hierarquização	Ética substantiva de convicção	Ética de convicção formal cognitivista	Ética de convicção formal criticista
Equilíbrio	Ética substantiva de responsabilidade	Ética de responsabilidade formal ética	Ética de responsabilidade formal criticista

Tendo estabelecido a distinção entre a ética formal de convicção e a ética formal de responsabilidade em relação às regras, devo agora tratar da motivação. Nesse caso também gostaria de comparar Weber com Kant. Admitia Kant apenas um sentimento ideal, o respeito pela lei, o interesse da razão em si. Ele mantinha a moral separada dos afetos e, sobretudo, das paixões. O que se pode aprender com Weber sobre essa questão? Especificou ele motivos que pudessem corresponder à ética formal criticista de responsabilidade como um tipo em contraposição à ética formal cognitivista de convicção?

Toda vez que Weber fala mais amplamente sobre a ética de responsabilidade, vemo-nos às voltas com conceitos como claridade, senso de proporção, desapego íntimo das pessoas e das coisas, paixão e senso de responsabilidade. Tais termos nomeiam qualidades que as pessoas que procuram nortear suas vidas de maneira consciente devem ter. Em "Política como vocação", essas são as qualidades que Weber exige do político de responsabilidade, em contraposição tanto ao político do "poder puro" como ao político "de convicção". Estão envolvidas aqui tanto qualidades cognitivas como emocionais. A clareza e o senso de proporção pertencem ao domínio cognitivo, ao passo que a paixão e o senso de responsabilidade pertencem ao reino do emocional.

O desapego íntimo das pessoas e das coisas, e de si mesmo, parece ser uma atitude geral da mente, a postura geral, que combina todas essas qualidades. É uma postura de fidelidade ao imperativo de ser racional. Esse desapego íntimo, porém, é apenas o reverso da devoção a uma causa ou missão. Para Weber, tudo depende desse desapego, pois só ele pode fazer que a ação dê pé, por assim dizer. Isso, é claro, só acontece quando o ator está apaixonadamente envolvido nessa devoção, não quando ele ou ela simplesmente joga um "frívolo jogo intelectual" ou se entrega a uma "estéril excitação". As pessoas de autêntica convicção moral dedicam-se apaixonadamente a uma causa suprapessoal em que acreditam, sem se perderem completamente no processo.[129] Isso porque essa devoção, que não só permite, mas exige desapego, se origina afinal de uma decisão consciente. Dieter Henrich mostrou energicamente em Weber essa relação entre ser racional e ser apaixonado: "a experiência viva do ser humano racional é a paixão". Na paixão por uma causa, segundo Henrich, "é estabelecida pela força da razão a unidade de uma pessoa que surgiu da unidade indiferenciada da experiência viva". E, por fim, "ser uma personalidade significa estar comprometido em virtude da paixão" (Henrich, op. cit., p.127-8).

Ora, esse conceito de personalidade decerto não pode ser reservado apenas aos adeptos da ética de responsabilidade. Ele também vale para os adeptos da ética de convicção cujos ideais se originem em uma série de decisões definitivas tomadas de maneira consciente. Nesse caso, também, a personalidade não é meramente o que parece ser em Kant, a modificação individual da lei geral. É muito mais a criação de uma lei individual que só pode desabrochar da maneira como a pessoa é (*dem So-Sein des Menschen*). Georg Simmel, o autor dessa contraposição de dois tipos de personalidade, de dois tipos de individualismo, falou em outro contexto do terrível perigo íntimo a que a pessoa se expõe ao seguir a trilha da lei individual. Ele o demonstrou em termos das duas maneiras de salvar a alma que já se encontram no cristianismo.[130] Para poder seguir o que Simmel também chamou de trilha do individualismo ativo, são necessárias as qualidades de que Weber falou com tanta ênfase em referência à política de responsabilidade. Esse é o individualismo ativo em sua forma secular. Sabe-se que os adeptos da ética formal de convicção também devem possuir clareza, senso de proporção, desapego íntimo, "paixão no sen-

---

129 Sobre isso, vide, em especial, Weber (1971, p.533-4, 546).

130 Sobre isso, vide, em especial, Simmel (1957b, p.127) e também seu conceito de destino em Simmel (1957a, p.8 et seq.).

Convicção e responsabilidade: Max Weber acerca da ética

tido de *factualidade"* e um "sentimento de responsabilidade objetiva" (Weber, 1971, p.533-4, 1958a, p.115). Eles, porém, aplicam essas qualidades somente em seu valor de convicção. Elas não são praticadas por um senso de cuidado (*Sorge*) com o sucesso de uma convicção, para "aplainar o seu caminho na realidade" (Schelting, 1934, p.53). Os adeptos da ética de responsabilidade estão ocupados justamente com esse cuidado. Em comparação com os adeptos da ética de convicção, eles se assinalam emocionalmente não só pela paixão pela causa, mas por um maior senso de responsabilidade.[131]

Isso torna claro que a ética formal de responsabilidade também se distingue da ética formal de convicção quanto ao aspecto da motivação. Na ética formal de responsabilidade, o sentimento moral não se limita apenas ao componente cognitivo. Por mais importante que este último seja, ele afinal continua in-crustado no componente emocional, na paixão pela causa e nesse maior senso de responsabilidade que nasce do cuidado com relação às consequências da própria ação. Não é exagero dizer que, para Weber, a boa vontade nunca é capaz de pôr em prática a sua lei moral só com base na motivação racional. Não é coincidência que em sua tipologia das orientações para a ação ele tenha sugerido uma proximidade intrínseca entre as orientações afetivas e as de orientação axiológico-racional. Esta também exige uma devoção definitivamente apaixonada por uma causa. Assim, ao contrário de Kant, são incluídas novas fontes de motivação para a ação moral. Mas essas não estão, como nas éticas substantivas de princípios, ligadas à promessa de bens morais. Embora a ética formal de responsabilidade assuma uma tendência "objetiva" em comparação com a ética formal de convicção, uma tendência para os "objetos", isso não significa que ela perca o seu caráter formal.[132]

---

131 Sobre isso, vide também, compartilhando a postura crítica em relação a Kant, Hans Jonas (1979, sobretudo p.170-1).

132 Hans Jonas classificou as éticas segundo sua posição nas controvérsias entre princípios substantivos e formais, e entre princípios objetivos e subjetivos. As "éticas do sujeito" não têm objetos, no sentido de se concentrarem em como a ação é executada, na convicção subjetiva, não no que é executado na ação. As "éticas do objeto", ao contrário, estão rela-cionadas aos objetos, no sentido de que o poder vinculante da ação vem da pretensão do objeto. Jonas vale-se de exemplos de Nietzsche, Sartre e Heidegger como casos de éticas do sujeito, mas curiosamente coloca a distinção de Weber entre as éticas de convicção e de responsabilidade no lado das éticas do objeto. Nesse sentido, ele vê a ética de convicção como uma variante utópica de uma ética do objeto, mas a ética de responsabilidade como uma variante realista da ética do objeto. Ele se mostra indeciso em relação ao estatuto da ética de Kant.

A comparação entre Kant e Weber também é útil para descobrir diferenças entre as éticas formais de convicção e de responsabilidade de acordo com esse terceiro aspecto, o de controle ou de sanções. Tais diferenças giram principalmente ao redor da instituição da discussão de valores. Kant deixa mal definidas não só as motivações morais, mas também a "comunidade ética" (*ethische gemeine Wesen*), o lado institucional da ação moral. Este inclui o lado institucional do diálogo moral. A saída do estado natural da ética é, para Kant, muito desejável. E até se mostra necessária uma "república geral baseada nas leis de virtude" para superar uma "ameaça *pública* dos princípios de virtude e um estado de imoralidade interior" (Kant, 1960, B 134, 136, A 126, 128). Apesar disso, porém, nem o diálogo moral nem a ação moral podem ser submetidos a leis coercitivas (*Zwangsgesetze*). Assim, contudo, eles são definitivamente removidos de toda regulamentação institucional, pois não há nenhuma instituição, em termos sociológicos, que não imponha leis coercitivas. As instituições pertencem, segundo Kant, à esfera do direito, à esfera da liberdade exterior. Não é por acaso que Kant se opunha a todos os esforços para codificar juridicamente (*verrechtlichen*) a esfera da liberdade interior. É claro que os deveres legais não devem entrar em conflito com os deveres da virtude, isto é, os deveres do cidadão do Estado não devem entrar em conflito com os do cidadão do mundo. Para Kant, porém, funcionalizar a moral segundo a ordem jurídica, funcionalizar a comunidade ética segundo a comunidade jurídico-política é uma dessas estratégias muito difundidas que são contraproducentes e levam definitivamente à desintegração tanto da ordem moral quanto da jurídica.[133]

Por fim, deve ser mencionado um importante ponto de concordância entre Kant e Weber: assim como para o primeiro a entrada em uma comunidade ética não pode ser compulsória, para o segundo a entrada em uma discussão

---

133 Nesse contexto, encontramos a seguinte passagem da obra de Kant sobre a religião: "Em uma comunidade política já existente, todos os cidadãos certamente se encontram, como tais, em um *estado natural de ética*, e estão justificados em assim permanecerem. Pois uma comunidade política que quisesse forçar seus cidadãos a entrarem em uma comunidade ética seria uma contradição (nos termos), pois esta última já inclui entre os seus conceitos a liberdade em relação à compulsão. Por certo, toda comunidade política pode esperar que as pessoas encontrem dentro dela o domínio das emoções, de acordo com a lei da virtude; pois ali onde os seus meios coercitivos não podem chegar, uma vez que o juiz humano não pode ver através de outro humano, as convicções virtuosas criariam aquilo que é exigido. Ai do legislador que procurar instaurar pela força uma constituição voltada para fins éticos! Pois não só instauraria o exato oposto da constituição ética, como também solaparia e tornaria insegura a sua própria constituição política" (Kant, 1960, B 132, A 124).

Convicção e responsabilidade: Max Weber acerca da ética

de valor também não o pode ser. Segundo Weber, a ciência é apenas para quem busca a verdade. Analogamente, a discussão de valor é só para quem busca aderir ao imperativo de ser racional. Sem essa precondição, a discussão de valor não pode funcionar.[134] Quem quer que se prenda a uma mente fechada não pode ser auxiliado por ela. Ao entrar em tal discussão, reconheço a obrigação de sujeitar a minha própria convicção ao princípio universalizante e, assim, passar de um modo de pensar estreito a outro mais amplo. Isso não quer dizer que os participantes de uma discussão de valor encontraram por essa razão um ponto de vista geral. O que isso significa, porém, é que a discussão de valor se fundamenta não só na participação voluntária, mas também no universalismo como ideia reguladora. Também significa que, embora essa discussão não possa transformar um ponto de vista particular em um geral, ela pode transformar um ponto de vista estreito em um esclarecido.

Apesar da natureza voluntária da entrada na discussão sobre valores, trata-se de uma instituição para o diálogo real. Como tal, ela sujeita seus participantes não só à lei vinculante interior, mas também exterior. Weber, é claro, tratou de maneira um tanto implícita não só as premissas normativas, mas também as regras institucionais da discussão sobre valores ou, nos termos de Jürgen Habermas, das "regras de discurso e suas convenções" (Habermas, op. cit., p.102). Nesse sentido, o diálogo permaneceu pouco definido, normativa e institucionalmente, em Weber. Nele, contudo, ao contrário de em Kant, a moralidade abstrata individual assumiu de novo uma forma institucional. Por certo não devemos interpretá-lo como o retorno à moralidade concreta, à *Sittlichkeit*. A discussão sobre valores é uma instituição "artificial", parte da cultura dos especialistas acadêmicos, removida das instituições cotidianas. Isso é verdade mesmo se as convicções que nela e por ela são tratadas tenham origem em um meio cultural e social concreto, de um mundo vital, como as máximas de Kant. Nesse sentido, elas estão fora e além da ciência. Com esse caráter institucional, porém, comparados com a ética formal de convicção, os processos de controle externo ganham de novo significação. Como no caso da motivação, o posicionamento de Weber vai além das restrições de Kant no que se refere ao controle ou sanção.

---

134 Sobre esse aspecto volitivo do conceito de verdade de Weber, que também considero aplicável ao conceito de *Richtigkeit* [correção], vide Weber (1973, p.213, 1958a, p.110-1). Jürgen Habermas quer eliminar todo resíduo decisional (vide Habermas, op. cit., p.109-10). Em seu aspecto sociológico, aliás, tais precondições têm sido objeto de investigação desde Durkheim e Parsons. Elas caem sob a rubrica de elementos não contratuais do contrato.

Paradoxos da modernidade

Essa elaboração da tipologia das éticas levou-nos da sociologia da religião de Weber, via Kant, à crítica weberiana de Kant, parcialmente oculta, de uma tipologia bipartida a outra quadripartida. (Para uma visão geral, vide Figura 2.1.) Embora o aspecto diagnóstico tenha sido o foco de atenção, também foram tratados elementos essenciais da ética do próprio Weber, sob o título de uma ética formal criticista. Ficou claro que a distinção entre a ética de convicção e a ética de responsabilidade é muito mais elaborada do que se costuma admitir, e que o mesmo Weber obviamente adotou uma posição ética para além não só do fundamentalismo, mas também do relativismo ingênuo, o que torna irremediavelmente falho seu difundido retrato como um agnóstico moral.

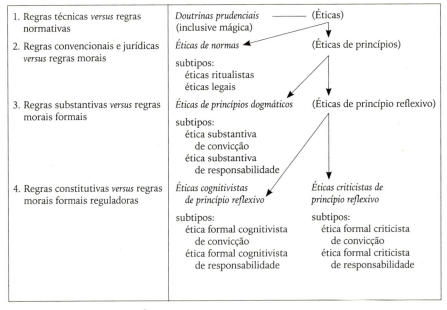

Figura 2.1 Tipologia das éticas

Parte II

Religião, economia e política
Perfil histórico-sociológico de Max Weber

3
Obstáculos à modernidade
Max Weber acerca do islã

*A industrialização não foi impedida pelo islã como religião
individual [...] mas pela religiosamente condicionada estrutura
da formação estatal islâmica, seu funcionalismo e sua implementação da lei.*

Max Weber, *Economia e sociedade*

O destino do estudo de Weber sobre o islã

Enquanto trabalhava em suas análises comparativas e desenvolvimentistas das principais religiões, em suas relações com o não religioso – em especial as ordens e poderes econômicos e políticos –, Max Weber também começou a estudar o islamismo. Essa é uma das seis religiões que mais o interessaram.[1] Como no caso dessas outras religiões, ele foi atraído especialmente

---

1 Essas seis *Kulturreligionen* (grandes religiões) são o confucionismo, o hinduísmo, o budismo, o judaísmo, o islamismo e o cristianismo. Com exceção do judaísmo, todas eram consideradas por Weber religiões mundiais, pois foram capazes de atrair um número especialmente grande de seguidores. O conceito de religião da salvação evoca ainda outro agrupamento. Sobre a inter-relação desses conceitos, vide Schluchter (1989, cap.3). *Kulturreligion* é o mais amplo dos três conceitos. Falar de seis religiões é naturalmente problemático, na medida em que cada uma delas pode ser mais subdividida, e Weber faz exatamente isso, sobretudo no caso do cristianismo. Essa subdivisão está relacionada ao seu interesse geral pelo desenvolvimento distintivo do Ocidente e seu interesse específico pela forma distintiva do protestantismo ascético. Assim, em muitas comparações, este último com frequência

pelos seus primórdios e seu primeiro desenvolvimento: o "nascimento" do islamismo em Meca e Yathrib (posteriormente Medina) e sua "era heroica" durante o domínio dos primeiros califas (623-661) e os Omaiades (661-750) e sua "maturidade" durante o período dos Abássidas (750-1258), geralmente considerada a idade de ouro do islã. Esse amadurecimento reflete-se na canonização das fontes religiosas cruciais, na consolidação dos movimentos ortodoxos e heterodoxos mais significativos e no estabelecimento de uma estratificação religiosa entre as massas e os *virtuosi*. Tal amadurecimento também se exprime em um arrefecimento do dinamismo característico do seu ímpeto inicial no sentido da conquista do mundo e em um subsequente policentrismo religioso e, sobretudo, político, que contrasta com os movimentos arábico-nacionais, originalmente unificadores. Nada disso, é claro, pretende negar o fato de que importantes movimentos secundários se seguiram a esses primeiros. Pelo contrário, Weber reconhece claramente o efeito desses movimentos secundários de poder de "construção de império" nos períodos Otomano e Mongol, sem o qual o islã seria inimaginável. Os comentários de Weber, contudo, permanecem um tanto escassos, o que, pelo menos no que se refere ao islã indiano, é um tanto surpreendente, dada sua análise completa do hinduísmo e do budismo. Sabe-se que, mesmo no caso do primeiro islã árabe, não existe um texto consistente que possa servir como base de interpretação. Antes de tentar tal interpretação, acho adequado dizer algumas palavras acerca do destino do estudo de Weber sobre o islamismo, um estudo que por certo teria incluído não só o islã árabe e persa, mas também o turco e o indiano.

O interesse de Weber pelas religiões não cristãs e pelas civilizações (*Kulturkreise*) influenciadas por elas[2] parece ter-se intensificado por volta de 1910.

---

aparece sozinho. Um dos problemas dos estudos comparativos na sociologia da religião é que, sobretudo nos movimentos não ocidentais, as unidades de análise ficam em um nível de agregação alto demais. Isso também vale para o islamismo. Sobre isso, vide os ensaios de autoria de Ira Lapidus e Rudolph Peters em Schluchter (1987a).

2 Weber fala em diversas passagens de "áreas culturais" (*Kulturkreise*). Ele evita o termo "civilização", hoje muito usado (e usado para traduzir *Kulturkreis* ao longo de todo este ensaio). É notório que "civilização" era usado na Alemanha da virada para o século XX como um "contratermo" ao conceito de cultura, conotação ainda viva na proposta feita pelo irmão de Weber, Alfred, de distinguir processos de cultura, civilização e sociedade. Tal contraste não existe no uso linguístico anglo-americano. Aqui o conceito de civilização foi usado em um sentido "livre de valores", como, por exemplo, nas obras contemporâneas de S. N. Eisenstadt. Considero a distinção entre *Kulturreligion* e *Kulturkreis* útil, porque ressalta o fato de que dada religião não é necessariamente idêntica a qualquer fronteira étnica, política ou

Tal interesse provavelmente nasceu antes, talvez em Eranos, o círculo de Heidelberg sobre religião em que a interdisciplinaridade era levada às últimas consequências (Weber, Marianne, 1926, p.358). Os estudos acadêmicos sobre religião da época favoreciam os estudos comparativos,[3] e Weber era um forte adepto dessa abordagem.[4] Além disso, 1910 parece ser o início de uma nova fase em sua obra. Em 1909, Weber publicara seu grande e abrangente estudo *A sociologia agrária das civilizações antigas* (*Agrarverhältnisse im Altertum*) (Weber, 1924a, 1976) e completara a publicação da série de ensaios "Psicofísica do trabalho industrial" ("Psychophysik der industriellen Arbeit") (Weber, 1995). Com a "Última palavra anticrítica" ("Antikritisches Schlusswort") (id., 1978d, 1978a), publicada em 1910, ele encerrou o debate que se seguiu a *A ética protestante e o espírito do capitalismo* (id., 1921, v.1, 1958b).[5] A nova fase foi marcada pelo retorno à sociologia da religião (já implícito nas duas contracríticas de Rachfahl) e pelo planejamento e execução do grande "Manual de economia política" ("Handbuch der politischen Oekonomie", posteriormente "Compêndio de economia social" ["Grundriss der Soziälökonomik"]). Isso também é confirmado por Marianne Weber em sua biografia, na qual ela escreveu, a respeito da conclusão dos ensaios sobre "Psicofísica do trabalho industrial", cuja última parte veio à luz no dia 30 de setembro de 1909:

---

    linguística, e que uma civilização pode compreender várias religiões (assim como vários universos simbólicos não religiosos).

3 Vide, por exemplo, os dois grandes projetos de larga escala, Schiele e Zscharnack (1909-1913) e Hinneberg (1906, sobretudo parte 1, seções 2, 4). Weber fez amplo uso dessas obras.

4 Isso é tratado de forma abrangente em Kuenzlen (1978).

5 A controvérsia começou com a crítica de H. Karl Fischer em 1907. Em 1909, Felix Rachfahl entrou no debate. Weber encerrou a controvérsia com uma última palavra anticrítica, cuja segunda parte é usada "para resumir mais uma vez em poucas páginas algumas das características de minha *real* 'tese', teimosamente ignorada por Rachfahl, só para quem não releu recentemente com atenção os meus ensaios" (vide Weber, 1978d, p.283). Ao mesmo tempo, Weber ressaltou "que *tudo* o que foi dito na minha contracrítica já estava claramente presente em meus ensaios" (ibid., p.328). Concordo totalmente com isso, se incluirmos aqui os ensaios sobre as seitas de 1906. É um mistério para mim como Wilhelm Hennis pôde afirmar que Weber esclareceu essencialmente a sua questão central pela primeira vez nessas respostas à crítica. Segundo Hennis, é aqui que, pela primeira vez, sobretudo na "Última palavra anticrítica", ouvimos "finalmente" (!) "qual é o problema central de Weber". Hennis exprime a sua admiração por Rachfahl, "por manter tanta serenidade diante de tanto 'esconde-esconde' e da ocultação intencional ou não de intenções 'centrais'" (vide Hennis, 1987, p.16, 21-2). Era obviamente uma boa ideia para Weber resumir mais uma vez a sua tese no espaço de umas poucas páginas. É evidente que mesmo hoje aqueles que a leem com atenção na versão original são uma "ínfima minoria" (vide Weber, op. cit., p.283).

Agora que tudo isso foi esclarecido, Weber está de volta aos seus estudos de sociologia universal, e de duas maneiras. Quer continuar os ensaios sobre sociologia da religião e está ao mesmo tempo preparando, em resposta ao pedido do seu editor, Paul Siebeck, uma grande obra coletiva: "Compêndio de economia social". Ele está traçando os planos, convidando os coautores e, além do trabalho de organização, assumiu para si mesmo as contribuições mais importantes. Os escritos sobre sociologia da religião baseiam-se em parte nas mesmas fontes que seu novo trabalho e estão sendo elaborados conjuntamente. (Weber, Marianne, op. cit., p.346)

Aparentemente, nessa nova fase Weber inicialmente seguiu a pista dada por suas descobertas anteriores. *A sociologia agrária das civilizações antigas* contém uma teoria econômica do mundo antigo, uma espécie de sociologia econômica e política da antiga civilização mediterrânea-europeia e seu desenvolvimento. Pode ser considerada uma etapa preliminar para a posterior sociologia da economia e da dominação de Weber.[6] Em "A última palavra anticrítica", Weber formulou as "questões realmente mais urgentes" (Weber, 1978d, p.321) para a sociologia da religião:

1. A investigação dos diferentes efeitos das éticas calvinista, batista e pietista sobre a conduta metódica.
2. A investigação "dos começos de desenvolvimentos semelhantes na Idade Média e no primeiro cristianismo".
3. A investigação do lado econômico do processo ou, em formulações posteriores, a investigação do outro lado da cadeia causal – após a investigação do condicionamento da mentalidade econômica pela religião, agora a investigação do condicionamento da religião pela economia, em especial pelas constelações de classe.[7]

Tal empresa equivalia a uma sociologia da burguesia (*Bürgertum*), um retrato das afinidades eletivas entre a constelação de classe burguesa e os

---

6 Vide Weber, "Economic Theory and Ancient Society" [Teoria econômica e sociedade antiga], sobretudo cap.1, p.35-80. Sobre isso, vide, por exemplo, a "Introduction" [Introdução] de Roth em Weber (1978b, p.l-lvii). Vide também os ensaios de Jürgen Deininger e Stefan Breuer em Schluchter (1985b, 1980, p.134 et seq.).

7 Vide Weber (1978d, p.322, 1958b, p.26, 1921, v.1, p.12); bem como o esboço da versão mais antiga de Weber (1972), republicada em Schluchter (1989, p.467).

modos de conduta condicionados pela religião, afinidades não apenas demonstradas, mas demonstradas certamente "de maneira mais coerente pelo protestantismo ascético" (id., 1978d, p.322).

Se a conclusão de *A sociologia agrária das civilizações antigas* for lida conjuntamente com essas declarações programáticas, fica claro que nessa nova fase Weber pretendia esclarecer acima de tudo as precondições históricas do capitalismo moderno. Entre elas estavam tanto as "subjetivas" como as "objetivas", as motivacionais e as institucionais.[8] Essa nova fase também compreendia a análise da obstrução, da indiferença e do reforço dentre tais precondições.[9] Isso exigia a reconstrução do desenvolvimento ocidental de um ponto de vista necessariamente unilateral, baseado em uma relação teórica com os valores. Também exigia uma perspectiva comparativa, sobretudo em relação ao judaísmo e ao islamismo, porque ambos contribuíram para esse desenvolvimento. Sabe-se que Weber não forneceu nenhuma indicação dessa intenção em sua "A última palavra anticrítica". Mas deixou claro o seu desejo de mostrar, dando maior elaboração a *A ética protestante e o espírito do capitalismo* e *A sociologia agrária das civilizações antigas*, a que precondições o desenvolvimento capitalista moderno – na inter-relação entre forma e espírito, subjetivo e objetivo, fatores motivacionais e institucionais – deve a sua existência. Vale notar os parâmetros da solução de Weber em 1910, tal como formulada nos trechos finais da "Palavra final anticrítica". Primeiro, Weber se afasta de toda explicação puramente técnica do desenvolvimento capitalista moderno ou, na verdade, de qualquer outro. Seu propósito, porém, não é meramente rejeitar abordagens monocausais, mas também as multicausais que levam em consideração só um lado da cadeia causal. Escreve ele:

---

8 Vide Weber, Max (1978d, p.324), onde Weber fala de precondições "político-objetivas" e "econômico-objetivas" que ele contrapõe ao "espírito" antitradicionalista. Vemos nesse caso que não é "weberiano" estabelecer instituições e motivos como alternativas opostas, como aconteceu, sobretudo, na literatura anglo-americana sobre Weber. Vide, por exemplo, Collins (1986, especialmente cap.2). Aqui também encontramos a suposta palavra final de Weber sobre o protestantismo (ibid., 34). Vide também Turner (1974) – adiante, comentaremos mais sobre esse livro. Mesmo a tentativa de Jeffrey Alexander de enfrentar as mais importantes posições da teoria sociológica a partir da distinção entre formas epistemológicas e sociológicas de materialismo e idealismo e de medir sua "maturidade" usando a régua da multidimensionalidade não faz justiça a Weber, como será mostrado no que se segue. Vide Alexander (1982/1983, sobretudo v.1, 3).

9 Weber examina essas relações segundo três interações: espírito-espírito, espírito-forma e forma-forma. Podem-se encontrar reflexões interessantes a esse respeito em Schmid, M. (1981).

O capitalismo da Antiguidade evoluiu *sem* avanços técnicos e, na realidade, ocorreu simultaneamente com a cessação de tais avanços. O progresso técnico da Idade Média continental certamente não foi de pequena relevância na criação da *possibilidade* do desenvolvimento do capitalismo moderno, mas por certo não constituiu um estímulo decisivo para tal desenvolvimento. Fatores objetivos, como certos aspectos do clima, que têm influência na conduta e no custo da mão de obra, estão entre os pré-requisitos mais importantes, juntamente com a cultura regional que moldou a organização político-social da sociedade medieval e, portanto, a cidade medieval, em particular a cidade continental e sua burguesia. [...] Além disso, novas formas de organização produtiva, por exemplo nas indústrias familiares, foram influências econômicas específicas; embora não de todo alheias à cultura antiga, elas exibiam estrutura, difusão e importância únicas.

O grande processo de desenvolvimento que se situa entre o instável desenvolvimento do fim da Idade Média em direção ao capitalismo e a mecanização da tecnologia, tão decisiva para o capitalismo em sua presente forma, culminou na criação de certos pré-requisitos políticos e econômicos tão importantes para o surgimento da política capitalista. Tal desenvolvimento culminou particularmente na criação e difusão do espírito racionalista e antitradicionalista e na mentalidade inteira que o absorveu. Importantes perspectivas sobre esse fenômeno podem ser oferecidas pela história da ciência moderna e sua recente relação prática com a economia e pela história da moderna *conduta da vida* e seu significado prático para a economia. (Weber, 1978a, p.1128-9, 1978d, p.323-4)

A história do desenvolvimento da organização política e econômica, e também da ciência e da conduta, deve ser escrita de tal maneira que o autor não rebaixe apressadamente a uma como mera função ou consequência da outra.[10] Ela deve ser escrita sem se perder de vista as transformações qualitativas que ocorreram na Antiguidade, na Idade Média e no período entre o fim da Idade Média e a modernidade. Tal reconstrução do desenvolvimento

---

10 Como Weber ainda escreve em sua *História econômica geral* (Weber, 1923, p.17). Também aqui não vejo mudança entre 1904 e 1920. A crítica do materialismo histórico tem sempre dois lados, um metodológico e outro substantivo. Metodologicamente, ela envolve a rejeição de toda forma de reducionismo; substantivamente, ela diz respeito à subestimação da significação relativamente autônoma do político ante o econômico e do espírito ante a forma. Mais sobre isso adiante. Vide também Schluchter (op. cit., cap.1).

ocidental, sobretudo do capitalismo, deve ser executada não de um só ponto de vista específico; deve ser "dissolvida" em uma série de desenvolvimentos parciais que têm de ser contínua e repetidamente inter-relacionados. Isso exige um construto desenvolvimentista relacionado aos valores, ideal-típico, como pré-requisito para a realização do projeto. De fato, Weber não se opõe às construções desenvolvimentistas como tais, mas só àquelas que operam com modelos de fases completas, que incluem tudo, baseadas em critérios normativos reificados. Que Weber tenha em seguida levantado repetidas vezes a questão de por que o capitalismo industrial racional só surgiu no Ocidente, e que tenha respondido a ela com a constelação de condições que só nele existem, não implica que outras constelações também não pudessem ter produzido tal resultado ou que outras civilizações que mais tarde seguiram a trilha do capitalismo industrial tivessem de passar pelas mesmas "fases" em que podemos "dissecar" o desenvolvimento ocidental. Para Weber, a história universal dissolve-se em uma pluralidade de histórias desenvolvimentistas nas e entre as civilizações.[11] Contudo, essa pluralidade não implica

---

11 Sobre o grau de disseminação do conceito de história do desenvolvimento na virada para o século XX, vide Roth (1987c). Nele, porém, o estatuto metodológico do conceito no uso de Weber permanece mal definido. Para superar isso, devemos recorrer a Heinrich Rickert, pois também nesse caso Weber seguiu principalmente a Rickert (vide Rickert, 1902, cap.4.5, p.436 et seq., especialmente p.472-3). Rickert distingue sete conceitos de desenvolvimento e define a estrutura lógica do quarto deles (o crucial, tanto para ele quanto para Weber) da seguinte maneira: aqui "um curso individual de eventos (*Wendergang*) é formado em uma unidade teleológica tendo sua unicidade relacionada a um único valor. Assim, a unicidade é combinada com a unidade de uma sequência de eventos para tornar-se um processo histórico de desenvolvimento" (ibid., p.473). Dessa maneira, Rickert faz o individual histórico constituído pela relação de valor teórica passar do simultâneo para o sucessivo e assim separa logicamente a história do desenvolvimento da mera mudança, e também do desenvolvimento "progressivo". É fácil ver que Weber adere a essa ideia no ensaio sobre a "Objetividade", naqueles trechos em que discute as construções de desenvolvimento ideal-típicas em termos da relação delas com a história e contrapõe essas construções às leis marxistas do desenvolvimento. Vide Weber (1973, p.203 et seq., especialmente p.205). (Não vou tratar da importante distinção de Rickert, nesse contexto, entre indivíduos históricos primários e secundários, adotada também por Weber.) A recusa de identificar o desenvolvimento com o progresso de modo algum implica que o historiador não se justifique ao falar de estágios de desenvolvimento. Pelo contrário, "o historiador deve primeiro poder conceber os *processos* como unidades necessárias e, em segundo lugar, poder não só separá-los a partir de fora, mas também subdividi-los internamente em uma série de estágios, ou seja, ele sempre deve apresentar uma série avaliável de diferentes estágios que constituem as partes essenciais do curso histórico de eventos [em questão]" (Rickert, op. cit., p.437; vide também a formulação um tanto mudada na segunda edição, p.389-90). Assim, podemos falar de desenvolvimento e de estágios de desenvolvimento sem cairmos nos erros do evolucionismo clássico. Sabe-se que isso pressupõe a possibilidade de distin-

que sejam arbitrárias as dimensões que escolhemos para sua reconstrução. O recurso a formas de organização, especialmente as econômicas, jamais é

---

guir entre avaliação e relação teórica de valor, que está na base da teoria de Rickert (e de Weber) da conceitualização da realidade histórica. (Embora a possibilidade de fazer essa distinção pressuponha uma teoria dos valores, ela não pressupõe nenhuma teoria específica.) Rickert lida de maneira abrangente com os problemas lógicos que esse conceito de história do desenvolvimento levanta em relação ao conceito de história universal em Riclert (1907, sobretudo v.3, p.396 et seq.). Weber escreveu a Rickert a esse respeito que *"tudo na parte 3 é muito atraente para mim"* (carta de 3 de novembro de 1907). Eu mesmo usei o conceito de história do desenvolvimento em *The Rise of Western Rationalism* (Schluchter, 1981) para distinguir a abordagem de Weber tanto do evolucionismo clássico quanto das abordagens neoevolucionistas, quer tendam a ser desenvolvimentista-lógica (Habermas), quer funcionalista (Parsons, Luhmann). Vide, sobretudo, a introdução e a conclusão. (Na edição inglesa, substituí "história social ou societal" [*Gesellschaftsgeschichte*] por "história do desenvolvimento" [*Entwicklungsgeschichte*]. Vide a "Translator's Note" [Nota do Tradutor] em Schluchter [op. cit., p.x].) Se Wilhelm Hennis acha difícil entender como "espíritos tão diferentes como Friedrich Tenbruck, Wolfgang Schluchter e Jürgen Habermas não podem resistir à tentação de encontrar elementos *evolutivo-teóricos* na obra de Weber", quando para Weber a história ocorreu como uma cadeia de circunstâncias (vide Hennis, op. cit., p.204), então ele deixa deliberadamente de lado não só as diferenças entre esses diferentes espíritos, mas sobretudo que Weber tinha, na realidade, uma teoria do desenvolvimento. Que essa teoria não seja idêntica à do evolucionismo clássico ("uma íntima legalidade e determinidade teleológica de desenvolvimento", na fórmula imprecisa de Hennis) é algo que demonstrei, em especial em oposição a Friedrich Tenbruck.
O evolucionismo clássico, porém, não é a única forma que uma teoria do desenvolvimento pode assumir. Que a história ocorra como uma cadeia de circunstâncias não exclui sua reconstrução teleológica (no sentido de Rickert!). Que o desenvolvimento não signifique progresso não implica que temos de nos abster de todas as teorias do desenvolvimento. Nesse caso, como em outras questões sistematicamente difíceis, Hennis tem pouco a oferecer além da polêmica. Para mim, é difícil entender como, com essa rejeição explícita de todas as teorias de desenvolvimento, podemos ver a questão central de Weber como o "desenvolvimento [!] da humanidade [no singular!]" (vide Hennis, op. cit., p.8 et seq.). Aliás, o conceito de desenvolvimento histórico de Rickert permite-nos falar da história universal de uma civilização. Tal história é universal se abrange todos esses estágios (ou fases) de desenvolvimento que são essenciais na perspectiva de um dado valor. Weber usa constantemente os conceitos de história do desenvolvimento, história universal e estágio (ou fase) de desenvolvimento dessa maneira. Para ele, também, a teoria do desenvolvimento existe para estabelecer o caráter distintivo de um indivíduo histórico e sua explicação e não para construir "esquemas gerais de desenvolvimento". Vide, *inter alia*, as observações já vistas em Weber (1976, p.288). Não vemos essa interligação nas obras mais recentes de Wolfgang J. Mommsen, o que provoca uma má classificação da abordagem de Weber. A meu ver, esses artigos lançam mais sombras do que luzes sobre o assunto, uma vez que confundem ativamente termos indefinidos, como "a teoria substantiva da história universal" (em contraposição à teoria formal da mesma história?), "evolucionismo", "teleologia", "neoevolucionismo" e "neoidealismo" (em contraposição a neomaterialismo?), só para falar esporadicamente de história do mundo. Vide Mommsen (1985, 1986, 1989a).

Obstáculos à modernidade: Max Weber acerca do islã

suficiente,[12] pois aquele é apenas um dos elementos importantes que molda a conduta. Outros elementos importantes são as concepções do dever de base normativa. Pelo menos nos tempos pré-capitalistas, elas estão incrustadas nas visões do mundo e nas éticas religiosas. Portanto, temos de levar em conta não só as forças econômicas, mas também as culturais, sobretudo as religiosas, se quisermos reconstruir as histórias do desenvolvimento ocidental e não ocidental.[13]

Logo fica claro que essa nova fase da obra coincide com uma transformação qualitativa da abordagem de Weber.[14] Ele fez uma descoberta, e isso também é documentado na biografia de Marianne Weber. Embora sua data seja incerta, sua natureza não o é. É a ideia de que o desenvolvimento do racionalismo científico moderno demonstra ligações não só com o desenvolvimento econômico, mas também com o estético, sobretudo com o desenvolvimento da música ocidental.[15] Marianne Weber ofereceu-nos a seguinte descrição:

Os tempos rejeitam o racionalismo e muitos artistas, em particular, consideram-no uma inibição para suas capacidades criativas. Por essa razão, esta descoberta [da ligação entre os desenvolvimentos científico e estético] entusiasma particularmente a Weber. Ele então planejou uma sociologia da arte e por volta de 1910 empreendeu, como uma primeira tentativa, em meio a seus outros estudos, a investigação dos fundamentos racionais e sociológicos da música. Isso o levou às mais remotas áreas da etnologia e às mais

---

12 As minhas formulações são propositalmente "equívocas", pois temos de distinguir, como mostra a metodologia de Weber o tempo todo, entre a significação lógico-formal e a significação substantiva (*Bedeutung*), uma vez que essa distinção se faz explicitamente em termos do conceito de cultura, do conceito de significação cultural e do conceito de desenvolvimento (entre a criação de significado e o portador social do significado!).

13 Vide a formulação em Weber (1958b, p.26-7, 1921, p.12).

14 Indiquei anteriormente que podemos dividir a obra de Weber em três fases. Vide o esquema em Schluchter (1989), bem como os capítulos 1, 12 e 13. Enquanto a segunda transformação qualitativa – que ocorreu em 1910 – é de natureza substantiva, a primeira, ligada à publicação dos capítulos quarto e quinto de *Die Grenzen der naturwissenschaftlichen Begriffsbildung* [Os limites da formação dos conceitos das ciências naturais] de Rickert (1902), é de caráter metodológico. A começar por seu ensaio sobre Roscher, Weber transforma, com a ajuda de Rickert, as distinções de Carl Menger entre história econômica, teoria econômica realista e teoria econômica exata em abordagem das ciências culturais que exige a construção e a aplicação de conceitos.

15 Sobre a significação da sociologia da música para um entendimento adequado da problemática da racionalização, vide Schluchter (op. cit., cap.4.1).

difíceis investigações do simbolismo e da aritmética tonal (*Tonarithmetik*).
No entanto, assim que essa parte foi provisoriamente estabelecida, ele se
obrigou a voltar aos escritos já prometidos e já em andamento. (Weber,
Marianne, op. cit., p.349)

A descoberta não o levou apenas a "desvios"; teve também uma significação de grande alcance para o duplo projeto de Weber. Incentivou-o a
ampliar o alcance de suas análises. Por certo, o caráter e desenvolvimento
distintivos do capitalismo ocidental continuaram a ser centrais; porém, eles
eram só alguns dos diversos fenômenos culturais ocidentais de significação
universal (Weber, 1958b, p.17, 1921, p.4).[16] Esse alcance ampliado significava
que não nos podemos limitar à investigação do desenvolvimento religioso e
econômico. Também devem ser feitas análises da dominação e do direito, das
organizações sociais, desde a família até o "Estado". Além disso, se procurarmos definir e explicar o caráter distintivo do *conjunto* da cultura ocidental
segundo sua conduta racional-metódica, sua empresa racional capitalista, seu
Anstaltsstaat racional, seu direito formalmente racional, sua ciência racional
e sua música de cordas harmônicas, é necessário comparar essa civilização
com outras e mostrar por que tais fenômenos não ocorreram nelas. Para
tanto, precisamos de critérios e conceitos. Estes se baseiam, como Weber
ressaltou com toda clareza que poderíamos exigir, nos valores culturais da
civilização a que pertencem. Embora tal base leve, de acordo com o postulado
da relação de valor teórico, a um eurocentrismo heurístico, não implica um
eurocentrismo normativo. Para fazer essas comparações, precisamos também
de um conhecimento básico das outras civilizações, sobretudo das religiões
e das formas de economia, dominação e direito que ajudaram a moldá-las.
Tal conhecimento precisa avançar pelo menos até encontrar os "pontos de
comparação" com o desenvolvimento ocidental (id., 1958b, p.27, 1921, p.12)
e, assim, pelo menos o bastante para descobrir as semelhanças e diferenças
com o desenvolvimento ocidental.

Que o capitalismo industrial racional e outros fenômenos culturais ocidentais só tenham surgido no Ocidente ou, mais precisamente, que tenham
ocorrido aqui pela primeira vez é, para Weber, um fato histórico. Tais fenômenos
não necessariamente interessam a todos, nem todos os consideram os mais
importantes dos fenômenos; no entanto, ninguém pode negar sua realidade.

---

16 Eles, porém, continuaram sendo "a força mais fatal".

Mas exatamente por terem despertado o interesse dele, para investigar esses fenômenos, Weber foi forçado a ir além dos limites de sua própria civilização e, não nos esqueçamos, além dos limites de sua própria disciplina acadêmica.[17] Há três razões principais para isso: a solução dos problemas de identificação (demonstração de características únicas), a solução dos problemas de atribuição causal (demonstração das precondições históricas) e a solução do problema do diagnóstico (demonstração dos "sacrifícios", das possibilidades "perdidas"); pois a comparação não somente mostra as características exclusivas do Ocidente e facilita as atribuições causais, como também mostra claramente o que, em contraste com as outras culturas, não foi realizado aqui. Assim, além das dimensões teórica e histórica, a ciência cultural também tem uma dimensão prática.[18] Aparentemente, Weber deu seus primeiros passos além dos limites de sua própria civilização no contexto de sua pesquisa sobre a música, mas esses passos continuaram a ter consequências. Como relatou sua esposa: "quando (por volta de 1911) ele retomou seus estudos sobre a sociologia da religião, ele foi arrastado para o Oriente: China, Japão e Índia e, em seguida, o judaísmo e o islamismo" (Weber, Marianne, op. cit., p.346).

No mais tardar em 1911, Weber estudou essas "fontes" importantes para o seu duplo projeto. Para as civilizações não ocidentais, tais fontes eram amplamente secundárias, ainda mais do que as usadas para analisar o desenvolvimento ocidental.[19] Para o islã, ficou claro que fora o seu conhecimento das fontes sacras (Corão, suna, Sharia), provavelmente colhido na literatura secundária, ele baseou sua análise principalmente no trabalho de islamistas alemães da época, como Carl Heinrich Becker, Julius Wellhausen, Ignaz Goldziher e Joseph Kohler, cujos estudos não perderam sua relevância mesmo hoje. Tais estudos eram suplementados pelos trabalhos de Christian Snouck Hurgronje e provavelmente um ou outro autor inglês ou francês.[20] Isso concorda com a impressão que se tem ante a análise das outras civilizações

---

17 Assim, para além da economia, a disciplina a que ele pertencia desde que começou a trabalhar em Freiburg. Sobre isso, vide também Weber, Marianne (op. cit., p.349).

18 Sobre isso, vide Schluchter (op. cit., cap.8).

19 Por essa razão Weber era muito modesto em suas pretensões quanto aos estudos comparativos. Nunca os considerou análises culturais abrangentes. Sua principal preocupação era o refinamento das questões propostas, assim como já acontecera em *A sociologia agrária das civilizações antigas* (vide, por exemplo, Weber, 1924a, p.280). Além disso, em uma abordagem como essa, nunca se podem evitar totalmente as análises esquemáticas (vide Weber, 1976).

20 Aqui, vide *inter alia* Becker, C. (1924, especialmente cap.1, 2, 4, 9, 13, 14); Goldziher (1910); Wellhausen (1897, 1902); Kohler (1905); e Hurgronje (1888).

feita por Weber. Seus estudos comparativos refletem, sobretudo, a erudição alemã contemporânea em sinologia, indologia, estudos semíticos, egiptologia e estudos islâmicos, bem como em teologia protestante, na medida em que era orientada para a religião comparada (*Religionswissenschaft*). As diferenças que surgem nesse caso dependem de até que ponto Weber se aproximou da apresentação monográfica de suas descobertas.

Como, então, se desenvolveram os dois projetos, em que o islamismo – juntamente com o confucionismo, o hinduísmo, o budismo, o judaísmo e o cristianismo (e suas subdivisões "internas") – desempenha um papel importante? Em fins de 1913, Weber aparentemente redigiu grandes trechos de *ambos* os projetos. No entanto, um dos projetos fora chamado "A ética econômica das religiões mundiais" ("Die Wirtschaftsethik der Weltreligionen"), ao passo que o outro fora chamado "A economia e as ordens e os poderes sociais" ("Die Wirtschaft und die gesellschaftlichen Ordnung und Mächte"). Como mostra o comentário de Marianne Weber, as fontes consultadas durante essa nova fase da obra foram usadas em ambos os projetos. Como o mesmo Weber disse mais tarde, os dois projetos – pelo menos no que se refere às partes acerca da sociologia da religião – servem mutuamente para interpretar e suplementar um ao outro e estavam destinados a serem publicados simultaneamente (Weber, 1921, v.1, p.237).[21] Vejamos duas cartas que oferecem um retrato relativamente claro do estado e da substância dos dois manuscritos em fins de 1913. No dia 30 de dezembro de 1913, Weber escreveu a seu editor Siebeck que, a respeito de "A economia e as ordens e os poderes sociais", ele havia

elaborado toda uma teoria e exposição que relaciona as principais formas de agrupamento social à economia: da família e da casa familiar à empresa, ao grupo de parentesco, à comunidade étnica, à religião (abrangendo todas as principais do mundo: uma sociologia das doutrinas da salvação e das éticas religiosas – o que Troeltsch fez, mas para *todas* as religiões, só que de modo muito mais conciso), enfim, uma teoria sociológica abrangente do Estado e da dominação. Posso afirmar que nada do tipo jamais foi escrito, nem sequer como precursor.[22]

---

21 Trecho omitido na versão inglesa correspondente (vide Weber, 1958a, p.267). Esse texto apareceu originalmente já em outubro de 1915 no *Archiv für Sozialwissenschaft und Sozialpolitik*. Para as datas exatas de publicação, vide Schluchter (op. cit., p.471-2).

22 Também citado em Winckelmann (1986, p.36).

Obstáculos à modernidade: Max Weber acerca do islã

No dia 22 de junho de 1915, Weber ofereceu a Siebeck uma série de ensaios, "A ética econômica das religiões mundiais", para publicação no *Archiv für Sozialwissenschaft und Sozialpolitik*. Disse que já os tinha "desde o começo da guerra" e que abrangiam "o confucionismo (China), o hinduísmo e o budismo (Índia), o judaísmo, o islamismo [e] o cristianismo" e, além disso, representavam a bem-sucedida "generalização e realização do método" proposto em *A ética protestante e o espírito do capitalismo*. Prosseguiu dizendo que eram quatro ensaios, de quatro a cinco folhas de impressão cada, "estudos preliminares para, e comentários sobre, a sociologia sistemática da religião" para o "Compêndio de economia social" e, portanto, para aquele manuscrito mencionado na carta de 30 de dezembro de 1913. Os ensaios – segundo Weber – podiam em algum momento, juntamente com outros e em forma revista, serem publicados sozinhos. Assim, ele antecipou os "Ensaios reunidos sobre a sociologia da religião" ("Gesammelte Aufsätze zur Religionssoziologie") (Weber, 1921). Eles na realidade começaram a ser publicados em 1920, com um primeiro volume que o mesmo Weber preparara para impressão (Winckelmann, 1986, p.42). Pelo menos parte dessa série, porém, deve ser datada de 1913 e não do começo da guerra. Isso se depreende da nota de rodapé acrescentada por Weber à publicação do primeiro artigo, que apareceu, juntamente com uma "Introdução" à série completa, no dia 14 de outubro de 1915. A nota afirmava que os ensaios subsequentes estavam sendo publicados "inalterados" da maneira "como foram escritos dois anos antes e lidos em voz alta aos amigos" (Weber, op. cit., v.1, p.237).[23] Assim, podemos inferir que no fim de 1913, no máximo no começo da guerra, existiam volumosos manuscritos pertencentes aos dois projetos, e o islã estava incluído em suas análises.

Um desses manuscritos, intitulado "A economia e as ordens e os poderes sociais", não foi publicado durante a vida de Weber. Fazia parte de seu espólio literário e foi publicado após sua morte (com um manuscrito posterior que ele mesmo concluíra para publicação) como partes 2 e 3 (mais tarde só parte 2) de *Economia e sociedade*. Este último incluía – desde a época da segunda edição desse "livro construído" muito problemático, criado pelos editores[24] – quatro textos em que a civilização islâmica é discutida: aqueles sobre as sociologias da religião, da dominação, do direito e da cidade. Embora o outro dos dois

---

23 É interessante que Weber só atualize essa referência em 1920, em vez de omiti-la, embora nesse meio-tempo tivesse revisto a "Introdução" e, sobretudo, as primeiras partes do estudo do confucionismo.

24 Sobre isso, vide Schluchter (op. cit., cap.13) e Tenbruck (1977).

Paradoxos da modernidade

manuscritos tenha sido publicado pelo próprio Weber sob o título "A ética econômica das religiões mundiais" (Weber, op. cit.), a publicação foi apenas parcial e (depois da impressão da "Introdução", os primeiros dois artigos sobre o confucionismo e as "Reflexões intermediárias") em uma versão diferente daquela de que a carta de 22 de junho de 1915 dá testemunho. Weber revisou os artigos sobre o hinduísmo antes da primeira publicação. Isso também aconteceu com os artigos sobre o budismo e o judaísmo antigo.[25] O mais importante, porém, é que a série de artigos concluídos em janeiro de 1920 não iam além do judaísmo antigo. Weber jamais conseguiu publicar as partes sobre o islamismo e o cristianismo mencionadas em sua carta.

Isso suscita duas perguntas: ainda queria Weber publicar esses artigos? E que fim levou aquela parte do manuscrito de "A ética econômica das religiões mundiais" que tratava do islã e do cristianismo? Pode-se dar uma resposta inequívoca à primeira pergunta: não há dúvida de que Weber pretendia incorporar estudos sobre o islamismo e o cristianismo (embora não mais na série do *Archiv*) aos "Ensaios reunidos sobre a sociologia da religião". Isso não só é confirmado na segunda versão da "Introdução" de 1920,[26] mas sobretudo no anúncio que o próprio Weber escreveu em setembro de 1919. Nesse anúncio, ele apresentou ao público o conteúdo dos projetados "Ensaios reunidos sobre a sociologia da religião" em quatro volumes (Weber, op. cit.). Ele comentou que dois desses volumes estavam no prelo. Eles compreenderiam uma revisão dos ensaios já publicados sobre a sociologia da religião, ou seja, os ensaios sobre o protestantismo ascético, o confucionismo e o taoísmo, o hinduísmo e o budismo e o judaísmo, a serem suplementados por análises ainda não publicadas sobre as éticas religiosas egípcias, mesopotâmicas e zoroastrianas e sobre "o desenvolvimento da burguesia europeia na Antiguidade e na Idade Média". Tais ensaios seriam seguidos por dois outros volumes que consistiriam apenas em estudos inéditos (e, devemos acrescentar, de estudos em boa medida ainda não escritos): um terceiro volume que trataria do "primeiro cristianismo, do judaísmo talmúdico, do islamismo e do cristianismo oriental"

---

25 Referências nesse mesmo sentido da correspondência podem agora ser encontradas em Winckelmann (op. cit., p.42 et seq.). Assim, as conjecturas que fiz a partir dos textos sobre o desenvolvimento da obra de Weber podem tornar-se mais precisas. Vide Schluchter (op. cit., cap.4.5).

26 Vide Weber (1958a, p.267, 1921, v.1, p.237-8), em que o islã, juntamente com o confucionismo, o hinduísmo, o budismo, o cristianismo e – colocado à parte – o judaísmo, é citado como uma ética religiosa a ser tratada.

e, em seguida, "um volume final" sobre o "cristianismo do Ocidente".[27] A meu ver, esse anúncio torna claras duas coisas: primeiro, o estudo do islamismo seria certamente mais breve do que o do confucionismo, do hinduísmo ou do judaísmo antigo; segundo, ele provavelmente teria um duplo propósito, com objetivos relativos ao desenvolvimento e à tipologia, pois, semelhante ao judaísmo, o islamismo pertencia ao contexto das "precondições" históricas do desenvolvimento ocidental e ao mesmo tempo representava um desenvolvimento de significação histórica por si só em relação ao Ocidente (Weber, 1952, p.5, 1921, v.3, p.7). Isso também fica implícito pelo lugar do islamismo no projeto: no contexto tanto de seus predecessores históricos como de seus mais importantes rivais.

Em contrapartida, não é fácil dar uma resposta precisa à segunda pergunta, que diz respeito ao manuscrito. É necessária uma abordagem indireta, a menos que respondamos simplesmente que Weber nunca teve um manuscrito sobre o islã e que suas observações em contrário só podem ser entendidas como uma projeção. Na realidade, se a afirmação da carta de 22 de junho de 1915 fosse exata, não teria de haver um manuscrito entre os seus papéis póstumos? Ademais, o fato de *História econômica geral*, que alguns gostam de considerar as "últimas palavras" de Weber,[28] não conter nenhum trecho longo sobre o islã não implica que ele não mais lhe interessasse depois que a guerra começou? Não se pode negar que não foi encontrado nenhum manuscrito intitulado "Islã" no espólio literário ou que Weber não mais lidou intensivamente com o islã depois que a guerra eclodiu. Mas ainda considero verídica a afirmação feita na carta de junho de 1915. A que manuscrito estaria Weber referindo-se nessa carta, então? Vou oferecer uma solução confessadamente especulativa a esse mistério.

A meu ver, o único manuscrito que pode ser considerado encontra-se hoje na parte de sociologia da religião de *Economia e sociedade*. No Capítulo 6, ele tem por título "XV. As grandes religiões e o mundo" (Weber, 1978b, p.611-34; em alemão: "Die Kulturreligionen und die 'Welt'"). É antecedido pelo texto (ibid., cap.6, parte XII-XIV, p.576-610) cuja versão refinada Weber deu em suas famosas "Reflexões intermediárias". Em outro ensaio, mostrei que *Economia e*

---

27 Tal anúncio também foi republicado em Winckelmann (op. cit., p.45-6).

28 Como Randall Collins (op. cit., cap.2), que mostra não perceber que os editores da *Wirtschaftgeschichte* (Weber, 1923) preencheram os vazios do texto com textos publicados e não publicados de Weber. É por isso que não há nenhuma ideia nessa reconstrução que não se possa encontrar em outro lugar da obra.

sociedade e os "Ensaios reunidos sobre a sociologia da religião" são moldados por uma crescente divisão do trabalho (Schluchter, op. cit., cap.12). Assim como as partes XII-XIV foram usadas em "A ética econômica das religiões mundiais", o mesmo ocorreu com a parte XV. Enquanto as partes XII-XIV permaneceram como estavam em *Economia e sociedade*, neste falta um trecho da parte XV. Pode-se encontrar uma indicação disso em seu começo. Não é uma continuação direta da parte XIV, mas de um texto ou parte de um texto que não mais se encontra na parte sobre sociologia da religião de *Economia e sociedade*. Afirmo que é esse texto ou parte de texto que Weber incorporou na revisão dos estudos sobre o confucionismo e o hinduísmo. O começo da parte XV em *Economia e sociedade* diz:

> O judaísmo, em sua forma pós-exílica e, sobretudo, talmúdica (as úni-cas formas que nos interessam aqui), é a *terceira* das religiões que em certo sentido se acomodaram ao mundo. O judaísmo pelo menos se orienta para este, no sentido de não rejeitar o mundo como tal, mas só a ordem social hierárquica que prevalece nele.
>
> Já fizemos algumas observações acerca da classificação sociológica do judaísmo. (Weber, 1978b, p.611, 1972, p.367; grifo meu)[29]

Depois dessa sentença de abertura, a relação religiosamente motivada com o mundo do judaísmo talmúdico é descrita e comparada com a dos católicos, dos puritanos e dos primeiros cristãos. Segue-se uma descrição do islã, classificado como a quarta religião que se adapta ao mundo. A análise, então, se volta para as relações com o mundo das religiões que rejeitam o próprio mundo, sendo tratados o primeiro budismo e o primeiro cristianismo. Então, o manuscrito se interrompe. A intenção era continuá-lo. Mas muito mais importante é que o seu começo, que seguramente existiu, está faltando. Além disso, o manuscrito que permanece contém esboços de todas as religiões mencionadas na carta, salvo o confucionismo e o hinduísmo. Como é sabido, Weber considerava o confucionismo, mas também partes do hinduísmo (pelo menos antes de 1915), como "religiões que em certo sentido se adaptam ao mundo". Essa seção que falta, porém, pode significar não só que as primeiras partes do manuscrito "As grandes religiões e o mundo" foram na realidade usadas para "A ética econômica das religiões mundiais", mas também que a parte truncada que permanece teria servido como a base para a continuação

---

29 A tradução inglesa omite a referência à "terceira", exatamente o ponto aqui ressaltado.

da série. De qualquer forma, não é improvável que Weber tivesse em mente esse manuscrito quando ofereceu a seu editor uma série de ensaios, em 1915. E é igualmente provável que ele teria utilizado outras partes da sociologia da religião para "A ética econômica das religiões mundiais". Assim, depois de 1915, no máximo, ele provavelmente considerou que o manuscrito na forma, editada postumamente, em que hoje o temos fosse só uma versão preliminar da sociologia da religião.[30]

Que se pode concluir do destino do estudo sobre o islamismo? Há quatro considerações a fazer:

1. No começo da Primeira Guerra Mundial, Weber conseguira um conhecimento básico sobre a civilização islâmica, de que se valera, sobretudo, no contexto das sociologias da religião, da dominação e do direito. No entanto, essa pesquisa não produziu um ensaio monográfico. Sua intenção era escrever esse ensaio no âmbito de "A ética econômica das religiões mundiais", inicialmente para incluir na série do *Archiv*, mais tarde para os "Ensaios reunidos sobre a sociologia da religião".

2. Embora Weber tivesse a intenção de fazer isso, ele evidentemente não trabalhou intensamente sobre a civilização islâmica, do início da guerra até sua morte. As observações encontradas em sua obra acerca do islã basicamente se resumem ao trabalho realizado de 1911 a 1914, no mais tardar, refletindo também terminologicamente a abordagem que Weber fez desse período.

3. O projetado ensaio monográfico dificilmente teria o mesmo tamanho dos estudos sobre o confucionismo e o taoísmo, o hinduísmo e o budismo ou o judaísmo antigo. Sem dúvida, o islã pertencia ao mesmo contexto ampliado de pré-requisitos históricos do desenvolvimento ocidental ao qual pertenciam o judaísmo talmúdico, o cristianismo primitivo e o cristianismo oriental – pré-requisitos que Weber claramente esperava tratar como um todo no volume final de seus "Ensaios reunidos sobre a sociologia da religião". No entanto, o islã, como um "produto relativamente tardio [...] em que o Velho Testamento e elementos judeu-cristãos desempenharam um papel muito importante", não poderia ter a mesma significação genética para Weber que o judaísmo

---

30 Isso também se segue de uma formulação presente na "Introdução do autor", em que Weber fala de um "estudo sistemático da sociologia da religião" ainda por fazer (Weber, 1958b, p.30, 1921, v.1, p.15).

antigo ou o cristianismo antigo ou medieval (id., 1978b, p.623, 1972, p.375, 1952, p.5, 1921, v.3. p.7).

4. O real interesse de Weber pelo islã é tipológico. Como mostraremos, ele revela semelhanças com o protestantismo ascético e, sobretudo, com o calvinismo – semelhanças, porém, de caráter puramente externo. Weber por certo teria centrado o seu ensaio nessa tese.

Assim, se tentarmos reconstruir as linhas fundamentais do estudo de Weber sobre o islã, temos de voltar a atenção primeiro para o manuscrito intitulado "A economia e as ordens e os poderes sociais" e, sobretudo, para as discussões nas partes sobre religião, dominação, direito e a cidade. Na medida em que a versão posterior da sociologia da dominação, que o próprio Weber ainda podia propor para publicação em 1920, baseia-se na versão anterior, também há referências ao islã. Essa versão, porém, não representa um avanço em relação a 1913-1914. O mesmo vale para a segunda versão de *A ética protestante e o espírito do capitalismo* e para *História econômica geral*, em que também podemos encontrar observações esparsas sobre o islã.

Um esboço da análise do islã feita por Weber

Considerações metodológicas

Como podemos reunir as observações de Weber sobre o islã? Como podemos delas derivar um retrato geral relativamente coerente? São úteis aqui algumas considerações metodológicas preliminares, começando por um pensamento já exposto. Os estudos comparativos de Weber estão sujeitos a um eurocentrismo *heurístico* e não são análises culturais *abrangentes*. O que lhe interessava eram os fenômenos culturais ocidentais – seu caráter distintivo e a "combinação de circunstâncias" que os produziu (id., 1958b, p.13, 1921, v.1, p.1). O esclarecimento das questões de identificação e de atribuição causal levantadas nesse contexto é o objetivo último da comparação. Por essa razão, para Weber, todas as comparações eram governadas pelo objetivo de revelar os contrastes (os pontos de oposição ou diferença) a esses fenômenos culturais que lhe interessavam. Tais interesses podem abranger uma série de áreas, e estabelecer tal leque é uma tarefa teórica.

Como indica a carta de 22 de junho de 1915, os ensaios comparativos sobre "A ética econômica das religiões mundiais" pretendem generalizar o método encontrado em *A ética protestante e o espírito do capitalismo*. Dessa forma,

Obstáculos à modernidade: Max Weber acerca do islã

o condicionamento religioso das atitudes econômicas está, sem dúvida, envolvido. Mesmo assim, o condicionamento de classe da religião também deve desempenhar um papel. Essa questão de classe, porém, é ao mesmo tempo uma questão da "estrutura da sociedade" (Weber, 1923, p.16).[31] Ou seja, está envolvido algo mais do que apenas economia e religião. A análise também estuda a dominação (inclusive o direito) e se refere a todas essas ordens e suas inter-relações. Esse é o alcance ampliado que resultou da descoberta que anunciou uma nova fase da obra: a cultura ocidental é distinta das outras civilizações não só em seu desenvolvimento econômico, mas também em seu desenvolvimento científico e artístico, e sobretudo em seu desenvolvimento político e jurídico. Em suma, a configuração de ordem da cultura ocidental é diferente das outras em seus aspectos mais importantes. Assim, em "A ética econômica das religiões mundiais" são tratados ambos os lados da cadeia causal, apesar de seu objetivo limitado repetidas vezes proclamado. Além disso, a atenção é dirigida não somente para as diferenças de religião, mas também para as diferenças de dominação e de direito e, nos casos da Índia e da China, pelo menos de passagem, até para a ciência.[32]

Weber oferece não apenas uma classificação tipológica, mas também uma reconstrução genética dos fenômenos culturais ocidentais. Estes estão ligados a uma série de relações causais, cujo reconhecimento pressupõe a subclassificação do desenvolvimento geral em desenvolvimentos particulares e em fases de desenvolvimento. Não posso reconstituir aqui a complexa análise do desenvolvimento cultural ocidental.[33] Contudo, ele claramente "culmina" na afinidade eletiva entre capitalismo racional e o *Anstaltsstaat* racional.

Para Weber, o capitalismo racional é (ainda!) a mais fatal das duas forças. Que definição de capitalismo racional apresenta ele? Desde a primeira versão de *A ética protestante e o espírito do capitalismo* até a sociologia econômica na segunda versão de *Economia e sociedade* (capítulo 2), Weber usa muitas definições que não são completamente idênticas, mas têm um núcleo comum. Antes

---

31 Aliás, a introdução terminológica à *História econômica geral* foi omitida na tradução inglesa (vide Weber, 1961), o que significa que os estudiosos americanos de Weber que não leem alemão – e seu número é enorme – não têm ciência disso. No entanto, essa formulação é incomum, na medida em que Weber na maior parte dos casos evita o conceito de sociedade.

32 Sobretudo Benjamin Nelson e Friedrich H. Tenbruck – em diversos ensaios – chamaram a atenção para o significado das observações dispersas de Weber sobre o desenvolvimento científico. Sobre seu juízo acerca do desenvolvimento científico chinês, vide Sivin (1983).

33 Vide a tentativa de Collins (op. cit.), que, porém, não considero plenamente bem-sucedida. Vide o Capítulo 4 deste livro.

de mais nada, é importante separar as definições que se referem à *empresa individual* das que se referem ao *sistema econômico*. Uma empresa racional--capitalista, por exemplo, pode ser distinguida de uma casa de grande escala (*oikos*), de uma grande oficina (*ergasterion*) e de uma loja de artesanato pela combinação de quatro características: é uma empresa voltada para o lucro, é industrial, é independente da casa familiar e controla sua atividade econômica por meio de uma contabilidade de partida dupla. As outras três unidades carecem de pelo menos uma dessas características. A loja de artesanato é a que mais se aproxima da empresa racional-capitalista, mas carece de tecnologia mecanizada e de capital fixo. Para que uma empresa individual calcule racionalmente sua atividade, porém, pressupõe-se uma ordem jurídica que garanta a livre propriedade e a liberdade de contrato, pois o cálculo racional pressupõe que os meios materiais de produção (*Beschaffungsmittel*) sejam apropriados como "livre propriedade por empresas autônomas, privadas, voltadas para o lucro" e que exista liberdade de mercado no mercado de trabalho (trabalho formalmente livre!) e nos de capital e de mercadorias. Além disso, as decisões da justiça e da administração têm de ser previsíveis. Isso pressupõe a prioridade da racionalidade procedimental, da segurança jurídica, ante a racionalidade substantiva, ante a "justiça" (Weber, 1923, p.239, 1978b, p.161-2, 1972, p.94, 1958b, p.17-23, 1921, v.1, p.4-9). Tudo isso, é claro, não basta para estabelecer um sistema econômico capitalista. Este só existe quando numerosas empresas desse tipo produzem bens de massa para mercados ampliados – bens que servem para satisfazer necessidades do dia a dia – e quando esse é o modo dominante de satisfação de carências. Sabe-se que o modo racional-capitalista de satisfação de carências nunca existe com exclusão de todos os outros modos. No entanto, só podemos falar de uma época capitalista "se a satisfação das carências for principalmente capitalista; se desconsiderarmos esse tipo de organização, a satisfação de carências como tal viria abaixo" (id., 1923, p.239).

Isso torna claras duas coisas. Primeiro, podem existir empresas racionais orientadas para o lucro em mercados ampliados sem o predomínio da satisfação capitalista de carências. Nesse caso, esse modo compete com outros, como lojas de artesanato ou herdades, e está em constante perigo de "morte por sufocamento", se o mercado encolher. Segundo, há pressupostos ligados às atitudes, assim como à política e ao direito, para esse modo de satisfação capitalista das carências que *não* são necessários para outros modos de satisfação capitalista de carências, como comércio, coleta particular de impostos, locação e venda de serviços, plantações e empresas coloniais, fornecimento do Estado e financiamento de guerras. Sob certas circunstâncias, tais modelos podem florescer com atitudes e éticas econômicas tradicionais (id., 1978b, p.240, 1972, p.139).[34] Para Weber, esse tipo de capitalismo de orientação definitivamente política existiu em todo o mundo. O interessante não são os seus pré-requisitos históricos, mas sim os do capitalismo racional como sistema econômico.

Essas precondições históricas já foram integralmente descritas por Weber em sua "Última palavra anticrítica" de setembro de 1910. Isso pode ser visto comparando-a com suas formulações posteriores, como a da *História econômica geral*, que de qualquer modo, dado seu estatuto textual complicado, sempre deve ser tomada *cum grano salis*. Todavia, a formulação relatada nesse contexto é semelhante demais a outras para ser uma distorção da concepção de Weber. É de especial interesse, porque nesse sentido o passo antes mencionado leva, pelo menos implicitamente, de um tratamento puramente tipológico a outro mais genético dos fenômenos culturais distintamente ocidentais. Weber primeiro descreve o caráter distinto do capitalismo ocidental em termos semelhantes aos já mencionados; em seguida, "explica" por que ele surgiu só no Ocidente. Para isso, ele nomeia "certas características de seu desenvolvimento cultural geral":

> Só o Ocidente conhece o *Estado no sentido moderno*, com uma constituição (*gesatzter Verfassung*), uma burocracia especializada e o conceito de cidadania. Os primórdios dessa instituição na Antiguidade e no Oriente nunca conseguiram desenvolver-se plenamente. Somente o Ocidente conhece o *direito racional*, feito por juristas e interpretado e aplicado racionalmente, e só no Ocidente se encontra o conceito de *cidadão* (*civis Romanus, citoyen, bourgeois*), porque apenas no Ocidente existe a *cidade* no sentido específico da palavra. Além disso, somente o Ocidente possui *ciência no sentido presente da palavra*. A teologia, a filosofia e a reflexão sobre os problemas últimos da vida eram conhecidas pelos chineses e pelos hindus, talvez até em uma profundidade não alcançada pelo europeu; mas uma ciência racional e uma *tecnologia racional* a ela ligada são coisas que permaneceram desconhecidas dessas civilizações. Por fim, a civilização ocidental distingue-se também de todas as outras pela

---

34 Nesse caso, há semelhanças com Marx. Sob essas condições, a categoria de capital aquisitivo ou orientado para o lucro (*Erwerbskapital*) leva, por assim dizer, a uma "existência antediluviana". Isso, é claro, não significa que a explicação de Weber para o surgimento do capitalismo moderno seja idêntica à explicação da acumulação primitiva de Marx.

presença de homens com um *éthos racional na conduta da vida*. A mágica e a religião são encontradas em toda parte; mas uma base religiosa de conduta que, quando seguida com coerência, teria de levar a uma forma específica de racionalismo é, mais uma vez, específica apenas da civilização ocidental. (Id., 1961, p.232-3, 1923, p.270)

Estado, cidade, direito, ciência e conduta metódica fornecem tanto os termos essenciais como os "pontos de comparação" para a "ética econômica". Depende desses fenômenos culturais se os desenvolvimentos no sentido do capitalismo racional – cujos primórdios existem, de fato, em todas as civilizações – encontram ou não resistência.[35] As estruturas de dominação política e de direito são decisivas para a extensão da resistência externa, ao passo que as concepções de fundamento religioso do dever e os modos de conduta a elas associados são decisivos para a extensão da resistência interna. Como no caso dos outros estudos, o ensaio de Weber acerca do islã se teria concentrado principalmente nos modos de conduta.

De fato, as observações dispersas de Weber acerca do islã podem ser organizadas ao redor destes pontos de comparação: o tipo de ética religiosa – senhorio do mundo como conquista deste e adaptação a ele; o tipo de dominação política – feudalismo oriental, baseado em prebendas; o tipo de cidade – anarquia urbana oriental; o tipo de direito – justiça *kadi* teocrática e patrimonial; e a inter-relação dessas ordens e poderes (seu modo de "integração") – "centralismo". A ciência é o único termo fundamental sobre o qual nada pode ser encontrado nessas observações. Nos outros estudos, também ele é deixado muito de lado, assim como a arte. A negligência, porém, decerto não é uma inadvertência, mas está ligada ao objetivo limitado dos estudos. É claro que isso é uma falha, se adotarmos a abordagem teórica do próprio Weber tal como apresentada nas "Reflexões intermediárias", que distingue as esferas religiosa, econômica, política, estética, erótica e intelectual; ou tal como apresentada na "Introdução do autor" aos "Ensaios reunidos sobre a sociologia da religião", que enumera os distintos fenômenos culturais ocidentais segundo esferas; ou mesmo tal como aparece nas citações anterior-

---

35 Vide Weber (1958b, p.26-7, 1921, v.1, p.12), em que o foco se concentra, sobretudo, nas resistências íntimas, nas obstruções íntimas. Em *Economia e sociedade*, porém, constantemente é dada atenção também a fontes de resistência externa, sobretudo aquelas que uma "estrutura" oferece à outra. Vide, por exemplo, os pontos que definem a interação entre dominação política e economia na versão mais recente da sociologia da dominação.

mente mencionadas da "Última palavra anticrítica" ou da *História econômica geral*. De acordo com essa abordagem teórica, o desenvolvimento da ciência, em especial, faz parte dos fatores constitutivos de todos e de cada um dos desenvolvimentos culturais.

A ética religiosa: senhorio do mundo entre conquista do mundo e adaptação ao mundo

Um dos lados da cadeia causal do desenvolvimento no sentido do capitalismo racional diz respeito à relação entre as éticas religiosas e a conduta, algo que intrigara Weber no mais tardar desde a virada para o século XX e, a partir de então, não perdera intensidade. Ele perseguira esse interesse no contexto comparativo de *A Ética protestante e o espírito do capitalismo* (1904-1905), embora reconhecidamente o limitasse aos movimentos cristãos pré e pós-Reforma. Nesse caso, Weber estabeleceu que a relação entre a ética religiosa e a conduta é, antes de tudo, uma relação interna. Ainda que esta possa ser favorecida, desviada ou obstruída por seus aspectos externos, ela deve ser analisada independentemente destes últimos.[36] A "capacidade e disposição dos homens de adotar certos tipos de *conduta* prática racional" – essa é a tese de Weber – também depende da crença no estatuto exemplar dos deveres formulados em termos religioso-éticos (id., 1958b, p.26, 1921, v.1, p.2). De qualquer forma, isso vale para uma "era pré-capitalista" em que a religião ainda era uma força viva.[37] Mas a orientação para os valores, sobretudo para os éticos, deve ser considerada uma característica geral dos seres humanos. A pessoa age não só segundo propósitos, mas também segundo valores. Enquanto o propósito é a concepção de sucesso que se torna causa

---

36 Ainda não há análise dos diferentes tipos de organização eclesial em *A ética protestante e o espírito do capitalismo*. Os ensaios sobre as seitas, datados de 1906, representam um primeiro passo nessa direção. É sabido que Weber os reviu e ampliou para o volume 1 dos "Ensaios reunidos sobre a sociologia da religião"; ele os vinculou à *A ética protestante e o espírito do capitalismo* (então também revisado), inserindo um trecho ("Onde, apesar de uma base doutrinal diferente, apareceram características ascéticas semelhantes, isso em geral foi o resultado da organização da Igreja. Sobre isso voltaremos a falar em outra ocasião" [id., 1958b, p.128, 1921, v.1, p.128]. Essa asserção é seguida pela referência ao ensaios sobre as seitas). Assim, a relação entre o interno e o externo – relação, aliás, que a meu ver tem um pano de fundo kantiano – foi pela primeira vez analisada em termos de seu campo de aplicação. A respeito da relação entre motivo e instituição, vide instrutivas observações em Weber (1973, p.188-9).

37 O conceito "pré-capitalista" é usado, sobretudo, na *História econômica geral*.

Paradoxos da modernidade

de uma ação, o valor é a concepção de validade que se torna causa.[38] Sabe-se que a ação humana é, sem dúvida, determinada em ampla medida por motivos utilitários e amparada por doutrinas prudenciais. Porém, os seres humanos são também seres morais, e, portanto, capazes de completarem a virada axiológica.[39]

Essa foi a proeza educacional das grandes religiões: terem operado – com graus diversos de radicalidade – essa virada axiológica em seus respectivos adeptos. Isso, por exemplo, as distingue da mágica em todas as suas expressões. A virada axiológica, é claro, pode não só variar em grau de radicalidade, pode também diferir quanto à *direção*. Esta decide que atitude ante o mundo a religião apoia. Em um contexto diferente, mostrei como a sociologia comparativa da religião de Weber leva a uma tipologia das atitudes ante o mundo motivadas pela religião e aos modos associados de conduta (Schluchter, op. cit., cap.4.1). O seu estudo do islã também se teria concentrado nessa linha de pensamento.

---

38 Weber dá a seguinte definição, no ensaio sobre a "Objetividade": "para nossos propósitos, um fim é a concepção de um *sucesso* que se torna *causa* de uma ação" (vide Weber, ibid., p.183). Essa é uma definição de espírito completamente kantiano. Weber também distingue entre regras teleológicas e regras normativas (*Zweck-Maxime* e *Norm-Maxime*) em sua crítica a Stammler, isto é, naquele texto do início do desenvolvimento de sua teoria da ação. Com isso ele estabelece os fundamentos, bem no sentido de uma historicização de Kant, para a distinção posterior entre racionalização relativa a meios e fins (instrumental) e racionalização segundo valores. Para uma elaboração, vide o Capítulo 2 deste volume. A significação desse pano de fundo kantiano que permite a Weber superar o utilitarismo da teoria econômica é, a meu ver, mal avaliada tanto por Jürgen Habermas como por Gregor Schöllgen. Afirmam eles que Weber, em sua teoria da ação, priorizaria a orientação instrumental (ou relacionada ao sucesso) e o trabalho, respectivamente, e o acusam de subsumir a orientação para alcançar a compreensão sob a orientação para o sucesso e a práxis, sob a produção. Isso seria verdade se Weber tivesse permanecido nos limites da teoria econômica da ação. Contudo, na transição para a segunda fase de sua obra, no mais tardar, ele ultrapassou esses limites. *A ética protestante e o espírito do capitalismo*, em especial, demonstra, pelo exemplo de uma análise histórica, as consequências que essa "ruptura" traz para a estratégia de pesquisa. Ela representa uma longa defesa a favor do reconhecimento de que a origem das atitudes, mesmo das econômicas, não pode ser adequadamente entendida em termos de uma teoria utilitária da ação. Para uma crítica do conceito weberiano de ação, supostamente estreito demais, vide Habermas (1984, sobretudo cap.3), "Reflexões intermediárias" e Schöllgen (1985, por exemplo, p.41, 108 et seq.). Sobre os primórdios da teoria não utilitarista da ação de Weber, vide Weber (1977, p.105-15, sobretudo p.112-5, 1973, p.328-37, sobretudo p.334-7).

39 Acerca desse conceito, intimamente relacionado com o conceito de personalidade de Weber, vide o Capítulo 2 deste volume e Schluchter (op. cit., cap.8).

Para entender o islã com a maior precisão possível e "trazer à luz [...] os pontos de comparação com as nossas religiões ocidentais da melhor forma possível" (Weber, 1959b, p.30, 1921, v.1, p.15), é razoável começar com o cristianismo e seu representante mais importante no que se refere à questão central de Weber, o calvinismo. É notório que Weber também considerava o seu estudo histórico sobre o protestantismo ascético, que logo se tornou famoso, como uma contribuição "à compreensão da maneira geral como as ideias se tornam forças efetivas na história" (id., 1958a, p.90, 1921, v.1, p.82). Por causa disso, ele justificou a sua publicação no *Archiv*, que "em geral *não* [se envolve] em matérias puramente históricas" (*Archiv*, v.20, p.53, 1905). Curiosamente, Weber distancia-se de modo explícito, nesse contexto, de duas abordagens explicativas, uma que atribui a criação das ideias exclusivamente a situações econômicas e outra que atribui o desenvolvimento de ideias criadas exclusivamente a forças inatas. Para que uma ideia, como o dever profissional, constitutivo do "espírito" do capitalismo racional, seja escolhida e possa funcionar como uma superestrutura, porém, "tinha de se originar em algum lugar, e não em indivíduos isolados, mas como um modo de encarar as coisas [que é] comum a *grupos* inteiros" (Weber, 1958b, p.55, 1921, v.1, p.37); para que ela se tornasse uma força histórica efetiva, teve de "abrir pela luta o seu caminho para a supremacia, contra todo um mundo de forças hostis", um combate que de modo algum termina sempre com a sobrevivência do "melhor" (id., 1958b, p.56, 1921, v.1, p.38).[40] Aqui fica patente a dupla significação do conceito weberiano, posteriormente usado com frequência, de autonomia (*Eigengesetzlichkeit*): as ideias e as visões do mundo (*Welbilder*) nem sempre se originam como funções ou resultados de constelações de interesses materiais, e em certas circunstâncias sobrevivem pela luta, mesmo quando tenham se tornado "disfuncionais". O inimigo, porém, contra o qual foi criado o espírito do capitalismo racional e que ele teve de superar era o espírito do tradicionalismo. Para expulsar este último, era necessária uma verdadeira "força revolucionária" interna (id., 1958b, p.196, 1921, v.1, p.40, nota).[41] A tese de Weber era de que tal força revolucionária não poderia ter sido alcançada por uma doutrina prudencial (*Klugheitslehre*), por mais elaborada que fosse. Ela exigia uma ética *religiosa* e um grupo de

---

40 Isso era algo que Weber já procurara mostrar em seu estudo dos trabalhadores agrícolas do leste do Rio Elba.

41 Inserido em 1920, para esclarecer a posição original de Weber ante as objeções de Sombart e de Brentano.

indivíduos com interesse *acentuado* na salvação para os quais tal ética oferecesse um fundamento doutrinal convincente.

As ideias devem abrir caminho entre as mentes e os corações dos atores. Para se entender como esse processo funciona, é preciso manter separadas duas relações diferentes: a apropriação subjetiva dessas ideias pode ser fraca ou forte, passiva ou ativa; e as ideias nem sempre se casam com os interesses, mas podem provocar "emaranhados práticos de interesses" (id., 1958b, p.232 nota 66, 1921, v.1, p.111 nota).[42] Quanto mais ativa a apropriação e maior a discrepância entre ideias e interesses, maiores as tensões psicológicas práticas provocadas pelas ideias. Quanto maiores as tensões, maior a tendência de que sejam provocados esses emaranhados práticos ou conflitos de interesses, depois dos quais fica alterado o significado da apropriação subjetiva. É por essa razão que Weber sempre frisou que devemos distinguir estritamente entre os efeitos dogmáticos e os pragmático-psicológicos de uma dada ética quando começamos a estudar a relação entre ética e conduta. As consequências lógicas e pragmático-psicológicas que se seguem da base doutrinal de uma dada ética não precisam apontar na mesma direção, porque, via de regra, são duas coisas diferentes. Isso foi às vezes interpretado como se a substância da justificação doutrinal, a doutrina em si, fosse irrelevante, o que não é verdade. Se dois processos não são idênticos, isso não significa que não estejam relacionados um com o outro.

Apesar da distinção, fundamental para toda essa abordagem, entre as consequências lógicas e as pragmático-psicológicas que decorrem da base doutrinal de uma dada ética, Weber ressaltou o seguinte ponto no contexto de uma crítica instrutiva a William James: a abordagem pragmática de James não conseguiu apreender a significação da substância do pensamento em si mesma, que "captura e molda a experiência imediata da religião à sua maneira" (id., 1958b, p.233 nota 66, 1921, v.1, p.111 nota 4).[43] Todo aquele que, por princípio, classifica as ideias de acordo com a maneira como são postas em prática na vida procede definitivamente de forma reducionista. Não pode oferecer nenhuma explicação para a razão do surgimento de conflitos de interesses. Eles podem, na realidade, significar duas coisas diferentes: que os interesses religiosos "capturam" ideias religiosas para seus próprios fins (em vez de vice-versa) ou que os interesses religiosos são capturados por outros

---

42 Inserido em 1920. Weber evidentemente desenvolveu esse conceito em analogia com o de "conflito de problemas" (*Problemverschlingung*) que aparecia nos textos neokantianos.

43 Nessa passagem, os pontos decisivos não mudaram em relação à versão anterior do texto.

Obstáculos à modernidade: Max Weber acerca do islã

interesses – sendo os relacionados à salvação postos a serviço do prestígio social, do poder político ou da riqueza material.

Para Weber, a doutrina da eleição pela graça pertence aos fundamentos do calvinismo. Não é o único dogma, nem sequer o mais importante, mas aquele que – quando apropriado de maneira ativa – mais acentua as tensões psicológicas que decorrem do calvinismo. Se uma pessoa motivada pela religião crer incondicionalmente nesse dogma, e só nele, essa pessoa seria levada ao fatalismo. O efeito pragmático-psicológico do calvinismo, porém, era exatamente o oposto, a saber, uma atividade incessante. Uma das razões disso é que a noção de predestinação não está isolada. Ao contrário, está vinculada à noção de provar-se a si mesmo, de fé justificante, de acordo com a qual os crentes têm de se provar a si mesmos e às suas ações ante Deus, aderindo a Seus mandamentos. Essa ideia é mais importante do que a doutrina da eleição pela graça (id., 1958b, p.125-6, 1921, v.1, p.124-5). Em vez de arrefecer essa tensão, porém, essa combinação a exacerba, pois impede o crente de seguir duas trilhas já batidas e naturais para a salvação. Tal combinação nega tanto a solução mística, a unificação com Deus, quanto a solução "tradicional", isto é, o cumprimento do dever na expectativa da reciprocidade. Os princípios mesmos dessa doutrina impedem que as boas obras sejam a fonte da salvação. Tais obras devem ser feitas apenas por si mesmas, ou melhor, só para glória de Deus, sendo essa a finalidade do mundo. Além disso, tais obras não "contam" por si mesmas, mas só como parte do modo geral como conduzimos nossas vidas. "O Deus do calvinismo exigia de seus crentes não boas obras isoladas, mas uma série de boas obras transformadas em um *sistema* de vida." (id., 1958b, p.177, 1921, v.1, p.114) Além disso, exigia a transformação contínua e persistente de todo o ser, uma maneira metodológica geral de conduzir a vida, de dentro para fora, confiante e autodisciplinada.

Todavia, por mais que a ideia de provação forneça instrução prática, lançando as bases para a atividade, ela é constantemente frustrada, em termos psicológicos, pela doutrina da eleição pela graça, com sua imutável e incognoscível sabedoria de Deus. Essa instabilidade fornece a segunda razão pela qual o calvinismo impele seus seguidores no sentido da atividade incessante. A teoria da predestinação produz em cada crente uma insegurança enorme acerca do destino de sua salvação, e causa medo. A necessidade lógica do dogmático contrapõe-se dura e irreconciliavelmente com a necessidade de segurança do crente apreensivo. Isso teria por fim provocado uma inibição da ação, o fatalismo, se tal necessidade de segurança, da *certitudo salutis*, não fosse de algum modo satisfeita. Assim, justamente nesse ponto, surge um

Paradoxos da modernidade

conflito prático de interesses. O interesse na certeza da salvação captura, por assim dizer, o dogma. Além de seu significado manifesto, é atribuído à ideia de provação um sentido latente. Embora a ideia seja, assim, deixada em seu quadro dogmático, ela é, na realidade, parcialmente reinterpretada. As boas obras praticadas pelo indivíduo, com as quais ele aumenta a glória de Deus, e não a sua própria, devem continuar a ter sua validade, não só como desejadas por Deus, mas definitivamente efetuadas por Ele. No entanto, elas são simultaneamente reinterpretadas como sinais de eleição.

Weber vale-se de certo tipo de literatura teológica que poderia ser chamada "literatura de respostas"[44] como prova de que esse conflito prático de interesses de fato existiu e teve repercussões dogmáticas. Reproduzindo as respostas teológicas decisivas à necessidade de certeza da salvação do fiel, essas fontes oferecem uma impressionante visão do "processo de adaptação mútua" entre as ideias e os interesses. Sua escolha como objeto de análise também nos permite, portanto, acompanhar o curso pelo qual as ideias abrem caminho até a vida. É decisiva para Weber a qualidade mútua e recíproca desse processo de alinhamento. As ideias e os interesses tendem a influir uns nos outros. Não se sustenta nem um reducionismo das ideias, nem um dos interesses. É esse o sentido exato da famosa formulação posterior, segundo a qual os interesses materiais e ideais determinam diretamente a ação do homem, mas visões do mundo definidas ideacionalmente, como o manobreiro ferroviário, muitas vezes determinam por quais trilhos "a ação é arrastada pela dinâmica do interesse" (id., 1958a, p.280, 1921, v.1, p.252). Sem a combinação das ideias de predestinação e de provação e sem a conservação do núcleo dogmático dessa combinação mesmo depois de sua reinterpretação, teria sido provável uma "queda em uma doutrina puramente utilitária das boas obras com uma orientação exclusivamente intramundana" (id., 1958b, p.125-6, 1921, v.1, p.125). Sem essa combinação faltaria, em boa medida, a tensão produzida pelo vínculo com o destino último, uma tensão que foi a ocasião da "maior concentração sistemática da ética de convicção possível e imaginável" (id., 1978b, p.575, 1972, p.348). Porque a reinterpretação não

---

44 Sobre isso, vide Weber (1978d, p.317). Tal fato tem consequências interessantes para a escolha de fontes. Primeiro, precisamos de fontes que tornem visíveis os fundamentos dogmáticos. Em seguida, precisamos de fontes que lancem certa luz sobre os problemas psíquicos do fiel. Somente em *A ética protestante e o espírito do capitalismo* Weber usa os dois tipos de fonte. Em contrapartida, em seus estudos sobre as outras religiões culturais, ele se contenta muito com a demonstração de seus fundamentos dogmáticos.

suprime os fundamentos dogmáticos originais, porque o bom êxito na ação como sinal de eleição é o meio "não de adquirir a salvação, mas de se livrar do temor da danação" (id., 1958a, p.115, 1921, v.1, p.110),[45] isso resulta na cristianização geral de toda a vida, produzindo santos certos de si mesmos sob a forma dos "mercadores puritanos de aço dessa era heroica do capitalismo" (id., 1958a, p.112, 1921, v.1, p.105). Esses eram homens para os quais o importante era a salvação além deste mundo, e não a prosperidade neste mundo.

O fato de que a ideia de se provar ante Deus para Sua maior glória se tenha concretizado como a "ideia de provar-se metodicamente pela vocação na vida econômica" (id., 1978b, p.575, 1972, p.348) também tem razões dogmáticas. Segundo a doutrina calvinista, o campo de prova é, estritamente falando, o mundo inteiro criado por Deus. Isso se deve, segundo Weber, à concepção impessoal objetiva da ideia de amor ao próximo, de tal forma que o cumprimento das "tarefas vocacionais resultantes da *lex naturae* [lei de natureza]" pode ser decisivo para a ação desejada por Deus e agradável aos Seus olhos (id., 1958a, p.108-9, 1921, v.1, p.101). Sabe-se que tal concretização do dever religioso como dever vocacional está de acordo com os interesses não religiosos ideais e materiais de um estrato burguês em ascensão. Além disso, o vínculo desses interesses não religiosos com os religiosos e a visão de mundo que serve para interpretar estes últimos são importantes para a correta compreensão sociológica do processo de disseminação, pela qual a ideia de dever vocacional se prova a si mesma em sua luta com outras ideias. No entanto, essa ligação não é primária e tampouco decisiva para a compreensão da relação interior ou intrínseca entre a ética religiosa e o modo de conduta. Os interesses em si mesmos são muitas vezes cegos, e os interesses não religiosos nas eras pré-capitalistas não produzem nenhuma força que transforme a vida a partir de dentro.

Assim, mostra Weber, com relação ao calvinismo, os fatores que desempenham um papel decisivo na relação entre a ética religiosa e a conduta: os fundamentos religiosos ou a substância das ideias, por um lado, e a necessidade de coerência no dogma e a de segurança quanto à própria salvação, por outro. Esta última também pode ser chamada de necessidade de legitimação religiosa. Weber a vincula à necessidade não religiosa de legitimação, interligada, mas não idêntica, à necessidade religiosa; essa necessidade não religiosa

---

45 Inserido em 1920.

está relacionada com a justificação da distribuição dos bens do mundo, como o poder, o prestígio social e a riqueza.[46]

Contra o pano de fundo dessa análise e a tese da diferença possível entre os efeitos lógicos e pragmático-psicológicos dos fundamentos religiosos, surgem dois interessantes padrões. Por um lado, podem ocorrer efeitos psicológicos inteiramente semelhantes com base em fundamentos religiosos diferentes e, por outro, os efeitos psicológicos podem ser diferentes, com fundamentos religiosos semelhantes. O primeiro caso é exemplificado pelos batistas; o segundo, pela ética religiosa islâmica. A ética religiosa dos batistas – mesmo sem uma doutrina da predestinação – teve consequências psicológicas semelhantes às do calvinismo, ao passo que o islamismo, embora possuísse tal doutrina, produziu efeitos psicológicos contrastantes com os do calvinismo.[47]

Para não interpretarmos mal desde o começo essa primeira tese principal da análise do islamismo feita por Weber, cumpre ressaltar exatamente sob que aspecto os fundamentos religiosos do calvinismo e do islamismo não são essencialmente diferentes, a saber, na maneira como é mantido o caráter incondicionalmente transcendente (*Überweltlichkeit*) do Deus *uno e único* da criação (id., 1978b, p.572, 1972, p.346). Em contraposição não só a todas as religiões asiáticas, mas também a todas as religiões da Antiguidade, com exceção do judaísmo, Deus é aqui "dotado [dos caracteres] de imutabilidade, onipotência e onisciência absolutas – isto é, de um caráter absolutamente transcendental" (id., 1978b, p.518, 1972, p.314). Ele é "um Deus transcendental unitário que é universal", cujos poderes são imensos (id., 1978b, p.518, 1972, p.315). Isso torna irredutível a disparidade entre Deus e os humanos. No que se refere à questão da salvação individual, tal concepção de Deus limita a significação de todos os mediadores, de natureza quer pessoal, quer institucional. Maomé é um profeta, o *último* profeta, por meio dos qual Deus, Alá, proclama a sua vontade ao homem para os últimos tempos. Ele é "um instrumento para a

---

46 Acerca desses interesses, vide Weber (1923, p.16), em que ele distingue entre interesses econômicos, mágicos e religiosos, políticos e de grupos de *status*. Eles podem ser desenvolvidos a partir da combinação de interesses materiais e ideais com interesses vindos de dentro e aqueles vindos de fora. Essa combinação, aliás, também produz as áreas mais importantes da cultura: a ordem econômica, a ordem religiosa, a ordem político-legal e a ordem social. Vide minha tentativa de sistematização em Schluchter (1981, p.34-5), que hoje eu conceberia de modo um tanto diferente. Já se encontram modificações em Schluchter (1989, cap.2), versão revista de Schluchter (1988d, cap.2).

47 Isso também serve para mostrar quão pouco razoável é vincular a chamada tese sobre o protestantismo exclusivamente à teoria da predestinação, como faz Collins, por exemplo.

proclamação, que, baseado na missão a ele confiada, exige obediência como um dever ético"; em suma, ele é o protótipo do profeta ético.

Maomé não é, porém, nem o filho de Deus, nem alguém que morre em sacrifício para a salvação da humanidade sobre a qual pesa o pecado original (id., 1978b, p.447, 1972, p.273).[48] Assim, a ideia da Igreja como instituição de graça sacramental que administra a salvação sempre permaneceu completamente estranha ao islã. Tal ideia é uma criação da cristandade da Antiguidade tardia e da Idade Média. O calvinismo também limita a significação salvífica de todos os mediadores: Jesus morreu apenas pelos eleitos, e a ideia de salvação via sacramento eclesiástico cai sob a suspeita de magia (Weber, 1958a, p.104-5, 1921, v.1, p.94). Na verdade, a concepção de Deus e a ideia de predestinação estão muito intimamente ligadas. Quanto mais radicalmente for concebida a transcendência de Deus, mais o destino salvífico do indivíduo tende a parecer predestinado; quanto mais coerentemente os fiéis seguirem a ideia de predestinação, maiores as tensões entre Deus e o homem. Tendo em vista o judaísmo antigo, o islamismo primitivo e o primeiro calvinismo, Weber descreveu essa relação geral da seguinte maneira:

> A crença na providência é a racionalização coerente da adivinhação mágica, com que está relacionada, e que por essa mesma razão tenta desvalorizar o mais completamente possível, por princípio. Nenhuma outra visão da relação religiosa poderia ser tão radicalmente oposta a toda magia, tanto na teoria como na prática, como essa crença na providência que foi dominante nas grandes religiões teístas da Ásia Menor e do Ocidente. Nenhuma outra afirma tão enfaticamente a natureza do divino como atividade essencialmente dinâmica, manifesta no governo pessoal e providencial de Deus sobre o mundo. Além disso, não há outra visão da relação religiosa com ideias tão firmes acerca da graça discricional e da necessidade que a criatura humana dela tem, acerca da tremenda distância entre Deus e todas as suas criaturas e, por conseguinte, acerca do caráter repreensível de toda deificação das "coisas da carne" como sacrilégio contra o Deus soberano. Por isso mesmo, tal religião não oferece solução racional para o problema da teodiceia, ela

---

48 Em outro contexto, sugeri classificar Maomé mais como um salvador ético do que como profeta ético, o que se afasta da classificação do próprio Weber (vide Schluchter, 1989, cap.4.2). A justificação de minha abordagem era que o islamismo, como o cristianismo, fora originalmente um movimento de carisma pessoal, o que é ainda mais fortalecido no islã em razão de seu caráter político. Mais sobre isso a seguir.

Paradoxos da modernidade

esconde a maior tensão entre o mundo e Deus, entre o realmente existente e o ideal. (Id., 1978b, p.523, 1972, p.317)

Como no calvinismo, também no islamismo o Velho Testamento e os temas judeu-cristãos continuam a desempenhar um papel importante, sobretudo na concepção de um deus (id., 1978b, p.623-4, 1972, p.375). Como no calvinismo, a crença na providência talvez no início oferecesse uma solução racional para o problema teórico, mas não para o problema prático da teodiceia. Como vimos, no calvinismo isso era possível por meio da ideia de provação e sua dupla interpretação. Como foi o processo de "adaptação" mútua no islã primitivo?

Para determinar a resposta de Weber a essa pergunta, deve-se correr o risco da conjectura. No entanto, Weber forneceu, sim, indicações da direção em que se deve buscar a resposta. Na versão de 1920 de *A ética protestante e o espírito do capitalismo*, encontram-se dois trechos que se referem positivamente à dissertação de teologia de F. Ulrich em Heidelberg. Ademais, na sociologia sistemática da religião, é feita uma breve comparação entre a predestinação calvinista e a islâmica e entre suas respectivas consequências (Ulrich, 1912).[49] Essas indicações proporcionam, sim, uma orientação, oferecendo, uma vez elaboradas, um retrato relativamente claro.

Comecemos com a dissertação de Ulrich. Ele começa estabelecendo duas distinções: entre destinação e predestinação e entre determinação e predeterminação. Qual desses conceitos é usado para descrever os fundamentos religiosos de crença depende se predominam a onipotência e o domínio absoluto (*Allwirksamkeit*; determinação) ou a absoluta bondade e misericórdia (destinação) e se os atos de vontade de Deus são consignados para os tempos primevos ou pré-históricos (representando a predeterminação e a predestinação, respectivamente, em cada uma das duas alternativas). O conceito de Deus no islamismo e no calvinismo vem de fontes semelhantes: em ambos os casos a ênfase tende a cair mais sobre o Deus do Velho Testamento do que no do Novo Testamento. Na tradição cristã, porém, o Deus do Novo Testamento, da redenção e da misericórdia não é totalmente sacrificado ao Deus do Velho Testamento, o Deus onipotente. Isso vale até para o calvinismo,

---

49 Referenciado em Weber (1958b, p.227 nota 36, p.240 nota 106, 1921, v.1, p.102 nota 2, p.128 nota 1) em trechos inseridos em 1920. Não é claro se Weber já tinha familiaridade com a dissertação ao escrever a primeira versão de *Economia e sociedade*. A argumentação ali presente (Weber, 1978b, p.572-76, 1972, p.346-8), de qualquer forma, não exclui essa possibilidade. A respeito da concepção de predestinação no islamismo, vide também Peters (1987).

Obstáculos à modernidade: Max Weber acerca do islã

cujo conceito de Deus é talvez o mais próximo, dentre todas as religiões da tradição cristã, daquele do judaísmo antigo e do islamismo. Weber também já observara a tensão na concepção calvinista de Deus na primeira versão de *A ética protestante e o espírito do calvinismo*. Ele reconhecia um Deus duplo, "o Pai afável e gentil do Novo Testamento [...] e por trás dele o *Deus absconditus* (o Deus oculto) como um déspota arbitrário" do Velho Testamento (Weber, 1958b, p.221 nota 12, 1921, v.2, p.92 nota 1).

Não há tal tensão no islamismo. A característica mais notável de Deus é aqui a Sua onipotência e, vinculada a ela, a Sua benevolência e concessão de favor, mas não Sua oferta de uma "graça que perdoa os pecados" (Ulrich, op. cit., p.57). Todo esse reino de pensamento – que abrange ideias como a de pecado original, a vida como um todo assediada pela culpa, a incapacidade de ser bom e a graça salvífica – permaneceu periférico no islamismo. Ocupam o primeiro plano dessa religião interpretações metafísicas, cosmológicas e teleológicas da efetividade de Deus, e não interpretações éticas ou soteriológicas. Nessa visão de mundo, em geral é dada prioridade aos componentes cognitivos sobre os avaliativos. A relação entre fé e razão é muito menos problemática no islamismo do que no cristianismo. É sabido que o primeiro reconhece a relação ética entre Deus e o homem, assim como o pecado e o juízo final. Mas o pecado não é o pecado original e o juízo final não é o lugar de uma graça que perdoa pecados. Ninguém é incapaz de ser bom, e o juízo final funciona, em certo sentido, de acordo com os princípios da contabilidade. A relação ética, semelhante à do judaísmo, tem uma orientação legal-moral, em que as obras são definitivamente concebidas como a base da salvação. É claro, se a pessoa é ou não salva é algo determinado por Deus – "*Deus guia quem quiser*", como diz uma surata –, mas ele guia aqueles "que se mostram abertos às suas revelações e as adota na fé" (ibid., p.67-8). Os que não fazem isso, que não se arrependem e permanecem indiferentes, adquirem uma culpa pela qual terão de responder. Errar é o resultado de nossa própria atividade, e Deus pune essa culpa. Mas Ele não pune sem avisar. Conceitos como erro e ofensa, castigo justo e obediência com base no entendimento – não os de pecado (original), graça salvífica e amor – são o foco do pensamento. Foi certamente com esses fatos em mente que Weber escreveu que

o conceito ético de salvação é realmente alheio ao islamismo. Seu Deus tem poder ilimitado, mas também misericórdia, e o cumprimento de seus mandamentos por certo não vai além dos poderes do homem (Weber, 1978b, p.623-4, 1972, p.375).

Paradoxos da modernidade

Assim, o Deus do islamismo é acima de tudo um Deus de poder absoluto, ao passo que o Deus do cristianismo é acima de tudo um Deus de benevolência e misericórdia absolutas. Essas ênfases diferentes afetam a crença na providência. No islamismo, onde ela é um dos dogmas mais importantes, segundo Ulrich (op. cit., p.14), essa crença ganha um caráter cosmológico e teleológico, mais do que soteriológico; tende mais para a predeterminação do que para uma doutrina da predestinação. Mas, o que é mais importante, nem na suna nem no Corão a doutrina é desenvolvida coerente e conclusivamente. Em vez disso, aparecem duas linhas de pensamento com pouca ligação entre si: por um lado, o poder absoluto de Deus, que também pode produzir o mal; e, por outro, a autodeterminação e a responsabilidade do homem quanto à sua própria salvação. O desenvolvimento teórico jamais alcança o caráter conclusivo e coerente do calvinismo. Weber vê a coisa de modo semelhante, ao escrever:

> a predestinação islâmica nada sabia do "duplo decreto"; não ousou atribuir a Alá a predestinação de algumas pessoas ao inferno, mas só atribuía a Ele a retirada de Sua graça de algumas pessoas, crença essa que admitia a inadequação do homem e, portanto, Sua inevitável transgressão. (Weber, 1978b, p.574, 1972, p.347)

Assim, no islamismo, comparado ao calvinismo, a crença na providência não só tem um viés determinista, mas também jamais alcança a mesma coerência racional do segundo. Além disso, tal crença não está ligada à ideia de prova. A relação do homem com Deus é de súdito com senhor, de submissão e de adoração em uma posição subordinada. Ela dá esteio à fé em Alá e nos profetas e à adesão obediente à lei divina, mas não ao estabelecimento da aprovação da nossa ética de convicção em termos de conduta geral como a "qualidade central e constante da personalidade" (id., 1978b, p.573, 1972, p.346). Os contrastes entre o zeloso cumprimento da lei e seu cumprimento por senso de dever, entre o cumprimento como o fundamento real (*Realgrund*) e como mera indicação (*Erkennthisgrund*) da graça revelam-se as mais importantes distinções tipológicas entre as éticas religiosas islâmica e calvinista. Elas estão arraigadas nos conteúdos respectivos de suas fés. Apesar do providencialismo islâmico, as crenças fundamentais não contribuem para o esteio religioso da chamada vocacional intramundana. Assim como no catolicismo ou luteranismo leigos, embora, é claro, por outras razões,[50] não surge no islamismo nenhuma sistematização da salvação pelas obras. Ao contrário, ele sofre, como os outros, a constante ameaça de cair em uma não sistemática e utilitária salvação pelas obras.

A questão poderia ter ficado por aqui. No entanto, a análise de Weber vai além de uma interpretação compatível com as observações comparativas de Ulrich (op. cit., p.126 et seq.). Weber está convencido de que a crença na providência também teve consequências *especiais* no islamismo – consequências que só podemos conceitualizar considerando as tensões precipitadas pela doutrina e pelas "soluções" práticas que elas provocam. A ideia de predestinação, como vimos, é na realidade uma ideia de predeterminação, e não está ligada a nenhuma ideia de provação. Isso sem dúvida enfraquece o caráter ético da doutrina e diminui a compulsão de sistematizar a vida, inerente ao calvinismo. No entanto, mesmo nessa forma mais fraca, ele é capaz de provocar "no combatente pela fé o completo esquecimento de si mesmo em sua lealdade ao mandamento religioso da guerra santa pela conquista do mundo" (Weber, 1978b, p.573, 1972, p.347). Por que isso?

Weber afirma o seguinte: no islamismo, a predestinação, ou melhor, a predeterminação relaciona-se definitivamente, acima de tudo, com a fé não no além-mundo, mas neste mundo:

> a concepção predominante era a de que a predestinação determinasse, não o destino do indivíduo no além-mundo, mas seu destino singular neste mundo, a questão, por exemplo (e acima de tudo), de se o guerreiro da fé cai ou não na batalha (id., 1978b, p.574, 1972, p.347).

Em contrapartida, a fé no além-mundo é garantida observando-se os cinco pilares da fé: crença em Alá e nos profetas, oração cinco vezes por dia, mês de jejum (ramadã), peregrinação a Meca e esmolas (*tauhid, salat, sawm, zakat* e *haj*). Em particular por causa da bastante desconexa justaposição de linhas de pensamento deterministas e não deterministas no Corão e na suna, mas também por causa da simplicidade, da parcimônia até, da primeira visão islâmica (Ulrich, op. cit., p.47),[51] os muçulmanos não se viam às voltas com o problema da certeza da salvação, da *certitudo salutis*, de maneira tão radical como os calvinistas. A crença na providência não produziu a mesma medida

---

50 Weber data isso da instituição da confissão no catolicismo leigo e da virada afetiva da religião no luteranismo.

51 Sobre os fundamentos da doutrina islâmica em geral, vide Tibi (1985, em especial cap.1, 2).

de incerteza e de medo. Sabe-se que o medo da morte está presente em ambos os casos; no entanto, em um deles é o medo da morte ante o além-mundo, ao passo que no outro é o medo da morte na batalha. Nesse contexto, a interpretação da providência de uma maneira determinista – em razão de seu caráter fatalista –, na realidade, impede, mais do que produz, o medo, pois dá ao guerreiro da fé a certeza de que só passará pelo que Alá predeterminou para ele. É justamente essa certeza sobre o próprio destino no além-mundo que transforma o medo da morte do fiel guerreiro islâmico em um espírito altivo, voltado para este mundo. É essa característica determinista básica do dogma que representa uma fonte de motivação para sua invencibilidade e dá a ele a disciplina militar para conquista do mundo (Weber, 1978b, p.573, 1972, p.347). Na versão posterior de *A ética protestante e o espírito do capitalismo*, Weber sintetiza essa primeira tese maior de maneira contundente. Descobre que no islamismo entram em vigor as consequências fatalistas da crença na providência, jamais completamente erradicadas também no calvinismo. Pergunta por que e então responde:

> Porque a ideia islâmica era de predeterminação, não de predestinação, e era aplicada ao destino neste mundo, não no outro. Por conseguinte, a coisa mais importante, a provação do crente na predestinação, não desempenha nenhum papel no islamismo. Assim, só podia resultar o destemor do guerreiro (como no caso da *moira* [destino pessoal]), mas não havia nenhuma consequência para a racionalização da vida, pois não havia recompensa religiosa para eles. (Id., 1958b, p.227 nota 36, 1921, v.2, p.102 nota 2)

Assim, vemos que no islamismo o interesse religioso "confisca" a doutrina religiosa de maneira a produzir consequências lógicas que a doutrina por si só não extrai. É uma espécie de "conflito prático de interesses" que dá a essas consequências um acento ativo e um passivo, por assim dizer. A doutrina de modo algum leva à renúncia à atividade. Ao contrário, o que ela faz é dar ao destemor na guerra um fundamento religioso. Inversamente, nas situações que envolvem o destino no dia a dia deste mundo e não circunstâncias extraordinárias, como a guerra, o "completo esquecimento de si" é reprimido em favor de uma não sistemática e utilitária salvação pelas obras ou mesmo em favor de "características ligeiramente fatalistas *(kismet)*" (id., 1978b, p.575, 1972, p.347). Aliás, essa é para Weber também a razão pela qual o islamismo (como a maioria das religiões), apesar de sua orientação fundamentalmente antimágica, não erradicou completamente a mágica na religiosidade das

Obstáculos à modernidade: Max Weber acerca do islã

massas.[52] Assim, Weber apresenta uma imagem dividida e cíclica dos efeitos psicológicos da doutrina islâmica. Em situações extraordinárias, tal doutrina serve para unificar e disciplinar, enquanto nas situações do dia a dia ela perde a sua influência na conduta (Weber, 1978b, p.575, 1972, p.347).

Encontravam-se também na doutrina, naturalmente, pré-requisitos para o "confisco" dos fundamentos religiosos em prol de uma ética do herói e guerreiro intramundano: no conceito de guerra santa (*jihad*) e na divisão do mundo na casa do islamismo e na casa da guerra (*dar al-Islam, dar al-Harb*). Existia outro pré-requisito também nos interesses de legitimação não religiosa desses estratos que se apropriaram da doutrina. Tais interesses, porém, foram só muito no começo semelhantes àqueles tão importantes para o calvinismo:

> No primeiro período do islamismo, ligado a Meca, a religião escatológica de Maomé desenvolveu-se nos conventículos pietistas urbanos, que exibiam a tendência de se retirar do mundo. Mas nos desenvolvimentos subsequentes em Medina, e na evolução das primeiras comunidades islâmicas, a religião foi transformada em uma religião guerreira nacional árabe, e mesmo, acima de tudo, em uma religião guerreira orientada para o *status*. Os seguidores cuja conversão ao islamismo tornou possível o sucesso decisivo do profeta eram invariavelmente membros de famílias poderosas. (Id., 1978b, p.623-4, 1972, p.375)[53]

Uma aristocracia guerreira, com seus sentimentos de *status* cavaleiresco, não tem sensibilidade para uma visão do mundo marcada por conceitos como pecado, humildade e redenção (id., 1978b, p.472, 1972, p.288). Ademais, esse membro está muito longe do ideal de ascetismo vocacional intramundano. No máximo, ele é capaz de desenvolver

> o ascetismo do acampamento militar ou de uma ordem marcial de cavaleiros, não o dos monges e certamente não a sistematização burguesa e ascética

---

52 Nesse sentido, Weber na realidade considerava só o judaísmo antigo e o protestantismo ascético religiões antimágicas bem-sucedidas. Obviamente, os movimentos islâmicos de reforma também são inspirados pelo distanciamento das práticas mágicas das massas. Vide Metcalf (1987).

53 Essa citação deixa óbvio que Weber não dá um veredito sobre o islã como tal, mas tenta apontar uma apropriação peculiar das fontes religiosas por meio de um estrato social em um período específico de tempo. É verdade, porém, que ele negligenciou as forças compensatórias que intensificavam os elementos realmente salvíficos nessas fontes.

da conduta. Além disso, tal ascetismo só predominava periodicamente, e estava sempre propenso a se transformar em fatalismo. (Id., 1978b, p.627, 1972, p.376)

O sufismo da pequena burguesia estava ainda mais longe de desenvolver um ascetismo intramundano. Ao contrário, ele evoluiu por trilhas contemplativas e místicas e "sob a liderança de técnicos plebeus de orgiástica" (id., 1958a, p.269, 1921, v.1, p.240).

Encontramos, portanto, concepções de Deus e fundamentos doutrinais semelhantes no calvinismo e no islamismo. No entanto, os efeitos psicológicos dessas fontes religiosas semelhantes são radicalmente diferentes. Eles tornam possível, por um lado, o ascetismo vocacional intramundano e, por outro, o autossacrifício em situações extraordinárias, um heroísmo que se desintegra em um utilitarismo deste mundo durante a rotinização, ou seja, na transição da guerra para o dia a dia. O calvinismo aumenta a tensão interior entre a doutrina salvífica e o interesse na salvação de maneira inumana, e assim desencadeia a motivação para o constante senhorio do mundo. Em contrapartida, o islamismo não envolve os fiéis em tal insuportável tensão. Embora assim os motive ao senhorio temporário do mundo enquanto conquista deste, ele impede, sobretudo por causa da posição marginal do pecado original e da redenção, a rejeição ao mundo no longo prazo.[54]

Por essa razão, o islamismo tampouco revoluciona a mentalidade econômica. Permanece feudal, pequeno burguês ou capitalista depredador. Como todas as religiões mundiais, o islamismo é compatível com todas as formas de atividade econômica tradicional, inclusive o modo de capitalismo politicamente orientado. Mas não propicia a força para transformar a vida a partir de dentro e, assim, superar o espírito de tradicionalismo na economia e em outros setores da vida. Apesar de suas tendências antimágicas e ativistas, apesar de seu racionalismo intelectual, o islã (como o judaísmo, o catolicismo e o

---

54 Naturalmente, mesmo a rejeição ao mundo no longo prazo não precisa necessariamente levar ao senhorio do mundo, como demonstra a análise das religiões indianas. Sobretudo a falta da ideia de prova e a natureza do primeiro estrato decisivo portador da religião leva o islã, segundo Weber, à ação política ativa, intramundana, transformando-o em uma religião "política" que tende ao compromisso com o mundo. Sobre isso, vide Weber (1921, v.2, p.220-1), em que o islã, ao lado do confucionismo, é contraposto ao budismo, uma religião da salvação que rejeita radicalmente o mundo e leva à fuga do mundo. As ideias de Weber, porém, são demasiado simples, mesmo para o islã primitivo; prova disso são as contribuições de Lapidus (1987) e Levtzion (1987).

Obstáculos à modernidade: Max Weber acerca do islã

luteranismo) não conseguiu alcançar aquilo que só o protestantismo ascético alcançou entre todas as mais importantes religiões, a saber, a criação desses mercadores e empreendedores de aço que não agiam como super-homens econômicos, dando livre rédea à sua ânsia de ganho, mas que, pelo contrário, moderaram racionalmente essa ânsia, obrigando-a a tomar a forma de um dever vocacional e, assim, a objetivaram e objetificaram.

Weber vê, assim, um duplo efeito psicológico da ética religiosa islâmica: ela motiva seus adeptos para o senhorio do mundo, no sentido de conquista deste, mas também para a adaptação a ele. Também descobre um ciclo entre essas posturas em relação ao mundo e os modos de conduta a elas associados – um ciclo que gira entre situações extraordinárias e cotidianas, entre combates pela fé e "aburguesamento" (Weber, 1978b, p.574, 1972, p.347). Na esteira de Ibn Khaldun, outros diagnosticaram os regimes islâmicos segundo um ciclo distintivo de estabilidade e instabilidade, com base na cooperação e no conflito entre a política imperial monocêntrica e a política tribal policêntrica, exacerbado pela cooperação e pelo conflito entre o monoteísmo ético da alta religião e o politeísmo ritual da religião tribal (vide, por exemplo, Hall, 1985, p.85 et seq., especialmente p.96; e Gellner, 1985). O que eles aplicam à dominação, Weber parece adotar para o modo de conduta condicionado pela religião no islamismo. O fato de esse ciclo surgir, de o islamismo, ao contrário do calvinismo, não cultivar "uma ordenação racional sistemática da vida moral como um todo" (Weber, 1958b, p.126, 1921, v.1, p.125), significa que, embora ele talvez não obstrua diretamente o "desenvolvimento de um modo de conduta *economicamente* racional" (id., 1958b, p.26-7, 1921, v.1, p.12), certamente não o encoraja. Como já vimos, há razões intrínsecas para isso. São decisivos os fundamentos doutrinais em sua relação com os interesses religiosos dos crentes. Eles levam, apesar da concepção semelhante de Deus e da teoria da predestinação, a um resultado "divergente" em relação ao do calvinismo. O muitas vezes invocado "puritanismo" do islã é apenas superficialmente semelhante ao puritanismo tal como Weber o concebe.

Embora indispensável, a análise da relação interna entre a ética e a conduta religiosas é só o primeiro passo no estabelecimento dos contrastes entre as civilizações islâmica e ocidental, segundo suas respectivas posições em relação ao capitalismo racional como sistema econômico. A investigação das relações internas tem de ser seguida do estudo das externas, ou seja, do estudo do caráter da religião condicionado pelas classes. Esse outro aspecto da cadeia causal já foi abordado no contexto da "adaptação" mútua entre os interesses de legitimação religiosos e não religiosos. É da maior importância aqui o fato de o calvinismo, e com ele todo o protestantismo ascético e, mesmo além disso, o cristianismo e o judaísmo serem religiões especificamente burguesas (*bürgerliche Religionen*) desde o começo e assim permanecerem, ao passo que o islã, como as religiões asiáticas, definitivamente veio à luz como uma religião do estrato dominante (*Herrenreligion*). Todavia, as relações externas abrangem mais do que a estratificação social. Também envolvem ordens e organizações. Enquanto no caso do conceito de ordem a ênfase é dada às regras, no caso do conceito de organização é sublinhada a equipe administrativa responsável pela aplicação de sanções, para pôr em prática essas regras.

Weber insiste nos dois aspectos da cadeia causal, porque, a meu ver, defende a tese de uma relação bilateral entre motivos e instituições. Assim como há um poder institucionalmente formativo dos motivos ou interesses, há um poder motivacionalmente formativo das instituições.[55] Por essa razão, a análise deve ir tanto de dentro para fora como de fora para dentro, até se

---

55 Acho, portanto, difícil levar a sério o problema proposto por William Hennis: o que vem antes, a personalidade ou a ordem vital? Naturalmente, essa pergunta tem de ser levantada se pressupusermos uma relação de prioridade. Todavia, nem Weber nem a sociologia moderna fazem isso (na medida em que se pode falar da sociologia no singular). Trata-se muito mais de um estado de correlação. Assim, é em princípio pouco importante se a palestra que Weber ministrou em Burg Lauenstein, em 1917, se intitulava "Personalidade e as ordens vitais" ("Die Persönlickkeit und die Lebensordnungen") (como informa Marianne Weber) ou, inversamente, "Ordens vitais e personalidade" (como um participante, Ferdinand Tönnies, anotou em sua caderneta no dia 29 de setembro de 1917). É indiscutível que toda a abordagem de Weber se baseia em uma teoria da personalidade que não é meramente empírica, mas está vinculada a uma teoria do valor. Isso é sabido pelo menos desde a dissertação de Dieter Henrich e já estava implícito no ensaio de Karl Löwith sobre Marx e Weber. Contudo, para a "sociologia" de Weber e, sobretudo, para a sua sociologia da religião, personalidade e ordem vital relacionam-se uma com a outra. Tecnicamente, essa correlação pode assumir todos os valores entre +1 e -1 (uma relação favorável, indiferente ou obstrutiva). Em seu exame do primeiro volume publicado de *Max Weber-Gesamtausgabe* (1984), Hennis (1984) escreve: "Quem conhece o peso que a palavra 'personalidade' tinha para a geração de Weber, cuja linguagem foi tão profundamente marcada por Goethe e Nietzsche, simplesmente não pode imaginar que Weber pudesse colocá-las da maneira inversa. Mas um sociólogo moderno não só pode, como deve fazê-lo. É quase uma questão existencial para a forma predominante de sociologia dar às 'ordens vitais' (vulgarmente a 'sociedade') precedência em relação ao 'indivíduo'. A questão decisiva para toda interpretação de Weber só pode ser se isso também vale para a sua sociologia". Naturalmente, isso não vale para ela, mas tampouco o contrário. (Aliás, esse é um problema linguístico ou teórico, e por que se insinua que o historiador Mommsen, logo ele, fizera manipulações ao estilo da nova sociologia?) Sobre o lado filosófico da teoria da personalidade, que, a meu ver, deve ser lida contra o pano de fundo de Kant, vide Henrich (1952, especialmente parte 2, "Die Grundlagen der Ethik" [As fundações da ética]); sobre a ideia "filosófica" de homem em Weber (e Marx), vide Löwith (1960, sobretudo p.30 et seq., 65-6). Para uma descrição abrangente, vide o Capítulo 2 e Schluchter (op. cit., cap.8).

Obstáculos à modernidade: Max Weber acerca do islã

alcançar o ponto em que o vínculo entre os dois lados se torne visível. Toda análise que procure satisfazer as premissas de uma sociologia interpretativa entendida como teoria da ação e da ordem tem de caminhar nas *duas* direções na investigação desses "indivíduos históricos" selecionados e constituídos por meio da relação de valor teórica ("indivíduos" que podem representar indivíduos ou culturas inteiras).[56] Assim, as "explicações" em Weber não são nunca puramente motivacionais ou puramente institucionais. Essa perspectiva, que em um sentido metodológico torna obsoleto o contraste entre materialismo e idealismo, não é nova em Weber.[57] Ela marcou a primeira versão de *A ética protestante e o espírito do capitalismo*, de 1904-1905, e não só pode ser encontrada no projeto previsto, suplementado e ampliado na conclusão desse estudo ou em sua fundamentação metodológica da ciência cultural de 1903-1904, como também é testemunhada principalmente pelas famosas linhas finais de seu próprio estudo histórico:

> Pois embora o homem moderno costume ser, de modo geral, incapaz, mesmo com a maior das boas vontades, de conceber a verdadeira importância que as crenças religiosas tiveram para a conduta, a cultura e o caráter nacional, não pode, porém, ser nossa intenção substituir uma interpretação unilateral "materialista" por outra "espiritualista", também unilateral. Ambas são igualmente possíveis, e de pouca utilidade para os interesses da verdade histórica, se reivindicarem ser, não preliminares à investigação, mas a sua conclusão. (Weber, 1978c, p.172, 1921, v.1, p.205-6)

Uma abordagem não reducionista jamais pode derivar o "espírito" a partir da "forma", nem a "forma" a partir do "espírito", embora certamente haja situações históricas em que um desses "fatores" perde sua independência relativa em relação ao outro. Isso, porém, é uma asserção não metodológica, mas acerca de um padrão histórico, em que a forma "produz" o espírito ou

---

56 Weber escreveu a Rickert no dia 26 de abril de 1920, ao que parece depois que os "Termos sociológicos básicos" da versão posterior de *Economia e sociedade* já estavam no prelo, que é possível desenvolver praticamente tudo a partir do conceito fundamental de significado subjetivamente intencionado (com suas quatro orientações de significado) e do conceito fundamental de ordem (com a concepção de sua validade). Com isso, ele define a sua sociologia como uma teoria da ação e da ordem com base na divisão entre relação teórica de valor e avaliação prática. Como mostra a versão publicada desses termos básicos, ele na verdade se aferrava ao conceito de relação teórica de valor. Vide Weber (1978b, p.18, 1972, p.8).

57 Isso é algo frequentemente deixado de lado, sobretudo na discussão anglo-americana. Vide Nota 8.

o espírito, a forma. É, pois, importante distinguir nitidamente dois casos diferentes: o de uma relação unilateral e aquele de uma relação mutuamente favorável. Além disso, também há relações de indiferença e obstrução. Qual dessas relações predomina é uma questão histórica. Em formações rotineiras de longo prazo, são especialmente frequentes as relações unilaterais. Nesse caso, via de regra, a forma produz o seu espírito correspondente, como se diz do capitalismo moderno em sua "idade de ferro". Nele, às vezes predominam as relações geralmente postuladas pelos ingênuos materialistas históricos e pelos darwinistas. Mas tal abordagem é inadequada para explicar a gênese do capitalismo moderno. Nesse sentido, afirma Weber, estamos diante de um caso de relação mutuamente favorável, de afinidade eletiva entre uma conduta de motivação religiosa e ética e as primeiras instituições capitalistas, que se originaram nas cidades do interior da Europa.

Não existem relações externas só entre a motivação gerada pela religião e pela ética e as instituições econômicas ou políticas. Elas já existem dentro da esfera religiosa. Em *A ética protestante e o espírito do capitalismo*, com especial clareza em sua segunda versão, Weber chama a atenção para a independente importância da "organização eclesial" (*Kirchenverfassung*) (id., 1958b, p.128, 1921, v.1, p.128) em relação aos fundamentos doutrinais, dedicando a esse problema um ensaio autônomo, "As seitas protestantes e o espírito do capitalismo" ("Die protestantischen Sekten und der Geist des Kapitalismus") (id., 1958a, p.302-22, 1921, v.1, p.207-36). Em tal ensaio a postulada relação bilateral entre motivo e instituição pode ser exibida de modo especialmente claro. Por razões psicológicas, a doutrina da predestinação e da provação foi associada a esforços organizacionais "para separar os cristãos regenerados dos não regenerados, os que estavam preparados para a ordem sacramental da vida e os que não estavam" (id., 1958b, p.122, 1921, v.1, p.121). Isso levou a um sistema de controle externo imposto sobre o crente e deu sustentação à ideia de provação, exigindo dele "que se mantenha no círculo dos seus associados" (id., 1958a, p.320, 1921, v.1, p.234). O efeito psicológico desse controle externo em apoio à ideia de provação podia ser tão forte, a ponto de ser possível a organização substituir a doutrina da predestinação, um elemento importante da relação interna no calvinismo (id., 1958b, p.128, 1921, v.1, p.128). Isso vale para os batistas mencionados anteriormente.

Nenhuma força organizacional desse tipo moldou o islã, segundo Weber. Sabe-se que existe uma espécie de hierocracia, centrada no Corão, na suna e, sobretudo, na *Shari'a*, a lei divina. Também existe uma espécie de sacerdócio, se entendermos por isso um "fiador da sistematização e da racionalização da ética religiosa" (id., 1978b, p.439, 1972, p.268). Esses "sacerdotes" (ulemás), porém, como os rabinos, não são sacerdotes do culto; aliás, estão mais perto dos juristas do que dos teólogos. Acima de tudo, eles não são os chefes de uma Igreja no sentido cristão. A hierocracia islâmica não é uma instituição carismática da graça, como a Igreja católica medieval; tampouco é um instrumento de disciplina, como as igrejas e seitas do protestantismo ascético. Embora o islamismo, como as outras religiões mundiais, distinga entre os *virtuosi* religiosos e as massas religiosas e entre os crentes e os não crentes, a primeira distinção não tem relevância quanto à salvação e a segunda está ligada à estratificação de grupos de *status*, com o "privilégio econômico" dos adeptos do islamismo (id., 1978b, p.1174, 1972, p.700). Além disso, a organização religiosa islâmica nada oferece que funcione como prova ascética no dia a dia. Weber é até de opinião que o islã primitivo, apesar do monoteísmo estrito e da concepção de um Deus criador transcendente, como o judaísmo,

> repudiava diretamente o ascetismo, ao passo que o caráter único da religiosidade dervixe provinha de fontes (místicas, extáticas) muito diferentes da relação com um Deus transcendente e estava intrinsecamente muito distante do ascetismo ocidental (id., 1958a, p.325, 1921, v.1, p.538).

Por fim, podemos acrescentar que o *umma*, a comunidade islâmica, a "melhor comunidade", tal como se realizou pela primeira vez em Medina, servia – no nível supralocal, em sua posição intermediária entre a religião e a política e entre o particularismo e o universalismo – mais para garantir certo grau de unidade cultural ante a crescente diferenciação interna do que para regrar de modo abrangente e efetivo todos os aspectos do cotidiano.

Mesmo o islã primitivo, na época de sua codificação e canonização, não passou incólume por tensões e até conflitos entre religião e política. Isso aconteceu apesar da busca por uma espécie de unidade orgânica entre a religião e a política e da interconexão entre o religioso e o político que começara com Maomé e prosseguira sob os primeiros califas. Na época dos Omaiades, esse conflito eclodiu abertamente. A tensão também se reflete claramente na *Shari'a*. Como escreve Patricia Crone (1980, p.62), "na década de 750 [...] o islã já adquirira a sua forma clássica como lei sagrada que tudo abrange, caracterizada pela profunda hostilidade contra os Estados consolidados". No mais tardar a partir daí, a acusação de mundanidade é usada como arma contra os governantes políticos. Sabe-se que, apesar desse conflito entre religião e política, nunca se deu uma separação entre os poderes político e hierocrático como no Ocidente. Tampouco o islã chegou alguma vez a uma solução estritamente teocrática de longo prazo, ainda que a tendência para a teocracia, sobretudo no islã xiita, sempre tenha existido.

As condições internas e externas, portanto, sempre podem ser favoráveis, indiferentes ou obstrutivas de maneira unilateral ou recíproca. Tais relações, porém, também podem existir apenas entre condições internas (assim como só entre condições externas). A força unificante da ética religiosa calvinista, tão fortemente ressaltada por Weber, consiste de fato em reunir as diversas relações internas em que o crente está envolvido sob um único princípio efetivo. Com base nessa "maior possível e imaginável concentração sistemática da ética de convicção", a ação motivada pela religião tinha efeitos em todas as áreas da vida (Weber, 1978b, p.575, 1972, p.348).[58] O que se pode dizer dos motivos também se pode dizer das instituições. Também elas estão envolvidas umas com as outras em relações favoráveis, indiferentes ou obstrutivas de maneira unilateral ou recíproca. Em especial na versão posterior da sociologia da dominação, Weber trata da relação da estrutura política não somente com a mentalidade econômica, mas também com as estruturas econômicas. Naquele caso, a questão levantada sempre é quais eram e quais não eram as constelações de condições favoráveis ao surgimento e desenvolvimento do capitalismo racional, que depende não só de condições intrínsecas, mas também de extrínsecas, e pode enfrentar resistência institucional ou ser obstado pela mentalidade. Nesse contexto, são particularmente interessantes a dominação política e o direito. Naturalmente, eles também têm seus aspectos internos. Mas depois de ir de dentro para fora, tomarei agora a direção oposta.

Dominação política: patrimonialismo, a cidade oriental e a lei sagrada

Patrimonialismo oriental e feudalismo ocidental

O islã teve origem em um duplo movimento, de caráter tanto religioso como político. Foi decisiva em seu surgimento a "nova" combinação desses dois componentes aqui encontrados. Maomé era tanto um profeta ético

---

58 Weber aponta a afinidade eletiva entre o princípio estrutural da democracia e o das seitas; também se refere à contribuição das seitas do protestantismo ascético no desenvolvimento de um conceito de liberdade de consciência que também inclui a liberdade de consciência dos outros (id., 1978b, p.1208-10, 1972, p.724-6).

Obstáculos à modernidade: Max Weber acerca do islã

quanto um líder político-militar carismático. Ele superou o particularismo tribal, ultrapassando o seu politeísmo e ritualismo com o monoteísmo e a ética legal, e transformando as tribos rivais em um movimento nacional-árabe de conquista. Ao contrário dos profetas judeus antigos, e principalmente de Jesus, Maomé era, a partir da Hégira de 622, não um marginalizado profeta do fim do mundo, e certamente não um pregador carismático peregrino; em vez disso, ele era um líder político-religioso que sabia como realizar as suas intenções paulatinamente, sobretudo por meio do uso hábil das práticas tribais tradicionais de criação e resolução de conflitos. Provavelmente seguindo Ignaz Goldziher e Julius Wellhausen, Weber faz uma distinção clara entre o primeiro período de Meca e o tempo em Medina: com a saída de Meca e a "recepção" bem-sucedida em Medina, inaugurou-se a transformação do islã, de uma religiosidade escatológica em uma religião política – uma religião de guerreiros nacionais árabes (Goldziher, op. cit., sobretudo "Vorlesung I. Muhammed und der Islam" [Maomé e o islã]; e Weber, 1972, p.375, 1978b, p.623-4).

O curso de Maomé – seu fracasso inicial em Meca, sua "partida" para Medina e o início da "conquista do mundo" – tem sido contado com frequência. A imagem permanece fundamentalmente a mesma. Ao contrário da pesquisa sobre a vida de Jesus, aquela sobre a vida de Maomé é obstada não só por reservas religiosas, como também pelo estado das fontes disponíveis. Nem a aplicação dos métodos da crítica das fontes bíblicas às fontes islâmicas, já iniciada por Wellhausen, nem a aplicação da crítica bíblica formal a essas fontes, como realizada por Noth, obtiveram resultados comparáveis aos alcançados em relação à Bíblia (Crone, op. cit., p.13 et seq.). Carl Heinrich Becker falou uma vez do "caos selvagem do exuberante crescimento e conflito religioso" nos estudos islâmicos (Becker, C., 1924, p.353), enquanto Patricia Crone fala de uma espécie de pilha de entulho carente de estruturas características (Crone, op. cit., p.8). Isso vale para a tradição oral, a suna. Em comparação, o Corão permanece firme como rocha. O retrato do profeta vem de ambos, mas acima de tudo da suna, que representa as palavras e os atos (*Hadith*) de Maomé. Sua autoridade não se baseia em seu conteúdo, mas na construída genealogia dos transmissores da tradição até o profeta. Essa tradição não era meramente oral, também se caracterizava por uma qualidade atomística e pelas rápidas transformações. As palavras e atos individuais eram transmitidos quase sem contexto e usados como munição na luta religiosa. A suna é uma compilação que reflete esses conflitos. É mais a "teologia" de seus compiladores e de seus "partidos" do que a história de Maomé.

Esse horizonte aberto para o passado logo se fechou, porém. A rápida fixação da tradição construída correspondeu à destruição das fontes. Na forma congelada de seis coleções, a tradição tornou-se monolítica. No século IX, o cânon já estava em boa medida estabelecido e consagrado (ibid., p.10). Tal situação satisfaz às necessidades dogmáticas, mas não às históricas. Como diz Patricia Crone,

> não há, é claro, dúvida de que Maomé viveu nas décadas de 620 e 630 d.C., lutou em guerras e teve seguidores, alguns dos quais parecem ter tido os nomes preservados. Mas os precisos quando, o quê e quem, sobre os quais caem ou mantêm-se as nossas interpretações, trazem todos os sinais de terem passado pelo crivo dos argumentos rabínicos e, posteriormente, sido bem arrumados. (Ibid., p.15)

No entanto, independentemente de quão "teologicamente distorcida" a tradição possa ser, dois pressupostos contidos na afirmação de Weber se mostram historicamente "corretos": que a transição de Meca para Medina representa um ponto decisivo na vida de Maomé e que sua profecia ética é precondição decisiva de sua efetividade política. Depois da "partida", Maomé passou, como diz Wellhausen, de pregador a governante, mas o modelo de governo é não o reinado humano (*Mulk*), mas o profeta monárquico do judaísmo tardio:

> A autoridade para governar não é uma posse privada para usufruto do seu detentor. O reino pertence antes a Deus. Seu plenipotenciário, porém, que conhece e executa a Sua vontade, é o profeta. Este é não só o proclamador da verdade, mas também o único governante legítimo na terra. Fora ele, não há lugar para nenhum rei e nenhum outro profeta: em cada tempo, qualquer que ele seja, há um só. (Wellhausen, 1902, p.5)

A realização desse modelo exige a satisfação de condições tanto externas como internas. Vejamos primeiro as externas. Medina oferecia um terreno incomparavelmente mais favorável do que Meca para a busca do poder religioso-político por parte de Maomé. Meca estava no centro religioso, político e econômico da Arábia, algo como uma cidade de linhagem real e, de qualquer forma, sob o firme controle de linhagens hábeis em impor sua vontade, que garantiam a paz da cidade. Era uma cidade rica, cujo lucro não estava desvinculado do grande número de festividades religiosas estimuladas sob o politeísmo e das feiras comerciais a elas ligadas. Nessas circunstâncias, o monoteísmo radical de Maomé deve ter parecido ruim para os negócios. A rejeição da sua mensagem em Meca foi, portanto, em parte economicamente motivada. No tempo do surgimento do profeta, Meca não se achava em crise religiosa, política ou econômica. Não existia uma situação de dificuldade interna ou externa que, segundo Weber, abrisse o horizonte para movimentos carismáticos. Em Medina, a situação era diferente. Jathrib, como era chamada no tempo da Hégira, era uma cidade à margem, sob influência greco-romana e cristão-aramaica, com uma forte comunidade judaica. Do ponto de vista árabe, Jathrib era, se não a periferia, pelo menos a semiperiferia. A paz da cidade ruíra. Eram comuns os atritos entre tribos rivais, em uma situação semelhante à de algumas cidades medievais do sul da Europa. Havia no mínimo uma situação de crise política, com consequências econômicas, uma situação de dificuldade externa. Era um quadro aberto a um árbitro, mas também a uma interpretação que – com a ajuda de um "poder central" capaz de dar as ordens – transcendesse o particularismo familiar e tribal responsável pela discórdia (id., 1897, p.92 et seq.).

Com o apoio dos seguidores que conquistara em Meca, em sua maioria "amigos, parentes e escravos" (id., 1902, p.2), Maomé estabeleceu a *umma* no lugar do governo das famílias e das tribos. Sabe-se que ele fez isso em conformidade com o padrão estabelecido para arbitrar atritos tribais, nas palavras de W. Montgomery Watt, como "o líder do clã dos *emigrantes*" (Watt, 1964, p.96). A "comunidade", no entanto, tomou o lugar dos parentes e da tribo. Aqui também exemplos judaicos e cristãos parecem ter desempenhado um papel. A transição para a "comunidade" representou ao mesmo tempo uma transição para a paz na terra como a paz de Deus. Porque há só um Deus e todos creem Nele; e a lei da rivalidade tal como definida pela pertença à linhagem, à tribo ou ao clã não mais conserva sua validade entre os membros da comunidade. Ao dever de paz interna corresponde o dever de guerra. O dever de vingança na lei pré-islâmica já não se referia mais a um "irmão por outro, mas a um crente por outro". Como observa Wellhausen, a guerra tornou-se uma operação militar (Wellhausen, 1902, p.9). Além disso, tornou-se uma guerra santa.

O princípio comunitário, porém, não substituiu completamente o princípio tribal. Associações, não indivíduos, uniram-se à *umma*. Semelhante à antiga pólis, a associação de *gentes*[59] perdeu importância em comparação à associação

---

59 Em latim, plural de *gens*, estirpe. (N. T.)

Paradoxos da modernidade

"cultual" e militar, mas a solidariedade de parentesco (clã) não se perdeu completamente. Como diz Weber com vista ao desenvolvimento posterior,

> o islã [...] jamais superou realmente a discórdia dos vínculos árabes de tribo e de clã, como mostra a história dos conflitos internos do califado primitivo; em seu primeiro período, ele continuou sendo a religião de um exército conquistador composto de tribos e clãs (Weber, 1978b, p.1244, 1972, p.746).

É sabido que, só com base nesse monoteísmo radical e na estrita transcendência do Deus universal, não havia possibilidade de distintos "cultos das *gentes*" existirem em subordinação à "comunidade", como acontecia na pólis antiga. O politeísmo árabe pré-islâmico era energicamente eliminado. Mas tampouco é a *umma* uma fraternidade unida por juramentos, à imagem das comunidades urbanas medievais cristãs. Quanto mais além dos limites da cidade de Medina a associação religiosa e militar islâmica se estendia, menos isso ocorria.

De início, a *umma* não excluía ninguém e tratava igualmente a todos de dentro dela, afastando radicalmente todos os pagãos, judeus ou membros de certos grupos de *status*. Mesmo depois da ascensão de Maomé em Medina, as velhas relações, então pacificadas, continuaram em boa medida as mesmas. Semelhante às comunidades judaicas no tempo de Cristo, a *umma* de Medina estava com certeza familiarizada com diversos graus de pertença, provavelmente um reflexo da antiga distinção árabe entre os que gozavam de plenos direitos ("cidadãos de primeira classe") e os coabitantes ("cidadãos de segunda classe" [*Beisassen*]) (Wellhausen, op. cit., p.9), e, de modo mais geral, um reflexo da maneira como as tribos hóspedes foram incorporadas em uma organização mais ampla em todo o Oriente antigo. Mas a relação de Maomé com a comunidade judaica de Medina mudou radicalmente quando ele percebeu que os judeus não reconheciam sua pretensão a profeta messiânico. Só a partir daí Maomé se afastou do judaísmo e de fato militou contra ele. É provável que as mudanças na direção da prece, de Jerusalém para Meca, ao lado de outros atos simbólicos, estejam ligadas a isso (ibid., p.12; Becker, C., 1924, p.347). Independentemente dos fatos históricos reais, isso mostra um processo de autonomização e a criação da identidade em nível simbólico ante os outros dois monoteísmos e religiões éticas da revelação, da redenção e do livro, cuja superioridade sobre o politeísmo e o ritualismo árabe obviamente muito impressionou a Maomé. Isso também significa um importante passo para a arabização do monoteísmo, para a definição da nova doutrina como religião "nacional-árabe".[60]

A missão do islã que Maomé começou a desenvolver em Meca lhe permitiu criar uma nova forma de guerra e de paz, que nasceu da tensão causada pelo abismo cultural entre o mundo do Deus transcendental universal judaico e cristão, de um lado, e, de outro, o mundo dos deuses árabes, funcionais e locais, com seus comercializados lugares de culto e festividades sacro-mundanas. Os deuses árabes tinham locais permanentes de culto, se não por outra razão, porque imensas rochas costumavam fazer parte de seu arranjo. Como diz Wellhausen, via de regra, as tribos árabes eram errantes, mas seus santuários, não. As rochas, as árvores e a água também eram objeto de culto nos locais sagrados. A rocha servia como altar de sacrifício e representação da divindade. Originalmente, é provável que os cultos não envolvessem imagens – sendo elas um desenvolvimento secundário (Wellhausen, 1897, p.101 et seq.). Como já mencionei, o lugar do culto servia aos deuses funcionais e locais e como centro comercial. Alguns deles eram lugares de peregrinação e, assim, ainda mais privilegiados economicamente. Meca também dispunha de um desses lugares de culto de importância "nacional", a *Ka'ba*. Como natural de Meca, Maomé tinha perfeita ciência disso.[61] Ele estabeleceu sua doutrina ao redor dela e não ao redor de santuários desconhecidos ou de invenção recente. Também nesse caso ele formou um vínculo com as antigas tradições árabes. Maomé as transformou à luz do monoteísmo por meio da purificação, padronização e centralização de rituais pagãos. Os deuses funcionais e locais foram exterminados, e os diversos locais de culto, organizados em conformidade com a *Ka'ba* – transformados, por assim dizer, em ramos dela.[62]

Assim, Maomé relacionou dois "mundos" já existentes: o mundo das antigas tradições árabes e o mundo do monoteísmo; um ligado ao particularismo nomádico e tribal urbano, e o outro, aos impérios mundiais, ou pelo menos à perspectiva de um império mundial, governado por um poderoso Deus universal, por intermédio de seus instrumentos na terra. Sem dúvida, Maomé é, desde o começo, um profeta árabe. A língua da revelação é o árabe,

---

60 Naturalmente, isso não deve ser entendido como uma regressão. Sobre isso, vide Levtzion (op. cit.). Ele mostra que o islã era no começo totalmente particularista, formulando um monoteísmo *árabe*. Foi só sob os abássidas que ele se desenvolveu, no sentido do universalismo, um componente essencial para o sucesso da disseminação do islã.

61 Sua família supostamente desempenhava funções rituais.

62 Sobre isso, vide Wellhausen (op. cit., p.68 et seq.).

Paradoxos da modernidade

sendo a tradução do Corão para outros idiomas, ainda hoje, desaprovada. Maomé tentou superar o particularismo árabe. Inicialmente, porém, ele pretendia fazer isso com, e não contra, o judaísmo e o cristianismo. Estes lhe serviram como "religiões de referência".[63] Embora ele evidentemente não as conhecesse bem, essas religiões pareciam oferecer-lhe uma saída para a "anarquia regrada" das condições árabes. Assim, é provável que originalmente ele não se considerasse um profeta superior a Moisés e a Jesus, mas igual a eles (Becker, C., op. cit., p.343, 347). Em Medina, tudo isso mudou. Com a virada contra o judaísmo e o cristianismo, simbólica e factualmente, o islã foi colocado não mais na tradição judaico-cristã, mas acima dela, assumindo ao mesmo tempo um lugar no contexto geral da história da religião árabe, que agora começava com o estabelecimento da religião por Abraão na *Ka'ba*.[64]

A doutrina de um Deus transcendente, onipotente e universal deve ter-se revelado como um elemento estranho no universo conceitual árabe antigo. Tal doutrina representava uma ruptura radical. Para legitimar sua mensagem, Maomé não podia citar tradições árabes, nem sequer no sentido que os profetas judaicos pré-exílicos o podiam, lembrando ao povo o compromisso que assumira e, portanto, algo que era parte de seu passado. Sobrou a Maomé apenas a ruptura com a tradição e a legitimação carismática de sua nova missão. O que é relatado sobre a época dá indicações que confirmam isso. Elas se encaixam nas especificações weberianas da liderança carismática: a experiência da conversão; o "renascer" em uma situação próxima da "saciedade burguesa" e, por volta dos 40 anos de idade, os estados e atitudes patológicos que são em seguida assumidos; a ruptura com Meca; e, por fim, a prova dos poderes sobrenaturais na batalha de Badr. No entanto, o que temos nesse caso é uma forma um tanto moderada de carisma. Não há uma ruptura radical com os laços de família e com a vida econômica. Também sob esse aspecto, Maomé, em comparação a Jesus, representa uma posição intermediária. Embora transforme o velho em novo, Maomé não rompe completamente com o velho. Ao contrário, este último "tem seu valor elevado": "monoteísmo de rosto tribal" (Hall, op. cit., p.85).

Maomé morreu depois de conquistar Meca e unificar boa parte da Arábia. Sabe-se que sua sorte na guerra foi variada depois de Badr, e a apostasia, *ridda*,

---

63 Criei esta expressão seguindo Reinhard Bendix, que fala de "sociedades de referência". Vide Bendix (1978, sobretudo parte 2).

64 Segundo o construto, o islã é o responsável pela restituição desse estabelecimento da religião, desembaraçando-a, ao mesmo tempo, das aberrações sofridas sob o judaísmo e o cristianismo.

surgira enquanto ele ainda vivia. No entanto, como em todas as formas de liderança carismática, o maior obstáculo que ele deixou foi a não resolvida questão da sucessão. A busca por uma solução dividiu o islã nos movimentos sunita e xiita e rapidamente o tradicionalizou sob o governo do sunismo, que permaneceu predominante fora da Pérsia. Como observou Weber:

> A estrutura do islã foi decisivamente afetada pelo fato de Maomé ter morrido sem herdeiros masculinos e seus seguidores não terem fundado o califado sobre o carisma hereditário, mas de fato, durante o período Omaiade, o terem desenvolvido de maneira totalmente antiteocrática. É em boa medida por causa dessas diferenças sobre a qualificação do governante que o xiismo, que reconhece o carisma hereditário da família de Ali e, portanto, aceita a autoridade doutrinal infalível de um imã, é tão antagônico em relação à suna ortodoxa, que se baseia na tradição e *idshma* (*consensus ecclesiae*). (Weber, 1978b, p.1138, 1972, p.673)

O califado primitivo, em que os líderes eram recrutados no círculo dos seguidores de Maomé – no círculo dos "discípulos" –, ainda manteve unificadas as funções religiosa e político-militar. O califado valeu-se das tribos árabes, em boa parte unificadas sob Maomé, com o objetivo de conquistar o mundo. Assim, o "governo urbano" em Medina, em menos de trinta anos, desenvolveu-se até constituir-se como um governo territorial de alcance considerável (Síria, Iraque, Mesopotâmia, Egito e Irã). Sob o governo dos Omaiades, mais áreas foram acrescentadas (Cartago, Vale do Indo, Espanha).

O incrível ímpeto desse movimento estava relacionado à interligação entre política e religião. A batalha por Deus traz o paraíso no céu e o butim na terra. Alá, em seu poder de controlar e mover tudo, em sua transcendência, é adequado como o Deus da guerra para nômades experientes na batalha. Assim, em uma guerra santa, a disseminação da doutrina está, desde o começo, ligada à sujeição e à exploração econômica dos não crentes. Os interesses ideais e materiais dos guerreiros sagrados estão tão intimamente ligados, que os fins religiosos se misturam aos político-econômicos. Muito interessante observar que isso exerceu uma influência moderadora. Seria de se esperar de uma religião salvífica, ética e universalista, o que o Islã na realidade representa – ao lado do judaísmo e do cristianismo e ao contrário das outras grandes religiões –, que a guerra santa servisse ou para forçar os não crentes a se converterem ou para erradicá-los. Essa foi por certo uma consequência de certas versões da visão das Cruzadas cristãs, consequência que, segundo

Weber, não se realizou no islã. Bastou a "elevação" dos crentes por meio da "subjugação dos não crentes à autoridade política [daqueles] e à dominação econômica [via impostos]" (id., 1978b, p.474, 1972, p.289). No interesse dessa "elevação", que naturalmente tem efeitos principalmente político--econômicos, a proteção dos subjugados é até mesmo necessária. Assim, na batalha pela fé, os interesses políticos e econômicos avançam ainda mais para o primeiro plano. O que está em jogo não é converter ou catequizar os não crentes, e certamente também não é salvar suas almas, o que está envolvido são os rendimentos, e dessa maneira a religião se torna uma característica definidora de estratificação de grupos de *status* (id., 1978b, p.474, 1174, 1972, p.289, 708). Isso levou, porém, ao recuo dos aspectos éticos e salvíficos ante seus aspectos políticos:

> aqueles elementos religiosos do antigo islã que tinham o caráter de uma religião ética da salvação recuaram bastante para o segundo plano, na medida em que o islã continuava a ser essencialmente uma religião de guerreiros (id., 1978b, p.474, 1972, p.289).[65]

Os não crentes, e as áreas onde residiam, tinham não só de ser conquistados, mas também administrados. Quanto mais se expandia a área de dominação, maior o número de pessoas submetidas ao governo de Alá e mais acerbamente tinha o islã de enfrentar o problema organizacional básico da autoridade legitimada carismática e tradicionalmente: o problema da centralização e da descentralização.[66] Esse problema universal das configurações tradicionais da ordem só se tornou mais agudo na medida em que as tropas de elite de Alá eram originalmente tribos de pastores de rebanhos, que, ao contrário dos camponeses presos à terra, por exemplo, não estavam habituados a ter de submeter-se a um poder territorial contínuo. Tais pastores não aceitavam com facilidade as obrigações desse sistema, mesmo na condição de governantes. Mas o problema da unidade religiosa e, principalmente, política tinha de ser resolvido. Isso exigia a diferenciação institucional e o

---

65 Essa passagem, aliás, nos permite concluir que Weber não considerava o islã exclusivamente uma religião de guerreiros. Na medida em que outros estratos portadores passam para o primeiro plano, elementos de uma religião da salvação também se afirmam. Na verdade, Weber jamais classificou o islã de maneira não ambivalente. Vide Schluchter (op. cit., p.144 fig.13).

66 Sobre isso, vide Schluchter (1981, p.82-138, especialmente p.118-38).

estabelecimento de equipes administrativas militares e civis, sem as quais um poder central não consegue governar com sucesso amplas áreas geográficas.

A diferenciação institucional envolve acima de tudo a relativa autonomização das funções religiosa e política, dos poderes hierocrático e político, e a separação dos poderes entre eles e dentro deles. O estabelecimento de equipes administrativas envolve antes de tudo as tropas militares e a organização de funcionários, tanto em estrutura como em espírito. Segundo Weber, a arrecadação árabe, teocrática, organizada tribalmente, já havia dissolvido no século IX o "zelo religioso feliz com os butins [que] operara as maiores conquistas" (Weber, 1978b, p.1015, 1972, p.587).[67] O califado também se separou do sultanato sob os Abássidas, em uma espécie de divisão de trabalho entre tarefas espirituais e mundanas, ambos reconhecidamente – pelo menos segundo a intenção do cânon que se formava – sujeitos a uma única lei religiosa. Porém, em comparação com a situação em Medina e, em seguida, sob os primeiros califados, aquilo representava uma nova constelação estrutural. Temos de nos voltar para essa constelação se quisermos entender claramente a relação do "Oriente islâmico" e dos "Estados islâmicos" com o capitalismo racional – uma relação que era não só desfavorável, mas até de obstrução e resistência.[68]

Weber vale-se de diversos termos para caracterizar essa nova constelação em relação à dominação política: "patrimonialismo arbitrário", "sultanismo", "feudalismo de prebendas" e até mesmo "feudalismo de prebendas livre" (Weber, 1978b, p.1020, 1972, p.590, 1072). O que é, à primeira vista, surpreendente, na medida em que no patrimonialismo arbitrário (sob o qual o sultanismo pode ser classificado) o senhor dispõe de um amplo leque de poderes discricionários e, portanto, dificilmente estereotipados. Em contrapartida, o feudalismo representa "um caso marginal de patrimonialismo", porque a estereotipação das relações de dominação está relativamente bem avançada (id., 1978b, p.1070, 1972, p.625). Por essa razão, um sistema feudal desenvolvido é "pelo menos uma aproximação do *Rechstaat*" (id., 1978b, p.1082, 1972, p.634). Ele, portanto, limita a discricionariedade do governante (*Eigenrecht der Herrenmacht*) por meio de uma divisão regulamentada da autoridade (*Herrengewalten*). Tal "império da lei" não se baseia, é claro,

---

67 Weber, aqui, aparentemente segue Becker, que citou o ano de 833 como o ponto crítico.

68 Vide o epigrama que prefacia o ensaio e as formulações em Weber (1978b, p.229, 239, 259, 1972, p.131, 138, 151). Sobre o patrimonialismo islâmico, vide também Rodinson (1987), Hardy (1987), Eaton (1987) e Eisenstadt (1987b), todos em Schluchter (1987a).

em uma ordem legal objetiva, mas em direitos "subjetivos", em privilégios. O feudalismo protege os direitos dos indivíduos e, em certas circunstâncias, das associações (como uma espécie de *Ständestaat*), bem como o modo de distribuição resultante. No patrimonialismo, pelo contrário, o direito individual do governante aumenta em relação a outras fontes de poder, e quanto mais discricionária a dominação política, maior a discricionariedade do governante. Esse direito individual é um "direito de intervir" que não poupa os direitos adquiridos de outros e o modo de distribuição associado. Mais uma vez, quanto mais arbitrária a formação patrimonial, mais estes são comprometidos. O que o patrimonialismo e o feudalismo têm em comum é a necessidade de o poder central chegar a um acordo com os outros poderes. Ambos são formas territoriais de dominação que têm de regrar as relações de dominação, nas áreas patrimoniais e não patrimoniais. Eles se distinguem pelo *modo* como regulam essas relações. Segue-se logicamente daí que uma formação não pode ser sultanista e feudalista ao mesmo tempo.

Ora, essa indeterminação terminológica poderia ser simplesmente o resultado da história de *Economia e sociedade*. Sabemos que Weber escreveu duas versões da sociologia da dominação e que a segunda, embora se baseasse na primeira, foi formulada com maior rigor e era conceitualmente mais precisa. Na segunda versão, o Oriente Próximo islâmico e o Império Mongol são classificados sob o feudalismo de prebendas fiscalmente condicionado, não sob sultanismo. Este último também é descrito, como na versão original, ao lado do maior poder possível do governante no patrimonialismo; contudo, ele só é descrito e caracterizado brevemente como um fenômeno marginal e um tanto improvável historicamente (id., 1978b, p.232, 260, 1972, p.133-4, 151).[69] Pode também haver razões substantivas para a indecisão terminológica. As formações estatais islâmicas eram, talvez, tão sultanistas como feudal-prebendais, dependendo do objeto em que se concentra a atenção.

Na primeira versão da sociologia da dominação (e, portanto, no texto que, como parte de "A economia e as ordens e os poderes sociais", reflete mais diretamente seu estudo sobre o islã), Weber trata do feudalismo islâmico em comparação com sua contraparte ocidental. Mais uma vez seu objetivo é mostrar que o feudalismo medieval ocidental representa um caso histórico especial, um dos pré-requisitos culturais gerais para o surgimento e o de-

---

69 Isso acontecia porque a falta de toda tradição vinculante é praticamente uma impossibilidade histórica.

Obstáculos à modernidade: Max Weber acerca do islã

senvolvimento do capitalismo racional. A comparação abrange igualmente forma e espírito, estrutura e ética. Examinemos brevemente tal comparação.

Uma consideração de ordem geral será útil aqui. A relação feudal tem, de fato, uma forma muito estereotipada e legalizada se comparada à relação puramente patrimonial. Em termos tipológicos, em sua origem ela é tão patrimonial como carismática. A origem patrimonial está ligada a dois fatos: um poder reinante precisa de uma equipe administrativa para defender e administrar militarmente um território, e essa equipe administrativa pode apropriar-se de direitos políticos e de oportunidades econômicas e assim tomar posse de meios militares e administrativos. A equipe administrativa desenvolve uma autonomia (*Eigenrecht*) que ela garante economicamente: o *beneficium*. A origem carismática está vinculada ao fato de que o senhor é um herói guerreiro que reúne ao seu redor seguidores que creem em seu heroísmo. É uma relação de devoção não material, puramente ideal. Ainda que tal relação caia na rotina, ela mantém o seu caráter ideal. Surge uma relação específica de lealdade entre o senhor e sua equipe administrativa: uma relação de *homagium*. Na relação feudal, esses dois componentes, o material e o ideal, o *beneficium* e o *homagium*, se interligam de tal maneira, que "um direito de governar baseado na renda" é "trocado" por um compromisso pessoal de lealdade. Isso acontece por meio de um contrato que, estritamente falando, pressupõe partes contratuais "livres". O recebedor do feudo não é um súdito patrimonial, é um homem livre. Com base nessas relações contratuais – "um complexo de direitos *sustentado nas rendas* cuja posse [torna possível] uma existência *senhorial*" em troca da fidelidade pessoal, em especial na guerra –, pode desenvolver-se um sistema complexo, uma hierarquia de feudos com estratos intermediários. Isso acontece, sobretudo, quando tal sistema cobre grandes territórios. O mais importante, porém, é que a formação feudal tem, além de seu caráter econômico, material e "patrimonial", um lado ideal, ético e "carismático". A relação de autoridade (*Herrschaftsbeziehung*) é regulada por "um código de deveres e de honra muito rigoroso" – por meio de uma mentalidade específica e um modo de conduta correspondente, mais especificamente, por meio de um modo cavalheiresco de conduta (id., 1978b, p.1072-4, 1972, p.627-8).

Há, pois, aspectos internos e externos na relação feudal. Ela exige uma ética especial, uma ética feudal, centrada nos conceitos de fidelidade e honra. É importante deixar claro que essa ética era mais do que uma ética de piedade filial. O apelo "à honra e à fidelidade pessoal, livremente assumida e mantida" é constitutivo do modo de conduta associado a essas virtudes (id.,

1978b, p.1104, 1972, p.650) e que está ligado a um sentimento específico de dignidade e "à impregnação das mais importantes relações da vida por vínculos muitos pessoais" (id., 1978b, p.1105, 1972, p.650). Weber observa a importância educacional do jogo por seu modo cavalheiresco de conduta e pela afinidade que existe entre ele e um modo artístico (id., 1978b, p.1105-6, 1972, p.650-1). Mesmo a relação patrimonial – por exemplo, sob a forma de uma relação baseada em prebendas – tem seu aspecto "interno", sua "ética". Tal relação também se baseia na ideia de lealdade. Todavia, a "piedade filial", cujo modelo é oferecido pela relação autoritária entre pai e filho, difere da fidelidade de vassalagem. Embora a primeira também possa ser orientada para o grupo de *status*, dando ênfase ao "ser" sobre a "função", ela carece do traço aristocrático fundamental da fidelidade de vassalagem, que nasce na formação jubilosa de uma vida orientada para o heroísmo. A "piedade filial" também carece da estrutura jurídica sobre a qual a relação feudal se baseia em última instância: o contrato "livre".

Uma formação de dominação patrimonial pode, portanto, sofrer modificações prebendais e feudais. Que tipo de modificação está envolvida é apenas uma questão legal e ética, não uma questão econômica. Nos dois casos, o patrimonialismo torna-se *ständisch*, com poderes partilhados por meio da apropriação de direitos de governo e de oportunidades econômicas por parte da equipe administrativa. As equipes não podem mais ser separadas dos meios materiais de administração, de natureza quer militar, quer civil. Esse aspecto é crucial para a solução da questão estrutural. Como é sabido, sob esse aspecto Weber aplica a tese de Marx acerca da centralidade da relação com o meio de produção em todas as áreas da vida e em todos os períodos da história. Ora, a divisão dos poderes senhoriais e a limitação da discricionariedade (*Eigenrecht*) a ela associada servem o propósito de manter indiviso o domínio de dominação, a unidade do império. Essa unidade é constantemente ameaçada pela maneira como essa meta deva ser alcançada. Os poderes regionais relativamente autônomos podem tornar-se antagônicos. Esse potencial força a autoridade central a tomar contramedidas, com o objetivo de eliminar ou pelo menos "domar" a independência das equipes administrativas, o que pressagia, porém, a expansão (ou pelo menos a "proteção") dos direitos autônomos da autoridade central e, portanto, o retorno ao patrimonialismo, cuja forma extrema é o sultanismo.

Segundo Weber, em um sentido tipológico, o Ocidente lidou com esse problema central de todas as formações políticas tradicionais em três etapas: com a ajuda do feudalismo baseado em feudos; com a ajuda do *Ständestaat*, que representa uma espécie de forma corporativa do feudalismo baseado em feudos; e com a ajuda de um Estado patrimonial burocrático racional surgido a partir do *Ständestaat*. Todas essas formações eram caracterizadas pelo império da lei (*Rechtsstaatlichkeit*), que, como é sabido, só alcançou a plena maturidade no moderno *Anstaltsstaat*. A ideia de contrato é associada à da *Anstalt* para formar o núcleo desse "império da lei". A noção da *Anstalt* nunca se limitou à esfera do poder territorial político, mas também incluía o poder hierocrático, a Igreja e os poderes urbanos. Um aspecto importante do desenvolvimento político ocidental, portanto, envolve o fato de que nele surgiram corpos territoriais organizados, em parte autonomamente e em parte vindos do feudalismo baseado em feudos, que entraram em sério conflito entre eles, porque cada um caminhava por si mesmo. Esse conflito promoveu a descentralização e o pluralismo e tornou possível uma hierarquia de unidades jurídicas e *de facto* autônomas. Assim, o centro do poder gravitou, por assim dizer, na direção do nível intermediário, auxiliada por uma forte tendência a sujeitar as relações de dominação internas e externas aos limites da lei.[70] Essa foi uma tendência relativamente precoce para uma constituição (*Satzung*) racional, sobretudo porque o Ocidente já estava familiarizado, na Idade Média, tanto com uma divisão clara – comparativamente a outros sistemas jurídicos – entre o direito sagrado (canônico) e o profano (romano e germânico) quanto com uma lei sagrada relativamente formal. Desde a Querela das Investiduras, essa demarcação jurídica entre Igreja e "Estado" recebeu, ademais, apoio por motivos políticos (Weber, 1978b, p.828-30, 1972, p.480-1).

Assim, desde a Idade Média, o Ocidente essencialmente cessou de se valer de estratégias patrimoniais, e muito menos sultanistas, para lidar com o "problema da unidade". Pelo contrário, sua estratégia visava a uma divisão *ständisch* de poderes entre unidades estruturalmente heterogêneas e sua fixação jurídica por meio de estatutos. Se observarmos as formações estatais islâmicas sob esse prisma, duas instituições se destacam: o exército de escravos adquiridos e o prebendalismo militar fiscalmente condicionado. Ambos estão ligados à origem "guerreira" do movimento islâmico. Segundo Weber, as formações estatais islâmicas são antes de tudo "Estados militares", para cuja caracterização estrutural a análise da organização militar é especialmente importante.

---

70 Vide o Capítulo 4 e também Poggi (1988) e Breuer (1988) em Schluchter (1988d). Anteriormente, Schluchter (1981, p.139-74, especialmente p.153-74). Além de Weber (1978b, p.1051-69, especialmente p.1055-6, 1972, p.480-1).

Paradoxos da modernidade

"Escravos na cavalaria" como sistema são evidentemente algo exclusivo das formações estatais islâmicas.[71] Naturalmente, e isso deve ser também ressaltado, não há fundamentação religiosa para tal sistema no islamismo (Crone, op. cit.; e Pipes, 1981). Mas, como logo veremos, isso ajuda a entender por que esses Estados colocavam obstáculos naturais a qualquer forma de capitalismo racional.

O sistema de "escravos na cavalaria" parece ter surgido ainda no começo do século IX (Pipes, op. cit., p.xxiii). De qualquer modo, ele definia a estrutura da dominação política na época dos Abássidas. Como observa Weber,

> os Abássidas compraram e treinaram militarmente escravos turcos que, como forasteiros tribais, se mostravam totalmente presos à dominação do governante; assim, a dinastia tornou-se independente da arrecadação fiscal nacional e sua frouxa disciplina de tempos de paz criou um exército disciplinado (Weber, 1978b, p.1015, 1972, p.587).

A arrecadação nacional era a arrecadação das tribos árabes que haviam sido bem-sucedidas na conquista islâmica do mundo. Os guerreiros santos, marcados em parte pela ética religiosa, provaram ser heróis por meio da conquista de cada vez mais territórios e povos. Com a pacificação do reino, porém, encerrava-se o tempo tanto para a disciplina como para a cooperação tribal. As tribos tornaram-se – na transição da situação extraordinária de guerra para a situação cotidiana de paz – sujeitas ao movimento cíclico entre a disposição para o sacrifício abnegado e a disposição para o aburguesamento. Por essa razão, não eram uma equipe administrativa adequada como garantia da dominação do império pelo poder central. Criando uma tropa de escravos comprados de tribos estrangeiras, o poder central fabricou um instrumento que o libertou da dependência das tribos e, acima de tudo, do turbilhão de suas tendências centrífugas e anticentralistas. A equipe administrativa não era recrutada patrimonialmente, mas era empregada como tal, ou melhor, empregada sultanisticamente. Isso não impediu a dissolução do império, que ocorreu ainda sob os Abássidas no século IX. O que o sistema militar realmente proporcionou, porém, foi um potente instrumento para restabelecer a unidade imperial depois de tempos de desintegração em impérios regionais. Sabe-se que isso ocorreu porque o islamismo como religião tinha viva a ideia de unidade. Como escreveu Weber,

---

71 Referência ao livro de Patricia Crone anteriormente mencionado, *Slaves on horses*.

a unidade religiosa do califado não impediu a desintegração do sultanato puramente secular, criação dos generais escravos, em subimpério. Mas a unidade dos disciplinados exércitos de escravos, por sua vez, favoreceu a indivisibilidade desses subimpérios uma vez estabelecidos; em parte por essa razão, a divisão hereditária nunca se tornou habitual no Oriente islâmico. (Id., 1978b, p.1053-4, 1972, p.613)

Um grande exército escravo, recrutado não patrimonialmente e empregado sultanisticamente e, por essa razão, necessariamente livre de toda forma de trabalho civil, não pode ser aprovisionado pela casa real. Tem de ser feito outro arranjo. Nesse contexto, Carl Heinrich Becker (em um ensaio que impressionou profundamente a Weber) aventou a tese de que o feudalismo oriental, cujo desenvolvimento decisivo ele situou no tempo das Cruzadas, nasceu da coleta de impostos. Os generais escravos funcionavam cada vez mais como coletores de impostos em proveito próprio. Além do pagamento por seu serviço militar, eles recebiam originalmente unidades tributáveis para as quais serviam de fiadores fiscais ante a autoridade central. Em troca da interrupção dos pagamentos por serviços e somando-se aos lucros empresariais obtidos na coleta de impostos, eles chegaram a se apropriar dos impostos. O pagamento monetário estava ligado à economia monetária relativamente bem desenvolvida. Em contrapartida, o feudalismo ocidental baseou-se de início em uma economia natural (Becker, C., op. cit., sobretudo p.243). Weber adota essa ideia, mas de imediato a liga a outra:

> a extraordinária insegurança jurídica da população pagadora de impostos ante a arbitrariedade das tropas a quem sua capacidade fiscal estava hipotecada poderia paralisar o comércio e, portanto, a economia monetária; de fato, desde o período dos seljúcidas, a economia oriental declinou ou estagnou essencialmente por causa dessas circunstâncias. (Weber, 1978b, p.1016, 1972, p.587)

Assim, as duas instituições, o sistema militar de escravos e o feudo militar para fins fiscais, ampliaram o espaço da discricionariedade arbitrária, em comparação ao feudalismo ocidental baseado em feudos. Tal espaço reduziu a calculabilidade do processo administrativo. Segundo Weber, isso teve uma consequência econômica interessante: a imobilização artificial da riqueza, sobretudo por meio das fundações pias (*wakfs*), para evitar o confisco arbitrário por parte das autoridades patrimoniais. Mais uma vez seguindo Becker, Weber vê a transferência de riqueza para a restritividade dos *wakfs* como uma reação contra a imprevisibilidade da dominação patrimonial, que levava a um "aumento do espaço vinculado ao direito sagrado" (id., 1978b, p.1096, 1972, p.644). Tal transferência podia também evitar que a riqueza fosse usada para fins capitalistas. Weber considera a função dos *wakfs* semelhante à do fideicomisso (*fidei commissum*). A defesa deste último, sobretudo na Prússia, provocara a oposição de Weber nos termos mais enérgicos possíveis, em razão de suas "consequências anticapitalistas".[72]

No entanto, o feudo militar para fins financeiros não é um feudo, estritamente falando. O próprio Becker já observara que aqui é dado um *beneficium*, mas não um *feudum*, porque falta o *homagium*, a vassalagem. Originalmente, a concessão do *beneficium* não estava de modo algum vinculada ao serviço militar. Os militares, segundo Becker, forçaram seu próprio ingresso "no sistema existente de benefícios impropriamente e depois do fato consumado" (Becker, C., op. cit., p.240). Esse padrão básico é visto na ética e no modo de conduta a ela relacionado. Essa "base" definitivamente não permite uma ética feudal com um modo de conduta cavalheiresco, como o feudalismo ocidental. Só em tempos de guerra religiosa surge uma instituição cavaleiresca dos fiéis que se aproxima da ocidental, mas sem o caráter lúdico desta última. Como observa Weber,

> na era das Cruzadas, o feudalismo de prebendas oriental ostentava um senso de condição cavaleiresca, mas em geral seu caráter continuou sendo definido pelo caráter patriarcal de dominação (Weber, 1978b, p.1105, 1972, p.650).

Weber identifica, pois, três pontos de comparação entre o feudalismo de prebendas oriental, especificamente islâmico, e o feudalismo ocidental, que na verdade representam três pontos de contraste, quais sejam: a fundamentação econômica da organização militar, seus portadores sociais e a ética que envolve essa estrutura. Quanto à fundamentação econômica, as prebendas, que eram originalmente usurpadas, contrapõem-se aos feudos, que eram originalmente contratados. As prebendas são usadas apenas para fins fiscais; o que interessa estritamente são os impostos – mais precisamente, os monetários –, não a terra. A predominância dessa orientação monetária só é possível em razão de

---

72 Vide Weber (1924b, p.323 et seq., especialmente parte 3) e meu estudo "Modes of Capitalism: Imperial Rome and Imperial Germany" [Modos de capitalismo: Roma Imperial e Alemanha Imperial], em Schluchter (1989, p.281-314, sobretudo p.305-13). Weber chega até a conjecturar que essa instituição tem origem no islã, chegando à Europa via Espanha.

Obstáculos à modernidade: Max Weber acerca do islã

uma economia monetária mais desenvolvida em comparação à do Ocidente. Observa Becker que houve um desenvolvimento intensivo de parcerias limitadas e de cooperativas e que foram usados cheques e letras de câmbio para fins fiscais e econômicos (Becker, C., op. cit., p.236). No que se refere aos portadores sociais, os escravos comprados contrapõem-se aos homens livres. O exército de escravos comprados é um exército de massa disciplinado, o exército feudal é um exército de cavaleiros voltado para a batalha individual heroica. O primeiro tende a mostrar características plebeias; o segundo, traços aristocráticos. Sabe-se que até mesmo as tropas de escravos – se suficientemente imbuídas do universo conceptual do islã – pode tornar-se um exército de "nobres guerreiros da fé".[73] Contudo, permanece uma diferença no que se refere ao terceiro ponto de contraste, a ética e o respectivo modo de conduta. Aqui, o que é, em suma, uma ética de piedade submissa contrapõe-se a uma ética feudal. O feudalismo oriental não é um feudalismo de fidelidade, como sua contraparte ocidental (e japonesa). Na tipologia comparativa de Weber, o feudalismo oriental carece de fidelidade, o feudalismo japonês carece de uma fundamentação patrimonial e só o feudalismo ocidental combina ambas as coisas – e é isso que define o seu singular caráter histórico (Weber, 1978b, p1075, 1972, p.628-9).

Assim, o feudalismo oriental é menos "tipificado" do que sua contraparte ocidental. É também menos descentralizado. Além disso, ele carece da ideia de contrato no sentido ocidental e do conceito de *Anstalt*. A combinação das duas coisas é importante para o desenvolvimento do feudalismo ocidental no sentido do *Ständestaat*. Isso leva a diferenças no modo de ação administrativa e, sobretudo, na previsibilidade. Poder-se-ia perguntar, porém: são tão decisivas essas diferenças na resposta às questões de se e como a forma e o espírito da dominação política influenciam as perspectivas de desenvolvimento do capitalismo racional? Não é verdade, aliás, que independentemente de haver mais ou menos patrimonialismo arbitrário, feudalismo de prebendas ou baseado em feudos, todos eles privam o capitalismo industrial de um terreno fértil para se desenvolver? O que está em jogo são as perspectivas de desenvolvimento para o capital produtivo, não para o capital comercial. A formação deste último, como Weber ressalta repetidas vezes, "é viável sob quase todas as condições de dominação, sobretudo sob o patrimonialismo" (id., 1978b, p.1095, 1972, p.643). A empresa comercial surge repetidamente

---

73 Weber aponta o Império Otomano e sua instituição da conscrição de meninos (vide Weber, 1978b, p.1016, 1972, p.588). Quanto a isso, vide também Anderson (1980, cap.7).

Paradoxos da modernidade

sob as condições da dominação política tradicional, com frequências variadas. O que está em questão, porém, não é o capital comercial ou modos subsidiários de produção de mercado, mas a economia capitalista como sistema. O que está em jogo são as perspectivas de desenvolvimento para um novo princípio estrutural: a satisfação das necessidades do dia a dia com base no capitalismo industrial (id., 1961, p.207, 1923, p.239). Tal satisfação implica substituir o princípio familiar pelo princípio de mercado, substituir um poder receptivo à tradição por outro completamente antagônico a ela.[74]

De fato, seria um erro, na minha opinião, tomar a análise comparativa de Weber como uma explicação direta dos aspectos externos que favoreceram o capitalismo racional no Ocidente. Em um quadro tradicional, a administração, o fisco e, como veremos, a administração da justiça em nenhum lugar são tão organizados a ponto de oferecerem plenamente a previsibilidade da ação governamental, tão indispensável à formação e à utilização do capital industrial. A ética feudal, tão desenvolvida no Ocidente em comparação ao Oriente islâmico, pode, como toda ética orientada para um grupo de *status*, ser considerada uma força anticapitalista por excelência. Nada é tão distante da moral de negócios capitalista, de uma ética vocacional definida segundo funções desempenhadas, como uma ética heroica profundamente hostil a toda racionalidade relativa a meios e fins (Weber, 1978b, p.1104-9, sobretudo p.1108-9, 1972, p.650-3, sobretudo p.653). A forma e o espírito da dominação política tradicional podem, é claro, ser constituídos de tal maneira que se desenvolvam no sentido da previsibilidade da ação governamental, quando satisfeitas certas condições. Isso, porém, aconteceu só no Ocidente, e não no Oriente islâmico. A meu ver, temos aqui a segunda tese de Weber.

O feudalismo ocidental contém, por exemplo, dois dos elementos que "permitem ulterior desenvolvimento", e que faltam ao feudalismo oriental de prebendas: a descentralização da dominação política por meio de uma hierarquia feudal – uma forma de divisão de poderes de tipo estatal que, pelo compromisso, possibilita uma distribuição previsível dos encargos (id., 1978b, p.239, 260, 1972, p.138, 151) – e o contrato feudal. Ambos foram importantes para o ulterior desenvolvimento político do Ocidente. Afora isso, porém, em sua relação com o capitalismo racional, o feudalismo ocidental não é diferente da dominação política tradicional em geral. Esta última favorece

---

74 Sobre a distinção entre os princípios de casa familiar e de mercado e sobre os conceitos fundamentais da sociologia da economia a ela ligados, vide minhas tentativas em Schluchter (1980, p.136-42), revistas em Schluchter (1989, cap.9).

o capitalismo politicamente orientado, e não o capitalismo economicamente orientado. Na segunda versão da sociologia da dominação, em um refinamento da primeira, Weber apresentou uma formulação particularmente concisa para a exceção a essa regra:

> A situação é fundamentalmente diferente só nos casos em que um governante patrimonial, no interesse de seu próprio poder e finanças, desenvolve um sistema racional de administração com funcionários tecnicamente especializados. Para que isso aconteça, é necessário que (1) haja treinamento técnico disponível; (2) haja um incentivo suficientemente poderoso para iniciar essa política – normalmente a dura competição entre vários poderes patrimoniais dentro da mesma área cultural; (3) esteja presente um fator muito especial, a saber, a participação das comunas urbanas como esteio financeiro na competição das unidades patrimoniais. (Id., 1978b, p.240, 1972, p.139)

Uma forma de resumir nossa análise das condições externas é dizer que no islamismo o segundo aspecto mencionado na citação pouco se desenvolve. Na civilização islâmica, existe, sim, o ciclo político de unificação e desintegração, mas não existe nem o conflito contínuo entre unidades territoriais relativamente independentes, nem a rude competição de diversos poderes no âmbito de uma divisão de poderes *ständisch*, com uma superestrutura jurídica como no Ocidente. Isso vale tanto para a relação entre o senhor e suas equipes administrativas, como para aquela entre dominações políticas hierocráticas. Malgrado as tendências para a autonomia que também são intrínsecas ao feudalismo de prebendas, a primeira relação é, no Oriente islâmico, centralista, reduzindo a competição; a segunda relação é dominada pelo conflito, mas o islã carece de uma Igreja como aparelho burocrático de poder (também Hall, op. cit., p.97). O primeiro e o terceiro aspectos da citação, porém, chamam a atenção para outros potenciais pontos de diferenças. Tais aspectos serão meus últimos temas.

Cidades orientais e ocidentais

Comecemos com o terceiro ponto do trecho supracitado, o papel das organizações comunais urbanas. Weber procede da mesma maneira no caso da cidade e no do feudalismo. Ele faz uma comparação tipológica entre a cidade ocidental – ou, mais precisamente, a cidade medieval, continental, do norte europeu – e a cidade oriental. O interessante é que Meca a partir dos tempos de Maomé serve para ele como exemplo da cidade oriental (Weber, 1978b, p.1231-3, 1972, p.739-40). Não me é possível fazer aqui um relato completo da análise comparativa da cidade feita por Weber – uma análise que é de importância central em sua explicação do surgimento e desenvolvimento do capitalismo racional no Ocidente.[75] Citarei apenas as ideias importantes em nosso contexto. A primeira questão envolve a tese de Weber de que a cidade oriental tende a obstruir mais do que favorecer as perspectivas de desenvolvimento do capitalismo racional, ainda que também possua as seguintes características: é, em geral, o lugar de mercados que atraem o comércio e o artesanato; abriga guildas de mercadores e artesãos com "estatutos" autônomos; tem um patrão ou senhor da cidade e seu padrão de estratificação social diverge do das regiões não urbanas; e possui, em especial sob influência islâmica, associações religiosas a que pertencem os habitantes crentes, independentemente da posição social.

Weber classifica as cidades em parte segundo o estrato social que as governa (a cidade patrícia ou principesca *versus* a cidade plebeia); as principais funções econômicas que desempenham (a cidade de consumidores e dos que vivem de renda *versus* a cidade dos produtores – ou de comércio e indústria); a localização geográfica e, associado a isto, as vias e meios de transporte que favorecem (cidades marítimas *versus* cidades do interior); e, por fim, segundo a principal orientação que possuem (a cidade politicamente orientada *versus* a cidade economicamente orientada). Assim, muitas cidades da Antiguidade ocidental são patrícias, consumidoras, marítimas e politicamente orientadas; em contrapartida, muitas cidades medievais ocidentais são plebeias, produtoras, interioranas e economicamente orientadas. Poderíamos classificar também a cidade oriental segundo esses critérios. Ela, então, se mostraria mais próxima da cidade da Antiguidade ocidental do que da cidade da Idade Média ocidental. Mas logo podemos ver que tal procedimento não vai muito longe. Weber faz a sua comparação de maneira mais sofisticada.

Em primeiro lugar, ele distingue rigorosamente o conceito econômico de cidade do seu conceito político-administrativo e legal; são duas coisas diferentes (Weber, 1978b, p.1220, 1972, p.732). Ademais, em termos puramente econômicos, é difícil distinguir claramente entre cidade (ou vila) e aldeia. Ambas podem ser lugares em que se estabelecem comerciantes e negociantes, ter um mercado para satisfazer as necessidades cotidianas e agir como

---

75 Vide também o Capítulo 4, além da magnífica dissertação de Song-U Chon (1985), bem como Schreiner (1986) e a literatura aí citada.

associações econômicas possuidoras de terras, como unidades econômicas com receitas e despesas e como associações que regulam a economia. Mas mesmo em termos de critérios político-administrativos, a distinção nem sempre é fácil. As aldeias, como as cidades, podem ter seu próprio território, suas próprias autoridades ou até sua própria fortaleza, ou podem pertencer a uma fortaleza com guarnição; aliás, tanto a aldeia (sempre) como a cidade (geralmente) são parte de uma associação política maior. Há uma coisa que as aldeias não desenvolveram, porém: autonomia e autocefalia política, administrativa, militar e jurídica. Sabe-se que tampouco todas as cidades dispunham disso. Uma cidade com autonomia e autocefalia plenamente desenvolvidas é um caso histórico especial. Aquele que mais interessa a Weber se encontra na Idade Média ocidental e não representa senão um "interlúdio histórico" (id., 1978b, p.1352, 1972, p.804). Vemos que, nesse caso também, ele desenvolve sua análise comparativa a partir do caso ocidental especial, que em seguida lhe fornece pontos de comparação com os quais analisar as cidades islâmicas.

A autonomia e a autocefalia urbanas são por si sós caracterizações sem conteúdo específico. Ambas valem para algumas das antigas *pólis*, sobretudo para aquelas que foram o ponto de partida de "grandes formações políticas" (id., 1978b, p.1363, 1972, p.811).[76] Assim, o importante não é a autonomia e a autocefalia como tais, mas a maneira pela qual são legitimadas e organizadas – em suma, o princípio estrutural em que elas se fundamentam. Assim, a cidade que preocupa Weber é a comuna urbana organizada. A invenção e realização desse princípio estrutural foi uma "inovação *revolucionária* que diferenciou as cidades medievais orientais de todas as outras" (id., 1978b, p.1239, 1972, p.742). Esse princípio estrutural rompe com os poderes solarengos, eclesiásticos e urbanos apropriados feudal ou prebendalmente. Por causa desse aspecto usurpatório do desenvolvimento urbano ocidental medieval, Weber intitulou sua análise da cidade "Dominação não legítima: uma topologia das cidades" ("Die nichtlegitime Herrschaft. Typologie der Städte") em seu manuscrito "A economia e as ordens e os poderes sociais". Disso não se deve entender que a dominação urbana em geral, e a do Ocidente medieval em particular, é sempre não legítima. Aquilo a que esse título realmente se refere é o seguinte: a análise comparativa da cidade feita por Weber organiza-se ao redor do caso particular ocidental. Nele, e só nele, esse novo princípio estrutural operou uma

---

76 Weber menciona o Império Siciliano sob Dionísio, a Confederação Ática, o Império Cartaginês e o Império Romano-Itálico.

ruptura de importância histórica. Apenas raramente tal ruptura implica um ato conscientemente ilegítimo e revolucionário.[77] Na maioria dos casos, a usurpação ocorreu gradualmente ou não existiu. Sobretudo, a maioria das cidades surgiu de condições completamente diferentes. A teoria da usurpação não é uma teoria da gênese da cidade medieval. Além disso, só umas poucas cidades medievais conseguiram alcançar a plena autonomia, e aquelas que o fizeram logo foram mais uma vez sujeitas a restrições. No entanto, o interlúdio foi o suficiente para criar três importantes "pré-requisitos" históricos para o posterior desenvolvimento capitalista: o princípio democrático de legitimação, o princípio organizacional da comuna urbana organizada e a burguesia orientada para o mercado.[78]

Assim, na visão de Weber, a cidade medieval é um "caso especial de desenvolvimento". Isso só se torna compreensível se atentarmos para "a posição geral da cidade no quadro das organizações medievais políticas e de grupos de *status*" (id., 1978b, p.1339-40, 1972, p.796). Por mais importante que seja o aspecto econômico, a análise não deve restringir-se a ele. Ao contrário, deve também levar em conta o aspecto de política e dominação, subdividido em forma e espírito. Não é por acaso que Weber subsume a análise comparativa da cidade sob a sociologia da dominação e não sob a sociologia da economia. Assim, a dominação política e a questão de sua relação com a economia são os temas principais.

A cidade medieval ocidental é, portanto, em seu "pleno desenvolvimento" um corpo comunal organizado, legitimado com base na vontade dos governados; seus habitantes são politicamente "revolucionários" e orientados para o ganho econômico. Tal formação não se encontra na Antiguidade ocidental, apesar de certas linhas de continuidade entre as democracias antiga e medieval, e certamente não se encontra no mundo islâmico. Nesse caso, o desenvolvimento urbano não levou a uma ruptura com as prerrogativas do governo patrimonial. Tampouco levou à formação de comunas urbanas como comunas cívicas, com autonomia político-administrativa, jurídica e (sob certas circunstâncias) militar em relação ao que está fora da comuna e com fraternidade em relação ao que está dentro.

---

77 Aqui, Weber tem em mente o *popolo* italiano e provavelmente também a Colônia.

78 A esse respeito, vide também a palestra de Weber em Viena acerca da sociologia do Estado, tal como noticiada na *Neuen Freien Presse*, p.10, out. 1917. O quarto conceito de legitimação (além do tradicional, do racional-jurídico e do carismático) era o democrático, o "portador social específico, porém, a *formação sociológica da cidade ocidental*".

Esse tipo de comuna cívica não mais seguia as linhas das organizações constituídas não urbanas ou pré-urbanas, mas antes as de uma organização burguesa (*burgher*) constituída "livremente" a que as pessoas se filiavam como indivíduos baseando-se em certa ideia de igualdade jurídica. Eis o que é decisivo acerca da cidade ocidental "plenamente desenvolvida": ela substitui o princípio tradicional da pessoa (*Personalprinzip*) pelo de instituição (*Anstaltsprinzip*) e assim substitui os *status* tradicionais de senhor e súdito pela condição de membro. Esse desenvolvimento legal encontra apoio nas convicções religiosas, pois essa igualdade jurídica profana tem, por assim dizer, uma subestrutura simbólica na comunidade eucarística do cristianismo.[79] Isso não significa que "a lei da terra" não continuasse a ter efeitos sobre a "lei da cidade" (cartas da cidade), nem tampouco que essa igualdade jurídica fosse incomensurável, com a divisão segundo grupos de *status*. Certamente quer dizer, porém, que a comuna urbana como corpo institucional (*Anstalt*) transformou radicalmente a situação jurídica pessoal do burguês (*burgher*) em relação ao do habitante rural.[80] Também quer dizer que a fraternidade dos burgueses ficava acima da solidariedade dos parentes, vizinhos e colegas e que a solidariedade com a organização urbana geral ficava acima daquela com unidades territoriais mais amplas de que ela fosse parte.

O caso especial de desenvolvimento da cidade ocidental medieval fica ainda mais claro quando ela é comparada à cidade árabe, em particular Meca. Weber segue aqui a descrição de Snouk Hurgronje, que já dedicara um estudo a essa cidade antes da virada para o século XX (Hurgronje, op. cit.; e Weber 1978b, p.1232, 1972, p.739). Como vimos anteriormente, Meca era na época de Maomé uma espécie de cidade de clãs ou, mais precisamente, um "assentamento de clãs" (Weber, 1978b, p.1231, 1972, p.739) situado em um território rural e deste juridicamente indistinguível. Essencialmente, isso permaneceu assim. Também permaneceram intactas as divisões segundo as organizações de *gentes* (*Gentilverbände*), tribos e clãs. Nos tempos de Maomé, tais divisões eram as portadoras sociais da organização militar. Sabe-se que também existiam outras organizações, como as guildas. Mas elas nunca

---

79 Formulado de modo sucinto sobretudo em Weber (1958c, p.37-8, 1921, v.2, p.39-40).

80 Weber refere-se à expressão *"Stadtluft macht frei"* [o ar da cidade liberta]. Sobre isso, vide principalmente Mitteis (1976, p.193-4), que aponta em particular a distinção na posição jurídica entre os escravos da Antiguidade e o homem não livre medieval e explica que a concepção de um escravo sem senhor era uma concepção incompreensível na lei germânica. Assim, há também graus de liberdade no campo.

Paradoxos da modernidade

conseguiram o governo da cidade. Isso ocorreu em parte porque os clãs antagônicos residentes na cidade mais tarde também se aproveitaram da instituição de escravos comprados, nesse caso tropas de negros, que eram de fato "os exércitos particulares de seu senhor e sua família" (id., 1978b, p.1016, 1972, p.587). Embora a cidade árabe servisse como o lugar de poderosos interesses econômicos, com influência muito além dos limites da cidade, ela jamais foi uma organização comunal. A comunidade religiosa, a *umma*, não teria obstruído tal desenvolvimento. Ela sozinha, porém, era fraca demais para provocar uma ruptura com a importância dos vínculos tribais e de clã no nível da cidade e além dela. Faltava a instituição jurídica decisiva para isso, o conceito de corporação (*Anstalt*).

Assim, nos Estados islâmicos, a dominação da cidade é uma extensão da dominação territorial. Os mesmos princípios de legitimação e organização foram usados pelas duas. Não aconteceu, porém, como na Índia e em parte da China, de os laços mágicos de parentesco impedirem a fraternidade urbana e uma comuna urbana a ela associada. Tais laços foram rompidos pelo islã. O que era realmente obstrutivo era o modo da organização militar, o feudalismo de prebendas a ele associado e o prebendalismo militar: seu "centralismo" impediu o desenvolvimento urbano autônomo e, assim, também o desenvolvimento de uma burguesia (*bourgeoisie*) capitalista orientada para a produção. Eis como Weber formulou a generalização: "assim, quanto mais unificada a organização da [mais ampla] associação política, menor o desenvolvimento da autonomia política das cidades" (id., 1978b, p.1352, 1972, p.804).

Weber fala da "anarquia que marcava a cidade de Meca". Mas, acrescenta ele, tal anarquia não era uma característica específica das cidades islâmicas ou árabes. Ao contrário, era uma condição vista em todo o mundo, na Antiguidade ocidental e até nas cidades medievais ocidentais, sobretudo nas do sul da Europa. Consistia a anarquia no fato de que "numerosas reivindicações ficavam lado a lado, sobrepondo-se umas às outras e não raro conflitantes" (id., 1978b, p.1251, 1972, p.750). A cidade era talvez um lugar mais conveniente do que o campo para perseguir interesses econômicos, mas ainda não era uma organização social independente. Tornou-se isto no Ocidente, porém, o iniciou na Antiguidade, assim como a Igreja mais tarde se desenvolveria nesse sentido. Que nem a cidade nem a Igreja tenham formado um corpo organizado no Oriente teve como consequência não haver nenhuma força antagônica heterogênea capaz de ameaçar o patrimonialismo islâmico. Este último, é claro, lutou continuamente contra a desintegração da unidade do reino. A desintegração, porém, apenas produziu repetidas vezes as mesmas instituições e orientações. A unidade do império era composta de subunidades homogêneas, e quando se rompia, desintegrava-se em subunidades homogêneas. Faltava a heterogeneidade estrutural, o pluralismo estrutural que marca o Ocidente medieval. Assim, porém, também faltavam as precondições históricas que emergem daí, pré-requisitos para a gênese e o desenvolvimento do capitalismo racional. Portanto, enquanto oposta ao Ocidente, tanto pela forma como pelo conteúdo, a constelação geral de dominação política nas formações estatais islâmicas constituía definitivamente um obstáculo às perspectivas de desenvolvimento do capitalismo industrial racional.

O papel do direito

Mais um aspecto deve ser considerado para entendermos a constelação de dominação política como um impedimento para o capitalismo racional: o desenvolvimento do direito. Em um trecho supracitado, ressaltava Weber que só se pode esperar uma exceção ao efeito normal da dominação política tradicional nos casos em que um governante patrimonial, por motivos de poder e de finanças, se volta para o uso de um sistema racional de administração com funcionários tecnicamente especializados. Essa equipe administrativa tem de ser treinada técnica, comercial e juridicamente, além de orientada no sentido de uma ética funcional, ou seja, uma ética vocacional entendida em termos de uma ética do desempenho (*Leistungsethik*) (Weber, 1958b, p.16, 1921, v.1, p.3, em relação a 1978b, p.1108, 1972, p.653). Tal equipe administrativa "secular" disponibilizou-se bastante cedo no Ocidente. Nesse caso, foram importantes fatores favoráveis o "dualismo relativamente claro" do direito sagrado e profano e o desenvolvimento de cada um desses dois tipos de direito segundo sua própria "lógica interna" (id., 1978b, p.828, 1972, p.480). Esse dualismo também exerceu seu efeito no desenvolvimento da universidade, que inicialmente estava sob a influência eclesiástica. O Estado patrimonial no Ocidente podia recorrer a essa fonte potencial de especialistas técnicos na era do poder absoluto dos príncipes. O Estado pôde usar tal fonte para sua aliança fiscalmente condicionada com aqueles estratos capitalistas burgueses favorecidos pelo desenvolvimento da cidade (id., 1978b, p.259, 1972, p.151; combinado a 1978b, p.240-1, 1972, p.139). Segundo Weber, esse recurso administrativo potencial não existia na mesma medida nas formações estatais islâmicas. Sabe-se que, como a China, o islã tinha universidades semelhantes às do Ocidente, mas uma busca racional e sistemática da ciência, com especialistas treinados, só existiu no Ocidente, em um sentido muito próximo de seu lugar dominante presente em nossa cultura (id., 1958b, p.15-6, 1921, v.1, p.3).

Esse desenvolvimento distintivo leva-nos à nossa última pergunta: por que isso não aconteceu no islã?

Observamos antes que não existe em Weber nenhuma análise comparativa geral do desenvolvimento científico e universitário. Embora encontremos com frequência comentários sobre a educação e as instituições educacionais, eles satisfazem apenas em uma medida muito limitada as exigências teóricas de sua abordagem.[81] A análise comparativa do direito e do desenvolvimento legal é o texto que chega mais perto de satisfazê-las. Nela, um dos objetos da análise de Weber é chegar aos tipos de direito e de pensamento jurídico e a seus portadores sociais. Isso requer uma breve caracterização do treinamento jurídico. Nesse sentido, ele inclui na análise todas as civilizações que lhe interessam: os reinos chinês, indiano, judaico, cristão e islâmico. Na medida em que o foco se concentra nas primeiras fases de desenvolvimento dessas civilizações, é dada uma atenção especial ao direito sagrado e à sua relação com o direito profano. Mesmo essa investigação especializada se centra no desenvolvimento distintivo do Ocidente, pois, como já ressaltamos, o direito sagrado cristão se distingue dos outros exemplos de direito sagrado pela separação relativamente clara entre as esferas do sagrado e do profano. Assim, ele vai de encontro ao crescimento de estruturas teocráticas híbridas: "o direito canônico da *cristandade* diferia, pelo menos em grau, de todos os outros sistemas de direito sagrado" (Weber, 1978b, p.828, 1972, p.480).

Distingue Weber três tipos de treinamento jurídico: o empírico-prático, o teórico-formal e o teocrático. O primeiro tipo trata, como um ofício, da ordem empírica segundo a perspectiva dos problemas práticos; o segundo procura tratar esses problemas em termos doutrinais e, assim, sistematizá-los racionalmente de maneira juridicamente imanente; em contrapartida, o terceiro não se limita a isso, mas recorre a normas "que representam exigências idealistas religioso-éticas em relação aos seres humanos ou à ordem legal", e que, assim, se baseiam em pressupostos substantivos vindos de fora (id., 1978b, p.790, 1972, p.459). Esses pressupostos têm origem em tradições sagradas e normalmente fixas. Nesse caso também, portanto, ocorre uma sistematiza-

---

81 Uma tentativa de colher uma sociologia da educação e da cultura em Weber encontra-se em Lenhart (1986).

Obstáculos à modernidade: Max Weber acerca do islã

ção, mas, do ponto de vista da doutrina jurídica, de maneira informal. Essa é característica de todos os tipos de lei sagrada: embora sejam o produto de doutrinas racionalizantes, sua orientação é juridicamente transcendente, e não imanente. A sistematização alcançada por tal doutrina não é, portanto, de natureza formal-jurídica, mas substantivo-teológica, pois o propósito que essa lei serve nesse caso não é precipuamente profano.

Segundo Weber, o direito islâmico é um direito sagrado, nesse sentido. É o produto de esforços especulativos racionais de escolas de direito, "especificamente um 'direito de juristas'" (id., 1978b, p.820, 1972, p.475) empregado com base no Corão e na suna e que faz uso do consenso entre os estudiosos do direito (*ijma*) e da argumentação por analogia (*qiyas*) e trabalho conceitual (*ijtihad*). A legiferação, "em boa parte até hoje, permaneceu nas mãos de juristas teólogos que respondem a questões concretas" (id., 1978b, p.791, 1972, p.460). Tais juristas são especialistas no direito sagrado (*mufti*), que emitem opiniões (*fetwa*) sobre a doutrina válida, diferentemente dos juízes (*kadi*), que administram a justiça. Os legisladores eram inicialmente profetas legais, posteriormente passaram a apenas comentadores da lei. A transformação ocorreu com o fim da era profética e carismática (id., 1978b, p.819 e de forma mais abrangente p.790, 1972, p.460, 474). Uma pura casuística começou a substituir a criação da lei, e as disputas sobre interpretação passaram para o primeiro plano. Segundo Weber, os grandes juristas das quatro escolas de direito definitivamente continuaram a ser profetas legais. Eles ampliaram e elaboraram a lei e o estudo jurídico (*fiqh*) de maneira criativa, com base nas sagradas escrituras e na tradição oral, o Corão e a suna, e por meio da interpretação independente e do *tacitus consensum omnium*.[82] Tendo se tornado fixa a sagrada tradição, porém, a fonte de lei carismática secou. O desenvolvimento legal foi paralisado. O resultado foi um "estereotipado 'direito de juristas'" – um direito de juristas, aliás, que se opõe à secularização com todos os meios de que dispõe (id., 1978b, p.821, 1972, p.475).

Estes três processos – paralisia, estereotipagem e resistência à secularização – apoiam-se mutuamente, porém. Eles permitem a secularização, mas de natureza essencialmente substantivo-teológica e não formal-jurídica. E o que é mais importante, uma vez que o direito sagrado organiza a vida inteira dos muçulmanos, a ordem de vida real e a idealmente necessária distanciam-se ainda mais uma da outra. Com isso, a validade *de facto* do direito sagrado limita-se a "certas instituições fundamentais". As demais instituições são entregues ao

---

82 Consenso tácito de todos, em latim. (N. T.)

Paradoxos da modernidade

direito profano – um direito, porém, que não é garantido "por estatutos ou princípios estáveis de um sistema legal racional". O abismo entre os direitos sagrado e profano é "superado" por meio de estratégias de contorno (*hijal*) e pela "casuística disputativa" e, portanto, de modo muito oportunista (id., 1978b, p.821-2, 1972, p.475-6).[83] Weber viu isso como "paradigmático para a maneira como o direito sagrado opera em uma religião escritural com origens genuinamente proféticas". O direito sagrado não pode ser coerentemente nem posto em prática, nem eliminado (Weber, 1978b, p.819, 1972, p.474).

Se aceitarmos esse diagnóstico, ele pode ser ligado a três pontos relevantes para as nossas interrogações. Primeiro, o direito sagrado é uma arma eficiente nas mãos dos que o administram. Isso é paradoxalmente verdadeiro, pois ele não pode ser estritamente posto em prática. A ordem real nunca corresponde à ideal. Isso leva os portadores sociais da tradição do direito sagrado a uma posição crítica em relação aos portadores da ordem real, sobretudo em relação aos governantes políticos. Mesmo na primeira fase do islã, os ulemás não eram integrados ao califado.[84] Segundo, o direito sagrado é um empecilho decisivo ao estabelecimento de um sistema legal unificado. Isso é paradoxalmente verdadeiro, pois, embora a pretensão de validade do direito sagrado como doutrina dos deveres religiosos seja incondicional para os muçulmanos, seu domínio de validade restringe-se ao "direito de grupo de *status*".[85] O resultado, como observa Weber, foi que o "particularismo legal" dos povos subjugados continuou a existir "em todas as suas formas" e em uma relação precária com a lei dos muçulmanos. Isso tornou impossível a criação de uma *lex terrae* (id., 1978b, p.822, 1972, p.476). Terceiro e último, o direito sagrado também é um obstáculo decisivo ao estabelecimento de um procedimento jurídico previsível. Isso é paradoxalmente verdadeiro, pois, como uma doutrina dos deveres religiosos que não faz distinção entre direito, ética, ritual e etiqueta, o direito sagrado não realiza suficientemente essa unidade na prática. Assim, ele promovia o dualismo entre a administração das justiças espiritual e mundana,

---

83 Sobre a literatura *hijal* e sua importância na mútua adaptação entre o direito consuetudinário e a *Shari'a*, vide Schacht (1935, sobretudo p.218). Uso Schacht em parte para corrigir a apresentação de Weber.

84 A esse respeito, vide Hall (op. cit., p.88), que geralmente coloca a oposição entre os ulemás e a dominação política no centro da análise. Acerca desse problema, vide também Rodinson (op. cit.) e Gellner (1987).

85 Vide Schacht (op. cit., p.222) e Weber (1978b, p.821, 1972, p.476). Schacht fala de uma combinação entre o princípio pessoal (*Personalprinzip*) (muçulmano) e o territorial (a terra do islã).

Obstáculos à modernidade: Max Weber acerca do islã

sem, porém, permitir uma sistematização jurídica formal do lado profano. Nem a adjudicação espiritual, nem a mundana seguiam uma lógica abstrata imanente à lei; ao contrário, ambas eram orientadas para a justiça substantiva, para considerações concretas de equidade (id., 1978b, p.823, 1972, p.477).[86]

Isso significa, porém, que – porque a separação de esferas entre o direito sagrado e o profano e entre a administração da justiça espiritual e a da mundana de fato existiu, mas permaneceu normativamente hierarquizada, e porque a legislação sagrada passou da criação legal à interpretação legal e assim se paralisou – o direito profano proliferou, por assim dizer, sem controle. O direito profano não recebeu direção do direito sagrado, nem se dirigiu a si mesmo. Nenhum dos dois modos de direito se desenvolveu no sentido da formalização jurídica – o direito sagrado porque estava arraigado em pressupostos exteriores à lei, e o direito profano porque continuava dominado pelo direito sagrado.

É por essa razão que, tipologicamente, a justiça islâmica é uma "justiça *kadi*" teocrática e patrimonial (Weber, 1978b, p.1116, 1972, p.657).[87] Isso se deve menos às suas normas individuais do que a seu espírito geral. É o espírito de justiça material, baseado em postulados não jurídicos. Os portadores sociais correspondem a esse espírito. Eles não são especialistas "profanos", mas prebendeiros militares e funcionários patrimoniais com uma ética de grupo de *status* profano, por um lado, e juristas teológicos com uma ética de grupo de *status* sagrado, por outro. Esse espírito geralmente impediu uma "sistematização do direito em termos de conceitos jurídicos formais" (id., 1978b, p.822, 1972, p.476). A visão de Weber sobre os efeitos práticos do direito islâmico pode, portanto, ser resumida nesta formulação paradoxal: porque a estereotipagem do direito sagrado islâmico aumentou em vez de diminuir, o direito sagrado intensificou o já baixo nível de estereotipagem do patrimonialismo oriental. Assim, mais uma vez, os pontos de comparação com o desenvolvimento ocidental representam pontos de diferença.

---

86 A distinção entre condições juridicamente imanentes e juridicamente transcendentes, assim como a demarcação entre as esferas dentro de condições juridicamente imanentes são centrais na filosofia do direito de Weber, assim como as distinções em alemão entre *formal* e *formell* e entre *material* e *materiell*. Se não se observar isso, a sociologia do direito de Weber torna-se, na realidade, um texto "incompreensível". Isso pode ser visto em Crone (1980). Tentei analisar a sociologia do direito levando em conta tais distinções em Schluchter (1981, p.82-105). De interesse nesse contexto é Breuer e Treiber (1984).

87 Weber só fala de justiça teocrática *kadi*. Schacht ressalta a necessidade de diferenciação. Como é notório, a justiça *kadi* para Weber não é um conceito de aplicação restrita ao islã.

Paradoxos da modernidade

Resumamos mais uma vez tais pontos. Falamos do fato de que a diferenciação entre os direitos sagrado e profano no Ocidente não era apenas de fato, mas gozava de um fundamento normativo. Naturalmente, também exigia construtos que ligassem as duas esferas. Isso, porém, não era realizado principalmente, como no islã, por meio de "estratégias de contorno" (Schacht, op. cit., p.222), mas com base na lei natural originária da tradição estoica (Weber, 1978b, p.828, 1972, p.480). Além disso, a separação entre as esferas também se refletia no ensino:

> a estrutura da universidade ocidental medieval separou o ensino da teologia e do direito secular, por um lado, do direito canônico e, assim, impediu o crescimento de estruturas teocráticas híbridas como as que se desenvolveram em todos os outros lugares (id., 1978b, p.828, 1972, p.480).

Acima de tudo, porém, o direito canônico não foi sustado em seu desenvolvimento pela rigidez da tradição sagrada, e o direito profano logo ganhou autonomia no que se refere tanto à tradição jurídica como a seu estrato portador social. Ao contrário do islamismo e do judaísmo, cujas tradições jurídicas se assemelham, a Igreja medieval ocidental nunca recorreu a respostas a questões legais específicas como a única via de desenvolvimento jurídico. Ao contrário, ela

> criou para si mesma órgãos de legislação racional nos concílios, nas burocracias das dioceses e na cúria e, muito especialmente, nos poderes papais de jurisdição e exposição infalível da doutrina. Nenhuma outra das grandes religiões jamais possuiu tais instituições. (Id., 1978b, p.792, 1972, p.460-1)

Além disso, o desenvolvimento do direito profano tinha como guias disponíveis as tradições jurídicas romana e germânica, e seus portadores sociais não eram nem eclesiásticos, juristas teológicos ou prebendeiros, mas *honoratiores* legais, sob a forma de notários italianos, advogados ingleses e "juristas empíricos medievais ocidentais do norte europeu" (id., 1978b, p.793, 1972, p.461). Esse desenvolvimento autônomo de um sistema profano de direito estava intimamente ligado ao desenvolvimento urbano ocidental medieval. Mais uma vez, vemos quão importante era a tese de Weber acerca da heterogeneidade estrutural ou pluralismo da configuração ocidental da ordem para a sua análise da singularidade do desenvolvimento ocidental.

Assim, no Ocidente, há desenvolvimentos relativamente autônomos do direito sagrado e profano que seguem sua própria lógica interna. Tais desenvolvimentos tendem mais a se ampararem uns nos outros do que a se obstruírem. São desenvolvimentos que se afastaram da criação e julgamento carismáticos no direito rumo a uma orientação para as técnicas jurídicas formais, às quais o direito romano, igualmente influente nos desenvolvimentos jurídicos sagrado e profano, serviu de precursor. Isso produz mesmo nos portadores sociais do direito sagrado um espírito que promove a formação de uma doutrina legal juridicamente formal. Além disso, o direito romano e mesmo o germânico forneceram instituições legais totalmente alheias ao reino jurídico islâmico. Nesse sentido, Weber não pensa principalmente no direito privado ou comercial, como se afirmou muitas vezes. O que ele tem em mente é o direito público, pois foi o reino legal islâmico que desenvolveu instituições de direito comercial favoráveis ao capitalismo racional. Foi do reino legal islâmico que elas se dirigiram para o Ocidente. No entanto – e aqui sigo Joseph Schacht – as instituições jurídicas da *Anstalt* é que são estranhas ao direito islâmico. Em uma apresentação do direito islâmico que acompanha a sociologia weberiana do direito, embora critique o seu tratamento do direito islâmico em pontos de detalhe, escreve Schacht que

> o conceito de pessoa jurídica que surge do problema das organizações [...] é tão desconhecido no direito islâmico como a organização corporativa e o conceito de *Anstalt*. A única "corporação" reconhecida pela *Shari'a* é a parentela (*aqila*) tomada da antiga organização tribal árabe, que na maioria dos casos é extorquida. (Schacht, op. cit., p.236)

Por mais importantes que sejam esses pontos de contraste, o que foi dito na comparação do feudalismo de prebendas oriental com o feudalismo ocidental também vale aqui: as asserções sobre a posição relativamente especial do direito canônico entre os tipos de direito sagrado e o desenvolvimento relativamente autônomo do direito profano não fornecem uma explicação direta da razão pela qual o capitalismo racional foi favorecido no Ocidente. Também nesse caso estamos lidando no máximo com elementos que permitem o desenvolvimento e faltam nas formações estatais islâmicas. Embora eles aumentem a previsibilidade dos procedimentos administrativos e legais, como ocorreu com o feudalismo e o *Ständestaat*, eles ainda permaneciam definidos tradicionalmente. Todos os modos de direito sagrado têm a tendência, como no islã, de tratar as normas éticas, legais, rituais e cerimoniais "da mesma maneira" e, como o islã, todos eles restringiram a autonomia do desenvolvimento legal profano. Todos os modos de direito também foram obrigados a se valer de estratégias de contorno para de fato anular regulamentos normativamente imperativos ou, mais precisamente, para poder tolerar o fato de serem desconsiderados, por exemplo, na proibição da usura pela Igreja ocidental (Weber, 1978b, p.577-8, 1972, p.349).[88] Mas segundo Weber, tais regulamentos "não práticos" de casos individuais nunca obstaram a atividade econômica capitalista.

O efeito total de dado complexo normativo, seu espírito, sempre foi decisivo. Isso, porém, era algo semelhante em todas as hierocracias. Porém, como a dominação política tradicional, a dominação hierocrática tradicional é de orientação fundamentalmente anticapitalista. Sua animosidade não se dirige contra o capitalismo politicamente orientado, mas contra o economicamente orientado, que representa um sistema racional, embora não ético. Apesar de "inícios fundamentalmente diferentes" e de "destinos de desenvolvimento diferentes", depois da conclusão de suas "eras carismaticamente heroicas", as religiões são semelhantes em seus efeitos sobre a vida econômica. Elas favorecem a atividade, o espírito e a forma econômicos tradicionais. Isso vale tanto para o islamismo como para a Igreja Católica Romana. A exceção mais importante a essa regra é o protestantismo ascético e seu "espírito de objetivação" (*Versachlichung*).

Isso encerra a reconstrução da análise weberiana do islã. Acabou sendo um quebra-cabeça difícil de completar. No entanto, as peças puderam ser encontradas e arranjadas de tal maneira que mostrassem as características básicas de um retrato. O principal fio de ligação foi dado pela análise do desenvolvimento ocidental feita por Weber. Ele dá nomes aos pontos de comparação que guiam a análise do islã e dos outros reinos culturais e que representam, sobretudo, pontos de diferença. Eles ficam claramente visíveis tão logo o aspecto comparativo tipológico passa para o primeiro plano. Mas os pontos de diferença assim obtidos também podem ser considerados segundo sua gênese. Se Weber tivesse podido escrever seu planejado estudo sobre o islã, certamente esse aspecto teria passado mais para o primeiro plano.

A reconstrução da análise do islã feita por Weber não é o único quebra-cabeça. Sua explicação de por que o capitalismo racional só "foi bem-sucedido"

---

88 Há também paralelismos entre o cristianismo e o islã no tratamento dado ao agiota. A orientação religiosa em tal matéria por si só não é importante nesse contexto. Ela só é interessante como indicador da existência de um dualismo entre morais intra e extragrupo, algo que fica evidente, de certa forma, em todas as éticas econômicas tradicionais.

no Ocidente e não na civilização islâmica também é enigmática. Aqui também muitas peças, chamadas de "pré-requisitos" históricos, foram usadas para montar o quebra-cabeça. O capitalismo racional só pôde surgir no Ocidente – segundo a tese de Weber – em razão de uma série de circunstâncias. Era necessário, é claro, um agente histórico para organizar todas essas peças. Essa foi a façanha da conduta metódica do protestantismo ascético, seu racionalismo de autocontrole e senhorio do mundo, algo que faltava essencialmente não só ao islã, mas também ao luteranismo, ao catolicismo, ao cristianismo primitivo, ao judaísmo e a todas as religiões asiáticas.

A sociologia da religião de Weber, até sua sociologia como um todo, culmina, assim, em uma sociologia e tipologia das visões do mundo e dos modos associados de conduta. Também podemos chamá-las de sociologia e tipologia das formas axiológicas e dos tipos de personalidade a elas associadas. Para a sociologia da religião, isso é demonstrado muito claramente pela "Introdução do autor" e pelas "Reflexões intermediárias" – e também nas "Conclusões" ao estudo do confucionismo, no fim do estudo sobre o hinduísmo e nos parágrafos finais da parte sobre religião de *Economia e sociedade*.

O catálogo de características incluído na tipologia comparativa é extraordinariamente complexo. Sua complexidade é especialmente visível nos pontos em que a análise passa da comparação entre as religiões asiáticas e as religiões do Oriente Próximo e do Ocidente para a comparação entre as diferentes religiões presentes nos próprios Oriente Próximo e Ocidente. O tratamento do islã dá um bom exemplo disso. Sua semelhança sobretudo com o calvinismo torna necessária uma discussão minuciosa dos pontos em comum e das diferenças. Isso significa reunir as características mais importantes desse catálogo e examinar se as caracterizações das religiões do Oriente Próximo e do Ocidente realmente permitem que elas sejam bem demarcadas. Entre essas religiões, que aparecem todas continuamente no manuscrito "A economia e as ordens e os poderes sociais", Weber conseguiu, ao longo da vida, tratar sob forma monográfica apenas duas – o protestantismo ascético e a antiga ética israelita em sua transição para o judaísmo. No entanto, ele planejou até o fim fazer essas apresentações monográficas. Assim, compilando seu catálogo de características, podemos também examinar se os elementos constitutivos mais importantes para os estudos não escritos estavam de fato já analisados em 1920, ano da morte de Weber. A minha conclusão confirma a asserção de Marianne Weber: o trabalho preliminar para os estudos sobre o judaísmo talmúdico, o cristianismo antigo e moderno e o islã já estava concluído muito antes de 1920. (Para uma visão geral, vide Tabela 3.1.)

Tabela 3.1 Comparação entre o judaísmo primitivo, o cristianismo primitivo, o islã primitivo e o protestantismo ascético (calvinismo), segundo a versão original de *Economia e sociedade*

(Todas essas religiões são salvíficas, revelacionais, éticas, monoteístas e teocêntricas, todas religiões das Escrituras com tendências ativistas e antimágicas assinaladas mais ou menos fortemente)

	Judaísmo primitivo	Cristianismo primitivo	Islã primitivo	Calvinismo
	Ideias religiosas			
1. Portador social da "revelação"	Profetas éticos como profetas de salvação e especialmente de catástrofes com intenções políticas (profecia pré-exílica)	Profetas éticos como profetas de salvação sem intenções políticas (João e Jesus)	Um profeta ético com intenções políticas (Maomé)	Recurso à profecia do Velho Testamento
2. Portador social da sistematização da "revelação"	Sacerdotes, depois estudiosos das Escrituras e da Lei Protótipo: rabinos	Teólogos e bispos Protótipo: padres da Igreja	Especialistas em lei e religião (juristas e teólogos) Protótipo: ulemás	Teólogos Protótipo: Reformadores
3. "Cânones" religiosos	Torá e a tradição de interpretação, assim como uma tradição oral suplementar, registrada mais tarde (Talmude) Relativamente fechado	Velho e, especialmente, Novo Testamentos e a tradição de interpretação, assim como a tradição suplementar da Igreja (Concílios etc.) Relativamente aberto	Corão e a tradição de interpretação, bem como uma tradição oral, registrada mais tarde (Suna) Fechado	Velho e Novo Testamentos Fechado
4. Conceito de Deus	Yahweh como Deus transcendente da "ira" Poder absoluto	Deus como pai celeste misericordioso e bondoso Bondade e misericórdia absolutas	Alá com "grande" Deus transcendente Poder e grandeza absolutos	Deus duplo: Deus do Velho e do Novo Testamento
5. Relação entre Deus e o homem	Contratual (pactual e recíproca)	De misericórdia e amor (recíproca)	De submissão (unilateral)	De provação (unilateral)
6. Teodiceia	Escatologia messiânica	Teodiceia do sofrimento	Providência divina como predeterminação	Providência divina como predestinação

Continua

Tabela 3.1 *Continuação*

	Judaísmo primitivo	Cristianismo primitivo	Islã primitivo	Calvinismo
		Estruturação dos interesses religiosos		
1. Meios e caminhos de salvação	Nenhum ascetismo Conhecimento (estudo) e atividades rituais de culto sem significação mágica Animosidade contra a mágica	Ascetismo relacionado ao além-mundo Fé e atividades rituais de culto com significação mágica (sacramentos) Envolvimento na mágica (mágica sublimada)	Nenhum ascetismo Fé e conhecimento (cognição) bem como atividades rituais de culto sem significação mágica Indiferença à mágica	Ascetismo deste mundo Fé e atividades rituais de culto sem significação mágica Animosidade radical contra a mágica
2. Metas e bens da salvação	Vinda do Reino de Deus na terra e salvação coletiva com base no sofrimento coletivo presente "Retribuição"	Salvação individual no além-mundo em razão da bondade e da misericórdia de Deus "Perdão"	Felicidade individual no além-mundo (paraíso) com base na fé e na valentia "Honra/Veneração" (*Verehung*)	Salvação individual no além-mundo com base no livre-arbítrio de Deus "Escolha"
3. *Certitudo salutis*	Adesão estrita à lei religiosa Ação como base factual da salvação Reciprocidade estrita	Adesão aos mandamentos de Deus pela fé e confiança Ação como expressão da salvação prometida Reciprocidade mitigada	Adesão estrita à lei religiosa Ação como base factual da felicidade Reciprocidade estrita	Adesão estrita aos mandamentos de Deus para a Sua glória Ação como base cognitiva da salvação Sem reciprocidade
4. Orientação ética religiosa	"Lei sagrada" Princípio de legalidade Ética legal	"Convicção sagrada" Princípio de moralidade Ética de convicção (ética de amor)	"Lei sagrada" Princípio de legalidade Ética legal	"Convicção sagrada" Princípio de moralidade Ética de convicção (ética de dever)
5. Alcance da mensagem religiosa	Características religiosas vinculadas a características éticas – estratificação étnica Dualismo do povo eleito e todos os outros Impulso missionário fraco Particularismo não religioso	Sem vínculo entre características religiosas e não religiosas – estratificação religiosa Dualismo de crentes e não crentes Forte impulso missionário Universalismo religioso	Características religiosas vinculadas às características de estratificação – estratificação de grupo de *status* Dualismo de crentes (conquistadores) e não crentes (conquistados), Casa do Islã e Casa da Guerra Forte impulso para a conquista, resultando conversão em massa Particularismo não religioso	Sem vínculo entre características religiosas e não religiosas – estratificação religiosa Dualismo dos eleitos (*electi*) e condenados (*reprobati*) Impulso missionário fraco Particularismo religioso

Continua

Tabela 3.1 *Continuação*

	Judaísmo primitivo	Cristianismo primitivo	Islã primitivo	Calvinismo
Organização religiosa				
1. Relação interna: poder hierocrático	Comunidade com sermão, oração, canto, leitura e interpretação das Escrituras sob guia religioso, mas sem sacerdotes	A Igreja como instituição de graça, com sacerdotes como dispensadores da graça Ordens como organizações especiais reconhecidas eclesiasticamente ("seita")	Comunidade (*umma*) com base nos cinco pilares,* sob a orientação de eruditos jurídicos e religiosos, bem como de líderes religiosos (Imam, Mullahs) para a oração pública e o sermão	A Igreja como instituição disciplinar com sacerdotes como proclamadores da palavra (das Sagradas Escrituras) e administradores da "razão de Estado" divina Igreja como "seita"
2. Relação externa: relação do poder hierocrático com o poder político	Separação de poderes em um regime independente, mas com tendência para a teocracia; se dependente, organização confessional externamente fechada (religiosidade pária)	Separação de poderes com tendência para a teocracia	Unificada, todas as funções como expressões de uma lei religiosa, mas com tendência para a separação de poderes (califado e sultanato)	Teocrática com tendência para a separação
Estratos portadores				
	Estratos plebeus residentes em cidades	Estratos plebeus residentes em cidades	Estratos governantes militares	Empreendedores urbanos e comerciantes
Resultados				
1. Relação com o mundo religiosamente condicionada	Indiferença ao mundo	Flutuação entre indiferença ao mundo e transcendência em relação ao mundo	Flutuação entre senhorio do mundo (como conquista dele) e adaptação ao mundo	Senhorio do mundo
2. Ideal de vida religioso	Erudito em Escrituras, versado na lei, "intelectual"	Virtuoso da fé	"Herói", principalmente herói de guerra	Profissional especialista

* Crença em Alá e Maomé, oração cinco vezes por dia, mês de jejum (ramadã), peregrinação a Meca e esmolas

A crítica da abordagem de Weber sobre o islamismo

A análise do islã feita por Max Weber não suscitou muitas respostas na literatura acadêmica islâmica ou sociológica. O ensaio que Joseph Schacht dedicou ao estudo do direito islâmico representa uma exceção precoce. Schacht norteia-se pelas linhas fundamentais da sociologia do direito de Weber – fala de maneiras parecidas de ver as coisas – mas critica tanto a aplicação apressada demais de conceitos tomados da história do direito ocidental às condições jurídicas islâmicas como a falta de periodização da história jurídica islâmica. Schacht também considera falsas algumas asserções isoladas. Por essas razões, ele corrige em vários pontos a breve análise do direito islâmico feita por Weber. No entanto, em sua visão sociológica geral do direito islâmico, Schacht chega a conclusões semelhantes às de Weber. Schacht indica a falta de diferenciação das áreas substantivas do direito, a prioridade da racionalidade substantiva sobre a racionalidade procedimental, a sucessão da revelação legal pela tradicionalização, a abertura e o fechamento do cânon, a importância da estratégia de sub-repção na "assimilação" das práticas do direito consuetudinário na *Shari'a*, o caráter híbrido da lei sagrada, a limitação do seu domínio de validade, a sua pretensão de supremacia e sua tendência a permear a lei profana de tal forma que esta última se desenvolva de maneira não formal. Por fim, ele ressalta a falta de conceitos jurídicos, como o de pessoa jurídica, de empresa e de *Anstalt*, centrais no desenvolvimento legal ocidental. Schacht também avalia o papel do princípio comunal islâmico em relação ao antigo princípio tribal árabe de maneira semelhante a Weber. E frisa que o antigo direito consuetudinário árabe continua a existir na *Shari'a*, mas é "corrigido" pelo princípio comunal islâmico: "é reprimida justamente a organização tribal que está no fundamento dessas relações legais com sua solidariedade entre a lei civil e a criminal". No entanto, os efeitos do princípio comunal permaneceram limitados; de fato, em razão do "caráter patriarcal do patrimonialismo político, um caráter estabelecido para sempre com os Abássidas", ele até "trabalhou *contra* a organização corporativa" (Schacht, op. cit., p.237-8).

Não é surpreendente a falta de resposta à análise de Weber sobre o islã. É necessário um esforço considerável para articular suas características fundamentais a partir de suas observações dispersas, como demonstra este capítulo. No entanto, além de um bom número de avaliações tematicamente especializadas semelhantes às de Schacht, há duas monografias que analisam a abordagem geral de Weber em relação ao islã. Ambas, uma de um modo mais geral e a outra de modo mais específico, baseadas em uma reconstrução da visão de Weber sobre o islã a partir de suas obras. Ambas são críticas e escritas a partir de uma perspectiva marxista modificada. Uma é de Maxime Rodinson (1986), a outra, de Bryan S. Turner (op. cit.).[89] Permitam-me voltar brevemente a cada um desses dois trabalhos.

Rodinson levanta a questão de por que o mundo islâmico, ao contrário do Ocidente, não deu origem a uma formação econômica capitalista e, portanto, a uma condição em que não só a maioria das empresas produz com base no trabalho livre e com vistas ao lucro, mas em que o sistema econômico é dominado pelo setor capitalista, que por sua vez domina todos os setores da sociedade. Ele, assim, coloca a questão de Weber, ainda que o faça em termos marxistas. De fato, sobre esse ponto ele não vê – e isso está, sem dúvida, correto – oposição entre Weber e Marx (Rodinson, 1986, p.26 et seq., sobretudo p.32).

As diferenças começam a aparecer em suas respectivas respostas à mesma pergunta, pois aqui Weber recorre, ao contrário de um Marx corretamente compreendido, a ideias como fatores de obstrução ou favorecimento do desenvolvimento. Dá, pois, o que, segundo Rodinson, é uma explicação essencialmente "ideológica", e isso em dois sentidos da palavra. Por um lado, Rodinson afirma que a ideologia, no caso do islã e da "ideologia" corânica e pós-corânica, exerceu uma influência decisiva sobre o desenvolvimento econômico. Por outro lado, essa abordagem explicativa é ela mesma uma ideologia. Uma ideologia da mais alta racionalidade do Ocidente, sobretudo de uma ética religiosa ativista e antimágica que falta ao islã. Embora Weber também ressalte a importância do Estado e do direito, também nele predomina o mesmo viés ocidental (ibid., p.146 et seq.). Rodinson prossegue dizendo que se, porém, examinarmos a tese do baixo nível de racionalidade das culturas não ocidentais, e, portanto, também da cultura islâmica, que se segue da tese da "racionalidade específica do europeu" (e se fizermos isso cientificamente e, por assim dizer, de maneira positivista), logo veremos que essa tese não pode ser sustentada, nem segundo o método, nem segundo a substância (ibid., p.160-1 e 17). Segundo o método, tal tese se fundamenta em um argumento circular e, substantivamente, em uma subestimação do nível de racionalidade da "ideologia" e das instituições islâmicas.

A tese é circular na medida em que oferece exemplos da mais alta racionalidade que se origina do Ocidente em uma época posterior ao tempo

---

89 Vide também o artigo de Rodinson (1987), que, porém, segue uma linha de argumentação um tanto diferente em comparação à do livro.

"em que a Europa ocidental se colocou muito decididamente no caminho do capitalismo moderno". A característica racional afirmada, porém, pode

> igualmente se dever ao desenvolvimento econômico na via capitalista, ou pode ter surgido na interação com esse desenvolvimento ou juntamente com ele, de uma causa comum (ibid., p.115).

Inversamente, a tese é substantivamente falsa porque o islã de maneira nenhuma representa uma "ideologia" antiativista e ligada à mágica. A verdade é justamente o oposto: se compararmos o Corão, por exemplo, com o Velho e o Novo Testamentos, podemos até falar de uma racionalidade mais alta do Corão.

> Fica claro, portanto, que a ideologia corânica possibilita que o pensamento racional, a racionalidade, intervém mais decisivamente do que as ideologias refletidas no Velho e Novo Testamentos; que tal ideologia confere à ideia de predestinação mais ou menos a mesma importância que as outras duas sagradas escrituras, mas exorta em termos inequívocos a uma orientação na vida individual e social; e, por fim, que a ideologia corânica subordina a técnica mágica à vontade divina, como as outras escrituras reveladoras, mantendo, assim, o potencial humano para contrapor-se a essa técnica, por mais fácil que seja empregá-la. (Ibid., p.140)

A objeção ao método pode ser demolida rapidamente. Não tem nada a ver com a questão de se as ideias podem ser efetivas na história como fatores obstrutivos ou favoráveis. Sem dúvida, os argumentos circulares não fornecem explicações. Não podemos explicar algo em termos de outra coisa que ocorreu depois, e devemos sempre examinar se uma dada correlação pode ser baseada em um terceiro fator. Essas são precondições elementares das explicações válidas, com que Weber decerto estava familiarizado. Ele tinha uma compreensão muito mais desenvolvida dos problemas de atribuição causal do que sugere essa objeção.[90]

Um dos objetivos da análise precedente foi o de mostrar que Weber realmente atenta para essas precondições elementares da explicação histórica em suas investigações substantivas. As dificuldades de Weber situam-se em uma

---

90 Rodinson mostra não ter conhecimento de toda a teoria da possibilidade objetiva e da causação adequada ou dos textos metodológicos de Weber em geral.

área completamente diferente. Estão ligadas à lógica da formação de conceitos nas ciências culturais tal como a recebeu de Rickert, à simultaneidade da seleção e constituição de "indivíduos históricos" e à questão decorrente de se ele é capaz de separar rigorosamente condições definitórias e explicativas.[91] Tais problemas aparecem, é claro, só para aqueles que não consideram nem a formação dialética de conceitos, nem a "orientação positivista" como soluções apropriadas para o problema das explicações históricas. Weber não era nem um dialético, nem um positivista.

Assim, as objeções metodológicas de Rodinson erram o alvo. Infelizmente, isso também vale para as objeções substantivas. Primeiro, ele parece ter deixado passar o fato de que, em suas investigações comparativas tipológicas, Weber não faz distinções entre tipos de racionalismo. É sabido que toda a sociologia da religião de Weber é concebida como uma contribuição a uma sociologia e tipologia do racionalismo condicionado pela religião.[92] Assim, em sua análise do sistema islâmico de crenças, Rodinson não leva em conta a distinção entre consequências lógicas e psicológicas. Falta-lhe também todo o instrumental conceitual para tanto. No final, ele chega a conclusões bem próximas das de Weber – mesmo sem o saber.

Weber também havia ressaltado a relação "frouxa" entre fé e razão no islã, o potencial ativista da doutrina islâmica da predestinação e o caráter fundamental antimágico dessa religião profética escritural. Há, é claro, muitos pormenores na análise de Rodinson que poderiam ajudar a suplementar e até melhorar o estudo de Weber. Mas isso de modo algum afetaria a primeira tese principal de Weber acerca do caráter tradicional da ética e da mentalidade econômica islâmica e do modo de conduta econômica a ela associada. Tampouco em nada afetaria a sua segunda tese principal, de que as condições institucionais que prevaleceram nos Estados islâmicos eram favoráveis ao capitalismo comercial, mas não ao capitalismo industrial como sistema econômico, e que isso foi causado em parte pelo feudalismo de prebendas fiscalmente condicionado, pela falta de autonomia urbana e pela relação entre as leis sagrada e profana. Podemos certamente discordar quanto a se Weber identificou todas as condições internas e externas importantes e, sobretudo, se elas formam juntas uma explicação convincente. Em Rodinson, porém, em

---

91 Gerhard Wagner e Heinz Zipprian, em especial, ressaltaram essa questão. Vide Wagner e Zipprian (1986), em que se alega que o problema surge pela adesão de Weber às ideias de Rickert.

92 Quanto a isso, vide Schluchter (1989, p.140-6).

Obstáculos à modernidade: Max Weber acerca do islã

vão buscamos tal explicação. Ele faz asserções como esta: "desde que sejam dadas certas condições estruturais e eventos condicionantes, uma formação econômica capitalista correspondente pôde desenvolver-se na Europa" (Rodinson, op. cit., p.181). Para ele, porém, a única coisa certa, que é muitas vezes reiterada, é a seguinte: quaisquer que tenham sido de fato essas condições estruturais e eventos condicionantes, a religião e a ideologia não estavam entre eles.

Esse é realmente o ponto de diferença decisivo em relação a Weber. Não é uma questão de método ou substância, mas de teoria. Apesar de interessantes modificações da abordagem marxista ortodoxa, sobretudo no que se refere à teoria da evolução e à relação variável entre o tipo de apropriação (o modo de propriedade) e o tipo de exploração (o modo de extrair o produto excedente), Rodinson procede como um materialista no que se refere ao método e à teoria. Para ele, só as condições externas (a "infraestrutura") contam essencialmente, não as internas (a "superestrutura"). A religião é um reflexo, um eco: uma ideologia. Portanto, tampouco é independente e não pode ter nenhuma consequência independente. É, de acordo com *A ideologia alemã*, como todo pensamento dominante, "nada mais do que a expressão ideal das condições materiais predominantes" (Marx, 1971, v.2, p.55). Qualquer explicação que não os entenda assim é ela mesma ideológica.

Como mostramos, Weber rejeitou desde o começo esse modelo infra-superestrutura. As ideias – as visões do mundo – podem às vezes ser a expressão ideal de condições materiais, mas nem sempre é esse o caso. Essa é a base da distância crucial que separa Weber de todas as perspectivas marxistas, por mais "moderadas" que sejam. Ele quis, ao contrário, ir além dessas abordagens, e *A ética protestante e o espírito do capitalismo* é a primeira demonstração de que isso é possível e de como pode ser alcançado. Rodinson simplesmente não entendeu esse ponto crucial da tese de Weber que ele tantas vezes cita. De modo mais geral, ele se opõe a um autor que conhece apenas superficialmente. Em sua introdução à nova edição alemã do livro de Rodinson, Bassam Tibi lamenta os vestígios do modelo infra-superestrutura na abordagem de Rodinson. Tibi, porém, ao mesmo tempo ressalta que isso não afeta nem os "monumentais resultados da pesquisa" nem o juízo de Rodinson sobre Weber, uma vez que o estudo da obra deste demonstra que aquele

carecia de conhecimentos sobre o assunto, tanto no que se refere à doutrina, como à história do islã, conhecimento esse necessário para poder fazer um juízo sólido sobre ele (Rodinson, op. cit., p.xxx).

Isso pode ser verdade no que se refere ao conhecimento de Weber sobre o islã, mas é ainda mais verdadeiro no que se refere ao conhecimento de Rodinson sobre Weber!

Não se pode dizer o mesmo de Bryan S. Turner. Ele foi o primeiro a fazer uma tentativa séria de reconstruir a visão de Weber sobre o islã a partir das notas dispersas na obra de Weber. A meu ver, porém, ele partiu de uma premissa falsa. Ele distingue duas teses que Weber supostamente teria aventado no contexto de seus estudos comparativos: a tese sobre a ética protestante (EP), da qual existem duas versões, e a tese de Weber (W). Afirma Turner que a primeira tese foi formulada no famoso ensaio sobre a ética protestante de 1904-1905 e depois repetida em forma revista em 1920, ao passo que a segunda tese definiu a investigação sociológica de Weber das mais importantes distinções entre as civilizações ocidental e oriental. Segundo Turner, enquanto a primeira coloca a religião no centro da análise, na segunda ela desempenha no máximo um papel secundário. Obtida em parte pela ampliação da primeira tese e em parte independentemente dela, a segunda, a verdadeira tese de Weber, coloca as condições institucionais no primeiro plano. Turner vê a segunda tese como a mais sociologicamente produtiva e a mais madura (Turner, op. cit., p.8-9). Afirma ele que isso ocorreu em parte porque Weber com ela se aproximou mais de Marx e de Engels. Isso é supostamente mostrado justamente pelo tratamento dado por Weber ao islã:

> Quando Weber veio a analisar o islã, ele se concentrou na natureza política, militar e econômica da sociedade islâmica como uma forma patrimonial de dominação. Tratou o papel dos valores como secundário e dependente das condições sociais islâmicas. Na medida em que Weber aderiu a essa posição, sua tese não estava muito distante da de Marx e Engels, que afirmavam que o modo de produção asiático, característico da Índia, da China e da Turquia, produziu uma ordem social duradoura que era incompatível com o capitalismo. (Ibid., p.20-1)

Como tentei mostrar em outra oportunidade (Schluchter, 1989, cap.3, 4), segundo Weber as condições espirituais naturalmente também formam algumas das condições de estabilidade das ordens chinesa e indiana. Mas o que é muito mais importante, o contraste das duas teses é ele mesmo inapropriado. Simplesmente não há uma tese EP e uma tese W que se distinga dela. Elas são só os dois lados da mesma abordagem. O fato de Weber mais tarde também ter tratado o outro lado, que ele deliberadamente ignorara em *A ética protestante e o espírito do capitalismo*, não implica nem o abandono do "primeiro" lado, nem um "posterior descobrimento ou reconhecimento" do outro. Como mostramos antes, o mesmo *A ética protestante e o espírito do capitalismo* já torna visíveis pontos de transição de um lado para o outro. A extensão no alcance dessa abordagem encontrada nos dois manuscritos "A economia e as ordens e os poderes sociais" e "A ética econômica das religiões mundiais" é de natureza substantiva e teórica, não metodológica. É falso crer que a abordagem de Weber se tenha aproximado da de Marx.

A reconstrução feita por Turner da análise weberiana sobre o islã serve, pois, sobretudo ao objetivo de demonstrar a importância subordinada da ética em relação à estrutura social (Turner, op. cit., p.75). Isso o leva a um interessante exame dos fatores institucionais, com as observações dispersas de Weber servindo como fio de orientação. É um exame sob muitos aspectos congruente com a análise apresentada neste capítulo. Além disso, a relação entre ética religiosa e conduta também é tratada em termos substantivos. Aqui a proposição é que esse lado da tese de Weber, em comparação com o lado institucional, é substantivamente mais fraco, pois é insustentável a asserção feita por Weber de que a ética religiosa islâmica é "confiscada" em favor dos interesses ideais e materiais dos guerreiros da fé e transformada em uma ética guerreira. Pois o islã

> era e continuou a ser uma religião urbana de guerreiros e funcionários públicos; muitos dos seus conceitos fundamentais refletem a vida urbana de uma sociedade mercantil em oposição aos valores do deserto e do guerreiro. A ética guerreira descrita por Weber era simplesmente uma perspectiva religiosa vista com desconfiança e hostilidade pelos ortodoxos. (Ibid., p.172)

Isso pode ser verdade, mas a afirmação não vai de encontro à análise de Weber. Acima de tudo, como mostram os estudos comparativos de Weber, os interesses materiais e as ideias dos comerciantes e funcionários não criam, mesmo na tradição cristã, uma conduta metódica e um racionalismo do senhorio do mundo. Os efeitos das fontes religiosas jamais são o simples resultado dos interesses de seus portadores sociais; também dependem sempre dos conteúdos das fontes. Na análise de Turner, perde-se completamente esse aspecto da abordagem de Weber. De fato, tinha de se perder, quando se espera manter convergência entre as teses de Weber e Marx.

Essa tese da importância subordinada e secundária da ética em relação à estrutura social, dos fatores motivacionais em relação aos institucionais,

Paradoxos da modernidade

constitui o ponto decisivo de toda a história. Em favor da "reconciliação" com Marx, o ponto central da abordagem de Weber é deixado de lado na interpretação. Weber jamais falou de fatores primários e secundários, apenas de fatores causalmente importantes. O fato de ser difícil ou até impossível quantificar seus pesos relativos não conta pontos contra essa abordagem; como escreveu ele em sua disputa com Rachfahl: "não é culpa minha o fato de que na atribuição histórica não se possa expressar em números nenhuma razão de distribuição" (Weber, 1978d, p.325).

Há, sem dúvida, brancos na análise weberiana do islã, que é norteada por uma questão central cuja relevância pode e deve ser objeto de controvérsia. Isso também vale para a formação de conceitos. Todo aquele que não compartilha o valor assumido criticará esses conceitos e construirá outros em seu lugar. Isso é bem do espírito da metodologia de Weber, pois

> os maiores avanços na esfera das ciências sociais estão *substancialmente* ligados à passagem para os problemas culturais práticos e assumem a *forma* de uma crítica da formação de conceitos (id., 1949, p.106, 1973, p.208).

Isso não altera a perspectiva básica de Weber de que toda análise sociológica interessada em promover a verdade histórica deve levar em conta ambos os lados da cadeia causal.

4
O surgimento da modernidade
Max Weber acerca do cristianismo ocidental

Tudo bem considerado, as raízes específicas da cultura ocidental devem ser buscadas na tensão entre e o equilíbrio peculiar de, por um lado, o carisma de ofício e monaquismo e, por outro, o caráter contratual do estado feudal e o caráter burocrático racional da hierarquia.

Max Weber, *Economia e sociedade*

A eliminação de todas as barreiras rituais de nascimento na comunidade eucarística tal como realizada em Antioquia era também, segundo suas precondições religiosas, a hora de concepção ocidental do "corpo de cidadãos", ainda que essa hora devesse nascer pela primeira vez mais de mil anos mais tarde, na "coniuratio" revolucionária das cidades medievais.

Max Weber, *Índia*

O ascetismo é uma virtude burguesa.

Eduard Bernstein, *Die Geschichte des Sozialismus in Einzeldarstellungen* [A história do socialismo em monografias]

Temas e questões

Max Weber deu início à sua longa série de publicações com um ensaio sobre a história das empresas comerciais na Idade Média (Weber, 1889b).[1]

---

1 Estritamente falando, a primeira publicação de Weber foi a Weber (1889a), que representa uma publicação parcial de Weber (1889b) e cuja impressão está evidentemente ligada aos

Paradoxos da modernidade

Nesse ensaio, Weber buscava as "condições de sociação" (*Vergesellschaftung*) a partir das quais surgiram as modernas sociedades de responsabilidade limitada e ilimitada (id., 1924a, p.321).[2] Ele o fez a partir de uma perspectiva genética e comparativa (que mais tarde teria sido chamada de "perspectiva histórica de desenvolvimento"). Como indica o título, a análise visa principalmente às condições jurídicas medievais; todavia, ela também recorre tanto à Antiguidade como ao presente. Seu foco é a "gênese dos princípios jurídicos" (Weber, 1924a, p.322)[3] ou, em outras palavras, a invenção de uma instituição que permite a separação espacial e principalmente legal entre as esferas privada e comercial. Por um lado, Weber comparou a forma jurídica da *societas* romana e a casa familiar germânica com as sociedades medievais da Itália, em particular, e, por outro, comparou a *societas maris* da cidade litorânea medieval italiana com a *societas terrae* da cidade interiorana medieval italiana.[4] Seu interesse já se concentrava nas diferenças; por exemplo, ele demonstrou que a base de crédito da sociedade ilimitada moderna é fundamentalmente diferente daquela da sociedade limitada, e que as duas devem sua existência a raízes históricas diferentes (ibid., p.440).[5] Além disso, ele considerou a separação um processo de grande importância histórica. Tal separação, em todo caso, é a impressão causada por textos posteriores em que se refere repetidas vezes a seu primeiro trabalho.

Encontramos uma afirmação especialmente interessante na primeira versão de sua *A ética protestante e o espírito do capitalismo*. Resumindo suas mais

---

requisitos para a obtenção de um doutorado na Universidade de Berlim. A Faculdade de Direito, em que Weber recebeu o seu diploma, porém, já obtivera este segundo texto. Uma explicação enganosa é dada em Winckelmann (1963) e a minha explicação em Schluchter (1978, p.15 nota 2). Estou corrigindo agora, portanto, essa explicação.

2 Sociedades limitada e ilimitada são tradução de *Kommanditgesellschaft* e *offene Handelsgesellschaft*, respectivamente.

3 É interessante que Weber já exponha as teses metodológicas de que, na análise, devamos manter separados os aspectos jurídicos dos econômicos, e de que nunca devemos esquecer que os princípios jurídicos para a ação econômica podem aparecer em áreas muito distantes da economia.

4 A investigação abrange, sobretudo, Pisa e Florença. Sobre a "unilateralidade" das fontes utilizadas, vista da perspectiva de hoje, vide Reyerson (1988).

5 A sociedade ilimitada (*offene Handelsgesellschaft*) é uma associação de pessoas que em questões de responsabilidade implica o "caráter inteiro de direitos de propriedade dos sócios", ao passo que a sociedade limitada (*Kommanditgessellschaft*) constitui uma relação de participação em que o sócio não é realmente responsável, mas participa dos lucros e perdas do empreendimento proporcionalmente ao seu investimento. De qualquer modo, é isso que Weber afirma mostrarem as fontes medievais.

importantes descobertas, Weber observa que a concepção do empreendedor puritano com uma obrigação especial para com as posses a ele confiadas pode "ser rastreada, em algumas de suas raízes, como tantos aspectos do moderno espírito do capitalismo, à Idade Média", nesse caso, à concepção de negócio como "entidade mística" (*corpus mysticum*) (id., 1978c, p.159, 1921, v.1, p.189). Tal concepção encontrou seu suporte institucional nas invenções jurídicas analisadas por Weber em seu estudo das empresas comerciais medievais: na firma, na consideração da riqueza comercial como uma forma especial de riqueza e na noção concomitante de responsabilidade associada limitada.[6] Mas embora a separação institucional entre questões privadas e comerciais, entre casa familiar privada e firma comercial, entre riqueza pessoal e riqueza comercial tenha sido proposta na Idade Média e assim promovido a ideia do serviço econômico como "causa" impessoal, o protestantismo ascético foi o primeiro a criar os "fundamentos éticos coerentes" últimos dessa separação institucional (id., 1978c, p.159, 1921, v.1, p.190). Esse fundamento ético não teve origem na Idade Média, mas no período pós-Reforma, sobretudo no século XVII.

Quando consideramos a longa linha de publicações que se baseiam nessa dissertação, é impressionante que o estudo das empresas comerciais medievais já trate de um dos temas sempre recorrentes na obra de Weber. Esse tema pode ser transformado em duas perguntas. O que constitui o caráter econômico e social distintivo do Ocidente? Como se explica tal caráter? Como mostra a dissertação, o foco da atenção é de início os arranjos *institucionais* distintos e suas causas; no entanto, pelo menos nos estudos sobre o protestantismo, esse foco também inclui as *mentalidades* distintas que se encontram no Ocidente. Weber interessa-se cada vez mais pela natureza das *ligações* entre as distintas características econômicas e sociais do Ocidente e pelo desenvolvimento de sua ética religiosa. Em setembro de 1919, depois de aprovar para a impressão os seus estudos de 1904-1905 sobre o protestantismo no

---

6 A esse respeito, vide Weber (1924a, p.317-8). Na primeira versão de *Economia e sociedade*, Weber tratou da separação entre a família e a firma em uma seção intitulada "Die Auflösung der Hausgemeinschaft: Änderungen ihrer Funktionellen Stellung und sunehmende 'Rechenhaftigkeit'. Entstehung der modernen Handelsgesellschaften" [A desintegração das atividades econômicas familiares: o surgimento do espírito de cálculo e da moderna empresa capitalista, conforme versão em inglês]. Vide Weber (1978b, p.375-80, 1972, p.226-30). O título, porém, provavelmente é uma criação dos editores Marianne Weber e Melchior Palyi. Em seu esboço de 1914, a seção intitulava-se simplesmente "Atividades econômicas familiares, empresa e *oikos*". Sobre a significação histórico-cultural da divisão entre os negócios e o domínio particular, vide também Weber (1924a, p.268). Além disso, é claro, vide Weber (1978b, p.98-9, 379, 1972, p.53, 229, 1978c, p.159, 1958b, p.21-2).

contexto de seus "Ensaios reunidos sobre a sociologia da religião", é a isso que ele chama de seu interesse cognitivo, pelo menos na parte de seu trabalho dedicada aos estudos comparativos sobre a ética econômica das grandes religiões da História.

Mesmo na primeira versão de *A ética protestante e o espírito do capitalismo*, Weber afirmara que havia um vínculo entre os desenvolvimentos das éticas religiosas e a economia válido não só para o período pós-Reforma, mas também para o pré-Reforma. Ao fim desses estudos, ele sustentava expressamente que,

> é claro, o período de desenvolvimento capitalista que antecedeu àquele examinado em nosso estudo foi em toda parte influenciado pelo cristianismo, que tanto o atrasou como o acelerou" (id., 1978c, p.172, 1921, v.1, p.206 nota; *Archiv für Sozialwissenschaft und Sozialpolitik* [de agora em diante *Archiv*] 21, p.110, 1905).

Com isso, em 1904-1905 ele planejou ampliar esses estudos para períodos tanto posteriores como, principalmente, anteriores. Quanto mais diligentemente trabalhava sobre a ética econômica das religiões não cristãs para despojar os estudos sobre o protestantismo de seu caráter isolado, mais urgente se tornava situar os últimos estudos no quadro mais geral de um estudo do cristianismo ocidental. Só assim eles poderiam ser colocados "no contexto do desenvolvimento cultural total", e esse era o objetivo declarado, como se pode depreender da versão revista desses estudos (id., 1978c, p.173, 1921, v.2, p.206 nota). Na verdade, como sabemos de uma declaração sobre o conteúdo de seus "Ensaios reunidos sobre a sociologia da religião" em setembro de 1919, Weber pretendia escrever tal estudo. Na projetada coleção de quatro volumes, o último estava todo reservado a esse estudo do cristianismo ocidental (Schluchter, 1989, p.469-71, apêndice 2b).

Em razão da morte de Weber em junho de 1920, esse plano jamais foi posto em prática, como também aconteceu com seus escritos sobre o cristianismo primitivo, o judaísmo talmúdico, o islã e o cristianismo oriental, que deveriam aparecer no terceiro volume. No entanto, valendo-me de uma observação de Marianne Weber, os estudos preliminares necessários para essas monografias já tinham sido concluídos havia muito (Weber, 1921, v.3, p.v).[7] Ao contrá-

---

7 Vide também Schluchter (1989, cap.6) e Capítulo 3 deste volume, em que se mostra que isso acontece com os projetados retratos do cristianismo primitivo e do islamismo. São relativamente poucos os trechos referentes ao judaísmo talmúdico, ao cristianismo oriental

rio das monografias planejadas para o terceiro volume, porém, os estudos preliminares referentes ao cristianismo ocidental não foram empreendidos principalmente de 1910 até o começo da Primeira Guerra Mundial; Weber pôde basear-se em estudos da primeira e da segunda fase de seu trabalho.[8] Além da dissertação e dos estudos sobre o protestantismo, havia o curso de conferências sobre economia geral ("teórica"), ministrado diversas vezes antes de 1900, em que Weber tratara do desenvolvimento econômico ocidental antigo, medieval e moderno. Essas conferências estavam destinadas a formar a base de um manual escolar (Schluchter, op. cit., cap.1.1).[9]

---

ou às igrejas orientais. As linhas gerais da posição de Weber em relação ao judaísmo talmúdico em suas fases antiga e medieval de desenvolvimento podem ser reconstruídas por meio do fragmento sobre os fariseus e a disputa de Weber com Werner Sombart (vide Sombart, 1911a, 1913). Em compensação, é mais difícil conhecer sua posição sobre o cristianismo oriental e o desenvolvimento das igrejas orientais. O esforço, porém, poderia valer a pena, sobretudo se forem incluídos na tentativa os textos sobre a revolução burguesa na Rússia. É razoável supor que essa linha de desenvolvimento tendia a ser de importância secundária para o projeto total de Weber. Isso não vale para o judaísmo medieval e moderno, pois ele faz parte dos "estudos preliminares" à planejada monografia sobre o cristianismo ocidental. Voltaremos mais adiante ao debate de Weber com Sombart.

8 Sobre a classificação da obra de Weber em três fases, vide Schluchter (op. cit., cap.1). As rupturas metodológicas e teóricas e as ampliações do alcance temático ali citadas valem naturalmente também para o nosso contexto. Weber frisou expressa e publicamente na controvérsia que se seguiu aos seus estudos sobre o protestantismo que os seus pontos de vista na análise de uma condição constitutiva do moderno espírito capitalista se originava de estudos datados de antes da virada para o século XX e, sobretudo, não foram provocados pelas relevantes investigações de Werner Sombart (vide Sombart, 1902a, 1902b, 1903; e as observações de Weber em Weber (1978d, p.150), com referência a *Archiv* 20, p.19 nota 1, 1904). Não obstante isso, há muitos indícios que levam a crer que Weber ainda não considerava o desenvolvimento ocidental um desenvolvimento singular (*Sonderentwicklung*) que exigisse somar-se uma análise separada de sua mentalidade ao exame de suas instituições ou uma análise independente da história de sua religião e dominação ao exame de sua história econômica e jurídica, um sistema de classificação terminológica especialmente equipado para essa tarefa e uma reconstrução de suas raízes que chegasse até a anarquia regulamentada de Israel antigo. Além disso, foi só o trabalho para a terceira edição das "Condições agrárias na Antiguidade" (vide Weber, 1976, p.35-386) que convenceu Weber da legitimidade de falar de "capitalismo antigo" sem reservas (id., 1978d, p.186), assim como se pode falar de capitalismo medieval, moderno primitivo ou moderno. Mais a esse respeito adiante. Sobretudo, porém, só a tentativa de desenvolver a interligação entre economia e religião para todas as grandes religiões do mundo, ainda não visível em 1910, mas já adiantada no fim de 1913, pressupunha necessariamente um exame do cristianismo que fosse além da fase pré-Reforma. Para mais detalhes sobre isso, vide Schluchter (op. cit., cap.12).

9 No "esquema" impresso dessas conferências distribuído aos estudantes, a parte relevante ao nosso contexto encontra-se no "livro três", que se intitula: "Os fundamentos históricos da

Paradoxos da modernidade

Na terceira fase da obra de Weber, porém, o interesse dele não se limitava, já que evidentemente ainda existia, somente ao desenvolvimento econômico ocidental; ao contrário, abrangia então o desenvolvimento ocidental de um modo mais geral, incluindo os desenvolvimentos da dominação política, do direito, da religião, da ciência e da arte. Além disso, o centro de interesse passou a ser não mais o desenvolvimento ocidental em si, mas a sua singularidade (*Sonderentwicklung*). Em seus estudos comparativos sobre a religião e a economia, Weber estabeleceu o fato de que os fundamentos mesmos da civilização mediterrâneo-ocidental diferem dos de outras civilizações. Embora o estudo do cristianismo ocidental – como todos os outros estudos – tivesse dado ênfase a essa relação específica, como aqueles outros, ele certamente não se teria limitado a essa relação. Desconfio que ele teria pretendido mostrar a singularidade do desenvolvimento ocidental na articulação das transformações externas e internas – de revoluções em instituições e de revoluções em mentalidades – e isso com vista à "tensão e ao equilíbrio peculiar" (*Ausgleich*) entre as ordens religiosa, econômica, política e social. Weber teria compreendido a análise do caráter distinto da cultura subjetivista do Ocidente moderno; de seu capitalismo racional, com sua tecnologia cientificamente definida; de seu *Anstalstaat*, com seu direito formal-racional; de suas associações não estatais, baseadas na *Vergemeinschaftung* e na *Vergesellschaftung*; de seu sistema

---

economia". Ele se subdivide da seguinte maneira: seção 8 – "Os primeiros estágios típicos da economia"; seção 9 – "O desenvolvimento econômico da antiga civilização litorânea"; seção 10 – "Os fundamentos agrários da civilização medieval interiorana"; seção 11 – "A economia urbana e a origem das formas modernas de empresa"; e seção 12 – "O surgimento da economia nacional".

A meu ver, três coisas são indicadas por esse esquema. Primeiro, Weber segue mais ou menos de perto a teoria de Karl Bücher dos estágios econômicos. Segundo, temos a impressão, ao considerarmos as subdivisões dos parágrafos 9 a 13 (não reproduzidas aqui) que três importantes obras posteriores já são aqui antecipadas: "Der Streit und den Charakter der altgermanischen Sozialverfassung in der deutschen Literatur dez letzten Jahrzehnts" [A discussão sobre o caráter da antiga estrutura social germânica na literatura alemã da década passada], de 1904 (Weber, 1924a, p.508-56); "Sociologia agrária" (id., 1976, p.35-386) e pelo menos partes de "A cidade" (id., 1978b, p.212-1772), cuja data exata de origem ainda é desconhecida. Terceiro, ao compararmos o "esquema", de 1898, com o da *Histórica econômica geral* (id., 1961), encontramos muitos paralelismos, mas pelo menos duas grandes diferenças: a *História econômica geral* já não adere ao modelo convencional de estágios econômicos, e em seu capítulo sobre o surgimento do capitalismo moderno (no "esquema" intitulado "O surgimento da economia nacional"), há uma seção sobre o desenvolvimento da mentalidade capitalista que falta ao "esquema". Além disso, os fatores cidade, Estado e burguesia desempenham claramente um papel muito mais significativo na *História econômica geral* do que no "esquema".

de desigualdade "adquirida", com suas classes comerciais e seus grupos de *status* ocupacionais.[10]

Com essa análise, Weber não quis simplesmente repetir o estudo pioneiro de Ernst Troeltsch, *O ensinamento social das igrejas e grupos cristãos* (*Die Soziallehren der christlichen Kirchen und Gruppen*) (Troeltsch, 1977, 1981a, sobretudo partes 1-3). Essa monografia, pela qual tinha o maior apreço possível, motivou-o a adiar, por um tempo, a continuação dos seus estudos sobre o protestantismo, como originalmente planejado, e a voltar-se para a ética econômica das religiões mundiais.[11] Sabe-se que Troeltsch tratou principalmente dos ensinamentos, não dos efeitos práticos do cristianismo ocidental. Isso por certo deu espaço para as análises de Weber até mesmo na área de investigação de Troeltsch.[12] Os estudos de ética econômica, porém, exigiam que a análise orientada para os efeitos práticos do caráter da economia condicionado pela religião fosse suplementada por uma análise do caráter "condicionado pelas classes" da religião. Além disso, isso exigia tal análise bifurcada para todas as ordens sociais e suas inter-relações.[13]

Que isso não é mera conjectura é indicado não só por essas monografias sobre a ética econômica das religiões mundiais de fato escritas, mas também pelo anúncio anteriormente mencionado, sobretudo se ele for lido em conjunto com a afirmação feita por Weber em uma carta da mesma época. Em setembro de 1919, Weber enviou a versão revista de *A ética protestante e o espírito do capitalismo* a seu editor, Siebeck. Na carta introdutória, Weber anunciou seu ensaio sobre as seitas protestantes. Assim, ele deixou claro que pretendia preparar seus estudos sobre a China e a Índia para republicação e em seguida inserir um ensaio que concluíra em sua cabeça, mas ainda precisava pôr no papel. Ele trataria dos "fundamentos gerais do desenvolvimento singular do Ocidente". Esse estudo seria seguido por outro sobre o judaísmo, que iria além do período já coberto nos artigos publicados.[14] Quando comparamos

---

10 Sobre as distinções entre essas ordens parciais e seus interesses e orientações concomitantes, vide principalmente Weber (1923, p.1-17 [omitido na versão inglesa; vide Weber, 1961], 1921, v.1, p.1-16, 536-73, 1958b, p.13-31, 1958a, p.323-59) e minha tentativa de sistematização em Schluchter (op. cit., cap.2.5).

11 Sobre isso, vide Weber (1958b, p.188 nota 1, p.284 nota 119, 1921, v.1,18 nota, 206 nota, 1978d, p.322).

12 A esse respeito, vide a observação de Weber em Weber (1978d, p.322, 1958b, p.188 nota1, 1921, v.1, 18 nota).

13 Para uma análise mais minuciosa, vide o Capítulo 1.

14 Nesse contexto, vide Winckelmann (1986, especialmente p.45-6). O trecho aqui reproduzido vem de uma carta ali citada, de 11 de setembro de 1919.

Paradoxos da modernidade

sua asserção ao anúncio formulado poucos dias depois, fica claro que o ensaio já mentalmente concluído se tornara nesse meio-tempo

> um esboço dedicado à ascensão à distintividade social do Ocidente, [retratando] o desenvolvimento da burguesia europeia na Antiguidade e na Idade Média.[15]

De qualquer forma, a proximidade temporal das duas asserções sugere tal interpretação.

É sabido que o ensaio antecipado no anúncio parece ter um alcance temático mais estreito do que o ensaio anunciado na carta introdutória. No entanto, a meu ver, o mais significativo é que era idêntica a função a ser preenchida nos dois casos. Com um ensaio desse tipo, devia ser feita uma transição das religiões chinesas e indianas para as religiões do Oriente Próximo e do Ocidente. Tal transição estava ao mesmo tempo vinculada a uma mudança de perspectiva. Enquanto a análise das religiões chinesa e indiana ia apenas "até onde era necessário para achar pontos de comparação com um desenvolvimento ocidental cuja análise, então, deve ser levada mais adiante" (Weber, 1958b, p.27, 1921, v.1, p.12), o estudo do antigo desenvolvimento religioso israelita e judaico assinalava o início do retrato do desenvolvimento cultural mediterrâneo--ocidental. Que Weber pretendesse ampliar este último para incluir uma "breve pintura da ética religiosa egípcia e mesopotâmica, além da zoroástrica" (nas palavras do anúncio) está de acordo com o objetivo do próprio Weber de uma reconstrução genética, e nada tem de novo. Ele deixara deliberadamente essa breve exposição de fora da publicação inicial da primeira parte do *Judaísmo antigo* (*Das antike Judentum*) (Weber, 1952).[16] Provavelmente, a mudança de perspectiva devia ser levada a efeito com a inserção do ensaio supracitado.

Tinha de se passar de uma perspectiva que dá ênfase aos contrastes entre o mundo asiático e o mediterrâneo-ocidental para uma perspectiva centrada no desenvolvimento, cujo foco são as continuidades dentro do mundo mediterrâneo-ocidental. Sem dúvida, os pontos focais identificados por meio da perspectiva comparativa continuam importantes no tratamento do desenvolvimento ocidental e servem, por assim dizer, para organizar tal tratamento. Porém, questões de precondições históricas e atribuição causal passaram então para o primeiro plano. Em seu estudo maior sobre a história econômica e social da Antiguidade, "Sociologia agrária", redigido no fim da

---

15 Sobre o anúncio, vide Schluchter (op. cit., p.425) e Winckelmann (loc. cit.).

16 A esse respeito, vide *Archiv* 44, p.52 nota, 1917/1918.

O surgimento da modernidade: Max Weber acerca do cristianismo ocidental

segunda fase da sua obra, Weber já indicava essa mudança em suas "observações um tanto mordazes" acerca do desenvolvimento urbano na Antiguidade e na Idade Média (id., 1958b, p.27, 1921, v.1, p.12, 1976, p.356, 1958b, p.27, 1924a, p.269).[17] Ele escreve que

> podemos tomar essas anomalias e exceções como mais uma demonstração de que "não há nada de novo sob o sol" e de que todas ou quase todas as distinções são apenas uma questão de grau. Esta última noção é bem verdadeira, é claro; mas a primeira anula qualquer estudo histórico. Devemos, ao contrário, dar ênfase às divergências, apesar de todos os paralelos, e usar as semelhanças entre duas sociedades para ressaltar a singularidade (*Eigenart*) de cada uma delas (id., 1976, p.341, 1924a, p.257).

Ocorreram divergências, porém, não só entre a Antiguidade e a Idade Média, mas também entre esta última e a modernidade. É sabido que, embora Weber ressaltasse expressamente as divergências, no mesmo estudo ele também falou das "continuidades do desenvolvimento cultural mediterrâneo-europeu". Ainda que não haja nenhum "desenvolvimento unidirecional e linear", tampouco há ciclos fechados, completamente descontínuos um em relação ao outro (id., 1976, p.366, 1924a, p.278).[18]

O projetado estudo sobre o desenvolvimento singular do Ocidente teria, portanto, de preencher duas funções: caracterizar a distintividade da civilização mediterrâneo-ocidental em relação às civilizações chinesa e indiana e, ao mesmo tempo, produzir uma perspectiva centrada no desenvolvimento com base na qual a combinação de circunstâncias que levou à moderna cultura ocidental poderia mostrar-se plausível (vide a "Introdução do autor" como um todo em Weber, 1958b, p.13-31, 1921, v.1, p.1-16; especialmente 1958b, p.13, 1921, v.1, p.1). A conclusão do estudo sobre o hinduísmo e o budismo

---

17 "Condições agrárias na Antiguidade" foi publicado em 1909. Em Weber (1976, p.35-385), constitui os primeiros dois capítulos de uma tradução chamada *The Agrarian Sociology of Ancient Civilizations* [Sociologia agrária das civilizações antigas]. A enganosa tradução do título original será usada ao longo de todo este ensaio. Esse texto marcou, com os estudos "Sobre a psicofísica do trabalho industrial", o fim da segunda fase da obra de Weber. Para mais pormenores, vide o Capítulo 1.

18 Aqui nota Weber que "algumas vezes, certos fenômenos da cultura antiga desapareceram completamente e depois reapareceram em um contexto inteiramente novo. Sob outros aspectos, porém, as cidades da Antiguidade tardia, sobretudo do Oriente Próximo helenístico, foram as precursoras da organização do comércio e da indústria medieval, assim como os solares da Antiguidade tardia foram os precursores das propriedades da agricultura medieval".

Paradoxos da modernidade

e a primeira parte do estudo sobre o judaísmo antigo, ambas publicadas pela primeira vez no *Archiv*, já continham as principais pistas. Em *A religião da Índia (Induismus und Buddhismus)*, embora o ensaio não fosse mais do que "um apanhado extremamente superficial [...] do mundo cultural asiático" (id., 1978c, p.192, 1921, v.2, p.363), Weber insistia que faltava na Ásia um dos elementos decisivos da economia ocidental:

> o cerceamento dessa avareza instintiva, sua transformação em uma busca racional do ganho e sua integração em um sistema de éticas de ação racional e intramundana – esse feito do "ascetismo intramundano" protestante que tivera poucos predecessores genuínos (id., 1978c, p.199, 1921, v.2, p.372).

E, prossegue ele, esse modo de conduta especificamente "burguês" deve sua existência ao aparecimento de profetas e pensadores que surgiram contra o pano de fundo, não de problemas econômicos, mas

> de problemas políticos de uma estrutura social estrangeira à cultura asiática – a saber, o corpo político de cidadãos, sem o qual nem o judaísmo, nem o cristianismo, nem o desenvolvimento do pensamento grego poderiam ser concebidos (id., 1978c, p.199, 1921, v.2, p.372).

No estudo do judaísmo antigo, começa Weber notando que sem "a criação do Velho Testamento" e a adesão a ele pela missão paulina (que foi decerto tanto seletiva como transformativa), jamais teria havido uma Igreja cristã (universalista) e uma ética cristã (universalista) do mundo cotidiano. Por causa dessas "consequências histórico-mundiais" do desenvolvimento religioso judaico, vemo-nos "em um ponto decisivo de todo o desenvolvimento cultural do Ocidente e do Oriente Médio". De semelhante

> importância histórica foi o desenvolvimento da cultura intelectual helênica; para a Europa ocidental, o desenvolvimento do direito romano e da Igreja Católica Romana com base no conceito romano de ofício; a ordem medieval dos estados; e finalmente, no campo da religião, o protestantismo. Este transformou as velhas instituições medievais (id., 1952, p.5, 1921, v.3, p.7, primeiro no *Archiv* 44, p.58, 1917/1918).

Seria tentador procurar outros trechos em que Weber comente os fundamentos gerais do desenvolvimento singular do Ocidente ou a história do desenvolvimento do corpo de cidadãos na Antiguidade e na Idade Média. Tais asserções poderiam dar maior relevo ao vínculo entre as análises das religiões asiáticas e as das religiões mediterrâneo-ocidentais. Isso não será feito aqui.[19] Para obter esses fundamentos gerais, o leitor pode seguir sobretudo a "Última palavra anticrítica" e a *História econômica geral*; quanto à história do desenvolvimento do corpo de cidadãos, pode-se seguir os trechos finais da "Sociologia agrária" e principalmente o manuscrito póstumo "A cidade" (vide, por exemplo, Weber, 1978d, p.323-5, 1961, p.255-6, 1923, p.254-71, 296-7, 1976, p.336-58, 1978b, p.727-814, 1972, p.735-822).[20]

Sabe-se que na época em que Weber comunicou seus planos adicionais para os grandes projetos ao seu editor, Siebeck, em setembro de 1919, "A cidade" – certamente o manuscrito que mais se encaixa na descrição do anúncio – provavelmente já estava na gaveta de sua escrivaninha havia algum tempo. Há muitas indicações de que esse manuscrito seja relativamente velho,

---

19 A esse respeito, vide, por exemplo, o Capítulo 3.

20 A datação e a localização de "A cidade" é um dos problemas editoriais mais difíceis (vide Schluchter, op. cit., cap.13). A conclusão da "Sociologia agrária" representa, sem dúvida, um estágio preliminar desse ensaio, mas não tem nem a comparação com as cidades asiáticas, nem, no contexto da cidade medieval, a ênfase dada à ruptura com os velhos poderes legítimos (ou seja, usurpação). Além disso, nela Weber chama as cidades comerciais de "cidades industriais", algo que já não acontece em "A cidade". Todos esses pontos indicam que o texto foi produzido no contexto dos dois grandes projetos, e em um tempo em que a divisão do trabalho em conteúdo e propósito entre os dois projetos ainda era relativamente imprecisa, mas de qualquer modo antes do começo da Primeira Guerra Mundial. Assim, pode realmente ter sido escrito como capítulo 8c ("Dominação não legítima: tipologia das cidades") do manuscrito "A economia e as ordens e poderes sociais", de 1914. (Embora Weber cite literatura de 1914 – por exemplo, uma obra de Max Strack sobre os libertos daquele mesmo ano [Weber, 1978b, 1357] –, a maioria das publicações citadas é relativamente velha. Uma explicação possível para isso é que Weber resumiu aqui os seus trabalhos anteriores a 1900, obras que o "esquema" menciona.) Todavia, mesmo se Weber pretendesse incluir "A cidade" na primeira versão de *Economia e sociedade*, é muito improvável que tivesse procedido no mesmo sentido na segunda versão. A sociologia da dominação fora concluída para a nova versão, e é verdade que devia ser seguida pelo exame de associações políticas especificamente ocidentais, inclusive urbanas (vide Weber, 1978b, p.240-1, 1972, p.139). Para essa tarefa, ele dificilmente teria usado, sem modificar, um manuscrito já concluído, sobretudo um manuscrito que, como diz Marianne Weber, tem "forma amplamente descritiva". Desconfio, portanto, que, depois de decidir escrever uma segunda versão de *Economia e sociedade* e de vê-la publicada com os "Ensaios reunidos sobre a sociologia da religião", Weber teria incluído "A cidade" na última coletânea de ensaios, em sua forma presente ou em uma modificada baseada no original. Quanto a isso, vide Schluchter (op. cit., cap.12). Tal conjectura também é reforçada pela posição da análise da cidade e do corpo de cidadãos na *História econômica geral* (Weber, 1961, p.233-49, 1923, p.270-89).

pelo menos em parte, e que na forma em que foi legado estava relacionado ao desenvolvimento da sociologia da dominação desde 1910. Possivelmente, Weber o teria usado finalmente como base para ambos os grandes projetos, o que está de acordo com seu procedimento, cada vez mais centrado na divisão do trabalho. Independentemente de como encaramos essa questão, uma coisa é clara: a localização do ensaio projetado logo depois dos estudos revistos sobre o protestantismo e antes daqueles sobre o judaísmo antigo, o islã, o cristianismo oriental e o cristianismo ocidental. Essa localização implica, porém, que a análise do cristianismo ocidental não se tornara supérflua depois que os estudos sobre o protestantismo ascético foram revistos, e que esse retrato não se teria limitado à caracterização dos fundamentos gerais do desenvolvimento singular do Ocidente ou apenas à história do desenvolvimento do corpo de cidadãos.

Weber – nunca é demais ressaltar este ponto – não se valeu da oportunidade para rever os estudos sobre o protestantismo nem para ampliar o alcance do projeto original, cuidadosamente limitado, nem para alterar sua tese original.[21] Mais explicações sobre esta última são dadas no texto revisto, porém ela não é nem rescindida, nem modificada, e tampouco são dadas novas ênfases. Assim, o estudo do cristianismo ocidental tampouco teria mudado alguma parte da tese de que apenas a ética do protestantismo ascético, afora algumas antecipações, forneceu um dos elementos constitutivos do éthos capitalista moderno e da cultura vocacional. Teria até ocorrido o contrário: ele teria definido com maior clareza essa tese, ampliando o alcance intracristão da comparação e integrando o judaísmo (e possivelmente o islã) na análise. Além disso, o estudo teria ampliado o horizonte das atribuições causais. Isso, no entanto, exigia uma investigação que transformasse os fun-

---

21 Estou aqui adotando a formulação do próprio Weber, como ele a utilizou na segunda crítica a Rachfahl, na "Última palavra anticrítica" (vide Weber, 1978d, p.285). Weber não ampliou o alcance da investigação, mas imaginou outros estudos para tratar das questões não resolvidas; além disso, não incluiu o estudo do protestantismo na série sobre as éticas econômicas das religiões mundiais, mas apenas o vinculou a elas por meio da "Introdução do autor". Essas indicações puramente formais são, a meu ver, sinal de algo que Rachfahl questionou e que foi repetidas vezes questionado desde então, a saber, que Weber não mudou sua tese original porque ainda a considerava correta em 1920. Ele queria apenas colocá-la no contexto geral do desenvolvimento cultural, sobretudo do Ocidente. Por essa razão, ele projetou que os "Ensaios reunidos sobre a sociologia da religião" (que ele também cogitou chamar de "Ensaios reunidos sobre a sociologia das *Kulturreligionen*") terminassem com um volume sobre o cristianismo ocidental. Isso fica implícito nas referências feitas nas passagens revistas do texto. Votaremos a isso em breve.

O surgimento da modernidade: Max Weber acerca do cristianismo ocidental

damentos gerais do desenvolvimento singular do Ocidente em precondições históricas. Tal transformação já pode ser observada no estudo do judaísmo antigo, onde um desses fundamentos, o Velho Testamento, é colocado em uma perspectiva centrada no desenvolvimento.[22]

Em vista dessa e de outras asserções, era de se esperar que houvesse no projetado volume final análises dos movimentos salvíficos cristãos e de suas organizações; das associações territoriais e urbanas ocidentais; das leis sagrada e profana ocidentais; da ciência e da tecnologia ocidentais; das formas organizacionais ocidentais no comércio e na indústria, suplementadas por estudos sobre os bancos e o câmbio; assim como da "tensão e equilíbrio peculiar" que existe sobretudo entre os poderes hierocrático e político, inclusive os urbanos. Como parte do estudo da ética econômica das religiões mundiais, a análise do cristianismo ocidental já não podia limitar-se a um dos lados da cadeia causal, aos efeitos práticos de certa ética religiosa sobre a conduta. Como já planejado na versão original de *A ética protestante e o espírito do capitalismo*, a análise também devia rastrear a "influência do desenvolvimento econômico sobre o destino dos sistemas de ideias religiosas" (Weber, 1978c, p.161 nota 2, 1921, v.1, p.192 nota 1; *Archiv* 21, p.101 nota 69, 1905)[23] e também reconstruir os efeitos práticos das instituições religiosas sobre as condutas;[24] sobretudo,

---

22 Para mais detalhes sobre isso, vide Schluchter (op. cit., cap.5).

23 Em 1905, ele declarou muito claramente que podia ser preciso que ele quisesse, "mais tarde, considerar em separado a questão dos determinantes de classe dos movimentos religiosos"; em 1920: "não considere aqui a questão [...] (sobre isso, vide meus ensaios sobre as 'Éticas econômicas das religiões mundiais')". Em 1905 e 1920, ele observou para aqueles "cuja consciência não sossega até encontrarem explicações econômicas ('materialistas', como infelizmente ainda são chamadas) [...] que considero muito importante a influência dos desenvolvimentos econômicos sobre o destino de sistemas de ideias religiosas e mais tarde tentarei examinar a maneira como, nesse caso, o processo de adaptação mútua e as relações gerais entre os dois chegaram a ser o que foram. Mas os conteúdos dessas ideias religiosas não pode de modo algum ser deduzido das influências 'econômicas': eles mesmos são – sejamos bastante firmes a esse respeito – os mais poderosos elementos formativos do 'caráter nacional', têm seu próprio poder compulsório"; em 1920: "eles seguem a sua própria lógica interna e claramente têm seu próprio poder compulsório". Só essa passagem e o fato de Weber tê-la adotado praticamente idêntica na versão revista já poderia ter convencido a todos de que ele não mudou de posição sobre a chamada dicotomia materialismo-idealismo entre 1904-1905 e 1920 e, no que se refere a essa questão, não havia diferença entre os estudos sobre o protestantismo e os estudos sobre a ética econômica das religiões mundiais. Para mais pormenores quanto a isso, vide Schluchter (op. cit., cap.1) e o Capítulo 3 deste volume.

24 Weber, porém, julgava essa tarefa já parcialmente concluída com a nova versão do ensaio sobre as seitas, que não mais aderia aos velhos esboços desse ensaio de 1906. Aliás, o ensaio

porém, tinha de mostrar a religião como um poder interno e externo na vida e em sua relação cheia de tensões não só com a economia, mas também com a dominação política. Weber podia, é claro, fazer tudo isso em uma "divisão de trabalho" com a segunda versão de *Economia e sociedade*.[25]

Se aceitarmos esse diagnóstico do estatuto e do perfil do planejado estudo do cristianismo ocidental, parece razoável tomar a versão mais antiga de *Economia e sociedade*, sobretudo os seus capítulos sobre as sociologias da religião, do direito e da dominação, como um primeiro ponto de orientação na reconstrução dessas explicações necessárias para o "outro lado da cadeia causal". Deve-se dar especial atenção, nesse contexto, ao desenvolvimento da cidade, à "ascensão da burguesia ocidental e sua singularidade" (Weber, 1958b, p.24, 1921, v.1, p.10).[26] Esse desenvolvimento teria formado um dos eixos da análise, assim como a ascensão e singularidade da burocracia patrimonial chinesa no estudo sobre a China, e a ascensão e singularidade do sistema de castas indiano no estudo sobre a Índia.[27] Como mencionei anteriormente, porém, nesse caso há – ao contrário dos casos dos outros estudos nunca escritos – pontos de referência adicionais além da versão mais antiga de *Economia e sociedade*. Antecedendo-a no tempo estão, sobretudo, as obras sobre a Antiguidade e a Idade Média; em seguida, a *História econômica geral*, em que Weber esboçou um perfil de uma história social e econômica do Ocidente. Embora incluísse um capítulo sobre a história cultural do Ocidente,[28] praticamente só dispomos – quanto às concepções de dever arraigadas na ética

---

sobre as seitas remete retrospectivamente à seção da sociologia da dominação na primeira versão de *Economia e sociedade*, intitulada "Dominação política e hierocrática" ("Politische und hierokratische Herrschaft").

25 A nova versão de *Economia e sociedade* provavelmente teria sido organizada de maneira semelhante. Vide Schluchter (op. cit.); sobre a "divisão do trabalho", vide o Capítulo 3.

26 Weber afirma expressamente que embora o surgimento da burguesia ocidental esteja intimamente relacionado com a origem da organização capitalista do trabalho, não é simplesmente idêntica a ela.

27 Sobre isso, vide Schluchter (op. cit., capítulos 3.3, 4.2 e 12).

28 Além disso, a *História econômica geral* não se limita ao Ocidente, mas inclui também a comparação entre o Ocidente e a Ásia. Weber intitulou o curso de palestras que serviu de base para o texto reconstruído no semestre de inverno de 1919-1920 "Esquema da história social e econômica universal". Alguns veem esse texto como a palavra final de Weber sobre o capitalismo – e até como a sua última obra (!) – e ao mesmo tempo como a mais abrangente teoria geral do surgimento do capitalismo disponível até hoje, como afirma Randall Collins (1986, p.19-21). Essa é uma afirmação a que não gostaria de me opor. Gostaria, porém, de me opor à maneira como a "teoria madura" de Weber é interpretada nesse contexto. Mais a esse respeito adiante.

O surgimento da modernidade: Max Weber acerca do cristianismo ocidental

religiosa e suas forças motivacionais concomitantes, com exceção de umas poucas passagens no capítulo sobre a religião em *Economia e sociedade* – das duas versões de *A ética protestante e o espírito do capitalismo*. Uma comparação dessas duas versões mostra que a segunda contém diversas referências ao projetado estudo do cristianismo ocidental.

De que temas que fossem além dos estudos sobre o protestantismo teria Weber tratado? Cinco deles se destacam. Primeiro, pretendia discutir a distintividade do cristianismo em geral dentro da história da religião. Atribuía essa distintividade, malgrado os diversos fundamentos dogmáticos, à "inserção do interesse decisivo pela prova" da salvação de cada um (Weber, 1958b, p.258 nota 192, 1921, v.2, 162 nota), o que dava ao cristianismo em geral uma tendência para o ativismo. Segundo, ele queria apresentar um retrato mais minucioso do catolicismo pré-Reforma. Provocado por Werner Sombart (1913, p.303 et seq.), Weber tinha em mente, não simplesmente o tomismo, em que já havia tocado na primeira versão, mas também a divergente "ética econômica dos escotistas e, sobretudo, de certos teólogos mendicantes do século XIV", autores como John Duns Scotus, Bernardino de Siena e Antônio de Florença, e isso relacionado à "discussão da ética econômica do catolicismo em suas relações positivas com o capitalismo" (Weber, 1958b, 202 nota, 1921, v.1, p.58 nota). Terceiro, Weber planejava tratar dos poucos predecessores do protestantismo ascético, da ética monástica, das "seitas e [...] da ética de Wycliff e Hus" (id., 1958b, 198 nota 12, 1921, v.1, p.41 nota; 1958b, p.202-3 nota, 1921, v.1, 58 nota).[29] Quarto, ele queria analisar o catolicismo pós-Reforma e da Contrarreforma – por exemplo, os jesuítas – bem como a "posição fundamental de Port Royal e do jansenismo acerca da 'vocação'" (Weber, 1958b, p.212 nota 10, 1921, v.1, p.72 nota).[30] Por fim, novamente em resposta à provocação de Sombart, Weber queria tratar do papel dos judeus na vida econômica, algo que, afora a segunda versão, pode ser inferido da sociologia da religião em *Economia e* sociedade (Weber, 1978b, p.611-23, 1972, p.367-74) e da *História econômica geral* (id.,1951, cap.30, 1923, cap.4, seção 9). Queria fazer tudo isso não para alterar a tese de *A ética protestante e o espírito do capitalismo*, mas para fornecer o contexto mais amplo em que ela devia ser lida.[31]

---

29 Sobre esse aspecto muito ignorado, vide as contribuições de Lerner (1988) e Selge (1988), em Schluchter (1988d).

30 Weber teria usado aqui principalmente uma obra de Paul Honigsheim (1969).

31 A meu ver, temos um indício inequívoco disso no capítulo correspondente da *História econômica geral*. Ele termina com a referência à significação histórica da Reforma, eliminando

Assim, Weber não se teria contentado simplesmente com a caracterização dos aspectos distintivos e dos desenvolvimentos singulares da civilização mediterrâneo-ocidental. Ele teria tido de explicá-la, pois o mero estabelecimento de interligações não bastava nesse caso. Uma eloquente observação sobre isso encontra-se na segunda versão de *A ética protestante e o espírito do capitalismo*. Nada há de novo, afirma Weber, na defesa de uma relação mais ou menos "forte" entre as diversas tendências do protestantismo ascético e o (moderno) espírito do capitalismo; isso era algo que os contemporâneos já conheciam bem. A tentativa de "explicar a relação" (Weber, 1958b, p.191 nota 23, 1921, v.1, p.28 nota 3),[32] porém, é nova. E essa pretensão é defendida o tempo todo. Na "Introdução do autor", lemos que

---

os *consilia evangelica*, à subsequente transformação do conceito de ascetismo por parte do protestantismo ascético e à vigilância da correção ética do indivíduo pelo estabelecimento de uma forma única de "disciplina eclesial" (vide Weber, 1961, p.258-70, sobretudo p.268-70, 1923, p.300-15, sobretudo p.312-5). Não consigo entender como Randall Collins pode afirmar que na *História econômica geral* Weber reduz "o fator ideal a um lugar relativamente pequeno em seu esquema geral"; esse texto representa, afinal, uma história social e econômica, não uma história da religião. Além disso, sua inovação em relação às histórias econômicas convencionais está justamente no fato de reservar a esse lado da cadeia causal o seu próprio capítulo. Collins, ademais, afirma que Weber "transformou em muito" a sua tese original sobre o protestantismo, vendo agora o protestantismo ascético como mera intensificação de um fator motivacional já encontrado no cristianismo; além disso, Weber passou a atribuir a esse fator apenas uma significação negativa, "no sentido de remover um dos últimos obstáculos institucionais que desviava o ímpeto motivacional do cristianismo da racionalização econômica". Esse, porém, é justamente o ponto crucial da tese original sobre o protestantismo – a saber: sob que condições a resistência íntima é superada, uma vez que até as éticas econômicas católica e luterana ainda mantêm uma posição contra a objetivação das relações econômicas? Assim, não há aqui indício nenhum de uma tese "muito transformada". Para as citações, vide Collins (op. cit., p.20-1, 33).

Os "Anticríticos" tornam claro que, além dos cinco temas anteriormente citados, Weber também estava interessado em diferenciar mais profundamente as tendências presentes no protestantismo ascético. Nem todos os protestantes ascéticos eram seguidores da doutrina da predestinação, algo que Weber já ressaltara na primeira versão de *A ética protestante e o espírito do capitalismo*, dando como exemplo os batistas. (Por essa razão, Collins erra completamente o alvo quando observa que o fato de Weber não mencionar a doutrina da predestinação na *História econômica geral* mostraria que ele teria modificado a sua tese original. Vide Collins, op. cit., p.33.) Nesse contexto, Weber aparentemente também pretendia analisar os huguenotes. Vide Weber (1978d, p.320, 322). De fato, já em 1908, Weber expressara a intenção de publicar uma edição separada dos estudos sobre o protestantismo, que ele revisaria e aumentaria. Ele anunciou que essa edição seria publicada na primavera de 1909. Vide Weber (op. cit., p.54).

32 Vide também as instrutivas observações de Reinhard Bendix (1967). Weber frisou que o que havia de novo não era a alegada interligação, mas que ela tivesse sido contestada

O surgimento da modernidade: Max Weber acerca do cristianismo ocidental

mais uma vez é nossa principal preocupação reconhecer a peculiaridade especial do racionalismo ocidental e dentro desse complexo, sua forma moderna, e explicá-la (Weber, 1958b, p.26, 1921, v.1, p.12).

Assim, o esforço explicativo é enorme. É sabido que a singularidade desse racionalismo, que permeia não só a esfera econômica, mas também as outras esferas importantes e lhes confere seu próprio "matiz" específico, deve, como indica a citação, ser primeiro estabelecida. Essa é antes de tudo a tarefa da pesquisa comparativa, e mesmo aqui deparamos com uma divisão dos caminhos, como demonstra a disputa de Weber com Marx, por um lado, e com seus mais importantes rivais contemporâneos – Georg Simmel, Lujo Brentano e Werner Sombart – por outro.[33] Mas independentemente de

---

recentemente. Como prova de que os contemporâneos já estavam cientes do fenômeno, ele inseriu na segunda edição uma citação de John Wesley que "seria um lema muito adequado a inscrever sobre tudo o que foi dito até aqui". Vide Weber (1978c, p.165, 1921, v.1, p.196-7). Uma relação estabelecida ainda não é uma atribuição causal válida, porém, ou, em termos atuais, uma correlação não é uma explicação. Isso estava claro também para Weber.

33 Ao contrário de Marx, Weber considera a racionalidade formal da contabilidade do capital e suas precondições externas e internas as características distintivas (*das Spezifische*) do capitalismo moderno. (Embora, como em Marx, essas precondições incluam o trabalho formalmente livre e a completa apropriação de todos os meios de produção pelos proprietários, em Weber, isso não constitui de modo algum a totalidade das precondições.) Ao contrário de Brentano, Weber vê as características capitalistas especificamente modernas nas oportunidades para o comércio contínuo e na moderação racional do apetite de aquisição (capitalismo aventureiro politicamente orientado *versus* capitalismo racional economicamente orientado). Ao contrário de Simmel, com quem compartilha a ideia da objetivação das relações sociais concomitantes ao moderno capitalismo, Weber distingue estritamente entre uma economia monetária e o capitalismo. Ao contrário de Sombart, com quem compartilha a ideia da calculabilidade concomitante ao capitalismo moderno, da racionalização da gestão econômica e da racionalização geral de toda a economia (Schumpeter), Weber frisa mais energicamente do que Sombart a organização racional do trabalho em detrimento de outros aspectos do desenvolvimento. Vê-se claramente que as definições se entrecruzam (menos no caso de Brentano), mas não são idênticas. Sobre a discordância com Brentano, Simmel e Sombart, vide, sobretudo, Weber (1958b, p.185 nota 2, 1921, v.1, p.4 nota1), em que ele descreve sua análise de Simmel (1978) (na segunda edição alemã ampliada de 1907) e de Sombart (1902a, 1902b) (na segunda edição revista de Munique e Leipzig de 1916). Esta última incluía os primeiros dois volumes sobre a economia pré-capitalista e sobre a vida econômica europeia na era do capitalismo primitivo (o terceiro volume, sobre a era do capitalismo avançado, foi publicado pela primeira vez em 1927, portanto após a morte de Weber). Curiosamente, Weber estava aparentemente mais próximo da primeira edição da "bela e importante obra sobre o capitalismo" de Sombart do que da segunda quanto ao conteúdo, mas não quanto ao método, pois na revisão dos estudos sobre o protestantismo, a segunda edição, que eu saiba, não é levada em conta. Sobre o juízo de Schumpeter, vide Schumpeter (1987, sobretudo p.205). Essa última referência contém também uma interessante comparação com Marx.

qual se considere ser a característica exclusiva do capitalismo moderno – e, segundo Weber, isso não independe das relações de valor teóricas de cada um –, ela tem de ser explicada. Isso tem como premissa a separabilidade das propriedades definidoras e condicionadoras.[34]

Assim, no estudo do cristianismo ocidental, como já era o caso nos estudos do protestantismo, a primeira preocupação de Weber teria sido fornecer uma explicação. A meu ver, isso é mostrado inequivocamente, sobretudo, pela "Introdução do autor", que serve de conexão entre os estudos revisados sobre o protestantismo e os estudos sobre a ética econômica. A tentativa de explicação se teria dedicado a responder à seguinte pergunta: por que é só no Ocidente moderno que, ao contrário dos tipos de capitalismo predominantes em toda parte, existe "uma forma muito diferente de capitalismo que não apareceu em nenhum outro lugar: a organização racional capitalista de trabalho (formalmente) livre" (Weber, 1958b, p.21, 1921, v.1, p.7)? Essa era uma parte de outra pergunta: por que

> o desenvolvimento científico, artístico, político ou econômico [na China e na Índia] não seguiu esse caminho de racionalização, que é exclusivo do Ocidente? (Id., 1958b, p.25, 1921, v.1, p.11)

O "racionalismo específico da cultura ocidental" é um racionalismo de senhorio do mundo, algo que procurei demonstrar em diversos contextos.[35] Ele aparece no reino econômico em uma forma específica – na utilização de capital no mercado no quadro de organização comercial racional baseada no trabalho formalmente livre – e em um espírito específico, de ascetismo ativo intramundano baseado na ideia de chamado vocacional. Desde o começo, de um modo ou de outro, como mostrou a referência à dissertação, os pensamentos de Weber giravam principalmente ao redor desses dois fenômenos culturais de importância universal. Mas somente o estudo do cristianismo ocidental teria "unificado" em uma única abordagem explicativa tanto os temas como

---

34 Que Weber estava totalmente consciente desse problema é algo que se pode ver em uma resposta crítica a Brentano. Este havia não só rejeitado a diferenciação conceitual proposta por Weber, mas até "asseverado, de modo para mim incompreensível, que o conceito de 'espírito' do capitalismo (moderno!), criado para os propósitos desta análise, já pressupõe o que deve provar" (vide Weber, 1958b, p.198 nota 13, 1921, v.1, p.42 nota 1). Ainda está por ser examinado criticamente se Weber podia de fato fazer essa necessária separação.

35 Vide Schumpeter (1981) e Schluchter (1980, sobretudo o cap.1; em inglês, em Roth e Schluchter, 1979, cap.1), além de Schluchter (1989, capítulos 3.2, 4.1).

as questões ligadas a esses fenômenos e as respostas descobertas depois de uma longa investigação.

O que se pode dizer dessa abordagem explicativa? Em outras palavras: qual foi a "última teoria" de Weber sobre o capitalismo ocidental? Em outra formulação, a questão é: como explicava Weber o desenvolvimento singular do Ocidente?

Explicação da trajetória ocidental: três grandes transformações e seus legados

Precondições e épocas históricas

Antes de tentar apresentar um esboço do modelo explicativo do desenvolvimento no Ocidente, é preciso tecer algumas observações sobre o modo de análise de Weber. Aqui, tem de se levar em conta não só os textos sobre o método, mas também o método praticado.[36]

Gostaria de começar com um exemplo do método praticado. No mais tardar com *A ética protestante e o espírito do capitalismo*, e de modo ainda mais rigoroso nas "Anticríticas", distingue Weber entre o *espírito* do capitalismo e o capitalismo como *sistema* econômico. A este último ele por vezes chama forma ou organização, ou mesmo forma organizacional (vide, por exemplo, Weber, 1978d, p.164, 170-1, 263-70). Tal distinção corresponde àquela entre condições subjetivas e objetivas e, assim, não se limita à esfera econômica (vide, por exemplo, Weber, 1978d, p.324). O capitalismo significa certo espírito e certa forma que podemos conceber em termos relativo-gerais ou relativo--específicos.[37] Se o entendermos em termos relativo-gerais, são formados tipos ideais de caráter geral – conceitos de classe ideal-típicos (*idealtypische*

---

36 Guenther Roth tentou várias vezes chamar a atenção principalmente para o modo de análise realmente praticado por Weber. Vide seus textos em Bendix e Roth (1971, sobretudo os capítulos 6 e 13) e em Roth e Schluchter (1979, sobretudo "Epílogo"). Além disso, vide Roth (1987b, sobretudo apêndice). Não é fácil fazer em Weber a distinção entre metodologia e método. Metodologia, no sentido de Rickert, refere-se em primeiro lugar a uma teoria da formação de conceitos em uma ciência da realidade (*Erfahrungswissenschaft*) (individualizar e generalizar), ao passo que método se refere ao modo de análise, como o da sociologia interpretativa, por exemplo. Nos "Termos sociológicos básicos" da segunda versão de *Economia e sociedade*, fala-se de fundamentos do método, não de fundamentos metodológicos. Por essa razão, preferi usar o termo "método" no que se segue.

37 Isso é uma reminiscência da distinção de Rickert entre termos – relativo-históricos ou absoluto-típicos. Para mais pormenores sobre isso, vide Schluchter (1989, capítulo 1.3).

Gattungsbegriffe) – que "destilam aquilo que é permanentemente o mesmo, com pureza conceitual" a partir do capitalismo. Se o entendermos em termos relativo-específicos, são formados tipos ideais de caráter individual, que ressaltam os traços característicos "de uma determinada época em contraste com outras épocas", pelos quais "também se pressupõe aquilo que existe geralmente [...] como dado e conhecido".[38] Por exemplo, quando contrastamos um ato econômico em uma economia capitalista com outro em uma economia familiar, ressaltamos que ele é motivado pela busca da lucratividade; que ele se vale para isso de oportunidades formalmente pacíficas de troca; e que ele se serve da contabilidade de capital, ou seja, da "comparação dos rendimentos monetários estimados com as despesas monetárias estimadas, ainda que de forma muito primitiva".[39] Weber afirma expressamente que, no sentido desse conceito de classe ideal-típico, o capitalismo, "mesmo com um razoável grau de contabilidade de capital, existiu em todos os países civilizados da terra, tão no passado quanto os documentos nos permitem julgar" (id., 1958b, p.18, 1921, v.1, p.6). Todavia, por mais importante que seja a formulação precisa desses conceitos de classe ideal-típicos – e é o propósito da sociologia da economia na segunda versão de *Economia e sociedade* fazer justamente isso –, essencialmente, o que é interessante não são esses "tipos, formas e direções de capitalismo" encontrados em todos os países civilizados, mas sim aqueles surgidos apenas no Ocidente moderno. Para conseguir essa formulação, têm de ser nomeadas as características específicas exclusivas desse capitalismo moderno segundo o espírito e a forma.

O espírito e a forma ou o sistema, porém, são relativamente independentes uns dos outros. Assim, podem existir entre eles vários graus de afinidade eletiva. O espírito pode, como diz expressamente Weber, ser mais ou menos (ou de modo nenhum) "adequado" à forma (id., 1978d, p.171).[40] Isso acontece porque nem eles compartilham necessariamente uma origem comum, nem um é necessariamente derivável do outro. Toda posição que afirme uma dessas duas coisas deve ser considerada reducionista. As trans-

---

38 A esse respeito, vide Weber (1978d, p.170). Weber diz expressamente que ambos os casos envolvem construtos ideal-típicos, confirmando assim a interpretação aqui sugerida.

39 Sobre isso, vide Weber (1958b, p.17-9, sobretudo p.19, 1921, v.1, p.4-6, sobretudo p.6). Essa comparação pode até ser feita por meio da contabilidade dos bens naturais, embora os limites de racionalidade sejam estritamente delineados nesse caso (vide Weber, 1978d, p.55).

40 Para distinguir entre esses diferentes casos, falo, seguindo formulações posteriores, em unilateralidade e em relações reciprocamente favoráveis, indiferentes e obstrutivas. Vide o Capítulo 3.

O surgimento da modernidade: Max Weber acerca do cristianismo ocidental

formações respectivas de instituições e mentalidades, as revoluções de fora para dentro e de dentro para fora raramente estão sincronizadas na realidade histórica.[41] Essa também é a razão pela qual as precondições históricas do surgimento de um dado sistema econômico capitalista devem inicialmente ser estudadas separadamente das precondições históricas do surgimento de um dado espírito capitalista. Só depois que cada "unidade" tiver sido analisada por si só podemos, então, examinar até que ponto existe uma afinidade eletiva, se o espírito e a forma ou o sistema são relacionados favoravelmente de maneira unilateral ou recíproca, ou se são não relacionados (indiferentes) ou mesmo obstrutivos uns dos outros. Além disso, essa última análise deve estar relacionada com uma época específica e com um espaço específico de desenvolvimento.

Segundo o testemunho do próprio Weber, em 1910 – portanto na época em que entrava na terceira fase da sua obra – ele escrevera principalmente dois estudos históricos sobre o capitalismo: "Sociologia agrária", para cobrir "o 'capitalismo' da Antiguidade como sistema econômico", e os estudos do protestantismo, para cobrir "o que procurei chamar de 'espírito' do capitalismo moderno" (Weber, 1978d, p.170). Assim, na "Sociologia agrária", recorrendo em parte a alguns dos seus escritos mais antigos, ele dá acabamento à sua visão da história econômica e social, mas não religiosa, da Antiguidade. Em contrapartida, nos estudos sobre o protestantismo, a mentalidade e a motivação ocuparam o primeiro plano. Estes últimos estudos foram concebidos não como uma conclusão, mas como um início. Seu objetivo inicial era "rastrear o curso dos fatores que surgem na época da Reforma", e, então, ir além dessa época e ao outro lado da cadeia causal (ibid.).

O tempo da Reforma ou, mais precisamente, o período que se seguiu à Reforma, sobretudo o século XVII, é importante para Weber, pois efetua uma transformação – a partir de dentro. Essa transformação adiciona uma nova linha ao padrão ocidental de desenvolvimento. Ao fazer isso, tal transformação cria uma das precondições históricas do desenvolvimento cultural moderno. Não é a única, nem sequer para o moderno espírito do capitalismo.[42] No

---

41 A esse respeito, vide também Schluchter (op. cit., cap.11).

42 Outra é, por exemplo, nos termos de Brentano, a "emancipação pagã" do tradicionalismo econômico, a qual, segundo ele, começa com Maquiavel e subverte as ideias cristãs da proibição da usura e do justo preço. Brentano critica Weber por supostamente negligenciar esse elemento de emancipação do tradicionalismo (vide Brentano, 1916, sobretudo p.132-3). Weber, porém, deixou de fora esse aspecto por motivos não de substância, mas de método. Mesmo na primeira versão dos estudos sobre o protestantismo, ele dera ênfase à significação

entanto, ela dá ao espírito capitalista um padrão "especificamente diferente do da Idade Média e da Antiguidade" (id., 1978d, p.285). Essa é a razão pela qual o protestantismo ascético tem importância histórica. O protestantismo ascético tem ele mesmo precondições históricas, internas e externas, subjetivas e objetivas. Identificar e entrelaçar tais precondições segundo suas esferas e épocas é o modo de análise empregado por Weber já nos estudos sobre o protestantismo, embora de maneira deliberadamente unilateral. Ele muda esse modo na série sobre a ética econômica das religiões mundiais,[43] em que efetua o tempo todo uma análise bilateral. Assim, a história do desenvolvimento da civilização mediterrâneo-ocidental teria sido uma história das transformações motivacionais e institucionais segundo as épocas. Ou seja, teria sido uma história de invenções motivacionais e institucionais, suas interligações e sua preservação como legados históricos.[44]

A tese de que as precondições históricas devem ser relacionadas com épocas específicas pode parecer surpreendente. Afinal, não baniu Weber termos como "época", "fase" e "estágio" das ciências culturais em razão de suas conotações evolucionistas? Não alertou ele repetidas vezes contra o uso de tais termos porque induzem erroneamente

a tratá-los como seres reais, à maneira do organismo de que trata a biologia, ou como uma "ideia" hegeliana, que permite que seus componentes individuais emanem de si mesma?[45]

De fato, não há dúvida de que Weber atacou com veemência tais conceitos de evolução. Eles se baseavam em uma teoria da formação dos conceitos que suprimia o *hiatus irrationalis* entre o conceito e a realidade e identificava o desenvolvimento com o progresso (*Wertsteigerung*).[46] Segundo ele, não há

---

independente do racionalismo humanista para a moderna cultura vocacional. Vide Weber, 1978c, p.171, 1921, v.1, p.205.

43 Por essa razão, Weber observa em uma carta que a série representa a realização geral do método dos estudos sobre o protestantismo (vide Capítulo 3). M. Rainer Lepsius estuda o problema de atribuição envolvido nos estudos sobre o protestantismo e, de modo mais geral, na abordagem de Weber como tal. Vide Lepsius (1986).

44 A esse respeito, vide, por exemplo, Weber (1958b, p.55, 1921, v.1, p.37). A noção de legado histórico permeia a obra de Reinhard Bendix. Vide, sobretudo, Bendix (1978, 1982).

45 Tal como formulado em Weber (1924a, p.517), em relação à discussão entre a escola de Knapp e a escola de Meitzen sobre o estatuto da "hipótese solarenga" na explicação dos primeiros períodos da História social alemã.

46 Para mais pormenores, vide Schluchter (op. cit., cap.1.4) e Capítulo 3 deste volume.

nem uma sucessão legítima de estágios universalmente repetidos, nem uma unidade inerente a qualquer estágio, de tal maneira que suas manifestações históricas possam ser derivadas de seu caráter geral. Ao contrário, tem de se lidar com a constelação individual de fatores. Cada constelação individual é causada por outras constelações individuais. Empregar construtos como "épocas", "fases" e "estágios" é, portanto, muito perigoso. São aceitáveis tais construtos, porém, na medida em que forem usados como instrumentos heurísticos e recursos conceituais de representação, mas não como meios de se chegar a conclusões, quer por dedução, quer por analogia. Na realidade, sob o primeiro desses aspectos, eles são até inevitáveis. Por essa razão, formula Weber seu conceito de estágio da seguinte maneira:

> se construirmos um "estágio cultural", esse construto mental significa apenas, no que se refere aos juízos por ele implicados, que os fenômenos individuais que resumimos conceitualmente por meio dele são "adequados" uns aos outros, possuindo – por assim dizer – certo grau de "afinidade" intrínseca uns com os outros. Jamais implica, porém, que eles se sigam uns dos outros segundo algum tipo de lei. (Weber, 1924a, p.517)[47]

Isso exprime uma compreensão metodológica do conceito de estágio sugerida por Heinrich Rickert. Os estágios de desenvolvimento resultam de uma combinação relacionada com valores de vínculos históricos externos e sua estruturação interna, pela qual o *télos* é fornecido pelo valor escolhido e por ele condicionado (Rickert chama-o de "condicional-teleológico").[48]

Nesse sentido limitado, Weber aceita a construção de fases, estágios ou épocas de desenvolvimento. Como Rickert, considera-os indispensáveis para estruturar um nexo histórico formado com base em uma relação de valor. Não é por acaso que a divisão de temas planejada por Weber para o "Manual de economia política" (depois chamado de "Compêndio de economia social") começava com um artigo sobre "Épocas e estágios da economia" ("Epochen und Stufen der Wirtschaft"), que em seguida se transformou em "Estágios de desenvolvimento econômico" ("Volkswirtschaftliche Entwicklungsstufen"). Na verdade, o primeiro volume desse trabalho de diversos autores, distribuído em 1914, começava com a classificação de Karl Bücher sobre o desenvolvimento

---

47 Ao mesmo tempo, Weber ataca o uso do conceito de estágio no livro de Hildebrandt (1896) e seu uso pela escola de Knapp, sobretudo por Werner Wittich.

48 A esse respeito, cf. Schluchter (op. cit., cap.1.8).

econômico europeu nos estágios da economia familiar fechada (incluindo o *oikos* e o trabalho de corveia [*Fronthof*], a economia urbana e a economia nacional [incluindo a economia de Estado fechada (*Staatswirtschaft*) e a economia capitalista mais ou menos aberta]) (Bücher, 1914, sobretudo p.10 et seq.). Como sabemos por sua correspondência, Weber considerava a exposição de Bücher completamente inadequada, e essa avaliação desempenhou certo papel em motivá-lo a revisar sua própria contribuição ao "Compêndio", que nos foi postumamente legada, como a primeira versão de *Economia e sociedade*.[49] Contudo, Weber certamente não considerava esse artigo inadequado simplesmente porque Bücher se valia de estágios de desenvolvimento, mas por causa da maneira muito esquemática como eles eram usados, de modo mais geral, por causa do retrato extremamente grosseiro e indiferenciado que o artigo oferecia das diferentes formas comunais e associacionais, agrupadas como "grupos de apoio econômico" (*Versorgungsgemeinschaften*).[50]

O conceito de fase, época ou estágio, serve, pois, para Weber como um modo de representação com o qual se pode subdividir internamente o desenvolvimento mediterrâneo-ocidental. Tal conceito produziu subunidades de fenômenos históricos com certo grau de relacionamento interno, com o racionalismo ocidental oferecendo o *télos* (heutístico) para sua construção. Foi nesse sentido que Weber falou, como anteriormente em seus estudos sobre o protestantismo, do capitalismo da idade heroica em contraste com o da idade de ferro. Nas "Anticríticas", encontramos uma distinção entre capitalismos antigo, medieval, moderno primitivo e moderno; na *História econômica geral*,

---

49 Em uma carta da qual outro trecho é citado com frequência (30 de dezembro de 1913), lemos: "Por serem completamente inadequados Bücher e seus 'Estágios de desenvolvimento', desenvolvi uma teoria completa e uma exposição narrativa (*Darstellung*), que relaciona as formas principais de associação (*Gemeinschaftsformen*) à economia". Vide Schluchter (op. cit., cap.13) e Winckelmann (op. cit., p.36).

50 Um modo de avaliar as diferenças entre os autores consiste em comparar a seção 6a em Bücher (op. cit.) com a parte 2, Capítulo 3 de *Economia e sociedade* (Weber, 1978b, p.356-69). Além disso, enquanto Bücher dividia os estágios de acordo com a relação entre produção e consumo, Weber se concentrava nas relações de dominação e apropriação ligadas às unidades econômicas de produção e consumo e suas formas jurídicas. Além disso, Bücher limitava os estágios de desenvolvimento aos da cultura europeia, ao passo que Weber também levou em consideração as condições não europeias. Mas vemos como Weber nunca deixou de admirar as primeiras obras de Bücher na segunda versão de *Economia e sociedade*. Em amplos trechos, a sociologia da economia segue as análises oficiais de Bücher. Vide Bücher (1922). Weber tinha em sua própria biblioteca a segunda edição muito ampliada de 1898 (primeira edição, 1893) e também Bücher (1909), as quais chama de "obras fundamentais" (Weber, 1978b, p.114-5, 1972, p.63).

provavelmente seguindo uma sugestão de Sombart, encontramos a distinção entre as eras pré-capitalista e capitalista, sendo esta última mais uma vez subdividida em um estágio primitivo e um avançado.

Ernst Troeltsch ofereceu uma classificação de tipo muito diferente em sua "história universal da ética do cristianismo ocidental"[51] quanto ao desenvolvimento religioso. Para ele, a Igreja primitiva, o cristianismo medieval e o protestantismo formavam, em relação uns aos outros, reinos de desenvolvimento relativamente fechados. Todavia, todos eles fazem parte de uma continuidade mais ampla, em que a "essência" do cristianismo foi articulada em formações diferentes, mutuamente relacionadas. O mais importante nisso tudo, porém, é o fato de que nem na subdivisão interna do desenvolvimento econômico ocidental, nem na do desenvolvimento religioso ocidental, os estágios – assim concebidos – são relativizados como preliminares a alguma condição final ou avaliados negativamente. Ao contrário, eles continuam sendo estágios de pleno direito e com sua própria lógica interna. Em sua interpretação do catolicismo medieval, Ernst Troeltsch encontrou um modo muito preciso de dizer isso:

> a religião medieval e os seus ensinamentos sociais não são uma distorção da "essência do cristianismo", nem uma fase no desenvolvimento da ideia cristã que sirva a outros propósitos. Ao contrário, representam uma articulação da consciência religiosa, mantendo a constelação geral, possuindo suas próprias qualidades e verdades e seus próprios erros e horrores. (Troeltsch, 1977, p.186)

Assim, a classificação interna leva a subunidades com referências, por assim dizer, tão substantivas como temporais. Substantivamente, ela se refere a princípios estruturais que têm lados internos e externos, componentes motivacionais e institucionais.[52] Temporalmente, se referem a um intervalo histórico de tempo em que predomina certo princípio estrutural. Nesse sentido, por exemplo, Werner Sombart distingue entre a época econômica pré-capitalista e a capitalista. Na época pré-capitalista, predomina o princípio de satisfação primária das necessidades ou autossuficiência (*Eigenwirtschaft*), com tecnologia empírica e administração tradicionalista. Na época capitalista, predomina o princípio de produção voltada para o mercado (ou de troca monetária), com tecnologia científica e administração racionalista. Outras diferenciações decor-

---

51 Como Weber se referiu ao estudo em Weber (1958b, p.188 nota1, 1921, v.1, 18 nota).

52 A esse respeito, vide Schluchter (1981, p.39-81).

Paradoxos da modernidade

rem do fato de que os princípios econômicos podem assumir diversas formas, por exemplo, o princípio de satisfação primária das necessidades, a forma de uma aldeia camponesa ou de um solar, e do fato de poderem ser concebidas eras de transição em que competem diversos princípios. Assim, Sombart vê o tempo de renascimento da economia de troca nas cidades ocidentais como um desses períodos de transição. Contudo, inicialmente, pelo menos nos ofícios urbanos, permanece intacto o aspecto de sustento habitual, o abastecimento dos habitantes de acordo com o *status*. Apenas gradualmente, com base em circunstâncias particulares, o princípio de mercado penetra as relações tradicionais e começa a substituí-las. Assim se chega à era do capitalismo primitivo, em que o princípio de satisfação de necessidades relativamente autossuficiente é seriamente ameaçado pelo princípio de mercado.[53]

A *História econômica geral* mostra que Weber pensava de maneira semelhante. Uma época econômica pode ser chamada de tipicamente capitalista somente "se a satisfação das necessidades for predominantemente capitalista, de tal modo que se se imaginar inexistente esse tipo de organização, a satisfação das necessidades teria de vir abaixo" (Weber, 1961, p.207, 1923, p.239). Esse é o significado subjacente de sua ideia de que, embora o capitalismo politicamente organizado tenha existido em toda a história anterior e os primeiros passos na direção da empresa capitalista orientada para o mercado tenham ocorrido relativamente cedo, há apenas uma época capitalista, a era moderna. Suas precondições históricas surgiram, porém, em numerosas épocas econômicas

---

53 Sobre isso, vide, por exemplo, Sombart (1916, v.1, cap.4-12). Ele define ofício como "essa forma de proporcionar bem-estar na organização de uma economia de troca em que os sujeitos econômicos são trabalhadores técnicos jurídica e economicamente autônomos e governados pela ideia de sustento, que agem tradicionalmente e estão a serviço da organização como um todo" (ibid., p.188). Sobre o conceito de época econômica, escreve ele: "Da perspectiva do empirismo realista, o conceito correspondente ao de sistema econômico é o de época econômica. Esse conceito é concebido como um intervalo histórico de tempo em que certo sistema econômico ou, mais precisamente, um modo de atividade econômica concomitante com certo sistema econômico era predominante" (ibid., p.22). O modo de atividade econômica inclui tanto a forma como a mentalidade, seguindo a tendência geral de Sombart de definir as épocas econômicas segundo o espírito econômico. Embora esse espírito não possa surgir na ausência de certas condições externas, segundo Sombart, em última instância ele produz a forma de organização econômica adequada a ele. Isso vale para Sombart pelo menos desde seu livro *Der Bourgeois* [O Burguês] (Sombart, 1913), que tem o revelador subtítulo "Sobre a história do homem econômico moderno". Sobre sua interpretação, vide também Mitzman (1973, sobretudo p.254 et seq.), onde é demonstrada a prioridade do ponto de vista de "história intelectual" na distinção entre as épocas pré-capitalista, capitalista primitiva e capitalista avançada (a relação do espírito empreendedor com o espírito burguês).

O surgimento da modernidade: Max Weber acerca do cristianismo ocidental

pré-capitalistas diferentes, não só na era capitalista primitiva, como também na Antiguidade e na Idade Média.

No entanto, a economia é apenas uma das diversas esferas sociais. Assim como uma "história universal da cultura", tal como os "Ensaios reunidos sobre a sociologia da religião", de Weber, deve prestar especial atenção ao seu espírito e forma na história de seu desenvolvimento, deve também atentar para as "afinidades eletivas" entre essa história do desenvolvimento e a das outras esferas, sobretudo a da religião e a da política. Por essa razão, a divisão em estágios ou épocas envolve mais do que apenas princípios econômicos; envolve configurações de ordem que moldam toda uma civilização. Uma série de tais épocas e suas articulações por meio de legados históricos deve oferecer a base para uma explicação da cultura moderna, sobretudo a cultura econômica moderna. A ciência cultural, no entender de Weber, vê-se, pois, diante de quatro tarefas, que são mutuamente independentes, mas ao mesmo tempo inter-relacionadas: (1) desenvolver tipologias (*Kasuistiken*) de conceitos (históricos) claros e estabelecer regras gerais de ocorrência é a tarefa da ciência cultural teórica; (2) identificar constelações (individuais) e (3) fazer atribuições causais, bem como (4) estimar tendências de desenvolvimento ligadas a constelações contemporâneas é a tarefa da ciência cultural histórica. Weber descreveu essas quatro tarefas no ensaio "Objetividade":

> A determinação dessas "leis" e "fatores" (hipotéticos) seria de qualquer forma só a primeira de muitas operações que nos levariam ao desejado conhecimento. A análise da configuração individual historicamente dada desses "fatores" e de sua interação significativa concreta condicionada por seu contexto histórico, e, sobretudo, o tornar inteligível da base e do tipo dessa significação seria a próxima tarefa a ser cumprida. Tal tarefa deve ser cumprida, é verdade, pela utilização da análise preliminar, mas é, no entanto, uma tarefa completamente nova e distinta. O rastreamento até o passado mais distante possível das características individuais dessas configurações historicamente evoluídas que permanecem significativas no presente e sua explicação histórica por meio de configurações anteriores e igualmente individuais seria a terceira tarefa. Por fim, a predição de constelações futuras possíveis seria uma quarta tarefa plausível (id., 1949, p.75-6, 1973, p.174-5, itálicos omitidos).

A divisão em épocas é retirada da história dos eventos, mas ainda está relacionada com ela. Pelo menos as observações dispersas de Weber parecem justificar tal interpretação. Em uma comparação entre as ordens políticas e económicas chinesa e ocidental, Weber se refere a estas revoluções decisivas para o destino político e econômico do Ocidente:

a revolução italiana nos séculos XII e XIII, a revolução dos Países Baixos no século XVI, a revolução inglesa no século XVII e as revoluções americana e francesa no século XVIII (id., 1964, p.62, 1921, v.1, p.349).

Um trecho da segunda versão de *Economia e sociedade* pode ser lido praticamente como uma explicação dessa citação:

Os principais precursores da forma moderna, especificamente ocidental, de capitalismo devem ser encontrados nas comunas urbanas [medievais], com seu tipo particular de administração relativamente racional. Seu desenvolvimento primário ocorreu do século XVI ao XVIII na Holanda e na Inglaterra, cuja ordem de *status* (*ständische*) se distinguia pelo extraordinário poder dos estratos burgueses e pela preponderância de seus interesses econômicos. As imitações fiscais e utilitárias, que foram introduzidas no continente em Estados puramente patrimoniais ou com heranças feudais, têm em comum com o sistema Stuart de indústria monopolista o fato de não estarem na linha principal de continuidade com o desenvolvimento capitalista autônomo posterior (id., 1978b, p.240-1, 1972, p.139).

Junta-se ao destino político e econômico, porém, o destino religioso. Este está ligado ao primeiro de vários modos, mas não pode ser deduzido dele. Entre revoluções decisivas para o destino religioso, temos não só a Reforma e suas consequências, sobretudo no século XVII, mas também as mudanças radicais nos séculos XI e XII, ligadas à separação entre a Igreja ocidental e a oriental, as reformas gregorianas e a Querela das Investiduras.[54] Resultam da junção dos "destinos" político e econômico com o religioso três grandes transformações, pelo menos para a história do desenvolvimento da Europa ocidental. A transformação do século XI para o XIII produziu algumas precondições históricas do capitalismo moderno. O "espírito novo" e a forma já em boa medida completa entraram em uma autêntica afinidade eletiva, permitindo um desenvolvimento desimpedido de quaisquer restrições espirituais. Nesse contexto, o espírito e a forma não são simplesmente não antagônicos;

---

54 A esse respeito vide Schluchter (1989, cap.6.8, 1981, p.154-6). Aparentemente, Weber seguiu Troeltsch nesse ponto. Vide Troeltsch (op. cit., sobretudo parte 2, cap.4).

O surgimento da modernidade: Max Weber acerca do cristianismo ocidental

eles favorecem um ao outro. A transformação ocorrida nos séculos XIX e XX estabeleceu, de uma vez por todas, o capitalismo vitorioso, com sua organização racional de trabalho formalmente livre, sobre uma base mecânica; ele se "emancipa" de todos os fundamentos religiosos e mesmo dos éticos.

Ou seja, de uma perspectiva precipuamente econômica, observamos primeiro "os processos medievais tardios, ainda muito instáveis, de desenvolvimento capitalista" (Weber, 1978d, p.324), então, o desenvolvimento do capitalismo primitivo, em especial seu lado espiritual (ibid., p.167), que produz o homem vocacionado, que, ao contrário do católico medieval e do luterano, não precisa fazer nenhum compromisso "para se sentir bem em sua atividade" (ibid., p.168). Por fim, encontramos o capitalismo avançado, que alcança a hegemonia de uma vez por todas, tanto sobre as mentalidades econômicas tradicionalistas, como sobre todos os sistemas econômicos orientados pelo princípio de relativa autossuficiência de Sombart. Segundo Weber, o sistema capitalista alcançaria seus limites ecológicos somente em um futuro muito distante. Como conta Werner Sombart,

> quando uma vez falei com Max Weber sobre o futuro e levantamos a questão de saber quando acabaria o sabá de bruxas em que se encontra a humanidade nos países capitalistas desde o início do século XIX, ele respondeu: "quando a última tonelada de minério for fundida com a última tonelada de carvão". (Sombart, 1927, p.1010; analogamente em Weber, 1978c, p.70, 1921, v.1, p.203)

Dois pontos agora se tornam claros. Primeiro, seria errôneo supor que Weber vinculava a transformação decisiva que finalmente levou ao capitalismo (e ao racionalismo) moderno apenas à Reforma e suas consequências. A Reforma foi importante, mas não produziu sozinha todas as precondições históricas importantes. Segundo, Weber certamente não teria julgado a primeira transformação como o ponto crucial no desenvolvimento europeu ocidental, como investigações recentes tendem a fazer (Berman, 1983, sobretudo introdução e conclusão).[55] No entanto, como mostra o trecho de abertura do *Antigo judaísmo*, ele tratou a importância cultural da "Igreja Católica Romana baseada no conceito romano de ofício" e a "ordem medieval dos estados"

---

55 Ver também Stock (1985, 1988). Stock acha que Weber subestimou a importância do desenvolvimento do século XI ao XIII na formação do moderno racionalismo ocidental. Vou tentar mostrar adiante que essa crítica só em parte é justificada. É verdade, porém, que Weber, ao contrário de Stock, não trata da revolução na comunicação produzida pelo maior uso da escrita e suas instituições concomitantes.

como igual à do protestantismo ascético para o desenvolvimento da Europa ocidental, ainda que, para o desenvolvimento econômico, considerasse a expansão urbana medieval ainda mais significativa do que a "revolução papal".[56] Todavia, independentemente de como colocamos as ênfases, Weber considerava a Alta Idade Média uma fase de transformações importantes, em boa parte institucionais, para a Europa ocidental. Em menor escala, isso já é demonstrado por sua dissertação.

Quando Randall Collins conjectura que se Weber tivesse escrito seu projetado estudo do cristianismo medieval (sic), ele teria, então, percebido que a Alta Idade Média foi o mais decisivo de todos os momentos cruciais no caminho até o capitalismo – "seu compromisso com os vestígios do argumento relativo ao protestantismo talvez o tenham impedido de reconhecer isso antes" (Collins, op. cit., p.33 nota 11) –, só podemos duvidar do conhecimento que tinha da obra de Weber um autor que procurou escrever *Teoria sociológica weberiana*. Nem Weber negligenciou a significação da Alta Idade Média para o desenvolvimento singular do Ocidente em geral e para o capitalismo ocidental em particular, nem existe contradição entre a tese de uma transformação em boa parte institucional da Idade Média e uma transformação em boa parte motivacional no período pós-Reforma.

Mais um terceiro ponto é importante nesse contexto. Marx não só identifica a história do Ocidente com a da humanidade, mas também, com seu conceito de modo de produção feudal, não reconhece a significação histórica tanto da transformação medieval como da pós-Reforma. Em contrapartida, a abordagem de Weber é protegida contra essa espécie de eurocentrismo normativo[57] e contra uma periodização da história do Ocidente segundo a qual a "grande transformação" é em boa medida idêntica às grandes revoluções políticas dos tempos modernos, sobretudo à Revolução Francesa.[58] É sabido que a

---

56 Fala Berman da "Revolução papal" com a qual, segundo ele, o desenvolvimento singular do Ocidente realmente começa. Essa revolução pan-europeia dos séculos XI e XII é então seguida pela Reforma e pelas Revoluções inglesa, americana, francesa e russa. Berman vê uma descontinuidade radical entre o período anterior a 1050-1100 e o que se segue a ele. Uma das formulações nesse contexto diz que "um dos propósitos deste estudo é mostrar que no Ocidente os tempos modernos – não só as instituições jurídicas modernas e os valores jurídicos modernos, mas também o Estado moderno, a Igreja moderna, a filosofia moderna, a universidade moderna e tudo o mais que é moderno – têm origem no período 1050-1100 e não antes" (Berman, 1983, p.4). Weber negaria este último ponto, porém.

57 Quanto a esse argumento, vide Schluchter (op. cit., cap.1.8).

58 A esse respeito, vide Berman (op. cit., p.542), que observa sarcasticamente acerca da periodização marxista: "infelizmente para a análise marxista, o 'modo feudal de produção' – ou

O surgimento da modernidade: Max Weber acerca do cristianismo ocidental

subdivisão em épocas feita por Weber, sua periodização, permanece vaga. E também parece receber uma ênfase diferente para cada subdesenvolvimento diferente. Ademais, ele muitas vezes opera com a tríade Antiguidade, Idade Média e modernidade. Há, no entanto, razões imanentes pelas quais a sua abordagem está aberta a revisões, sob esse aspecto, sobretudo por causa da evidente ênfase dada por ele aos pontos decisivos para a fase de desenvolvimento pré-Reforma. Mesmo seus críticos admitem isso. Em seu estudo fundamental sobre a gênese da tradição jurídica distintiva do Ocidente, escreve Harold J. Berman (ainda que suas observações finais empanem demais as diferenças entre Marx e Weber) que Weber

> confirma muitos dos fatos básicos que formam o fundamento do presente estudo: que a Querela das Investiduras de fins do século XI e começo do século XII lançou os fundamentos para a separação entre a Igreja e o Estado; que o novo direito canônico do século XII foi o primeiro sistema jurídico ocidental; que a reciprocidade de direitos e deveres do senhor e do vassalo distinguiu o feudalismo ocidental daquele das outras sociedades; que a cidade ocidental do século XII em diante foi a única a conferir direitos constitucionais a seus cidadãos. Weber, no entanto, é impedido de tirar desses fatos as conclusões certas por sua historiografia, que postula uma abrupta ruptura no século XVI entre a Idade Média e os tempos modernos e entre o feudalismo e o capitalismo. Para Weber, como para Marx, o direito ocidental é direito burguês, direito capitalista ou, na terminologia peculiar de Weber, direito burocrático, direito formalmente racional. (Berman, op. cit., p.550)

O estudo do cristianismo ocidental, a começar pelos estudos sobre o judaísmo antigo e o cristianismo antigo,[59] sem dúvida teria dedicado grande atenção à formação da Igreja romana – segundo Weber, a primeira burocracia

---

seja, o sistema solarengo – entrou em colapso no fim do século XIV, em toda a Europa, e o modo 'capitalista' de produção, tal como definido por Marx, só veio à luz no século XVIII ou no máximo no século XVII. Isso cria um 'período de transição' de três ou quatro séculos, durante o qual se desenvolveu um poder estatal central, a saber, as monarquias absolutas da Europa". A esse respeito vide também Marc Bloch (1961, p.533): "de meados do século XIII em diante, as sociedades europeias divergiram decididamente do padrão feudal". Bloch, porém, prossegue mostrando seus efeitos posteriores.

59 Essas são as linhas principais de desenvolvimento. Os estudos do islamismo e do cristianismo oriental provavelmente tenderiam a seguir o que, do ponto de vista do desenvolvimento, são linhas de desenvolvimento secundário ou colateral.

Paradoxos da modernidade

racional na história do mundo – e sua relação não só com os movimentos de *virtuosi* religiosos ortodoxos, mas também com os poderes políticos feudais, *ständisch* e urbanos. A sua interpretação é pressagiada na primeira versão de *Economia e sociedade*, sobretudo nas sociologias do direito e da dominação.[60] Em outras palavras, tal estudo certamente teria analisado a primeira transformação antes de passar à segunda e, assim, àquela transformação que é descrita principalmente nos estudos sobre o protestantismo. Como já mencionei, esse estudo também teria tirado estes últimos de seu isolamento e desenvolvido o outro lado da cadeia causal. Nesse sentido, há realmente, como Randall Collins corretamente suspeita, "a revolução weberiana da Alta Idade Média".[61]

O objeto de explicação: a empresa capitalista orientada para o mercado com trabalho livre

Antes de se poder caracterizar essa revolução da Alta Idade Média, faz-se necessário esclarecer os aspectos distintivos do capitalismo moderno. Ou seja, quais são as suas qualidades definidoras que devem em última instância ser explicadas? Não basta aqui o conceito de classe ideal-típico de capitalismo – ação econômica baseada na expectativa de lucro por meio da exploração de oportunidades de troca, ou ação econômica que busca a utilização de capital para um lucro sempre renovado. Ao contrário, é preciso especificar as suas qualidades que "não existem dessa maneira em outras épocas da formação ou são especificamente diferentes em grau" (Weber, 1978d, p.170). Embora Weber repetidas vezes ressalte que a definição de tais formações complexas como o capitalismo moderno nunca possam ser feitas no início de uma investigação, mas só é "possível como resultado de uma síntese feita passo a passo" (id., 1978d, p.171),[62] a asserção de Karl Marx de que a pesquisa e

---

60 Especialmente relevante em nosso contexto são a breve seção sobre o direito canônico na sociologia do direito e a seção mais longa sobre a dominação política e hierocrática na sociologia da dominação. Curiosamente, o cristianismo medieval mal é citado na sociologia da religião. Isso poderia levar à conjectura de que Weber concebeu o plano de escrever um estudo sobre o cristianismo ocidental relativamente tarde, talvez depois da publicação dos primeiros ensaios sobre a ética econômica das religiões mundiais no fim de 1915, quando esse projeto cada vez mais "ganhou vida própria".

61 "The Weberian revolution of the High Middle Ages", esse é o título do Capítulo 3 em Collins (op. cit., p.45 et seq.).

62 Nos estudos sobre o protestantismo, as instruções de Benjamin Franklin foram usadas como uma descrição provisória do "que aqui se entende por 'espírito' do capitalismo". Vide Weber (1958b, p.48, 1921, v.1, p.31).

sua síntese subsequente são sempre dois processos distintos também vale para Weber.[63] Na realidade, este também prefacia pelo menos os "Ensaios reunidos sobre a sociologia da religião" com os resultados da síntese que efetuou passo a passo, conclusões conhecidas como "Introdução do autor".[64]

A meu ver, a definição do capitalismo ocidental especificamente moderno é composta de três complexos de qualidades, que Weber nem sempre mantém separados. O primeiro complexo está relacionado com a moderna empresa capitalista; o segundo, com a moderna ordem econômica capitalista; e o terceiro, com o espírito do capitalismo moderno. O capitalismo moderno é primeiro caracterizado pela busca da lucratividade levada adiante por empresas voltadas para o lucro (*Erwerbsbetriebe*), isto é, por unidades continuamente orientadas para o lucro, ao contrário das unidades familiares ou orçamentárias orientadas para a satisfação das suas próprias necessidades. Tais unidades, aliás, combinam os três fatores de produção: trabalho, o meio material de produção e a administração em um estabelecimento, tal como uma oficina ou um escritório. Estritamente falando, o conceito de empresa voltada para o lucro só inclui o caso em que a firma econômica e o estabelecimento técnico são idênticos.[65]

---

63 Vide Marx (1971, v.4, p.xxx-xxxi): "o modo de descrição, porém, deve distinguir-se formalmente do modo de pesquisa. A pesquisa tem de se apropriar do material em pormenor, analisar suas diversas formas de desenvolvimento e descobrir suas interconexões subjacentes. Só depois de completada essa tarefa o movimento real pode ser adequadamente descrito. Se isso for bem-sucedido, ele pode assumir a aparência de um construto *a priori*".

64 Isso, aliás, vale não só para os "Ensaios reunidos sobre a sociologia da religião", mas também para *Economia e sociedade*. Os "termos sociológicos básicos" são seguidos pelas "categorias sociológicas da ação econômica" (a tradução literal do original alemão seria "categorias básicas da ação econômica"), que em certo sentido culminam nas seções 30 e 31, em que são definidos os vários tipos, formas e trajetórias de capitalismo. Ao mesmo tempo, é ali afirmado que a diferença entre o capitalismo ocidental e os outros tipos, formas e trajetórias de capitalismo "exige uma explicação, e ela não pode ser dada apenas com base na economia". Vide Weber (1978b, p.166, 1972, p.96). Weber ressalta que a sua sociologia da economia contém apenas ideias econômicas geralmente aceitas de modo um tanto mais específico. É exatamente aqui, a meu ver, em que o interesse axiológico é refletido, que a abordagem de Weber se separa dos outros métodos de explicação puramente econômicos, que são ao mesmo tempo sedutores e contestáveis. A esse respeito, vide Weber (1978b, p.115, 1972, p.63).

65 A esse respeito, vide as análises em Weber (1978b, p.116-7, 1972, p.63-4). A antítese do conceito técnico de empresa (*Betrieb*), que "designa a continuidade da combinação de certos tipos de serviços uns com os outros e com os meios materiais de produção", é a atividade econômica intermitente ou tecnicamente descontínua, ao passo que a antítese do conceito de firma (*Unternehmung*) é o conceito de atividade econômica doméstica.

Paradoxos da modernidade

A empresa moderna voltada para o lucro pode ser descrita com maior precisão por meio de três características: a existência de trabalho formalmente livre e sua combinação com máquinas e aparelhos ("capital fixo"), que leva à especialização tecnicamente definida e a interligação dos processos de trabalho; a autonomização interna e externa da empresa voltada para o lucro em relação à família, que é vista em sua separação espacial (entre a residência e a oficina ou o escritório), em sua separação jurídica (entre a riqueza privada e o capital da firma ou estabelecimento) e na contabilidade separada (entre a administração da riqueza com base na gestão [monetária] doméstica e a contabilidade de capital com base na escrituração de partida dupla [*doppelte Buchfürung*]); e o desligamento do destino do capital de uma empresa em relação ao da riqueza de um proprietário individual, que se reflete na separação entre a administração e a propriedade dos meios materiais de produção (do "capital fixo") (Weber, 1978b, p.166, 1972, p.97).[66] A empresa industrial capitalista moderna (*Gewerbebetrieb*) é normalmente um negócio industrial sob a forma legal de uma sociedade anônima por ações, e a empresa comercial capitalista moderna, um escritório de negócios sob a forma legal de uma sociedade de responsabilidade ilimitada. Como tal, pertencem à categoria de "firma[s] organizadas com base na contabilidade de capital" (Weber, 1978b, p.117, 1972, p.64).

Define Weber a firma capitalista moderna analogamente ao Estado moderno, segundo os seus meios específicos. Enquanto o Estado moderno é definido em termos de seu monopólio da força física legítima, a firma capitalista moderna é definida em termos de contabilidade de capital. O grau de racionalidade formal das empresas capitalistas modernas voltadas para o lucro está essencialmente ligado ao grau de racionalidade de sua contabilidade de capital. Este último, porém, não depende apenas das características já mencionadas, mas também das ligadas à ordem econômica capitalista como economia de mercado, porque só se pode obter "o máximo de racionalidade formal da contabilidade de capital em empresas de produção" (id., 1978b, p.161, 1972, p.94) se às três características supracitadas se somarem três outras: a "comercialização de ações de propriedade em empresas por meio de diversas formas de títulos", que promove a separação entre a família e a empresa voltada para o lucro e entre a riqueza e o capital e, sobretudo, que torna "o capital à disposição da empresa" livre da "riqueza particular dos proprietários" e seu destino (id.,

---

66 Sobre a enumeração de características, vide Weber (1978b, p.147-8, 162, 1972, p.85, 94, e sobretudo 1978c, p.336-40, 1921, v.1, p.7-11).

O surgimento da modernidade: Max Weber acerca do cristianismo ocidental

1978b, p.161, 1972, p.94); um sistema monetário monopolizado e garantido pelo Estado; e liberdade e abertura de mercados as mais amplas possíveis (mercados para *commodities*, trabalho, capital, dinheiro etc.), permitindo surgir a "especialização de unidades autocéfalas e autônomas em uma economia de mercado, que se orientam só pelo seu próprio interesse, formalmente só pelas regulamentações de uma organização de aplicação da ordem formal". O "*Rechtsstaat* puro", o Estado de *laissez-faire* que reconhecidamente representa um caso conceitualmente limite (*Grenzfall*), é um exemplo de tal ordem formal. Na realidade, o Estado constitucional moderno, como todas as associações políticas, é uma associação que regulamenta a economia, e a única questão é o quanto ela se limita à regulamentação formal.[67]

Onde predomina o trabalho não livre ou onde os meios materiais de produção são meras ferramentas, onde as divisões entre a riqueza e o capital, renda e lucro, família e empresa permanecem instáveis e onde o destino do capital da empresa permanece intimamente ligado ao da riqueza dos indivíduos, falta de um ou de outro modo a organização do trabalho característica do capitalismo ocidental moderno. Onde, como é em parte o caso na Alemanha imperial, a bolsa de valores é insuficientemente organizada e seus corretores não são profissionais o bastante,[68] onde falta a monopolização do sistema monetário pelo Estado e, principalmente, onde os poderes políticos exercem um controle econômico substantivo, falta de um ou de outro modo a "satisfação das necessidades que resulta da ação puramente orientada para vantagens na troca com base no interesse próprio" (id., 1978b, p.109, 1972, p.59). Na medida em

---

67 Quanto à citação, vide Weber Max (1978b, p.122-3, 1972, p.68) e sobre o conceito da "organização de aplicação da ordem formal" (*Ordnungsverband*), para a qual o puro *Rechstaat* oferece o protótipo, vide Weber (1978b, p.74, 1972, p.38). Weber naturalmente reconhecia que não só o Estado moderno, mas também sindicatos e associações de empregadores seguem uma política econômica de regulamentação substantiva, a qual, segundo ele, sempre restringe a autonomia das empresas capitalistas. O recente debate do Estado intervencionista moderno poderia adotar como ponto de partida as distinções entre uma organização que aplica uma ordem formal e uma organização economicamente reguladora, e entre as regulamentações formal e substantiva da economia. Além disso, a tendência do Estado moderno para o intervencionismo, que Weber naturalmente percebeu, representava para ele um dos principais limites da racionalidade econômica formal. Na moderna economia de mercado, as racionalidades formal e substantiva inevitavelmente vêm a divergir, pois a liberdade e a abertura dos mercados jamais podem ser absolutas; se o fossem, isso provocaria graves problemas sociais, porque o mecanismo de mercado por si só não produz um equilíbrio entre a produção eficiente de mercadorias e a justiça distributiva!

68 A esse respeito, vide a precoce análise de Weber da bolsa de valores e do sistema de mercados de ações em Weber (1924b, p.265 et seq., sobretudo p.185 et seq.).

Paradoxos da modernidade

que não prevalece a satisfação das necessidades por meio do mercado, podem ocorrer casos individuais de empresas capitalistas modernas voltadas para o lucro ou de organização capitalista do trabalho, mas elas não determinam a vida econômica como um todo. E podem deixar de existir "sem introduzir nenhuma mudança extraordinária" (Weber, 1961, p.208, 1923. p.239).

No sentido dessa combinação de características micro e macroeconômicas, Weber falou de "capitalismo baseado em empresas com organização racional de trabalho (formalmente) livre" em sua "Introdução do autor". Ele acrescentou o adjetivo "burguês" a essa definição sintetizante, porém (Weber, 1978c, p.338, 1921, v.1, p.10). Isso se refere a um estrato social, um "portador social", bem como a um "espírito", uma mentalidade econômica específica. De acordo com essa mentalidade econômica, burguês significa que não predomina nem a mentalidade senhorial de provisão segundo o *status*, nem a mentalidade camponesa ou artesã de sustento, nem a mentalidade especulativa dos capitalistas de aventura, mas, ao contrário, que ocorreu uma moderação racional da busca do lucro, que se deixa governar pelo princípio de calculabilidade baseada na contabilidade do capital e na competição de mercado. É o espírito de se provar a si mesmo pela vocação que se é satisfeito pelo uso (formalmente) pacífico do capital apenas pelo uso do capital, e mais nenhum outro objetivo.[69]

Assim, Weber distingue as economias baseadas na família das economias baseadas no ganho; e dentro destas, entre o ganho pacífico e o violento. A primeira distinção baseia-se nas dicotomias de família *versus* empresa voltada para o lucro, satisfação das necessidades *versus* lucratividade, e riqueza *versus* capital. A dicotomia mais importante ligada à segunda distinção é a de se são exploradas oportunidades políticas ou de mercado. Apenas tais oportunidades apontam na direção da contabilidade de capital, racional e formal. Aliás, só progredindo nessa direção podemos chegar à empresa burguesa, seja ela entendida precipuamente em termos de fábrica, de comércio, de banco ou

---

69 Naturalmente, pacífico não significa sem luta. Muito pelo contrário, segundo Weber, a contabilidade do capital, em seu molde formalmente mais racional, pressupõe a luta do homem contra o homem. Vide Weber (1978b, p.93, 1972, p.49). Os preços de mercado resultam de interesses conflitantes. No entanto, é diferente se essa luta é travada com meios pacíficos e no quadro de determinada ordem (competição regulamentada); ou se, como no capitalismo político, as oportunidades exploradas são de "caráter puramente irracional-especulativo"; ou ainda, se a busca do lucro faz uso de meios violentos e, portanto, recorre ao saque "quer em uma guerra de verdade, quer pela pilhagem fiscal de povos subjugados durante um longo período". Para as citações, vide Weber (1978c, p.336, 1921, v.1, p.7). Vide também Weber (1978b, p.38, 1972, p.20).

O surgimento da modernidade: Max Weber acerca do cristianismo ocidental

de bolsa de valores. Sempre existiu a atividade econômica dentro do quadro da família ou da política, tanto na forma como no espírito; o mesmo não vale para a atividade econômica por meio da organização capitalista do trabalho em mercados relativamente livres e abertos. Esse tipo de atividade econômica é, pelo contrário, especificamente ocidental e, em sua racionalidade formal, especificamente moderno. Por essa razão, a asserção histórica feita na segunda versão de *Economia e sociedade* diz:

> Somente no Ocidente encontramos empresas capitalistas racionais com capital fixo, trabalho livre, a especialização racional e a interligação dos processos de trabalho, e as funções de suprimento puramente determinadas pelo mercado, baseadas em tais empresas. Ou seja, só nele encontramos a forma capitalista da organização do trabalho, que, formalmente falando, é puramente voluntária, como a forma típica e predominante de satisfazer as necessidades das grandes massas, com expropriação dos trabalhadores dos meios de produção e apropriação das firmas pelos proprietários de títulos. Só aqui encontramos crédito público sob a forma de lançamentos de títulos públicos, o "tornar-se públicas" das empresas comerciais, a flutuação dos lançamentos de títulos e o financiamento operado como uma função especializada das empresas comerciais racionais, o comércio de mercadorias e títulos em trocas organizadas, mercados de dinheiro e capital e organizações monopolistas como forma da organização racional da produção e não só do comércio. (Id., 1978b, p.165-6, 1972, p.96)

E, podemos acrescentar, só aqui podemos encontrar o concomitante espírito de atividade econômica como vocação.

Resumindo, a especificidade do capitalismo ocidental moderno consiste em ser um capitalismo burguês baseado na empresa, com organização racional do trabalho formalmente livre. Por essa razão, só aqui existe a oposição entre o grande industrial e o operário assalariado, assim como a divisão de classe nacional entre burguesia e proletariado. Em contrapartida, o mundo antigo caracteriza-se pela oposição local e interlocal entre credores e devedores, e o mundo medieval, pela oposição entre *putters-out*[70] e aqueles por

---

70 Praticante do sistema de produção denominado "sistema de *putting-out*". O *putter-out* era um mercador que entregava aos artesãos a matéria bruta, organizava o trabalho entre eles e lhes dava crédito. Os artesãos, usando seus próprios instrumentos de trabalho, forneciam o produto acabado que o *putter-out* vendia no mercado. (N. T.)

eles empregados (id., 1978c, p.338, 1921, v.1, p.9).[71] Como para Marx, para Weber o capitalismo moderno baseia-se antes de tudo na separação do que na origem estava "organicamente" ligado: o trabalhador separado dos meios, dos materiais e do lugar de trabalho; o negócio separado da família; o capital comercial, da riqueza pessoal; e a economia, do Estado. Contudo, a principal preocupação de Weber não é, como a de Marx, a expropriação do trabalhador das condições de sua autorrealização, mas sim a autonomização dos estabelecimentos comerciais. E, ao contrário de Marx, ele não se satisfaz com a análise apenas do lado objetivo do processo. Deve-se também dedicar um capítulo realmente independente ao lado subjetivo, à concepção do negócio como "entidade mística", como "causa" que transcende os indivíduos. Essa é a razão pela qual mesmo a *História econômica geral* termina com um capítulo que esboça "A evolução do espírito capitalista". Que esse último não possa ser entendido apenas como a função de condições econômicas objetivas é ressaltado tanto na "Introdução conceitual" a essa série de conferências[72] como na "Introdução do autor" aos "Ensaios reunidos sobre a sociologia da religião" e, portanto, em dois de seus últimos escritos. Sobretudo o último desses dois textos contém uma rejeição radical de qualquer tipo de modelo explicativo do capitalismo ocidental moderno unilateralmente econômico e, poderíamos também dizer, unilateralmente institucional. Se procurarmos explicar as origens do racionalismo econômico moderno, devemos, sem dúvida, reconhecer "a importância fundamental do fator econômico, levar em conta sobretudo as condições econômicas". Mas, prossegue Weber, "ao mesmo tempo, não se deve deixar de levar em consideração a causação opos-

---

71 Vide também Weber (1961, p.233-4, 1923, p.270-1); com a diferenciação dos aspectos econômicos, políticos e de grupo de *status* do conceito de burguesia (*Bürgertum*). Sobre os problemas envolvidos nesses conceitos e sua semântica histórica, vide Kocka (1987) e, sobretudo, os ensaios de Jürgen Kocka, M. Rainer Lepsius e Hans-Ulrich Wehler.

72 Diz um trecho da "Introdução conceitual" à *História econômica geral*: "por essa razão, a história econômica também tem de aceitar elementos de natureza não econômica. Entre eles: aspectos mágicos e religiosos, vale dizer, a busca de bens salvíficos; aspectos políticos, vale dizer, a busca do poder; interesses de grupos de *status*, vale dizer, a busca da honra". Além disso, "enfim, temos de ressaltar que a história econômica (em especial a história da 'luta de classes') não é, como a concepção materialista da história gostaria que acreditássemos, idêntica à história da cultura como um todo. A história da cultura não é simplesmente uma função da primeira; ao contrário, a história econômica fornece apenas uma base, sem o conhecimento da qual, porém, é inimaginável pesquisar de maneira frutuosa qualquer outra área importante da cultura" (Weber, 1923, p.16-7) (infelizmente, a "Introdução conceitual" inteira não foi traduzida na versão em língua inglesa da *História econômica geral*).

ta". Ela se orienta para "a capacidade e disposição dos homens de adotarem certos tipos de conduta racional prática" – conduta que está vinculada à fé em certas concepções do dever eticamente fundamentadas (Weber, 1958b, p.26, 1921, v.1, p.12).[73]

A primeira transformação: as três revoluções entrelaçadas

A revolução papal

Devemos agora enfrentar a questão: em que a primeira transformação contribuiu para o surgimento da organização capitalista do trabalho formalmente livre, para a moderna economia de mercado e para o modo burguês de conduta, como definido? A que precondições históricas ela deu origem? Para lançar alguma luz sobre isso, devemos apresentar uma breve explicação das mudanças que Weber viu ocorrerem subsequentemente a essa transformação. Para falar simplesmente, Weber refere-se ao legado econômico, político e religioso da Antiguidade tardia, tal como transcorreu de Diocleciano e Constantino a Carlos Magno.

O jovem Weber já havia tocado nesse tema. Em sua conferência de 1896, em que ele falou a um público culto sobre o declínio da cultura antiga (incluindo algumas teses que mais tarde ele revisaria na "Sociologia agrária"), ele apresentou Carlos Magno como o executor tardio do testamento de Diocleciano. Segundo Weber, naquela época, a história da Europa ocidental começou onde a da Antiguidade tardia acabou – em uma cultura interiorana ruralizada. A cultura marítima e urbana da Antiguidade mediterrânea morrera, em sua revisão, dando lugar a uma economia de subsistência e a uma concomitante ruralização.[74] Esse processo privou de sua base econômica todas as suas principais instituições – o exército permanente, o funcionalismo assalariado, a troca interlocal de mercadorias ou a cidade. Elas foram substituídas por um sistema rural solarengo, que por sua vez proporcionou os primórdios do desenvolvimento econômico e político da Europa ocidental. Na época carolíngia, a unidade política do Ocidente foi reanimada com base em uma economia de tipo estrito:

---

73 Vide também Weber (1961, cap.30, 1923, cap.4, seção 9). Poderíamos até dizer que esse capítulo final de *História econômica geral* prova, sobretudo, com que coerência Weber manteve a posição fundamental por ele formulada em 1904-1905.

74 Para mais pormenores, vide Schluchter (op. cit., cap.9).

Paradoxos da modernidade

Os solares são os centros de civilização e também apoiam os mosteiros. Senhores de solares governam o sistema político, e o maior senhor de solar é o próprio rei, um analfabeto rural em seu modo de viver. O rei tem seus castelos no campo, e não tem capital; é um monarca que viaja [...] ainda mais do que os monarcas viajam hoje. Viaja tanto porque vai de castelo em castelo, para consumir o que lá foi armazenado para ele. (Weber, 1976, p.409, 1924a, p.309)

Ao contrário da situação em muitos sistemas solarengos orientais, o senhor feudal não se opunha diretamente a uma massa de súditos diferenciados segundo a parentela e a ocupação. Ao contrário, ele

aparece como um senhor de terras (*Grundherr*) acima de outros senhores de terras, que, como *honoratiores* locais, exercem uma autoridade autônoma dentro de seus respectivos domínios locais (id., 1978b, p.1055, 1972, p.614).

Um Estado patrimonial desse tipo, que, apesar de sua unidade externa, era internamente descentralizado e ao qual faltava o conceito da cidade em seu sentido administrativo-legal, não era capaz de suportar algo como a diferenciada e refinada cultura urbana da Antiguidade. As precondições necessárias dessa cultura eram o desenvolvimento de uma economia monetária e, sobretudo, de uma economia de mercado. Portanto, o jovem Weber via a urbanização e a formação do Estado dessa cultura rural interiorana como os processos decisivos para o desenvolvimento ocidental. Isso também é atestado por sua conferência, que se encerra com as seguintes palavras:

Foi só quando a cidade medieval se desenvolveu pela livre divisão do trabalho e a troca comercial, quando a transição para uma economia nacional possibilitou o desenvolvimento das liberdades burguesas (*burgher*) e quando os vínculos impostos pelas autoridades feudais internas e externas foram suprimidos que – como Anteu – o gigante clássico ganhou nova força, e a herança cultural da Antiguidade reviveu à luz da moderna cultura burguesa. (Id., 1976, p.411, 1924a, p.310-1)

Sabe-se que o Weber de 1896 explorou a história econômica e social em boa parte sem nenhuma referência à história da religião. Todavia, ele observou em sua conferência que no processo de declínio também ocorreu um tremendo processo de recuperação e revitalização, em que o cristianismo desempenhou

O surgimento da modernidade: Max Weber acerca do cristianismo ocidental

um papel importante. A organização familiar e a propriedade privada foram devolvidas às massas dos não livres, e o cristianismo investiu esse retorno do "inventário falado" ao círculo da humanidade "com firmes garantias morais" (id., 1976, p.410, 1924a, p.310). Na "Sociologia agrária", Weber também deixou muito de fora a história religiosa, que nesse meio-tempo ele havia descoberto.[75] Nesse contexto, ele simplesmente se opõe à ideia de que o cristianismo surgiu de motivos de reforma social ou mesmo de revolução social e era originalmente um movimento proletário (id., 1976, p.258-9, 1924a, p.189-90, 1978b, p.1180, 1972, p.704). Somente com seus dois grandes projetos Weber levou sistematicamente em consideração o aspecto religioso, que havia guiado os estudos sobre o protestantismo. É verdade, porém, que só encontramos alusões ao período da virada constantiniana até as reformas gregorianas.[76]

Essas alusões são em sua maioria à história da Igreja, tema em que Weber compartilhava em muito os pontos de vista de Troeltsch. Neste, portanto, podemos confiar parcialmente para preenchermos os vazios. Segundo ele, vemos que uma Igreja regionalizada em comparação com a da Antiguidade tardia estava em harmonia com o Estado patrimonial medieval primitivo, externamente "unificada" pela expansão gradual e internamente descentralizada. Troeltsch via a "divisão da Igreja imperial em igrejas nacionais germano-romanas (*Landeskirchen*)" no Ocidente (Troeltsch, op. cit., p.195) e sua subsequente nova relação com o mundo, como uma das precondições decisivas para um desenvolvimento ao fim do qual pôde surgir uma nova Igreja imperial universalista, distinta tanto da velha Igreja romana como da Igreja oriental.[77] A Igreja que foi universalizada e politizada pelo império da Antiguidade tardia para apoiar a unidade do domínio acomodara-se ela mesma

---

75 Aliás, esses são justamente indícios de quão equivocado é opor a *História econômica geral* à sociologia da religião. A primeira não deixa de fora o aspecto de história religiosa; ao contrário, ela a torna parte da análise, ligando-a, ainda que frouxamente, aos aspectos econômico e sócio-histórico. O fato de Weber poder escrever os estudos sobre o protestantismo, as "Condições agrárias" e a "Ética econômica das religiões mundiais" um depois do outro naturalmente não significa, como certos leitores inspirados pelo marxismo pretendem, que Weber balançasse de um lado para o outro entre o materialismo e o idealismo, mas apenas que ele estava ciente do que é um ponto de vista. A esse respeito, vide as passagens relevantes no ensaio sobre a "Objetividade", sobretudo Weber (1949, p.70-2, 1973, p.169-70).

76 Vide minhas tentativas em Schluchter (op. cit., cap.6.7).

77 Vide Weber (1978b, p.597, 1972, p.360), em que ele compara as relações com o "Estado" das Igrejas primitiva e medieval e segue explicitamente Troeltsch, cujas análises haviam "esclarecido brilhantemente" esse estado de coisas. Para mais sobre o assunto, vide trecho em Weber (1978b, p.1055-6, 1972, p.614-5).

Paradoxos da modernidade

ao império, mas não estava intrinsecamente ligada a ele (Troeltsch, op. cit., p.194). Só no período das Igrejas nacionais, que aparentemente significou uma "completa dissolução da Igreja imperial e uma abolição aparentemente definitiva do direito canônico da primeira Igreja unificada" (ibid., p.195-6), ocorreu uma genuína *interpenetração* entre o espiritual e o secular. Por certo isso ocorreu inicialmente sob a autoridade secular.

Isso produziu uma organização espiritual-mundana que, segundo Weber, era "predominantemente cesaropapista" (Weber, 1978b, p.1161, 1972, p.690). Enquanto Troeltsch se concentrava muito na cristianização interna do Ocidente, Weber colocou no centro de suas análises a cristianização externa. Quanto mais próxima a aliança entre o mais alto senhor patrimonial e a Igreja, mais o poder das forças locais tendia a se manter sob controle. Tanto para Troeltsch, como para Weber, essa aliança (interna e externa) frutificou na Igreja franca e, sobretudo, na Igreja nacional alemã. Observa Weber:

> Na Alemanha, em especial, o rei tentou, inicialmente com o maior sucesso, estabelecer um poder de compensação aos poderes locais e regionais; nos bispos criou ele um Estado clerical de *honoratiores* políticos para competir com o estrato secular correspondente. Uma vez que os bispados não eram hereditários e os bispos não eram recrutados localmente, nem tinham interesses locais, eles se mostraram solidários ao rei em virtude de seus interesses universalistas. Além disso, os poderes senhoriais e políticos a eles concedidos pelo rei permaneciam nas mãos dele mesmo juridicamente (Id., 1978b, p.1056, 1972, p.622).

Mediante essa interpenetração interna e externa entre o secular e o espiritual, o velho paralelismo da Igreja universal e do Império Romano pôde ser substituído por um novo unitarismo da Igreja nacional e da dominação patrimonial (germânica e romana). Para Weber, isso se exprime justamente nesse vínculo entre a dominação cesaropapista, política e a hierocrática, conseguido pelos carolíngios no reino franco e que, depois das divisões no império, foi mantido na região alemã sob os otonianos e os primeiros sálios (id., 1978b, p.1161, 1972, p.691). Esse vínculo e mesmo essa fusão entre Igreja e "Estado" tiveram consequências de longo alcance. Como observou Harold J. Berman,

> contrariamente às ideias modernas sobre a separação entre a Igreja e o Estado, a Igreja do ano 1000 não era concebida como uma estrutura visível,

corporativa e jurídica que se mantivesse em oposição à autoridade política. Ao contrário, a Igreja, a *ecclesia*, era entendida como o povo cristão, *populus christianus*, governado por mandatários tanto seculares como clericais (*regnum e sacerdotium*). (Berman, op. cit., p.91)

Com a revitalização da ideia imperial mediante o estabelecimento do Santo Império Romano (mais tarde chamado Santo Império Romano da Nação Alemã), porém, a ideia de Igreja universal também tinha de ganhar atratividade.[78] É decisivo para o nosso contexto o fato de a eclesialidade nacional ter aberto o caminho para uma cultura cristã relativamente unificada (*Einheitskultur*), que, comparativamente à Igreja primitiva e ao desenvolvimento da Igreja oriental, forneceu uma precondição historicamente nova para uma relação positiva entre as dominações hierocrática e política.

Segundo Troeltsch, o desenvolvimento no sentido de uma cultura cristã unificada interna e externamente culminou na reforma de Gregório VII. No tempo que separa Gregório de Agostinho, não só se consolidou uma Igreja unificada de sacerdotes (em termos weberianos, uma instituição da graça baseada no carisma de ofício), mas também se estabeleceu "uma nova relação com o Estado",

onde o Estado se apropria das normas e objetivos de vida espirituais, juntando internamente sua própria estrutura com a da Igreja e, assim, submetendo, direta ou indiretamente, a vida geral da sociedade às normas da Igreja (Troeltsch, op. cit., p.192-3).

Isso se deveu sobretudo ao bom sucesso do movimento gregoriano. As reformas gregorianas devem ser consideradas, portanto, um acontecimento maior na história do Ocidente.

---

78 A esse respeito, vide Troeltsch (op. cit., p.195): "afastando a monarquia alemã de suas ideias religiosas de uma igreja nacional e levando-a a cuidar do bem-estar de toda a cristandade, o império universal mais uma vez trouxe à baila a ideia papal da Igreja universal, e esta manteve em suas mãos a herança que lhe legara meio milênio de interpenetração nacional-eclesial entre a Igreja e o Estado, entre o espiritual e o social. E, sobre a ideia de Igreja universal, vide Troeltsch (op. cit., p.206-7): "[c]ontra essa Igreja nacional, que tinha seu centro na Igreja alemã mais forte, mais bem organizada e aparelhada, a ideia da Igreja universal mais uma vez se ergueu desde o século X, intimamente ligada a uma nova onda de ideal ascético e a um ressurgimento do mundo romano contra o predomínio da Igreja alemã. Concomitante a isso foi o ressurgimento do direito canônico contra o direito nacional-eclesial, e do conceito canônico de propriedade eclesiástica contra a Igreja autônoma (*Eigenkirche*)".

Paradoxos da modernidade

Para Weber, o movimento gregoriano foi um exemplo de movimento de reforma de uma Igreja restaurada, que, via de regra, tenta eliminar o carisma autônomo de dominação política e transformar o cesaropapismo em teocracia. Ele considerava a luta entre as dominações hierocrática e política um conflito sobre a distribuição do poder. Pelo menos na Itália, um estrato aristocrático de intelectuais religiosos "uniu forças com uma burguesia em ascensão contra os poderes feudais" (Weber, 1978b, p.513 1972, p.312). Como é notório, a luta terminou em um compromisso, pelo qual a coalizão entre as dominações hierocrática e política da era carolíngia e da primeira fase do Santo Império Romano foi substituída por uma separação de poderes. Ele vinculou ambas as partes a limites internos e externos específicos à legitimidade, ao mesmo tempo que deixava intactas suas fontes autônomas de legitimidade. Isso não excluía a possibilidade de que ocasionalmente a velha aliança pudesse revitalizar-se com uma mudança de condições.[79] Todavia, do ponto de vista da sociologia weberiana, a Querela das Investiduras causou uma invenção institucional com efeitos duradouros, pois abriu caminho a uma situação em que nem o cesaropapismo nem a teocracia podiam prevalecer definitivamente, mas só um dualismo tenso entre a dominação política e a hierocrática. Essa foi a razão pela qual a cultura da Idade Média ocidental, marcada pelo que Harold J. Berman chamou de "revolução papal", veio a ocupar uma posição única em termos comparativos. Como resumiu Weber:

> Pelo menos de um ponto de vista sociológico, a Idade Média ocidental foi muito menos uma cultura unificada (*Einheitskultur*) do que a egípcia, a tibetana e a judaica depois da vitória da hierocracia, ou do que a da China após o triunfo do confucionismo, ou a do Japão – se deixarmos de lado o budismo – desde a vitória do feudalismo, a Rússia, desde a ascensão do cesaropapismo e da burocracia estatal, e o islã, desde o estabelecimento definitivo do califado e a prebendalização da dominação, enfim, mesmo as culturas helênica e romana eram mais unificadas do que a Europa medieval. Essa generalização revela--se muito correta, ainda que todas essas culturas fossem unificadas em um sentido diferente. (Id., 1978b, p.1193, 1972, p.713)

Essa conclusão parece contradizer a tese de Troeltsch da Idade Média como uma cultura relativamente unificada. A um exame mais atento, porém,

---

79 Vide Weber (1978b, p.1193, 1972, p.714), passagem em que ele reitera expressamente que a coalizão chegou ao auge por duas vezes "no Império carolíngio e durante certos períodos em que o Santo Império Romano atingiu o máximo do poder".

não é esse o caso. Weber, é claro, procurou modificar a análise de Troeltsch em uma direção especificamente sociológica, mas aceitou a interpretação por este proposta sobre as repercussões das reformas gregorianas. Estritamente falando, ele retratou a cultura cristã relativamente unificada de que falou Troeltsch como uma cultura *eclesiástica* relativamente unificada. Isso se baseava nas ideias de que o secular tinha de ser relativizado em termos do espiritual, e o não religioso em termos do religioso, de tal modo que todas as esferas da vida pudessem ser cristianizadas sem perder sua autonomia relativa. Isso exigia um tipo especial de hierarquia, com a instituição da graça sacramental como ponto de referência. Por meio de tal instituição todos podiam, em princípio, participar da "união" com o divino, independentemente da condição social ou da ocupação. Para ter acesso à salvação, bastava fundamentalmente ser obediente a uma instituição em virtude do sacramento da confissão. Segundo Troeltsch, o resultado principal das reformas gregorianas foi a realização, nesse sentido, da unidade da cultura cristão-eclesiástica. Isso deu margem ao desenvolvimento autônomo fora da Igreja. Porém, a visão de mundo gregoriana e pós-gregoriana ganhou apoio de desenvolvimentos dogmáticos nos séculos XII e XIII. Três novos dogmas surgiram, permanecendo os dois primeiros implícitos, e o terceiro recebendo formulação oficial. Eles ampliaram os fundamentos anteriores do dogma em "Igreja, cânon e tradição e [...] a Trindade cristológica". Esses três novos dogmas eram

> (1) o dogma do episcopado universal do papa, (2) o dogma da primazia do poder espiritual sobre o poder mundano e (3) o dogma da administração da graça por meio dos sete sacramentos (Troeltsch, op. cit., p.209).[80]

Também Weber via as reformas gregorianas como o passo decisivo para o pleno desenvolvimento da Igreja ocidental enquanto instituição da graça sacramental (Weber, 1978b, p.560, 1972, p.339).[81] Sua combinação de

---

80 O mesmo Troeltsch diz que os dois primeiros foram finalmente formulados apenas pelo Concílio Vaticano Primeiro (*Vaticanum*). Ludger Honnefelder observa que Troeltsch (e certamente também Weber) via o catolicismo medieval da perspectiva da filosofia neoescolástica e, na terminologia do Concílio Vaticano Primeiro, de algo que se faz sensível de modo especial (negativo) na interpretação de Tomás e no conceito de corporação (*Anstaltsbegriff*). Vide Honnefelder (1988).

81 Há, é claro, vínculos entre a consolidação do sacramentalismo e a idolatria moderada (com imagens como mediadoras entre Deus e o homem equiparadas ao *transitus*). Isso, em todo caso, é implicado pela análise de Jean-Claude Schmitt, que segue a discussão da questão das imagens dos séculos VII a XIII (Schmitt, 1988). A primeira justificação teológica coerente

Paradoxos da modernidade

graça institucional e sacramental, sua organização de confessionários e de penitências que "combinavam as técnicas do direito romano com a concepção teutônica da expiação fiscal (*Wergeld*)" conseguiu "a cristianização da Europa ocidental com força ímpar" (Weber, 1978b, p.562, 1972, p.340). Mas essa articulação eclesiástica também implicava que

> o valor religioso fundamental é a pura obediência à instituição, que é vista como inerentemente meritória, e não a obrigação ética concreta, substantiva, nem sequer a qualificação moral superior (*Virtuosenqualifikation*) alcançada por intermédio das nossas ações éticas metodológicas (Id., 1978b, p.562, 1972, p.340).[82]

Isso abriu espaço para o desenvolvimento autônomo de culturas cavaleiresco-solarengas, urbano-burguesas e rural-camponesas.[83] Há, portanto, "limites de efetividade" para a relativamente unificada cultura do cristianismo de Troeltsch. Para Weber, dois deles são especialmente importantes: primeiro, essa cultura não força, em última instância, o indivíduo a levar a vida de maneira racionalmente metódica;[84] segundo, ela relativiza a "tensão entre a ética religiosa e as exigências não éticas ou antiéticas da vida nas estruturas políticas e econômicas de poder no mundo" (Weber, 1978b, p.598, 1972, p.360). Assim, paradoxalmente, essa cultura não faz vigorar a

---

da imagem como mediador aparece na Escolástica. Os movimentos heréticos eram não só antissacramentais, mas também iconoclastas.

82 Weber formula o ponto de vista específico da Igreja Católica desde Gregório VII da seguinte maneira: "nessa teoria, todos os seres humanos são capazes de encontrar a salvação se obedecerem às exigências de Deus o bastante para terem acesso à graça distribuída pela Igreja, suficiente para que alcancem a salvação. O nível de realização ética pessoal deve, portanto, tornar-se compatível com as qualificações humanas médias, e na prática isso significa que será colocado bem baixo. Aquele que pode ir mais adiante na esfera ética, o *virtuoso* religioso, pode com isso, além de garantir sua própria salvação, acumular boas obras para o crédito da instituição, que então as distribuirá àqueles necessitados de boas obras" (Weber, 1978b, p.560, 1972, p.339).

83 A esse respeito, vide também Schluchter (op. cit., cap.11).

84 Observa Weber que na instituição da graça, independentemente de ser concebida em termos mágicos ou ético-soteriológicos, se perde a compulsão "por alcançar a *certitudo salutis* (certeza de ser salvo) pelas próprias forças, e, portanto, essa categoria, que tem consequências éticas tão significativas, perde importância" (Weber, 1978b, p.561, 1972, p.339). Escreve Troeltsch: "a atmosfera da estratificação dos grupos de *status* e a maneira orgânica de pensar não têm nenhuma familiaridade com a unidade do 'ideal de perfeição', tal como exigido pelo individualismo protestante ou moderno" (Troeltsch, op. cit., p.232).

O surgimento da modernidade: Max Weber acerca do cristianismo ocidental

uniformidade na legitimação e na organização, como poderia parecer, mas, ao contrário, torna possível, sob a proteção de um universo simbólico cristão, certo pluralismo.[85]

Esse paradoxo vale não apenas para a configuração medieval como um todo, mas também para sua esfera religiosa. Isso pode ser visto na maneira pela qual o conflito endêmico, que ameaçava a unidade na Igreja primitiva – entre um monaquismo "do tipo seita", baseado no carisma pessoal, e um sacerdócio "do tipo igreja", baseado no carisma de ofício –, foi definitivamente resolvido pela Igreja medieval (Weber, 1978b, p.1166-7, 1972, p.694-5 e Schluchter, 1989, cap.6.7), pois o movimento de reforma da Igreja sob Gregório VII se ligou ao movimento de reforma monástica que surgiu em Cluny.[86] Também nesse caso, a tese unitária de Troeltsch, traduzida em termos sociológicos, vai ao núcleo das preocupações de Weber. Ela mostra que, no quadro de uma cultura eclesiástica relativamente unificada, o ascetismo e o monaquismo não são mais fins em si mesmos, mas meios a serviço dos objetivos gerais da Igreja (Troeltsch, op. cit., p.230 et seq.).[87] Também aqui, vale a ideia de um tipo particular de hierarquia. Como no caso da Igreja e do "Estado", Troeltsch aponta uma mudança decisiva da Antiguidade tardia para a Idade Média. Weber avaliava essa reforma da mesma maneira. Sua tese era a de que a tensão entre o monaquismo e a hierocracia, que decerto não se limitou ao cristianismo ocidental, encontrou uma "solução" específica:

integrando os monges em uma organização burocrática, sujeitos a uma disciplina específica e afastados da vida cotidiana pelos votos de pobreza e castidade, eles se tornaram a tropa da cabeça monocrática da Igreja (Weber, 1978b, p.1168, 1972, p.695).[88]

---

85 A esse respeito, vide Schluchter (1981, p.172-4). Weber formula isso da seguinte maneira: "pelo menos idealmente, o cristianismo ocidental era também uma sociedade política unificada, e isso tinha certas consequências práticas" (Weber, 1978b, p.1174, 1972, p.708). Vemos aqui que se justifica falar de uma cultura unificada no sentido anteriormente analisado.

86 Vide Grundmann (1970, especialmente cap.1), como referência fundamental, e também Richter (1975) e Rosenwein (1988).

87 Troeltsch trata isso em termos de "eclesiastização" do monaquismo. Rosenwein (op. cit.) ressalta, porém, que, dados a variedade de movimentos de reforma monástica e o fato de que Cluny estava disposta a colaborar com qualquer poder para disseminar seu movimento, não se pode falar de instrumentalização do monaquismo para fins de poder hierocrático (*hierokratische Lebensbeherrschung*) de maneira tão geral.

88 Acerca da ligação entre sacerdócio e monaquismo, vide esquema em Berman (op. cit., p.210-1).

Ligando a reforma hierocrática e monástica à cultura unificada da Igreja, a "realização suplementar" vinda da adesão aos *consilia evangelica* pode tornar-se uma fonte criativa, e não destrutiva, para a Igreja. Ela pode, habitualmente por meio do estabelecimento de novas ordens monásticas, combater a rotinização e, sobretudo, a feudalização da Igreja. Naturalmente, após um período carismático, as novas ordens também estão sujeitas a esses processos. Mas antes que isso ocorra, elas fortalecem os poderes miraculosos da Igreja, aumentando o "depósito de bênçãos" que esta tem à sua disposição "para proveito dos que carecem de dons carismáticos" (Weber, 1978b, p.1167, 1972, p.694).

O que Troeltsch chamava de "transformação eclesiástica do monaquismo" era para Weber o processo de "tornar o monge apto para trabalhar em prol da autoridade hierocrática – a missão doméstica e no estrangeiro e a luta contra as autoridades rivais" (id., 1978b, p.1167, 1972, p.694). Esse processo de integração, que teve seu ponto alto na política de Inocêncio III, pode ser sociologicamente descrito como um processo de inclusão, pelo qual os monges deviam tornar-se "a tropa de elite dos *virtuosi* religiosos em meio à comunidade dos fiéis" (id., 1978b, p.1170, 1972, p.697). A integração por inclusão deve ser distinguida da integração por assimilação. A primeira favorece a pluralização interna, a segunda, não.[89] O reconhecimento dos códigos morais especiais e das organizações especiais dentro da Igreja naturalmente não implica o desaparecimento irrevogável da tensão entre o carisma de ofício e o carisma pessoal. Pelo contrário, a integração por inclusão aumenta o potencial de tensões internas. Ela fortalece a estratificação religiosa entre os *virtuosi* e as massas (ou o laicado), encontrada em todas as principais religiões, e a estratificação entre diferentes *virtuosi* religiosos (por exemplo, entre alto e baixo clero, entre monges e padres, entre monges superiores e inferiores, entre ordens monásticas e terceiras, entre ordens masculinas e femininas). Além disso, também é provável que tal estratificação religiosa se ligue à estratificação social e econômica (como mostra a predominância aristocrática na Igreja e nos mosteiros).

Assim, a pluralização interna concomitante ao processo de inclusão só não ameaça a unidade da cultura na medida em que as unidades diferenciadas realmente continuam sendo parte da regulamentação hierocrática da vida. Isso, por sua vez, tem seu efeito sobre a formação do papel da pertença. Ele se torna formalizado. Essa formalização pode ser vista na codificação e na legalização de expectativas ligadas a esse papel e nas sanções correspon-

---

89 Sobre essa distinção, vide Parsons (1967, cap.13, em especial p.429-30).

O surgimento da modernidade: Max Weber acerca do cristianismo ocidental

dentes.[90] Justamente essa pluralização interna parece ter ocorrido ao longo das reformas gregorianas. Prova disso é o fato de que a "excomunhão contra os persistentemente desobedientes e incréus" era, na verdade, operada com relativa efetividade (Weber, 1978b, p.1204-5, 1972, p.722).[91] As grandes armas de Gregório eram, como diz Troeltsch, "a exclusão dos sacramentos e a excomunhão, extensivas aos descendentes, a interdição e a declaração de uma cruzada" (Troeltsch, op. cit., p.219).[92] A exclusão da Igreja, porém, costumava levar também ao boicote social e econômico, para o qual dava legitimação (Weber, 1978b, p.116, 1972, p.693).[93]

Aqui se aplica outra reflexão de Weber. Em uma Igreja rica em dogmas, como a cristã comparativamente a outras hierocracias,[94] a aceitação pessoal dos dogmas, a *fides explicita*, pode certamente se tornar um critério de pertença, sobretudo para *virtuosi* religiosos que têm ou deviam ter um "intelectualismo teológico" equivalente (Weber, 1978b, p.566-7, 1972, p.343). Isso, porém, também pode exaltar tensões internas. O cristianismo como religião de fé é marcado desde o começo por uma qualidade anti-intelectual. Uma saída é reduzir a *fides explicita* à *fides implicita*, limitá-la, pelo menos para os leigos, à declaração de confiança na Igreja (id., 1978b, p.566, 1972, p.342). Mas, em consequência disso, a genuína religiosidade de fé se opõe, por sua decisiva qualidade conviccional, ao intelectualismo teológico. Para o homem pio, a

---

90 Para um apanhado geral sobre isso, vide Luhmann (1964) e Schluchter (1985a, p.163-76, 1987b). Curiosamente, Weber vê o procedimento por inquisição, por exemplo, como racionalização do procedimento de julgamento que abriu o caminho para a justiça criminal secular: "uma administração teocrática da justiça não pode deixar nem a descoberta da verdade, nem a expiação do erro à discricionariedade arbitrária dos litigantes. Tal administração tem de operar *ex officio* e criar um sistema de provas que realmente ofereça as melhores possibilidades de estabelecimento dos fatos. O direito canônico desenvolveu no mundo ocidental o procedimento de inquisição, que mais tarde foi adotado pela justiça criminal secular" (Weber, 1978b, p.830, 1972, p.481).

91 Afirma Weber que isso vale em geral para "toda Igreja em seus períodos de vigor" (Weber, 1978b, p.1204, 1972, p.722).

92 Troeltsch em geral chama a atenção para a ligação entre a consolidação do sacramentalismo e o processo de legalização.

93 Isso pode ser entendido como uma variação dessa ambivalência entre tolerância em relação ao interior e pretensões absolutistas em relação ao exterior, que Reinhard Bendix analisa com base no exemplo do cristianismo primitivo (vide Bendix, 1988).

94 Segundo Weber, uma maneira de caracterizar o cristianismo em relação às outras religiões é pelo fato de ele, em consequência "da crescente penetração do intelectualismo e da disputa cada vez maior acerca dele, ter produzido uma massa sem precedentes de dogmas racionais oficiais e vinculantes, uma fé teológica" (Weber, 1978b, p.564, 1972, p.341).

Paradoxos da modernidade

própria força intelectual é sempre inadequada; a convicção transcende a intelectualidade.[95] A codificação e a legalização que acompanham a formalização da pertença poderiam, então, se mostrar, em particular para o autenticamente fiel, como uma mera exterioridade (*Veräusselichung*). O individualismo da fé e da convicção que habitam o cristianismo desde o começo, portanto, só com dificuldade poderia ser posto sob controle, por meio de uma cultura eclesial internamente pluralista e externamente unificada.

Se endossarmos o retrato feito por Herbert Grundmann dos movimentos religiosos, que inclui os movimentos de mulheres, nos séculos XII e XIII, a estratégia de inclusão aqui afirmada força todos os movimentos religiosos medievais a decidirem-se a ou assimilar-se às formas eclesiásticas da *vita religiosa*, isto é, tornar-se uma ordem monástica, ou livrar-se da organização eclesiástica e assim se separar da Igreja em geral, ou seja, tornar-se uma seita, uma heresia (Grundmann, op. cit., p.6). Esse é o lado inverso da cultura eclesial relativamente unificada, com a sua tendência para a codificação e a legalização, que por certo oferecia caminhos especiais de salvação para os cristãos de acordo com suas "sensibilidades religiosas", contanto que não fosse violada a máxima fundamental de *"extra ecclesiam nulla salus"*.[96] Em contrapartida, porém, os não cristãos estavam sujeitos a pressões extremas para se assimilarem, ou, como no caso dos judeus, sujeitos a pressões extremas para se segregarem, e, sobretudo, os "falsos cristãos" eram ameaçados de perseguição e extermínio. Os mais importantes ideais dos movimentos religiosos cristãos, a pobreza e a vida apostólica, representavam um permanente desafio à hierocracia. Como no caso dos pregadores itinerantes do cristianismo primitivo, havia uma atmosfera anti-institucional ao redor dos medievais. Eles não reconheciam facilmente "a *ordo* da Igreja hierárquica" (ibid., p.23).[97] Assim, onde os movimentos escaparam à inclusão, trabalharam contra a cultura eclesial unificada. Sua mesma existência ameaçava uma pretensão de legitimação baseada no carisma de ofício. Esses movimentos heréticos também prepararam o terreno para um ascetismo intramundano dirigido contra o sacramentalismo da Igreja, em seguida levado à maturidade

---

95 Weber faz referência a Agostinho, para quem a aceitação pessoal de proposições intelectuais é, na melhor das hipóteses, o mais baixo estágio da fé. Vide Weber (1978b, p.566, 1972, p.342). Sobre a luta entre fé e conhecimento no cristianismo em geral, vide Schluchter (1989, cap.6.2). A interpretação da máxima de fé no absurdo é parte desse contexto.

96 Fora da Igreja não há salvação, em latim. Trata-se de um dogma da Igreja Católica. (N. T.)

97 Essa passagem também cita as outras razões pelas quais a Igreja lutou contra esses movimentos.

pelo protestantismo ascético. Weber teria dedicado especial atenção a esse movimentos, se tivesse concluído seu projeto.[98]

Além disso, porém, não nos devemos esquecer de outro aspecto, muito mais importante, do desenvolvimento religioso da Idade Média: o movimento de racionalização que, segundo Weber, surgiu com base na cultura eclesial relativamente unificada. Os primeiros avanços racionais foram conseguidos por monges a serviço da regimentação hierocrática da vida. Esses avanços ocorreram não só na ciência e na música, mas também na economia.[99] Para Weber, as comunidades monásticas do Ocidente foram os "primeiros solares administrados racionalmente e, mais tarde, as primeiras comunidades de trabalho racional na arquitetura e nas artes", e o monge ocidental, o primeiro homem de vocação (Weber, 1978b, p.1169, 1972, p.696).[100] Porque o monaquismo medieval, em última instância, não persistiu na resistência radical à Igreja, mas, ao contrário, foi nela incluído, ele foi capaz de realizar o "economicamente improvável" (id., 1978b, p.1169, 1972, p.704). Isso aconteceu porque o monge se provava a si mesmo por realizações especiais e, assim, podia, pelo menos em parte, vincular a própria vida à noção eticamente tão efetiva de alcançar a *certitudo salutis* com base em seus próprios esforços (id., 1978b, p.561, 1972, p.339). Essa capacidade econômica também se devia ao fato de no monaquismo ocidental o trabalho como instrumento ascético ter sido "desenvolvido e posto em prática de maneira muito mais coerente e universal" do que em qualquer outro lugar (id., 1978b, p.1170, 1972, p.705).

Tanto a ideia de provar-se a si mesmo como o ascetismo do trabalho, ligado ao cristianismo desde o começo, puderam passar para o primeiro plano e se tornar forças efetivas. Somente porque a ética e a organização especial do mosteiro foram reconhecidas como parte integrante da vida da Igreja foi possível que um "método eticamente sistematizado de levar a vida" se desenvolvesse em subáreas da Igreja, apesar do predomínio do sacramentalismo institucional (id., 1978b, p.561, 1972, p.339).[101] Ainda que este, centrado no confessionário,

---

98 A esse respeito, *vide* também os ensaios críticos de Selge (op. cit.) e Bynum (1988). Vide também Lerner (op. cit.).

99 É de conhecimento geral que Weber edificou sua jamais concluída sociologia da música ao redor dessa tese. Para uma interpretação dela, vide Schluchter (op. cit., cap.4.1).

100 Sobre paralelismos entre a disciplina nos mosteiros e nas fábricas, vide Treiber e Steinert (1980); e sobre aqueles entre a disciplina monástica e a militar, vide Weber (1978b, p.1153, 1972, p.684).

101 O estado de coisas observado por Weber foi expresso por Troeltsch da seguinte maneira: "o infinitamente importante sacramento da confissão, engenhosamente ligado a uma parte dos outros sacramentos como precondição, é o esteio do domínio espiritual do mundo.

Paradoxos da modernidade

tivesse um inegável poder disciplinador sobre a conduta do fiel, em última instância ele aliviava, e não intensificava, a pressão psíquica e, portanto, não era uma força que servisse para unificar a vida a partir de dentro. Em termos tipológicos, o monge "livre", como mendicante e itinerante, representa na prática o protótipo de um ser antieconômico e antirracional, completamente autossuficiente, que luta apenas pela própria salvação. O monge "integrado na Igreja", ao contrário, usa sua ética especial para racionalizar sua conduta de acordo com as estruturas do estabelecimento de que é parte. Essa forma de conduta, sobretudo por causa do seu ascetismo do trabalho, exerce um efeito positivo sobre a atividade econômica:

> o fato mesmo de serem os monges uma comunidade de ascetas explica as espantosas façanhas que transcendem as que podem ser alcançadas por meio de atividades econômicas de rotina (Weber, 1978b, p.1170, 1972, p.697).

A Igreja medieval permanecia "em movimento", sobretudo por causa desses feitos racionais de seus monges. Nesse sentido, ela existia em tensão

---

Nele tem origem toda a ética cristã da Igreja, explorando e aconselhando as consciências, limpando os pecados e dirigindo o pecador para a reparação e a prestação de serviços. Ele leva à unificação de todos os problemas e antagonismos éticos por meio da autoridade da Igreja, que assim retira do indivíduo a responsabilidade por essa unidade na conduta da vida e a assume para si. Com isso, por sua vez, a ética da Igreja passa de mera teoria a força prática, que aconselha, pune e liberta do pecado as consciências grandes e pequenas, nobres e mesquinhas e, sobretudo, leva as mesquinhas a verem o verdadeiro valor da vida, salvar de um mundo pecador a alma" (Troeltsch, op, cit., p.220; vide também Weber, 1958b, p.116-25, 1921, v.1, p.113-24). Assim, não é que Troeltsch, e sob esse aspecto Weber concorda com ele, quisesse negar a constante vigilância da conduta ligada à prática do confessionário, sobretudo não naqueles casos em que ela está ligada a um "método especializado de confissão de pecados" (Weber, 1978b, p.561, 1972, p.339). Weber em especial, porém, aventou a tese de que a expiação do pecado vinculada a uma confissão geral ou, ainda mais, coletiva do pecado anula o poder disciplinar da vigilância contínua via confessionário, e de que, em geral, a expiação periódica alivia a consciência, de modo que em última instância só na ausência de toda graça institucional e sacramental pode ocorrer o desenvolvimento de um modo de conduta eticamente racional, uma unificação voltada para o íntimo. Em termos tipológicos, o monge medieval encontra-se, por assim dizer, a meio caminho entre o laicado católico e os protestantes ascéticos. A graça institucional permanece aberta para ele, mas ao mesmo tempo ele se sujeita à pressão de criar unidade em sua vida que está ligada à ideia de provação. Sobre o efeito supervisor da prática do confessionário, vide também Hahn (1982). Vide ainda Hahn (1988). Essa avaliação do controle sacramental (externo) e do controle ético (interno) provavelmente reflete uma tendência individualista (protestante) em Troeltsch e Weber.

não apenas com a dominação política e os movimentos religiosos heréticos, mas também com suas próprias ordens monásticas.

No entanto, a hierocracia também operou façanhas por si só. Por ter destruído o sistema eclesiástico nacional, integrado o monaquismo, codificado e legalizado o papel da pertença e, habilmente, fomentado o sacramentalismo, a hierocracia foi obrigada a trilhar caminhos racionais, sobretudo em questões de organização. Como mencionei anteriormente, Weber considerava a Igreja ocidental medieval a primeira burocracia da história da humanidade. Enquanto tal, ela se desenvolveu como uma empresa, no sentido específico da palavra. Um precursor desse construto jurídico já pode ser encontrado no direito canônico da Antiguidade tardia. Ele assumiu, porém, essa forma, decisiva para o desenvolvimento posterior do Ocidente, nas reformas gregorianas:

> Depois da declaração de guerra contra a propriedade privada de igrejas (*Eigenkirchenrecht*) na Querela das Investiduras, o direito canônico elaborou um coerente direito corporativo eclesiástico, o qual, em razão da peculiaridade eclesiástica na autoridade e na organização, tinha de diferir do direito corporativo tanto das associações voluntárias, como das organizações de *status*. Mas esse mesmo direito corporativo eclesiástico, por sua vez, muito influenciou o desenvolvimento do conceito secular de empresa da Idade Média (id., 1978b, p.714-5, 1972, p.429).[102]

A revolução feudal

Assim, na perspectiva da história universal, o monaquismo ocidental medieval, por seu ascetismo do trabalho, e a Igreja ocidental medieval, por causa de seu caráter corporativo, possuem uma qualidade especial. Essas qualidades combinadas impulsionaram o carisma monástico da pessoa e o carisma sacerdotal do ofício por estradas racionais de desenvolvimento. Além disso, com a dissolução do império carolíngio, a dominação política também mudou. De um sistema solarengo que muito se baseava em uma economia natural, surgiu um feudalismo baseado no feudo.[103] Embora esse

---

102 Sobre todo esse complexo, é possível consultar Berman (op. cit., sobretudo p.215 et seq.).

103 A esse respeito, vide Breuer (1988), que observa que Weber, embora considere o feudalismo ocidental de especial significação na formação da cultura ocidental, data incorretamente a "revolução feudal". Com Georges Duby, Breuer situa essa revolução no século XI, e a maioria dessa "nova" forma de dominação, ligada que estava à transformação estrutural geral da nobreza, no século XII. O lugar da velha economia das vilas e das corveias é agora

Paradoxos da modernidade

desenvolvimento, em última instância, enfraquecesse a autoridade política central como uma organização contraposta à autoridade política e à Igreja centralizada, o feudalismo por si só realmente fortaleceu a base de sua legitimidade. A relação feudal é não só "um caso marginal de patrimonialismo que tende para relações estereotipadas e fixas entre senhor e vassalo", mas também o resultado da rotinização de uma relação carismática. De fato, é somente desse ponto de vista que "algumas características específicas da submissão feudal encontram sua adequada localização sistemática" (Weber, 1978b, p.1070, 1972, p.625).

Apenas esse duplo caráter do feudalismo ocidental, a maneira específica como ele combina elementos tradicionais e carismáticos de legitimidade, torna possível a cavalaria ocidental, com seu modo de conduta unificado, baseado na honra. Desse modo, porém, as formas religiosas de carisma veem-se às voltas com uma forma genuinamente política de carisma. Semelhante ao carisma monástico "eclesiástico", que mantinha um elemento fortemente pessoal sem se privar de seus vínculos institucionais, essa forma política de carisma também tinha um caráter intermediário. Ela legitimava uma associação política que "é diferente tanto do patrimonialismo quanto do carisma genuíno ou hereditário" (id., 1978b, p.255, 1972, p.148).[104]

---

ocupado por um modo de produção senhorial; a velha ligação entre a nobreza guerreira e o campesinato é substituída pela divisão entre um campesinato cada vez mais economicamente indispensável e o exército de cavaleiros. Enquanto Weber considerava o Império Carolíngio de caráter feudal, os resultados de pesquisas mais recentes sugerem que esse império tinha na realidade mais de um Estado patrimonial com elementos feudais, com o feudalismo baseado no feudo amadurecendo pela primeira vez depois de sua dissolução. Vide também a sugestão de Marc Bloch das duas fases do feudalismo: uma primeira fase que se segue ao fim do Império Carolíngio, em que a população declina e o comércio e a circulação monetária são fracos; e uma segunda fase, de cerca de 1050-1230, durante a qual a população cresce e ocorre a colonização "interna" e a expansão do comércio e da circulação monetária – em suma, a fase em que acontece uma enorme intensificação do comércio e a forte expansão dos artesãos e dos mercadores nas cidades (Bloch, op. cit., sobretudo p.69-71). Assim, à "revolução papal" se junta uma "revolução feudal", cuja situação temporal foi ligeiramente corrigida. Juntamente com a "revolução urbana", que examinaremos em breve, elas representam os componentes decisivos da primeira transformação. Sobre a análise do feudalismo de Weber, vide também Poggi (1988) e Speer (1978).

104 Vide também Weber (1978b, p.1069, 1972, p.623), em que é definida a conduta do cavaleiro ocidental "pelo conceito feudal de honra e esta, por sua vez, pela noção de fidelidade de vassalagem. Esse era o único tipo de honra de *status*, condicionada, por um lado, por um *éthos* consistente e interiorizado e, por outro lado, por uma relação externa com o senhor". Assim, para Weber, o modo de conduta do cavaleiro ocidental baseia-se na personalidade autônoma, embora essa autonomia não tenha fundamento religioso.

O patrimonialismo solarengo feudalmente transformado, porém, não se caracteriza só pela regulação das relações extrapatrimoniais por meio de um "código muito rigoroso de deveres e honra" derivado de fontes militares, e não religiosas; mesmo em seu mais pleno desenvolvimento, a relação feudal exige a mescla dos

> elementos aparentemente mais contraditórios [...] por um lado, a fidelidade; por outro, a estipulação contratual de direitos e deveres, sua despersonalização em virtude do vínculo de locação e, por fim, o controle hereditário da posse" (id., 1978b, p.1074, 1972, p.628).

Como a hierocracia internamente pluralista, a associação feudal também era capaz de uma extraordinária diferenciação interna. Como a primeira, ela representava, assim, uma formação permeada de tensões. A associação feudal, ademais, exigia não só homens livres que exercessem serviços militares e, dentro de certos limites, administrativos, mas também certa medida de "império da lei".

Na primeira versão de *Economia e sociedade*, Weber falou de "feudalismo livre" e classificou o feudalismo ocidental como o seu "mais consequente" caso (id., 1978b, p.1072, 1972, p.627). O que é interessante é que, na nova versão, ele não reiterou esse uso conceitual, nem a tipologia a ele associada. Talvez a razão seja que "um vassalo, no sentido específico da palavra, tinha de ser um homem livre, não subordinado ao poder patrimonial do senhor" (id., 1978b, p.1081, 1972, p.633). Assim, podemos razoavelmente falar desse tipo de feudalismo só quando é satisfeita essa precondição. Além disso, porém, ele também se baseia em contratos de *status*. Embora as duas partes tenham direitos desiguais, a base são as obrigações recíprocas de lealdade.[105] Na medida em que esse direito de fazer livremente um contrato fosse truncado,

---

105 A relação feudal plenamente desenvolvida abrange os seguintes elementos: a concessão (temporalmente limitada) de poderes e direitos em troca de serviços militares e/ou administrativos; a concessão puramente pessoal; a concessão por força de contrato e, portanto, entre homens livres, envolvendo não um contrato comum de negócios, mas a fraternização de duas partes com direitos desiguais e obrigações mútuas de lealdade; e a concessão que tem como premissa e ao mesmo tempo dá suporte a um modo de conduta de caráter especificamente cavaleiresco. A esse respeito, vide Weber (1978b, p.255, 1972, p.148). As variações decorrem da natureza do "objeto" dos direitos concedidos: terras; escravos e servos; taxas e contribuições; ou poderes judiciários e militares, que, via de regra, estão ligados ao governo de homens livres.

Paradoxos da modernidade

quer considerando-se a concessão hereditária, quer até considerando-a "parte do fundo de subsistência dos membros do estado cavaleiresco" e, assim, obrigando o senhor a preencher todas as vacâncias,[106] o "sistema" perdia sua qualidade originalmente personalista, mas ganhava um caráter contratual especial. Como disse Weber na primeira versão de *Economia e sociedade*:

> Essa mesma permeação do sistema inteiro pela garantia da posição do senhor feudal mediante um contrato bilateral foi muito importante para o desenvolvimento do feudalismo; essa garantia transcendia a mera concessão de privilégios por parte do senhor e, ao contrário da apropriação de benefícios, não era simplesmente uma questão econômica. Ela tornava o feudalismo uma aproximação do *Rechtsstaat*, pelo menos em comparação com o patrimonialismo puro, com sua justaposição de receita tradicional e direitos apropriados, por um lado, e arbitrariedade e discricionariedade, por outro. O feudalismo é uma "separação dos poderes", mas ao contrário do esquema de Montesquieu, que constitui uma divisão qualitativa do trabalho, é simplesmente uma divisão quantitativa da autoridade. A ideia do contrato social como a base da distribuição do poder político, uma ideia que levou ao constitucionalismo, é antecipada de maneira primitiva (id., 1978b, p.1082, 1972, p.633-4).

Assim, a "revolução feudal" nos séculos XI e XII provocou uma maior pluralização da cultura medieval. A burocracia eclesial, legitimada principalmente em termos do carisma de ofício, estava diante de um princípio de organização e legitimação contrário. É bem verdade que a vida religiosa penetrava a vida política e vice-versa, por exemplo, na feudalização da Igreja ou na "burocratização" da política por meio da integração do clero a equipes administrativas feudalmente organizadas. Também é verdade que havia um vínculo intrínseco entre os modos de conduta monástico e cavaleiresco – o que é provado pelas várias ordens de cavalaria. No entanto, esses diferentes princípios conservavam sua importância na história do desenvolvimento, pois, via de regra, "os nobres guerreiros e sem dúvida os poderes feudais em geral não se tornaram facilmente os portadores de uma ética religiosa racional" (id., 1978b, p.472, 1972, p.288). Em geral, a ética feudal fundamentada na honra e a ética religiosa orientada para a salvação tendem a se

---

106 Acredita Weber que a primeira dessas duas formas de cerceamento do livre direito de contrato "se manifestou relativamente cedo na Idade Média; a segunda, mais tarde" (Weber, 1978b, p.256, 1972, p.149).

O surgimento da modernidade: Max Weber acerca do cristianismo ocidental

contradizer,[107] e uma associação feudal, com sua "dominação sistematicamente descentralizada", é praticamente o exato oposto de uma burocracia racional.[108] Acima de tudo, porém, com a realização do princípio feudal, tinha de ocorrer uma luta constante entre a autoridade central e as autoridades locais centrífugas. Isso acontecia, sobretudo, onde a "concessão" incluía poderes judiciais e militares. O suserano feudal estava frequentemente em risco de ser desapossado pelos senhores feudais. Embora ele pudesse tomar contramedidas "conformes ao sistema",[109] elas costumavam ser muito ineficientes enquanto ele não estabelecia o seu próprio pessoal administrativo, recrutado patrimonialmente ou não. Quanto mais as corporações legais, que aos poucos foram tornando-se mais *ständisch*, formadas pela união de senhores feudais, e quanto mais a sociedade política feudal, que afinal não era um Estado, se tornavam um *Ständestaat* propriamente dito, mais difícil a luta se tornava. Segundo Weber, o *Ständestaat* "devia sua existência" ao feudalismo ocidental: "'*rex et regnum*' (*Ständestaat*) no sentido ocidental só era conhecido no Ocidente" (id., 1978c, p.333, 1921, v.1, p.3; 1978b, p.259, 1086-7, 1872, p.151, 636-8).

Há, portanto, principalmente três conflitos que surgiram com as revoluções papal e feudal, e, definitivamente, fraturaram a cultura medieval: o conflito entre o carisma pessoal herético e monástico e o carisma do ofício sacerdotal; o conflito entre contratualismo feudal e *ständisch*; e o conflito entre uma Igreja burocrática e uma associação política inicialmente não burocrática e até antiburocrática. Segundo Weber – como atesta a primeira epígrafe deste ensaio – a configuração medieval ocidental foi obrigada a resolver esses mesmos conflitos. Os arranjos resultantes, principalmente invenções institucionais, tornaram-se fatores que contribuíram para o desenvolvimento singular do Ocidente.[110]

Sabe-se que esse esboço grosseiro permaneceria demasiado incompleto se não se devesse levar em conta uma terceira "revolução", a da cidade,[111] a qual, juntamente com as revoluções papal e feudal, criou outras importantes

---

107 Sobre a caracterização da ética feudal, vide, sobretudo, Weber (1978b, p.1104-9, 1972, p.650-3).

108 Por essa razão, Weber afirma expressamente que nem a associação feudal, nem o *Ständestaat* são "elos intermediários indispensáveis no desenvolvimento do patrimonialismo para a burocracia" (Weber, 1978b, p.1087, 1972, p.637).

109 A esse respeito, vide a lista composta por Weber em Weber (1978b, p.258, 1972, p.150).

110 As dinâmicas únicas ligadas a um pluralismo estrutural também são ressaltadas por Shmuel N. Eisenstadt (1988).

111 Acerca da revolução urbana, que data dos séculos XI a XIV, vide Reyerson (op. cit.).

Paradoxos da modernidade

precondições históricas para o desenvolvimento singular do Ocidente.[112] A revolução papal deu um impulso crucial ao mundo vocacional monástico e mostrou o caminho para a "legislação por promulgação racional" (Weber, 1978b, p.829, 1972, p.480). Além disso, ela deu ao mundo ocidental uma lei sagrada relativamente formal-racional, sob a forma do direito canônico, e uma instituição burocrática relativamente racional, sob a forma da Igreja. A revolução feudal criou a cavalaria ocidental, com seu modo unificado e intramundano de conduta e a ideia do caráter contratual do poder político. Em contrapartida, a "revolução urbana" contribuiu para o desenvolvimento do conceito secular de corporação e para o "nascimento" de um particular corpo urbano de cidadãos. Só porque a autoridade central pôde mais tarde unir-se a essa burguesia, terminou em vitória a sua luta com os "sucessores" das equipes administrativas feudais, as corporações *ständisch*, pois para expropriar essas corporações era necessária uma constelação especial de forças. Como observa Weber, essa constelação

> era influenciada pela ascensão da burguesia nas cidades, que tinham uma organização peculiar à Europa. Além disso, ela foi auxiliada pela competição pelo poder por meio da administração racional – isto é, burocrática – entre os diversos Estados. Isso levou, por motivos fiscais, a uma aliança crucialmente importante com os interesses capitalistas (id., 1978b, p.259, 1972, p.151).[113]

A ascensão dos burgueses (*burghers*), com uma organização e legitimação urbana peculiar à Europa, data, porém, dos séculos XII e XIII. Esse desenvolvimento deve, portanto, ser analisado agora.

A revolução urbana

A cidade, é claro, não é específica da Idade Média. Como mostra a análise de Weber do fim da Antiguidade, ele percebia uma cultura genuinamente urbana em amplos períodos da história mediterrânea. No entanto, por mais importante que fosse o desenvolvimento urbano na Antiguidade para os

---

112 Se seguirmos Brian Stock, há ainda uma quarta revolução, a da comunicação, que está ligada ao uso crescente da escrita. Com o renascimento da economia monetária e de mercado, surgem cada vez mais instituições dependentes da comunicação escrita. Naturalmente, temos de perguntar até que ponto essa revolução é parte das outras, por exemplo, de certos desenvolvimentos jurídicos. Vide Stock (1983, 1988).

113 Isso pode ser encontrado de maneira semelhante em Weber (1978b, p.240-1, 1972, p.139).

conceitos de cidadão (*Bürger*), de comunidade como corpo organizado e de democracia, "nem o capitalismo moderno, nem o Estado tal como o conhecemos se desenvolveram com base na cidade antiga" (id., 1978b, p.1323, 1972, p.788). Ambos pertencem à história da urbanização da cultura rural medieval, por assim dizer. Na realidade, Weber atribuía uma "posição especial no desenvolvimento" (id., 1978b, p.1339, 1972, p.796), em relação às cidades asiáticas e mediterrâneas, à cidade medieval ocidental, tal como surgiu aos poucos, após a dissolução do império carolíngio. Também atribuía um papel especial à cidade dos Estados patrimoniais modernos que sucederam o *Ständestaat*. Na época, a cidade novamente "degenerara" em distrito administrativo de uma unidade mais ampla.

Mas por causa da sua história na Alta Idade Média, a cidade conservou pelo menos alguns poderes corporativos e um direito limitado de autogoverno. Isso se deveu ao fato de o desenvolvimento urbano medieval ter levado a uma "inovação [...] revolucionária" (id., 1978b, p.1239, 1972, p.742): à corporação autônoma e autocéfala de burgueses (*burghers*), baseada na fraternização. Essa corporação incluía os direitos de impor estatutos (*Satzungsrecht*), nomear funcionários, cobrar impostos, regulamentar os mercados, empregar uma polícia comercial e industrial e promulgar uma política econômica própria, associada à tentativa de levar os estratos não cidadãos pelo menos à dependência econômica.[114] Algumas dessas características datavam da Antiguidade, mas alcançaram seu pleno desenvolvimento só quando um novo princípio de organização e legitimação substituiu as autoridades seculares ou espirituais tradicionais.

A cidade mediterrâneo-ocidental da Antiguidade, é claro, já tinha a qualidade de uma

> associação institucionalizada, dotada de órgãos característicos especiais, de pessoas que, como "burgueses" (*burghers*), estão sujeitas a uma lei especial exclusivamente aplicável a elas e formam, então, um grupo de *status* juridicamente autônomo (id., 1978b, p.1240, 1972, p.743).

Nesse sentido, há continuidade entre a Antiguidade e a Idade Média. Todavia, a autonomia e a autocefalia da cidade antiga estavam muito ligadas, no

---

114 A esse respeito, vide a discussão da "situação geral das cidades medievais" no auge da autonomia urbana em Weber (1978b, p.1323-35, 1972, p.788-96). Ele ressalta expressamente que as cidades medievais demonstram acentuadas diferenças estruturais e são extraordinariamente variadas quanto à forma.

que se refere às relações exteriores, a "transformações baseadas puramente em fatores militares" (id., 1978b, p.1353, 1972, p.805),[115] e, quanto às relações internas, aos resíduos "da exclusividade religiosa dos parentes em relação uns aos outros e em relação ao exterior" (id., 1978b, p.1243, 1972, p.745). Esses resíduos impediram, em última instância, que a cidade antiga opusesse radicalmente o princípio da parentela ao conceito secular de corporação e que interpretasse tal conceito de maneira puramente "burguesa", isto é, em radical oposição a todo tipo de governo pela parentela (*Geschlechterherrschaft*). O fato de esses desenvolvimentos terem ocorrido na Idade Média em alto grau, ainda que não em toda parte, pode ser atribuído retrospectivamente a duas circunstâncias: a estrutura das associações políticas medievais e o cristianismo.

Antes de explorarmos mais atentamente essa relação com o cristianismo ocidental, tão essencial à visão de Weber, dois pontos devem ficar bem claros: a tese do desafio à autoridade senhorial, que pode também ser chamada de tese da usurpação, não é uma tese que explique a gênese da cidade medieval;[116] e a cidade medieval não cria nem o capitalismo nem o Estado modernos. As cidades produtoras burguesas (*Gewerbestädte*) do norte da Europa continental,[117] que, em relação ao seu modelo explicativo, mais interessavam a Weber,[118] em geral não surgiam por motivos políticos, e muito menos por motivos militares. Sua gênese, ao contrário, pode ser atribuída a motivos econômicos e às "concessões dos detentores do poder político e senhorial integrados na estrutura feudal militar e de ofícios". Por certo, elas também permaneceram inicialmente orientadas para os interesses econômicos de seus concessores,

---

115 Observa Weber que isso é algo desconhecido na cidade medieval, que é orientada, sobretudo, economicamente, ao contrário da cidade da Antiguidade, orientada, sobretudo, politicamente.

116 Quanto a isso, vide também o Capítulo 3.

117 Como é notório, Weber subdividiu as cidades medievais entre litoral meridional europeu e cidades do interior, de um lado, e cidades do norte europeu, do outro. Estas, ele então distinguiu em cidades continentais litorâneas e cidades do interior, de um lado, e cidades inglesas, do outro. A esse respeito, vide também Weber (1961, parte 4, cap.28, 1923, cap.4, seção 7). A classificação de Weber diz: (1) a cidade oriental (o exemplo de Meca) *versus* a cidade ocidental, mediterrânea; (2) entre as cidades ocidentais, o contraste entre a cidade da Antiguidade (com o exemplo das cidades gregas e de Roma) e a cidade medieval; (3) dentre as cidades medievais, a cidade europeia meridional (com os exemplos de Veneza e Gênova como cidades litorâneas e Milão como cidade do interior) *versus* as cidades inglesas. As cidades inglesas foram separadas do resto porque lhes faltava a "noção de comuna como corpo territorial organizado". Vide Weber (1978b, p.1279, 1972, p.764).

118 Em Weber, (1961, p.260, 1923, p.302) é dito sucintamente: "o capitalismo nasceu no Ocidente nas cidades industriais do interior, não nas cidades que eram centro de comércio marítimo".

O surgimento da modernidade: Max Weber acerca do cristianismo ocidental

que com frequência moravam fora da cidade (id., 1978b, p.1351, 1972, p.803-4). Analogamente, sua crescente autonomia e autocefalia deviam-se menos a um desejo politicamente motivado de usurpar o poder do que a uma específica constelação de poder: a falta, da parte dos senhores feudais, de um "grupo treinado de funcionários" que pudesse ter efetivamente controlado as cidades e a "competição dos detentores não urbanos de poder entre si, em especial o conflito do poder central com os grandes vassalos e com o poder hierocrático da Igreja" (id., 1978b, p.1351-52, 1972, p.804). Também havia, é claro, usurpações de poder, testemunhadas pela história de algumas cidades italianas e sobretudo pela história da cidade de Colônia.[119] Mas não eram essas poucas mudanças revolucionárias que Weber julgava decisivas.

Crucial, porém, era a passagem gradual a um "novo" princípio de organização e legitimação, o da democracia urbana, em especial pelas cidades orientadas principalmente para a economia e por seus membros comercial e industrialmente ativos – passagem facilitada pela fraqueza estrutural dos poderes não urbanos. Isso levou por vezes à concessão voluntária de privilégios urbanos ampliados da parte dos concessores feudais das cidades (Weber, 1978b, p.1259, 1972, p.755). Acima de tudo, porém, a autonomia das cidades continuou sendo um "interlúdio histórico" (id., 1978b, p.1352, 1972, p.804). A cidade medieval, portanto – ou, mais precisamente, a cidade produtora burguesa do interior –, não era também "de modo algum o único estágio de desenvolvimento antecedente significativo e certamente não era ela mesma a portadora" do capitalismo e do Estado modernos. Contudo, ela "foi um fator crucial para o aparecimento deles" (id., 1978b, p.1323, 1972, p.788).

O que fez da cidade medieval esse fator crucial e que papel desempenhou o cristianismo nisso? Com relação à primeira pergunta, Weber citou circunstâncias geográficas, militares e culturais.[120] Já nos referimos às duas primeiras.

---

119 Vide Weber (1978b, p.1302, 1972, p.776), em que ele escreve: "o *popolo* italiano era uma categoria não apenas econômica, mas também política. Era uma comunidade política separada dentro da comuna urbana, com seus próprios funcionários, finanças e organização militar. No sentido mais verdadeiro da palavra, era um 'Estado dentro do Estado' – a primeira associação política deliberadamente não legítima e revolucionária". Sabe-se, segundo Weber, que o desenvolvimento das cidades medievais italianas segue um ciclo que contrasta bastante com as do norte. Vide Weber (1978b, p.1322, 1972, p.788) e o interessante estudo de Breuer (1984). O desenvolvimento de Colônia, relevante aqui, começa com a rebelião contra o arcebispo em 1074 e leva a uma lei (*Stadtrecht*) e a um governo autônomos da cidade em 1106.

120 Vide Weber (1978b, p.1350-1, 1972, p.803), em que são contrastadas as democracias urbanas da Antiguidade e da Idade Média.

Para a maioria dos senhores feudais, que residiam em seus castelos e não nas cidades, o estabelecimento de novas cidades era uma medida econômica, não "militar" (id., 1978b, p.1351, 1972, p.804). As cidades estabelecidas por motivos econômicos normalmente continuaram sendo, mesmo no caso de usurpação gradual, orientadas principalmente para a economia. Mas podiam explorar o espaço de manobra que lhes foi concedido em consequência das rivalidades entre senhores, e elas muitas vezes se valeram dele para promover o autogoverno. Além disso, tal estratégia tinha consequências antifeudais, sobretudo a tendência de dissolver a ligação *ständisch* entre a cidade e o campo. Como Weber muitas vezes ressaltou, os modos de conduta cavaleiresco e burguês, quando levados a suas conclusões lógicas, são completamente incompatíveis. O burguês (*burgher*), com sua orientação para a "função", e o cavaleiro, com seu sentido do "ser", são portadores sociais de diferentes visões do mundo e modos de conduta a elas relacionados. Talvez o modo mais claro de ver essa aguda contraposição seja considerar suas atitudes em relação a ganhar a vida. Onde o modo de conduta burguês se desenvolveu livremente, exibiu uma afinidade eletiva muito maior com o do funcionário monástico e eclesiástico do que com o do cavaleiro. Faltava a ele

> as características lúdicas e de afinidade eletiva com a arte, de ascetismo heroico e de culto ao herói, de heroicas honra e hostilidade ao utilitarismo comercial e de ofício – características que o feudalismo inculca e preserva (id., 1978b, p.1108, 1972, p.653).

O desenvolvimento da cidade como corpo organizado foi alimentado por fontes religiosas. Aqui entra o cristianismo. Por causa dos acontecimentos de Antioquia e da subsequente disputa entre Pedro e Paulo que acabou com a "vitória" deste último e a desvalorização de todas as barreiras rituais de nascimento para a comunidade cristã,[121] o cristianismo havia depreciado por princípio todos os critérios que atrapalhassem a fraternização entre os fiéis. Assim, a cidade como corpo organizado podia assumir uma forma burguesa (Weber, 1978b, p.1243-8, 1972, p.745-8). Frisou Weber o importante papel desempenhado pela comunidade cristã, ainda que ele fosse

---

121 Vide a segunda epígrafe deste Capítulo e também Weber (1961, p.238, 1923, p.277) e a descrição enganosa ou no mínimo abreviada em Weber (1978b, p.1243, 1972, p.745). Acerca do universalismo ligado a esse processo e da redefinição do estrangeiro (*Fremde*) como a pessoa de fé diferente no primeiro desenvolvimento cristão, vide Bendix (op. cit.).

apenas um dos muitos sintomas que apontam para essa qualidade da religião cristã que, ao dissolver os laços de clã, foi importante na formação da cidade medieval (id., 1978b, p.1244, 1972, p.746).

Não devemos interpretar mal esse papel como algo que implique que a cidade medieval fosse um mero apêndice do princípio eclesial de organização e legitimação. Pelo contrário, a cidade continuava a ser uma associação secular, ainda que a pertença a ela tivesse como premissa "pertencer plenamente à comunidade paroquial" (id., 1978b, p.1247, 1972, p.747). Também nesse caso podemos de novo recorrer à tese da cultura cristã relativamente unificada, pois vemos aqui a barreira religiosa à inclusão que ainda existia mesmo na cidade produtora burguesa. Quem não pertencesse plenamente à comunidade eclesial e não participasse ou pudesse participar da eucaristia, não podia obter o *status* jurídico pessoal de completo cidadão. Tal qualificação não impedia a concessão da cidadania a estrangeiros que se mudassem para a cidade, como os mercadores de outras nacionalidades ou lugares, mas de fato impedia a concessão da cidadania a membros de comunidades de fé não cristã. Naturalmente, isso atingia sobretudo os judeus, que, embora fossem chamados às cidades por motivos econômicos, permaneciam em uma posição especial, que Weber comparou à dos povos hóspedes asiáticos.[122] Apesar de uma divisão do trabalho que os ligava à economia urbana, eles permaneciam fora da associação burguesa. Isso valia também para outros "povos hóspedes", que costumavam ser chamados ao país como mercadores por intermédio de concessões principescas.[123] No caso dos judeus, essa recusa de inclusão tinha uma característica especial: ela era, segundo a tese de Weber, não só imposta a eles, mas também, em parte, por eles buscada. Em razão de seus códigos alimentares, os judeus religiosos medievais podiam oferecer hospitalidade aos cristãos, mas não podiam aceitar nenhuma oferta recíproca. Além disso, estava vetado o casamento com cristãos (id., 1961, p.263-4, 1923, p.305-6). Assim, a cidade comercial medieval também continuava a ser uma associação religiosa, a que só se podia pertencer como cristão. Entre os burgueses cristãos, porém, a pertença ao clã (*gens*) e à parentela não podia impedir a

---

122 Sobre os problemas desse construto, que está na base do conceito de pária de Weber, vide Schluchter (op. cit., cap.5.5).

123 Além dos judeus, Weber também menciona os lombardos (e sulistas de todas as origens) e sírios. Vide Weber (1961, p.166, 1923, p.193), em que também são examinadas as causas da primeira onda de antissemitismo.

fraternização. Assim, as associações de clã e parentela foram excluídas dos elementos principais da constituição das comunidades de burgueses (*burghers*).

Isso, é claro, não quer dizer que essas comunidades não se organizassem em subassociações ou não estivessem familiarizadas com a estratificação de classe ou de grupo de *status*. Pelo contrário, tanto em termos de grupos de *status* como de oportunidades econômicas, o mundo dos burgueses (*burghers*) permanecia estratificado. Sobretudo em sua sociologia da religião, Weber com frequência ressaltou que o estado burguês exibia uma quantidade extraordinária de heterogeneidade. Por essa razão, a tese da natureza condicionada pela classe da religião, que dentro de certos limites certamente é fértil, é muito difícil de se aplicar a eles. A cidade comercial medieval não era tampouco uma formação homogênea. Como a Igreja, o pluralismo interno da cidade pode ser entendido como o resultado de inclusões, concedidas ou conseguidas pela luta. As subassociações "livres" correspondiam à cidade como associação "livre". Elas serviam uma série de propósitos, religiosos ou sociais (*confraternitates*),[124] ocupacionais (guildas de artesãos ou mercadores) ou políticos ("partidos"). Havia, constantemente, conflitos entre elas. Como as esferas eclesiástica e feudal, a associação urbana autônoma também era marcada pelo pluralismo interno e pela dinâmica única que acompanhava tal constelação.

Portanto, embora os "cidadãos completos" se comportassem uns com os outros como formalmente iguais, também costumavam ser materialmente desiguais. De fato, mesmo a igualdade formal, por exemplo, a participação no governo urbano, nem sempre era democraticamente organizada. Em particular, a crescente dominação das guildas, que se tornavam cada vez mais os reais constituintes da comuna urbana, levou a uma estrita subdivisão da cidade de acordo com grupos de *status* que estava ligada à monopolização das oportunidades econômicas. Como a pólis da Antiguidade, a comunidade urbana medieval não oferecia esteio a uma visão romântica da democracia. Contudo, a estrutura de guildas como sistema de desigualdade baseado em grupos de *status* ocupacionais teve duas consequências de longo alcance, a saber: a estrutura ignorava as diferenças de *status* fora da cidade e substituía a associação pessoal de linhagem e parentesco pela associação ocupacional "impessoal". Embora as guildas superiores, em particular, tendessem a se transformar em "corporações plutocráticas de pessoas que vivem de rendas",

---

124 A esse respeito, vide também Little (1988) e o seu livro sobre o surgimento de uma forma especificamente urbana de espiritualidade a partir da crise da cultura urbana medieval (Little, 1978, especialmente parte 4).

a estrutura de guildas como um todo levou a "um aumento do poder de um estrato especificamente urbano, que ou participava diretamente do comércio e da indústria, ou estava interessado indiretamente neles: a burguesia no sentido moderno" (Weber, 1978b, p.1347, 1972, p.801). Além disso, a estrutura de guildas fez que a cidade medieval se tornasse

> uma estrutura imensamente mais orientada do que qualquer cidade da Antiguidade – pelo menos na época da pólis independente – para o ganho mediante a atividade econômica (id., 1978b, p.1362, 1972, p.811).

À medida que o sistema de guildas, cada vez mais fechado, começou a ser pressionado, pelo sistema de *putting-out*, a se abrir, o aumento de racionalidade produzido pelo interlúdio de autonomia urbana medieval pôde ser utilizado para a ação orientada para o mercado.[125]

A pretensão à autonomia e à autocefalia de algumas cidades formou, assim, dentro da configuração medieval, mais uma fonte de tensão rica em significação para o desenvolvimento. Entrou em cena um novo princípio de organização e legitimação que não se casava com o do feudalismo, com

---

125 Weber logo dá ênfase ao papel da indústria doméstica livre e do sistema livre de *putting-out* na gênese do moderno estabelecimento de negócios capitalista. Já na "Sociologia agrária" (Weber, 1976, p.44, 1924a, p.8), Weber discutiu a tese de Eduard Meyer de que simplesmente não podemos imaginar quão moderna era a vida econômica na Antiguidade. Uma das partes do argumento de Weber é que não há provas da "existência na Antiguidade sequer da 'indústria artesanal' tal como esta surgiu na Europa já no século XIII, baseada na locação sob contrato da produção. Esse sistema representa um avanço em relação à exploração simples do produtor por um comerciante experiente, fenômeno evidentemente conhecido mesmo na Antiguidade". Segundo ele, aparentemente, essa forma de produção é de grande importância no desenvolvimento. Vide também Weber (1978a, p.1128, 1978d, p.323-4, e também 1978b, p.1321, 148, 1972, p.74, 85). Sobre a relação entre o sistema de guildas e o sistema livre de *putting-out*, vide Weber (1961, cap.11, 1923, cap.2, seção 5). O importante é que Weber não considera que nem o sistema de *putting-out*, nem a manufatura, nem o sistema de fábricas (distinção que considera artificial) tenham surgido com base nos ofícios ou à custa deles. Vide Weber (1961, p.136, 1923, p.157-8). O estabelecimento de fábricas pressupunha a mecanização do processo produtivo, a qual não recebeu seu ímpeto nem dos ofícios urbanos livres, nem da indústria doméstica urbana livre. A mineração foi o seu real precursor. Aliás, em nenhum momento de suas análises da história da produção Weber segue a lógica marxista do desenvolvimento: simples cooperação, manufatura, fábrica. Sobre esse aspecto da abordagem de Weber, vide também o importante estudo de Jakob Strieder (1914), que inclui uma investigação minuciosa do papel da mineração. Vide também Strieder (1904), com seu ataque à tese de Sombart sobre a acumulação baseada na renda do solo. O tema de Strieder é: no início era o comércio!

o carisma de ofício da Igreja ou com o carisma pessoal do monaquismo, a saber, a organização corporativa das associações seculares e sua legitimação democrática. A Igreja, é claro, também tinha um caráter corporativo, mas não no contexto de uma união política unida por juramento. O feudalismo também se baseava em contratos políticos de fraternidade, mas não entre membros de um corpo organizado. Assim, a cidade medieval autônoma e autocéfala deu origem à ideia de um corpo organizado democraticamente legitimado, em oposição às associações hierocráticas e feudais. Em um discurso em Viena em outubro de 1917 acerca dos problemas de uma sociologia do Estado, Weber incorporou esse princípio em sua sociologia.[126] Todavia, para o modelo explicativo aqui discutido, é crucial que a cidade medieval autônoma e autocéfala tivesse ocasionado o nascimento de uma burguesia orientada para mercados mais amplos.

É bem verdade que em muitas cidades medievais a autonomia e a autocefalia ou não se realizaram plenamente ou duraram pouco. Mas isso foi suficiente para dar origem a precondições importantes para o desenvolvimento específico do Ocidente. Além das novas formas de produção, como a indústria doméstica livre, e novas formas de comércio, como a sociedade ilimitada, as cidades medievais contribuíram para o estabelecimento de instituições legais – como as obrigações perpétuas, as cautelas, a letra de câmbio, a hipoteca assegurada por imóveis e a escritura de fideicomisso (Weber, 1961, p.252, 1923, p.292) – que se mostraram importantes para o capitalismo moderno. Também devemos mencionar o sistema contábil, desenvolvido primeiro pelas cidades medievais italianas, que fizeram do Ocidente, segundo Weber, o "lugar da contabilidade monetária" por excelência (id., 1961, p.171, 1923, p.199).[127] Mas, acima de tudo, o que faz a diferença é o conceito de corporação política secular (*politische Anstalt*). Enquanto o papel da filiação religiosa foi formalizado em parte pela Igreja gregoriana e pós-gregoriana, o papel da filiação política foi em parte formalizado pela cidade medieval. Se acrescentarmos o elemento contratual, baseado no feudalismo e mais tarde "objetivado" por meio do *Ständestaat*, temos os principais ingredientes que Weber considerava decisivos para a trajetória ocidental rumo ao capitalismo moderno.

---

126 A esse respeito, vide a *Neue Freie Presse*, p.10, 26.11.1917. Essa ampliação da tipologia é corroborada na segunda versão de *Economia e sociedade*. Vide Weber (1978b, p.266-7, 1972, p.155-6, "A reinterpretação antiautoritária do carisma" ["Die herrschaftsfremde Umdeutung des Charisma"]). Vide também Schluchter (op. cit., cap.6.6, 12).

127 A esse respeito, vide Weber (1961, cap.17, 1923, cap.3, seção 4). Weber ainda baseia a sua análise em parte na sua dissertação.

O surgimento da modernidade: Max Weber acerca do cristianismo ocidental

Se, porém, a burguesia quisesse conservar sua orientação precipuamente econômica, era necessário um quadro institucional que transcendesse a cidade e seu interior. Ela precisava, por assim dizer, de uma política econômica de Estado, e não uma mera política econômica urbana. Essa política de Estado foi inicialmente oferecida pelo mercantilismo, embora a forma que ela assumisse fosse desfavorável a um capitalismo economicamente orientado (id., 1961, p.249-58, 1923, p.293-300). A burguesia também precisava de mercados mais amplos e de poder de compra para as massas. Ambos foram proporcionados pela primeira vez pelos Estados absolutos, que substituíram o *Ständestaat* e antecederam o *Rechtsstaat* moderno e fizeram isso por meio da guerra e do luxo e, mais tarde, da democratização do luxo e da redução do grau de exploração que existira antes.[128] Em suma, foi primeiro nesse quadro institucional que a burguesia urbana pôde tornar-se burguesia nacional.

Essa mudança pressupunha não só as empresas comerciais modernas, sob a forma de indústrias, manufaturas e fábricas domésticas, mas também a transição para um modo de satisfação das necessidades baseado precipuamente na economia de mercado. Além disso, tal mudança também exigia um éthos econômico especial. Embora a cidade produtora medieval, como cidade cristã, já tivesse fornecido uma direção antimágica e, sobretudo, antifeudal, a ideia da atividade econômica como uma área na qual provar a vocação religiosa ainda permanecia muito longe dela. Isso exigia uma segunda transformação – uma transformação menos de fora do que de dentro. Segundo Weber, essa transformação foi um feito do período pós-Reforma, que também assinalou a dissolução final da cultura relativamente unificada da Igreja. Como disse Weber na *História econômica geral*,

---

128 A esse respeito, vide Weber (1961, p.229-33, 1923, p.265-70). Weber, porém, contesta a tese de Sombart de que as exigências de massa uniformes relativas à guerra estejam entre as precondições históricas cruciais do capitalismo. Isso pela simples razão de que as exigências de guerra foram cada vez mais satisfeitas sob a direção do próprio Estado. Nem o aumento populacional, nem a importação de metais preciosos desempenharam papéis decisivos (id., 1961, p.258-59, 1923, p.300-1), mas o grau de exploração certamente o fez, pois influencia decisivamente o poder de compra das massas. O desenvolvimento da associação feudal para o Estado patrimonial moderno via *Ständestaat* estava naturalmente ligado a uma transformação estrutural da nobreza. Sobre isso, vide, sobretudo, Elias (1969), que descreve a transformação de uma nobreza cavaleiresca em uma nobreza de corte, sobretudo em termos do exemplo francês. Sobre a história das mentalidades, que Elias retrata em parte em termos da sequência de conceitos de cortesia, civilidade e civilização, vide também Becker, M. (1988).

em última instância, os fatores que produziram o capitalismo são a empresa racional contínua, a contabilidade racional, a tecnologia racional e o direito racional, mas, repito, não só isso; eles tinham de ser suplementados pelo espírito racional, a racionalização da conduta e o *éthos* econômico racional. (Weber, 1961, p.260, 1923, p.302)

A segunda transformação: o fundamento religioso da conduta burguesa

Weber jamais pretendeu dispensar os "fatores ideais" – mais precisamente, a "psicologia da aquisição" (*Erwerbs-Psychologie*) (id., 1978d, p.166) – ao oferecer uma explicação da gênese do capitalismo moderno ou em seu projetado estudo do cristianismo ocidental. Essa asserção decorre não só das considerações teóricas e metodológicas apresentadas anteriormente, mas também de considerações substantivas: no mais tardar, na época da primeira versão de *A ética protestante e o espírito do capitalismo*, ele percebeu haver um vínculo entre a gênese "desse poderoso mundo econômico, ligado às condições técnicas e econômicas da produção mecânica" (id., 1978c, p.170, 1921, v.1, p.203) e a gênese de um conceito ético de dever, de um éthos vocacional específico.[129] Para compreender esse lado do problema, ele buscou análises "psicológicas"[130] que deixassem para trás a noção de psicologia predominante na economia. Particularmente na segunda fase da sua obra, quando estabeleceu os fundamentos metodológicos e substantivos para uma "psicologia interpretativa",[131] aspectos que desempenham ambos importante papel na

---

129 Weber muitas vezes usa o conceito de *éthos* em lugar do conceito de "ética" na segunda versão de *A ética protestante e o espírito do capitalismo*, na medida em que o que está em questão é a ética praticada, a conduta moral.

130 É verdade que Weber fazia restrições terminológicas contra a expressão "psicologia", quando usada para descrever a análise dos componentes que podem ser entendidos segundo o esquema de meios e fins e, portanto, de maneira pragmática. Essas restrições não significam, porém, que lhe faltasse uma "psicologia" própria, embora, é claro, ela diferisse tanto da psicologia experimental como da "psicologia dos impulsos". Karl Jaspers chamou-a de psicologia das visões do mundo (*Weltanschauungspsychologie*). Por enquanto, não foi feita nenhuma investigação completa sobre as ideias de Weber acerca da psicologia. Sobre suas restrições terminológicas, vide Weber (1978d, p.184-6).

131 Um exame atento da produtividade da psicologia experimental, como a defendida por Ernest Kraepelin e sua escola para esclarecer questões de ciência cultural, desempenhou um papel importante nesse contexto. Weber, porém, fundamentalmente julgava que essa escola envolvia nada mais do que uma "caracterologia" em moda. As obras decisivas de Weber, normalmente desdenhadas nesse contexto, dizem respeito à seleção e ao ajuste da

análise de Weber. Na discussão com Felix Rachfahl, por exemplo, Weber não se contentou em simplesmente reiterar o argumento de que a forma e o espírito do capitalismo "podem muito bem ocorrer separadamente" (id., 1958b, p.65, 1921, v.1, p.49). Ao contrário, ele veio a sublinhar que a análise do espírito, independentemente da forma, continuava a ser sua principal preocupação:

> Peço a quem não esteja interessado nessa "psicologia", mas só nas formas externas dos sistemas econômicos, que não leia estes meus trabalhos, mas só os leia na medida em que deixe à minha escolha se quero interessar-me por esse lado psíquico do desenvolvimento econômico moderno, que no puritanismo alcançou um peculiar equilíbrio com relação às grandes tensões e conflitos internos entre "vocação", "vida" (como gostamos de dizer hoje em dia) e "ética", um equilíbrio que nunca antes nem depois existiu dessa maneira. (Id., 1978d, p.165)

O fato de essa psicologia não se basear em suposições da economia clássica ou neoclássica, nem da velha ou da nova escola histórica, já pode ser inferido da escolha dos conceitos utilizados por Weber: em vez de tendências aquisitivas e sociais, ele escolheu interesses materiais e ideais, interesses de fora e interesses de dentro; em vez de uma psicologia social axiomática ou empírica como base das ciências culturais, tentou

> analisar os efeitos específicos de um motivo definido, um motivo analisado o máximo possível em seus próprios termos e com vistas a suas próprias consequências inerentes (id., 1978d, p.165).[132]

---

força de trabalho da indústria privada e à psicofísica do trabalho industrial. Vide em Weber (1924b, p.1-60, p.61-255, respectivamente) passagens centrais na tentativa de Weber de tornar precisas suas distinções entre entendimento pragmático e psicológico e entre explicação observacional e interpretativa, o que, na terceira fase da sua obra, se transformou em elementos primários do método de sociologia interpretativa. O estudo de Karl Jaspers sobre psicopatologia também foi importante para Weber. Tal estudo surgiu de um íntimo intercâmbio intelectual com Weber, e suas conclusões foram "sancionadas" por ele. Sobre o termo em moda "caracterológico", vide Weber (1924b, p.395).

132 A crítica de Weber tanto à psicologia da economia clássica como à escola histórica de economia mais velha encontra-se no ensaio sobre Roscher e Knies (id., 1975). Ele pode ao mesmo tempo ser interpretado como uma crítica às teorias sociais utilitaristas (vide Weber, 1973, p.20 et seq.). A posição contra o reducionismo psicológico dedutivo e indutivo nas ciências culturais é apresentada, sobretudo, no ensaio sobre a objetividade (por exemplo, Weber 1949, p.87-9, 1973, p.187-9). Essa passagem também inclui a definição de Weber da relação entre instituição e motivo (id., 1949, p.88-9, 1973, p.189).

Portanto, é preciso atentar para os fundamentos ideais que ajudam a moldar e conservar tal motivo, pois os motivos, ao contrário das tendências, são componentes psíquicos simbolicamente estruturados, que variam segundo o universo simbólico a que pertencem.

Assim, segundo suas próprias premissas, a "psicologia" de Weber não podia ser uma psicologia da tendência aquisitiva, mas antes uma "psicologia" direcionada para a mútua adaptação de ideias e interesses. Tal "psicologia" envolvia a modificação cultural desse componente psíquico que, na antiquada psicologia da economia, fora chamado de "tendência aquisitiva" (vide, por exemplo, Weber, 1978d, p.165). Tal modificação, que Weber entende nesse caso como uma moderação racional, não pode ser entendida como o resultado de um ajuste hábil e prudente às instituições capitalistas. O "espírito" que movia os empreendedores *e* os operários "de novo estilo" exigia – esta era e continuou sendo a convicção de Weber – uma investigação "a partir de dentro" do assunto. Na realidade, a questão era: como alguém podia querer limitar-se a ser um especialista em sua vocação, sem que isso lhe fosse imposto? Aqui está, portanto, presente uma ação executada por si mesma e não, pelo menos não principalmente, com base em uma compulsão exterior e como meio para um fim.[133] Isso exigia um compromisso com um dever entendido eticamente. Segundo Weber, sob as condições tradicionais, as forças religiosas tinham a mais duradoura influência em tais concepções. Aqui, o motor psicológico era fornecido pelo desejo de salvação e a interpretação religiosa daquilo a partir de quê, para quê e, sobretudo, como era possível a salvação.

O cristianismo, ao contrário das outras religiões da salvação, empenhava--se essencialmente na salvação "do mal radical e da servidão do pecado" e esperava "a eterna e livre bondade no regaço de um Deus paternal" (id., 1958a, p.280, 1921, v.1, p.252). A salvação, além disso, estava ligada à ideia de provação. Ela não devia ser alcançada segundo a concepção de reciprocidade

---

133 Isso pode soar como cinismo, pelo menos no caso dos trabalhadores. Será que eles têm outra opção além de se ajustarem à necessidade externa? Weber, porém, diz explicitamente: "o capitalismo no período de seu surgimento precisava de trabalhadores que estivessem disponíveis para o uso econômico por motivos de consciência. Hoje o capitalismo está no comando e pode exigir o trabalho deles sem recompensas no além-mundo" (id., 1978c, p.168 nota 2, 1921, v.1, 201 nota). A coerção externa é por certo uma poderosa ferramenta educativa. Ela só forma uma pessoa "a partir de fora", porém, como toda forma de coerção. Segundo Weber, as massas também têm de ser treinadas para produzirem excedentes e, em um ambiente tradicional, só a necessidade e a coerção externas não bastam para isso! Sobre a distinção dos dois tipos de ação e seu pano de fundo teórico, vide o Capítulo 2.

que subjaz quase todas as éticas religiosas, pelas quais podemos, em última instância, merecer a nossa salvação. O cristianismo, pelo contrário, exigia que o indivíduo cumprisse ativamente, e por si mesmo, os mandamentos de Deus nesta vida. Parte desta consistia na ação econômica da pessoa; por essa razão, a questão enfrentada por toda religião da salvação era: até que ponto a ação econômica é relevante para a salvação? Todas as religiões, ao fim de sua fase carismática, naturalmente têm de aceitar a vida econômica e tomar uma posição em relação a ela. Assim, a questão é também: até que ponto as religiões corrompem a mentalidade econômica tradicional?

Afirma Weber que a Igreja medieval, assim como a nobreza feudal e os artesãos urbanos, apoiava o espírito do tradicionalismo econômico, com sua ética econômica, como quase todas as hierocracias. É sabido, de acordo com seu pluralismo interno, que não havia unidade nas posições da Igreja em relação à ação econômica positiva do ponto de vista religioso; quanto mais ela se aliava politicamente com os poderes financeiros, sobretudo os das cidades italianas, mais apta ela se tornava a tratar a busca do lucro "por si mesmo" como não moral, em vez de imoral. Assim, ela podia ser acomodatícia sem se desacreditar (id., 1958b, p.73-5, 1921, v.1, p.56-60).[134] No entanto, nada mudava o fato de que a atividade econômica não podia ter nenhuma importância para a salvação, nem pela "aquisição como propósito último da vida", nem "pela satisfação das necessidades materiais" (id., 1958b, p.53, 1921, v.1, p.35-6). A máxima incluída no direito canônico (*Corpus Iuri Canonici*), *Deo placere vix potest*,[135] era para Weber uma expressão desse estado de coisas fundamental. Embora fosse possível ter lucro sem pôr em risco a própria salvação, tal atividade não servia de base para todas as esperanças de redenção. Para a Igreja medieval, não existia uma ligação intrínseca entre o destino econômico e salvífico das pessoas. Ela

> não condena a propensão ao ganho (conceito, aliás, totalmente impreciso e que seria melhor deixar de lado); ao contrário, a Igreja tolera-a, como o faz

---

134 Weber acrescentou à versão original dessa passagem uma referência à *turpitudo* em Tomás de Aquino. Na primeira versão, já havia uma referência a Antônio de Florença e ao fato de que mesmo essa ética monástica, a que – dentro da ética econômica católica – foi mais longe na direção do reconhecimento da busca capitalista do lucro, não foi essencialmente além de tolerar o ganho como fim em si mesmo.

135 *Corpus Iuris Canonici, Decretum Gratiani*, Pars I c ii. Dist. lxxxviii. Em Weber (1961, p.262, 1923, p.305), é reproduzida a máxima completa: *Homo mercator vix aut numquam potest Deo placere* (O mercador dificilmente ou nunca pode agradar a Deus).

com todas as coisas mundanas, naqueles que não têm o carisma necessário para aderir aos *consilia evangelica*. A Igreja, porém, não pode preencher o vazio entre seus mais altos ideais éticos e uma orientação racional, metódica no sentido da empresa capitalista, que trata o lucro como o objetivo último de uma vocação e – este é o ponto principal – o considera a medida da virtude pessoal. (Id., 1978b, p.1190-1, 1972, p.720)

Embora Weber julgasse um tanto inefetiva a doutrina acerca da usura e do preço justo, via a ética econômica da Igreja anterior à Reforma como o fundamento ideal para as "medidas tradicionalistas e de 'subsistência mínima'" das forças pré-capitalistas (id., 1978b, p.1190, 1972, p.712).[136] Se a ética religiosa deve contribuir para romper com o "espírito" do tradicionalismo econômico, reza o seu argumento, a mera tolerância religiosa do ganho pelo ganho deve ser substituída pela provação religiosa de si mesmo por meio do ganho pelo ganho. Só assim podiam os íntimos e profundos conflito e tensão entre a consciência e a ação serem superados sem falsos compromissos, conflitos em que "os fiéis católicos sérios" do período pré-Reforma permaneciam, em última instância, desconcertados em relação a suas atividades capitalistas (Weber, 1978d, p.168, 1958b, p.71-2, 1921, v.1, p.55).

Assim, a consideração de constelações motivacionais revela as mesmas tensões e o peculiar equilíbrio dessas tensões que observamos no contexto das constelações institucionais. Somente quando ambos os tipos de constelação são levados em conta podemos entender como pode surgir a totalmente "antinatural" e até absurda "concepção do ganhar dinheiro como fim em si mesmo, ao qual as pessoas estariam ligadas como a um chamado" (id., 1958b, p.73, 1921, v.1, p.56). Já foi ressaltado o fato de Weber não considerar convincente a tese da acomodação externa às instituições capitalistas, pelo menos não para explicar a gênese do capitalismo moderno.[137] Todavia, ele também não estava satisfeito com a tese da acomodação interna ao capitalismo, na medida em que ela estava ligada a premissas utilitárias ou prag-

---

136 A esse respeito, vide Weber (1978b, p.1188-91, 1972, p.710-2). Sobre a proibição de cobrar juros, vide também Nelson (1969). Sobre discussão controversa acerca da proibição da usura, as diferentes posições das tendências ortodoxa e heterodoxa sobre ela, e uma crítica às posições de Weber e de Nelson, vide Reyerson (op. cit.). Naturalmente, o que costuma ser deixado de lado na discussão é que a proibição da usura *per se* desempenhou um papel completamente periférico no argumento de Weber. Sobre a problemática como um todo, vide também Little (op. cit., sobretudo parte 3).

137 A esse respeito, vide também Weber (1958b, p.72-3, 1921, v.1, p.55-6).

O surgimento da modernidade: Max Weber acerca do cristianismo ocidental

máticas.[138] Era necessária uma revolução na mentalidade – uma revolução a partir de dentro –, e ela não era provável sem premissas ético-religiosas. Assim, tal revolução tinha de ser explicada em termos de uma tensão entre essas premissas e o interesse pela salvação e sua resolução última.[139]

Ao contrário de Marx, portanto, Weber desde o começo não estava interessado na acumulação primitiva, mas no modo burguês de conduta: "[o] que era central não era a mera acumulação de capital, mas a racionalização ascética da vida inteira na vocação" (id., 1978c, p.162 nota 1, 1921, v.1, 193 nota). Onde aparece o "espírito" do capitalismo moderno, ele "dá a si mesmo o capital para a sua atividade, e não vice-versa" (id., 1958, p.68-9, 1921, v.1, p.53). Muito antes de surgir a conduta burguesa, existia dinheiro para investimento sob a forma de capital comercial ou de risco. A questão não é se se acumula uma grande riqueza monetária, mas sim sob que condições institucionais e, acima de tudo, motivacionais a riqueza existente flui através de canais produtivos. Mesmo a compulsão de poupar ligada à racionalização ascética não interessava de modo algum a Weber, principalmente em termos econômicos; afinal, a vasta restrição ao consumo podia pôr em risco o desenvolvimento capitalista, deprimindo a demanda. Os estudos sobre o protestantismo não são análises das raízes ideacionais da acumulação primitiva. A compulsão de poupar é muito mais uma expressão de uma atitude tomada contra o gozo instintivo da vida em todas as esferas sociais e, ao mesmo tempo, contra o modo senhorial de conduta. Em termos religiosos, ela se dirige contra a idolatria da carne ou, para falar de maneira profana, contra o egotismo, a que se opõe o sacrifício e o serviço incondicionais em prol de uma causa impessoal. Para poder interpretar a atividade orientada para o lucro nesse sentido, é necessária uma ética como veículo para estabelecer a unidade intacta entre a certeza da salvação religiosa e o ascetismo intramundano da vocação. Tal ética só foi definitivamente tornada possível pelo protestantismo ascético, não pelo catolicismo, luteranismo ou judaísmo, nem por nenhuma doutrina filosófica.

Até a morte, Weber se apegou a essa tese sobre o "lado psíquico do desenvolvimento econômico moderno", desenvolvida pela primeira vez em seus estudos do protestantismo e em seguida colocada em uma perspectiva

---

138 É impressionante que também Durkheim tenha visto a ligação entre utilitarismo e pragmatismo. Vide, sobretudo, sua conferência sobre o pragmatismo e sociologia, em Durkheim (1987, principalmente p.121 et seq.).

139 A esse respeito, vide Weber (1958b, p.232 nota 66, 1921, v.1, p.112 nota), que também inclui a crítica de William James. Para mais detalhes, vide o Capítulo 2.

Paradoxos da modernidade

comparativa mais ampla no capítulo sobre a sociologia da religião da primeira versão de *Economia e sociedade*.[140] Tal persistência fica evidente na contracrítica dos argumentos de Lujo Brentano e Werner Sombart inserida na segunda versão de *A ética protestante e o espírito do capitalismo*. Enquanto Brentano interpretava o "espírito" do capitalismo moderno como o resultado da supressão dos controles morais na caça ao dinheiro, Sombart o considerava, seguindo Weber, pelo menos na primeira fase capitalista, como o resultado de uma moderação moral das buscas aquisitivas; todavia, Sombart negou a tese de Weber sobre um papel especial do protestantismo ascético. Ao analisarmos a crítica e a contracrítica, podemos descobrir a "palavra final" de Weber sobre a sua tese de *A ética protestante e o espírito do capitalismo*.

Para Brentano, o espírito capitalista significa a busca irrestrita por dinheiro, uma forma de conduta que nenhuma ética religiosa jamais tolerou. Analogamente, ele considerava a ética puritana a "ética econômica tradicionalista da pequena burguesia" (Brentano, op. cit., p.153). Bretano acusou Weber de ter interpretado falsamente a emancipação cristã do tradicionalismo e de ter desdenhado a verdadeira emancipação pagã. Substantivamente, segundo Brentano, o desenvolvimento capitalista depende precipuamente do comércio, do empréstimo de dinheiro e da guerra;[141] ideativamente, porém, ele surge da filosofia empírica, e Brentano cita Maquiavel como seu representante.[142]

Sombart, em contrapartida, depois de renovadas reflexões acerca da história intelectual do homem econômico moderno, chegou inicialmente à conclusão de que o puritanismo iguala o judaísmo na moderação moral da

---

140 Vide Weber (1978b, p.611-23, 1972, p.367-74), em que os judeus, os católicos e os puritanos são comparados contra o pano de fundo das teses de Sombart. A crítica de Sombart feita por Guttmann (1913) contribuiu para a argumentação de Weber.

141 Por exemplo, Brentano vê o capitalismo penetrar no sistema feudal por meio da guerra de agressão. As cruzadas são para ele um caso de amálgama de capitalismo e do sistema de guerra, e ele considerava a Quarta Cruzada uma "verdadeira orgia de capitalismo moderno" (vide Brentano, op. cit., p.42).

142 Weber, aliás, de modo algum negava que a mentalidade pagã citada por Brentano tivesse sido importante para o lado psíquico do desenvolvimento econômico moderno; isso simplesmente não cabia em uma análise da influência da ética religiosa sobre a conduta. Além disso, a primeira tinha efeitos diferentes da segunda: "não era o modo de conduta (da burguesia em ascensão) que era influenciado por essa outra mentalidade, mas a política de estadistas e príncipes; e essas duas linhas de desenvolvimento, em parte convergentes, devem, para fins de análise, ser mantidas perfeitamente distintas" (Weber, 1958b, p.198 nota 12, 1921, v.1, p.41 nota). No plano original para fundamentar os resultados dos estudos sobre o protestantismo, Weber também projetara tratar dessas inter-relações. Vide Weber (1958b, p.183, 1921, v.1, p.205).

O surgimento da modernidade: Max Weber acerca do cristianismo ocidental

busca do ganho (Sombart, 1911a, p.293).[143] Pouco depois, porém, ele ampliou essa conclusão acerca da ligação entre as éticas religiosa e capitalista para incluir o catolicismo – em particular o tomismo e a ética de Antônio de Florença e de Bernardino de Siena – e o utilitarismo filosófico, que ele rastreava desde os livros sobre a família de Leon Battista Alberti até Benjamin Franklin (Sombart, 1913, p.136 et seq., 153 et seq., cap.17-22).[144] Sombart argumenta que a doutrina das virtudes de Alberti antecipava a de Franklin e que os ensinamentos mais importantes do tomismo, como os do judaísmo, concordavam com os ensinamentos do puritanismo.[145] Em toda parte vemos ser recomendadas as virtudes burguesas: indústria, utilidade, frugalidade e honestidade eram o foco da atenção. A vida ativa em vez da vida de ócio, ocupando-se com coisas úteis em vez de diversão, moderação em vez de excesso, frugalidade em vez de luxo, honestidade em vez de trapaça – esses eram os valores inculcados tanto por Alberti como por Franklin, bem como por autores judeus, escolásticos e puritanos. O único acréscimo do puritanismo ao tomismo foi a repressão do desejo estético de esplendor, de *magnificentia*:

> talvez o maior serviço que as éticas puritana e *quaker* prestaram ao capitalismo, na medida em que esse era marcado pelo espírito burguês, tenha sido o desenvolvimento da frugalidade [*parsimonia*] para a sovinice [*parvificentia*] (ibid., p.333).

Apenas essa breve caracterização das duas contraposições já basta para deixar claro que, para Weber, Sombart, mais do que Brentano, constituía o grande desafio.[146] Em Brentano, a revolução na mentalidade religiosa era,

---

143 "Renovadas" reflexões porque a primeira edição de seu *Capitalismo moderno* (vide Sombart, 1902a, 1902b) já continha reflexões sobre isso. Os mais importantes "resultados intermediários" estão presentes em Sombart (1911a, 1913). Essas obras foram bastante estimuladas pelos estudos de Weber.

144 Em sua descrição da ética católica, Sombart baseia seu trabalho no de Troeltsch e no opúsculo (dissertação) de Franz Keller (1912), um apologético que escreve do ponto de vista católico, sobre o qual Weber emitiu juízos severos. Vide Weber (1958b, p.191 nota 19, 200 nota 29, 1921, v.1, p.27 nota 2, 56 nota 1).

145 Sombart (1913, p.338): "Tanto quanto o puritanismo, o judaísmo tampouco ensinou algo diferente do tomismo nos pontos essenciais para nós".

146 Isso não significa que Weber não abordasse a obra de Sombart com grande simpatia. Weber julgava Sombart, como Ernst Troeltsch, um camarada de luta por uma causa comum, apesar das muitas diferenças substantivas. Por exemplo, acerca do ensaio de Sombart sobre o capitalismo empreendedor (Sombart, 1909), com o qual Weber começou a revisar a

Paradoxos da modernidade

por assim dizer, excluída por definição como precondição histórica possível para a gênese do capitalismo moderno. Se o espírito do capitalismo for equiparado, como nos textos de Brentano, à busca irrefreada do dinheiro, não só "se perde toda precisão conceitual" (Weber, 1978c, p.334 nota 1, 1921, v.1, p.5 nota), mas todo o entendimento do modo burguês de conduta (*bürgerliche Lebensführung*) como condição importante da cultura moderna, pois "em todos os períodos da história, sempre que possível, houve o ganho implacável, desligado de qualquer norma ética" (id., 1958b, p.57, 1921, v.1, p.42-3).

Em contrapartida, Sombart não só reconhecia a importância das forças morais na ascensão do homem econômico moderno, mas também distinguia entre o espírito empreendedor e o burguês. Piratas, senhores feudais, burocratas, especuladores, grandes mercadores e artesãos em busca de melhorar sua esfera de atividades, por exemplo, podem estar imbuídos de espírito empreendedor; é o espírito de todos os super-homens econômicos que possuem a vontade e a capacidade de serem economicamente bem-sucedidos por meio da ação previdente, bem planejada e coordenada, que é arriscada, mas calculada. O espírito empreendedor é uma coisa, porém, e o espírito burguês, outra. Somente se o segundo penetrar no primeiro estabelece-se uma racionalização da administração econômica, segundo Sombart. Assim, o espírito do capitalismo decorre de uma combinação da alma do empreendedor e da alma do burguês. As forças morais, porém, estão entre as forças que moldam a alma do burguês. Assim, também para Sombart, espírito capitalista significa moderação da busca de ganho, vinculando-a a uma ética no quadro de uma concepção de vida racionalizante e metódica. Ele observa expressamente, porém, que esse meio de moderação vale apenas para o espírito do primeiro capitalismo, e não para o do capitalismo avançado (Sombart, op. cit., p.355).[147]

---

apresentação da gênese do espírito capitalista que fizera em Sombart (1902a, 1902b) (id., 1909, p.752), afirma Weber que "a grande conformidade, sobretudo quanto ao método, em todos os pontos essenciais livra-me do dever de comentar extensamente" (Weber, 1978d, p.170). Na segunda versão de *A ética protestante e o espírito do capitalismo*, Weber procurou defender Sombart contra as críticas de Brentano. Embora Weber considerasse este último bem fundamentado quanto a muitos pontos, considerou-o muito injusto em sua apresentação geral (vide Weber, 1958b, p.187 nota, 1921, v.1, p.18 nota).

147 Afirma Sombart que em seu tratamento dos estrangeiros os judeus foram os primeiros a romper com a restrição de base moral e, assim, abriram caminho para a sede insaciável de ganho que caracteriza o capitalismo avançado (vide Sombart, op. cit., p.340 et seq.). Ele distingue entre o tipo de empreendedor do capitalismo primitivo e o do capitalismo avançado, entre o burguês de velho estilo e o de novo estilo. Guttmann contesta a correção da interpretação de Sombart dos direitos dos estrangeiros na lei judaica. Ele afirma que

O surgimento da modernidade: Max Weber acerca do cristianismo ocidental

Por conseguinte, Sombart une-se a Weber contra Brentano, ao afirmar que o espírito do capitalismo moderno contém elementos de espírito burguês e descansa sobre uma base ética. Não a busca da utilidade e da felicidade, mas a busca de "deveres" tem de ser a alavanca psicológica decisiva para revolucionar a mentalidade econômica tradicional em suas formas senhorial (feudal, patrimonial, patrícia), artesanal ou camponesa. Sombart também concordava com Weber em que há uma distinção a ser feita entre o espírito do primeiro capitalismo e o do capitalismo avançado. As diferenças aparecem em suas respectivas análises do nível psicológico e como essa distinção deve ser interpretada. Esses pontos estão inter-relacionados. Porque Weber acha que a história intelectual do homem econômico moderno de Sombart está essencialmente errada, também tem uma avaliação diferente da transformação do modo de conduta burguês na transição para o capitalismo avançado, que representa a terceira transformação.

Que há de errado na história intelectual do homem econômico de Sombart? Embora Weber não a critique sistematicamente em nenhum ponto de sua obra, podem-se discernir objeções acerca do método, da teoria e da substância.

Podemos lidar rapidamente com a objeção ao método. Embora o próprio Weber nunca a tenha formulado explicitamente, ela está implícita em sua própria abordagem. Em sua história intelectual do homem econômico moderno, Sombart investiga principalmente as doutrinas. Apenas marginalmente ele estuda seus efeitos psicológicos pragmáticos – se é que o faz.[148] Os efeitos psicológicos, porém, eram justamente o foco da "psicologia" de Weber. Repetidas vezes este ressaltou que não nos podemos limitar à análise das doutrinas, mas devemos levar em conta seus efeitos psicológicos pragmáticos.

A objeção teórica à obra de Sombart é de grande importância. Diz respeito à relação entre doutrinas prudenciais (*Klugheitslehre*) e ética. Weber diagnostica uma diferença fundamental entre elas, que Sombart ignora completamente. Um exemplo é a maneira como Sombart descreve a relação do literato renascentista "aristocrático", Alberti, com o burguês norte-americano, Franklin.

---

enquanto a lei substantiva e a solidariedade econômica valem para as relações entre judeus, as relações com os de fora são governadas pela lei e legalidade formais. De modo algum a sede insaciável de ganho predominava nas duas últimas relações. Vide Guttmann (op. cit., p.197). A distinção feita por Weber entre morais intragrupo e extragrupo entre os judeus está mais perto da visão de Guttmann do que da de Sombart. Além disso, os "duplos critérios nos negócios" não se limitam aos judeus, segundo Weber, mas são um componente de toda vida econômica tradicional.

148 Por exemplo, apontando a disseminação dos escritos individuais.

Segundo Weber, escapam a Sombart os pontos decisivos. Não é só que as instruções de Alberti, ao contrário das de Franklin, tendem a se orientar mais para a família e o investimento da riqueza do que para a operação de mercado e a utilização do capital; não é simplesmente que o público a que ele se dirige tenda a ser composto de patrícios de educação aristocrática e humanista, e não de massas de pequenos burgueses. Quando Alberti fala de racionalismo econômico, o *páthos* religioso está de todo ausente. Ao contrário, é

> como se a sabedoria doméstica de Catão fosse tirada do campo da antiga família escravocrata e aplicada ao trabalho livre na indústria doméstica e ao sistema de arrendamento de terras (Weber, 1958b, p.196, 1921, v.1, 39 nota).

Essa forma de sabedoria, porém, não pode ter grande impacto psicológico. Uma das principais premissas da abordagem weberiana é que

> uma ética de bases religiosas impõe sanções psicológicas muito definidas (de caráter não econômico) sobre a conduta que exige, sanções que permanecem muito efetivas enquanto a fé religiosa estiver intacta, sanções que são exatamente o que uma simples doutrina sobre a arte de viver, como a de Alberti, não tem à sua disposição. (Id., 1958b, p.197 nota, 1921, v.1, p.40 nota)

"Psicológico" significa aqui que por meio da ação conforme a normas são produzidos estados emocionais (por exemplo, o sentimento de ser um instrumento ou um eleito de Deus) que podem ser gozados no "aqui e agora", independentemente se as promessas de redenção são dirigidas para o além-mundo ou para um estado futuro deste mundo.[149] Além disso, esses estados emocionais são completamente independentes de feitos, econômicos ou não, neste mundo. Sabe-se que mesmo em Franklin podemos encontrar matizes utilitaristas. Isso é algo que Weber já frisara na primeira versão de *A ética protestante e o espírito do capitalismo*. Há ainda uma diferença, porém, se a posição for, em sua própria concepção, nada mais do que uma doutrina prudencial ou se representar uma ética religiosa já parcialmente secularizada. Segundo Weber, o primeiro se aplica a Alberti e escritores a ele relacionados, o segundo a Franklin.

Assim, ao contrário de Alberti, Franklin oferece máximas de vida com um toque ético; são regras morais (e não técnicas), com as sanções concomitantes. Sombart não vê isso. Ao contrário, ele atribui a uma doutrina prudencial algo

---

149 Para mais detalhes, vide Schluchter (op. cit., cap.4.1).

que só uma ética pode conseguir: a capacidade de ser um poder interior que transforme a vida.[150] Isso, é claro, não quer dizer que toda ética (religiosa) consiga isso, e, mesmo se conseguir, isso não quer dizer que, com esse feito, ela automaticamente revolucione uma mentalidade econômica tradicionalista. Tal implicação pressuporia uma ética religiosa singular e uma prática religiosa singular, por meio da qual essa ética religiosa seria interpretada, pois a prática representa, por assim dizer, o meio em que se unem os fundamentos religiosos e as estruturas eclesiais, bem como os interesses materiais e ideais dos crentes.[151] Ora, Sombart não só trata da mesma maneira as doutrinas de prudência e as éticas; ele fez o mesmo com as éticas judaica, católica e puritano-*quaker*, sem deixar claro se suas prescrições superficiais semelhantes estavam também ligadas a práticas semelhantes.

Isso nos leva às objeções substantivas, sem dúvida as mais sérias. Weber aceitou o desafio de Sombart, sobretudo, porque lhe oferecia a oportunidade de frisar mais uma vez a posição única do protestantismo ascético na análise do lado motivacional do desenvolvimento econômico moderno. Permitam-me reiterar: sua tentativa de tirar dos estudos sobre o protestantismo seu caráter isolado e situá-los dentro do desenvolvimento cultural geral não provocou a relativização da tese. O protestantismo ascético conservou sua exclusividade ante todas as religiões asiáticas importantes, o judaísmo medieval e o moderno, o catolicismo pré-Reforma e o luteranismo. O fato de a análise de Sombart não só obscurecer todas as distinções entre os efeitos psicológicos das doutrinas prudenciais e da ética, mas também, o que é mais importante, levar à eliminação da posição única do protestantismo ascético transformou a sua história intelectual do homem econômico moderno, para Weber, em um "livro cheio de teses [infundadas] [*Thesenbuch*], no pior sentido da expressão" (Weber, 1958b, p.201, 1921, v.1, p.57 nota). A "contratese" de Weber era de que nem o judaísmo medieval e o moderno, nem o catolicismo pré-Reforma

---

150 É uma questão interessante se a tese de Weber se aplica apenas a doutrinas prudenciais ou se vale também para as éticas não religiosas. Sem dúvida, ele considera os estímulos psicológicos das éticas não religiosas menos efetivos do que os das éticas religiosas, porque no primeiro caso o "desejo e a promessa de salvação" são, por assim dizer, cognitivamente enfraquecidos. A esse respeito, vide o Capítulo 2.

151 A maneira como Clifford Geertz define religião e retrata os componentes dessa definição chega relativamente perto desse conceito de prática religiosa: "(1) um sistema de símbolos que age para (2) estabelecer fortes, difusos e duradouros humores e motivações nos homens por meio da (3) formulação de concepções de ordem geral sobre a existência e (4) revestindo essas concepções com tal aura de factualidade que (5) os humores e motivações parecem exclusivamente realistas" (Geertz, C., 1973, p.90).

Paradoxos da modernidade

produziram o modo de conduta burguês, a prática de se provar a si mesmo na vocação. Isso deve ser atribuído ao protestantismo ascético e a mais nada. (Ambos concordavam que o luteranismo não podia ser caracterizado como origem do modo burguês.)

Já em 1913-1914, no capítulo sobre religião da primeira versão de *Economia e sociedade*, e mesmo antes que o estudo sobre o judaísmo antigo ganhasse forma monográfica, Weber marcou sua posição em relação à tese de Sombart de que o judaísmo é puritanismo: "nem o que é novo no sistema econômico moderno, nem o que é distintivo da mentalidade econômica moderna é de origem especificamente judaica" (id., 1978b, p.614, 1972, p.369). Em 1919-1920, depois de ter dedicado uma investigação histórica a Israel e ao judaísmo antigos, reiterou ele essa conclusão acerca do lado motivacional do desenvolvimento econômico:

> o judaísmo estava do lado do "capitalismo aventureiro", político e especulativo: seu éthos era, em uma palavra, o do capitalismo pária. O puritanismo, pelo contrário, foi o veículo para o éthos da empresa racional burguesa e a organização racional do trabalho. Ele tomou do éthos judaico apenas o que se encaixava nesse quadro. (Id., 1978c, p.152, 1921, v.1, p.181)

A investigação histórica do judaísmo antigo demonstrara que a ordem judaica de vida, com seu conceito de Deus e sua "ética racionalíssima da ação intramundana, livre de mágica e de todas as formas de busca irracional da salvação" (id., 1952, p.4, 1921, v.3, p.6), constituiu uma precondição histórica importante para o protestantismo ascético. No entanto, nem a prática religiosa medieval do judaísmo, nem a moderna levaram ao espírito de provar-se a si mesmo na vocação. Não levaram a esse orgulho em uma moralidade comercial burguesa cujos seguidores "negavam ter algo a ver com os 'corretores e projetistas' do tipo capitalista de grande escala, que consideravam uma classe eticamente suspeita" (id., 1978c, p.169, 1921, v.1, p.202). Muito pelo contrário, apesar das barreiras rituais, esses representantes de um capitalismo "não burguês" estavam entre os sócios comerciais mais importantes de uma comunidade judaica rica, especializada no comércio e sobretudo nos bancos, assim como no financiamento do Estado.[152] É claro, o povo judeu medieval e moderno não consiste apenas em estratos ricos. Tal povo também incluía

---

152 A esse respeito, vide Weber (1961, p.261-7, 1923, p.303-10), cujo texto também meramente reitera algo que pode ser encontrado em outras partes da obra de Weber.

setores pequeno-burgueses e quase proletários, estratos artesanais e, em tempos mais recentes, um "maciço proletariado de gueto" (id., 1978b, p.613, 1972, p.369).[153] Mas, apesar do enorme leque de sua atividade econômica e situação social e de uma ética religiosa livre de magia e orientada para a ação intramudana, "faltou de modo impressionante – embora não completamente – a organização do trabalho industrial na indústria doméstica e no sistema de fábricas" (id., 1978b, p.613, 1972, p.369). O que faltou completamente, porém, foi essa moderação racional do chamado ímpeto de aquisição que era intrínseco ao protestantismo ascético.

Quais as causas dessa ausência? As mais importantes já foram mencionadas. Estão ligadas ao *status* dos judeus como povo hóspede. O tempo todo, a tese de Weber era de que esse estatuto produz uma situação legal e factualmente precária, e é uma condição que não leva a superar o dualismo da moralidade interna e externa ao grupo, tão característica de todo comportamento econômico tradicional: o que é proibido aos irmãos crentes é permitido aos estranhos à fé. Isso não significa que falte o princípio de legalidade formal nas relações com os de fora, como crê Sombart. Significa, sim, porém, que a mentalidade econômica nesse caso não supera o tradicionalismo, pois, nas relações dentro do grupo, predomina o ponto de vista da subsistência e, nas relações fora do grupo, o ponto de vista de uma "administração de negócios completamente impessoal"[154] vinculada às normas formais de legalidade e justiça, que se movem, por assim dizer, em uma esfera indiferente à salvação religiosa. Onde as circunstâncias externas o permitem, esse tipo de administração de negócios tende a se orientar para a exploração econômica de oportunidades baseada no poder e no mercado. Mas não surge um estímulo para um modo burguês de conduta. Sejamos claros nesse ponto: nem a supostamente convencional adesão dos judeus à lei, nem os direitos dos estrangeiros na lei judaica obstam o desenvolvimento da mentalidade judaica nessa direção burguesa; o que falta

---

153 Weber citou as seguintes realizações especificamente econômicas dos judeus na Idade Média e na Idade Moderna: empréstimo de dinheiro, desde o crédito sob penhor até o financiamento de grandes Estados; certos tipos de negócios com *commodities*, em especial o varejo, o pequeno comércio e o comércio de produtos de tipo especificamente rural; certos ramos do negócio de atacado; e o comércio de títulos, principalmente a corretagem de ações [...]. [Além disso], o câmbio; a transferência de dinheiro ou pagamento de cheque, que normalmente acompanha o câmbio; o financiamento de organismos do Estado, guerras e o estabelecimento de empresas coloniais; cobrança de impostos; bancos; crédito e o *floating* de emissão de títulos" (id., 1978b, p.612-3, 1972, p.368).

154 Essas são as palavras de Julius Guttmann (op. cit., p.197).

é a ideia de provação religiosa por meio da conduta econômica (Weber, 1978b, p.616, 1972, p.370). Como confirma Julius Guttmann, isso é algo que não se encontra na ética judaica (Guttmann, op. cit., p.189-90). A autoavaliação religiosa do judeu piedoso permanece completamente independente desse bom sucesso econômico. Apenas no protestantismo ascético estavam os dois ligados de maneira positiva.

Weber já ressaltara na primeira versão de *A ética protestante e o espírito do capitalismo* que o catolicismo pré-Reforma e o luteranismo também careciam dessa ligação. Assim como a equação estabelecida por Sombart entre o judaísmo e o protestantismo era incorreta em um ponto capital, também era errônea a equação do tomismo ou da teologia mendicante do Quattrocento com o puritanismo. As causas da falta de ligação são diferentes das do judaísmo, mas o resultado é parecido: não estão presentes os estímulos oriundos de uma ideia radicalizada da provação de si mesmo, que leve – em razão da alavanca psicológica concomitante – à moralização generalizada de toda a vida.

Sem dúvida, Weber teria elaborado essa interpretação do catolicismo pré-Reforma em seu estudo do cristianismo ocidental. Ele teria também analisado algumas relações afirmativas entre a ética econômica católica e o capitalismo moderno. Além disso, teria ampliado sua análise da continuidade entre o ascetismo monástico do além-mundo e o ascetismo vocacional intramundano que já estabelecera na primeira versão da sua *A ética protestante e o espírito do capitalismo* (Weber, 1958b, p.118-20, 235 nota 79, 1921, v.1, p.116-8, 117 nota 2).[155] Weber também pretendia tratar com mais minúcia o catolicismo pós-Reforma. No entanto, sua tese principal sobre o catolicismo pré-Reforma já estava posta. Fora dos movimentos heterodoxos pré-Reforma e de tendências isoladas do monaquismo pré-Reforma, como ressaltou Weber mais uma vez na segunda versão de *A ética protestante e espírito do capitalismo*, faltava "a concepção protestante característica da prova da própria salvação, a *certitudo salutis* em uma vocação", "e portanto também faltavam as sanções psicológicas que essa forma de religiosidade colocava na '*industria*'" (id., 1958b, p.203 nota, 1921, v.1, p.58 nota). A causa dessa carência não era que o catolicismo não tivesse desenvolvido ideias nessa direção; ao contrário, era que ele continuava a ser uma instituição da graça sacramental. Permitam-me citar o que considero um texto central, adicionado por Weber à segunda versão de *A ética protestante e o espírito do capitalismo*:

---

155 Esta última referência é sua resposta a Brentano.

O surgimento da modernidade: Max Weber acerca do cristianismo ocidental

A ética católica, é claro, era uma ética de convicção. Mas a *intentio* concreta de cada ato determinava o seu valor. E cada ato bom ou mau era creditado ao seu executante, determinando seu destino temporal e eterno. Com muito realismo, a Igreja reconhecia que o homem não era uma unidade definida de modo absolutamente claro para ser julgada de um jeito ou de outro, mas que sua vida moral estava normalmente sujeita a motivos conflitantes e sua ação era contraditória. Ela exigia, é claro, como ideal uma mudança fundamental de vida. Mas enfraquecia essa exigência (para o homem médio) com um dos seus mais importantes meios de poder e educação, o sacramento da absolvição, cuja função estava ligada às mais profundas raízes da religiosidade católica. (Id., 1958b, p.116, 1921, v.1, p.113-4)

Assim, a posição ou o papel único do protestantismo ascético, e em particular do calvinismo, ante o judaísmo e o catolicismo, o que Sombart contesta, decorre da radicalização da concepção da prova da própria salvação. Essa radicalização tem um lado ideal e outro institucional. O lado ideal está ligado à combinação das ideias de prova e predestinação, que por sua vez se soma a uma específica concepção de Deus, a saber, o "caráter absoluto e soberano da vontade de Deus", cuja graça é "completamente imerecida" (Troeltsch, op. cit., p.615).[156] A radicalização institucional refere-se ao papel da graça sacramental, cuja pretensão ao carisma redentor é rejeitada; ela agora existe despida de toda força mágica. A radicalização ideal destrói a concepção ética de reciprocidade; a radicalização institucional nega a possibilidade da exoneração periódica das transgressões morais. Agora os mandamentos éticos devem ser cumpridos exclusivamente para glória de Deus ou, em termos seculares, por respeito à lei.

Nesse contexto as boas obras do indivíduo não são mais suficientes, mas só a conduta da vida de maneira sistemática, unificada e metódica a serviço de Deus ou, em termos seculares, a serviço de uma causa a que se deve estar unido por um compromisso incondicional. Somente quando essa "fé" existe o indivíduo é capaz de se desapegar de seu mundo e de si mesmo. Só então ele se torna uma "personalidade interiormente direcionada" no sentido estrito

---

156 Isso é semelhante, quanto à substância, a Weber. A esse respeito, vide o Capítulo 3, em que são comparadas as concepções islâmica e calvinista da predestinação. Weber já havia ressaltado na primeira versão de *A ética protestante e o espírito do capitalismo* que o conceito de prova da própria salvação é mais importante do que o de predestinação (de fato, uma radicalização praticamente da mesma amplitude pode ocorrer mesmo sem a predestinação).

do termo. Quando essa concepção de vida dirige leigos envolvidos na vida econômica cotidiana, é provável que o espaço econômico seja interpretado como uma esfera em que podemos provar-nos de maneira eticamente relevante. Isso acontece, sobretudo, se esses leigos não pertencerem aos estratos positivamente privilegiados e estiverem economicamente em ascensão. Mesmo na primeira versão de *A ética protestante e o espírito do capitalismo*, em que Weber deliberadamente excluiu toda análise do caráter condicionado pela classe da religião, ele já indicara que não eram as classes burguesas superiores, mas as "classes burguesas médias e médias baixas em ascensão" que se tornaram o "veículo típico da ética capitalista e da Igreja Calvinista". Fundindo interesses materiais e ideais, tais classes iniciaram uma revolução a partir de dentro do indivíduo. Ao fim desse processo revolucionário, encontramos um modo de conduta burguês. Provar-se a si mesmo na vocação pode assumir, então, um significado puramente secular.

A tese de Weber sobre a ética protestante tem sido reconstruída com frequência e com frequência ainda maior tem sido criticada em termos históricos.[157] Não vou tratar disso aqui. O que vejo como o aspecto crucial nesse contexto, porém, nem sempre foi reconhecido nessa literatura: o fato de que a principal preocupação de Weber estava relacionada a fornecer indícios de tensão psíquica extrema e de sua compensação peculiar. O protestantismo ascético intensifica a tensão psíquica característica de todas as religiões da salvação entre o "mundo" e o "além-mundo", entendido como "o mundo superior", e entre promessa e cumprimento, até que a ideia mesma de reciprocidade – a própria concepção de compensação por pensamentos e atos agradáveis a Deus – se torna finalmente obsoleta. O protestantismo ascético faz isso tanto no campo cognitivo como no ético. O "além-mundo" como o mundo superior, personificado em um ser radicalmente transcendente, o Deus oculto, está completamente além do entendimento humano, e nenhuma ação humana é capaz de mover esse Deus, cujos decretos não só são imutáveis, mas também jamais perdem a validade (Weber, 1958b, p.104, 1921, v.1, p.93). O crente é colocado sob essa tensão interior extrema e inicialmente, ademais, sem nenhuma esperança de reduzi-la. Perdeu-se a salvação pelos

---

157 Entre a longa série de tentativas de reconstrução, mencionemos duas das mais recentes: Poggi (1983) e Marshall (1982); entre a série ainda mais longa de exames historicamente orientados, mencionemos Marshall (1980) e, sobretudo, Otsuka (1982) e Lehmann e Roth (1993). Vide também Lehmann (1988). Encontra-se em Gould (1987) uma tentativa interessante de explicar a Revolução Inglesa combinando a teoria do patrimonialismo de Weber com uma teoria de inspiração marxista da manufatura como uma formação em transição.

O surgimento da modernidade: Max Weber acerca do cristianismo ocidental

sacramentos da Igreja e até todos os meios interiores "de descarregar periodicamente a consciência emocional do pecado" (id., 1958b, p.106, 1921, v.1, p.97).[158] Além disso, a estrutura eclesial sob a forma de igreja de seita ou de pura seita, com sua tendência a aumentar o controle social e a estimular cada membro "a provar-se socialmente no círculo dos seus pares" (id., 1958a, p.320, 1921, v.1, p.234), intensificava a já extrema pressão de dentro com a pressão de fora. Tudo o que sobra, sob tais condições sociais e psíquicas, é a contínua provação de si mesmo pelo ascetismo intramundano, sob a forma de ascetismo do trabalho, pois todos os outros caminhos são suprimidos pela "exclusão radical da magia do mundo" (id., 1958b, p.149, 1921, v.1, p.158).[159] O homem deve tornar-se inteiramente um instrumento a serviço de seu Deus. Assim, ele aprende o que significa fazer algo por si só. A atmosfera em que isso ocorre é de "inumanidade repleta de *páthos*" (id., 1958b, p.104, 1921, v.1, p.93), de solidão interior e de "individualismo desiludido de inclinação pessimista" (id., 1958b, p.105, 1921, v.1, p.95).[160] Aqueles que vivem sob tal tensão interior sem serem destruídos por esse *páthos* devem responder a ele racionalizando psiquicamente a maneira como levam suas vidas.

É claro, mesmo uma pessoa que tenda a ser heroica não é capaz de suportar essa tensão interior sem alguma forma de compensação psíquica (*Ausgleich*). É esse o contexto do famoso construto de Weber, segundo o qual a única compensação que o protestantismo ascético oferece é a interpretação do bom sucesso econômico como sinal de eleição. Assim, porém, a vocação mundana ganha significação salvífica, mas – e esse é o ponto crucial – sem de modo algum reduzir a pressão psíquica contínua de provar-se a si mesmo, e muito menos identificar o sentido da vida com o bom sucesso vocacional. Mesmo quando suas raízes religiosas começam a morrer, quando esse modo de conduta religiosa é "secularizado", essa constelação psíquica permanece inicialmente intacta. Não só o puritano, mas o já muito secularizado Benjamin Franklin desejava ser um homem de vocação sem ter de sê-lo; o éthos da vocação como causa está aqui envolvido.[161] A ideia do dever da própria vocação está no coração do modo burguês de conduta. Em termos psíquicos,

---

158 Trecho acrescentado na segunda versão.

159 Trecho acrescentado na segunda versão.

160 O contexto torna muito claro que Weber imagina uma nova forma histórica de individualismo, não obstante seu ceticismo em relação a tal concepção. A esse respeito, vide também a análise de Louis Dumont (1985), que segue Troeltsch de perto.

161 Esse conceito também forma a base das conferências "Ciência como vocação" e "Política como vocação" (vide Weber, 1958a, p.77-156) e o Capítulo 1 deste volume.

por essa razão o burguês está tão longe dos modos de conduta senhorial, artesanal e camponês quanto do mundo da "onicompetência fáustica" (id., 1978c, p.170, 1921, v.1, p.203).

Nesse sentido, o ascetismo intramundano é uma virtude burguesa central. É a origem dessa moderação racional do chamado impulso de aquisição que Weber coloca no centro de sua análise. O judaísmo promove a ação racional intramundana, mas não o ascetismo, ao passo que o monaquismo ocidental dá suporte ao ascetismo, mas não à ação racional intramundana. O protestantismo ascético foi o primeiro a unir esses dois "legados" históricos. Ele também encontrou um grupo social como veículo para essa síntese que deve sua gênese precipuamente ao desenvolvimento da cidade medieval. Esse desenvolvimento uniu-se ao das instituições capitalistas já analisadas, cujas origens chegam por vezes até a Antiguidade. Todas elas representam premissas históricas importantes que permitiram que a segunda transformação inaugurasse um "desenvolvimento [que é] também psicologicamente de sólida consistência" (id., 1978d, p.171). A máxima *Deo placere vix potest*, com a qual as buscas capitalistas de ganho haviam sido anteriormente moderadas, é agora suprimida; a busca capitalista de ganho e, de modo mais geral, o trabalho vocacional não são mais considerados religiosamente imorais ou mesmo de caráter moralmente indiferente; eles agora são tidos como moralmente importantes. Essa transformação a partir de dentro não pode ser interpretada como mero produto de acomodação à forma capitalista de economia. A forma e o espírito têm suas próprias histórias. Suas linhas de desenvolvimento têm de se cruzar para que cada uma possa separar-se de sua "parceira" anterior – a forma da política e o espírito da religião – e estabelecer novos laços.

Essa nova fusão ocorre, para Weber, nos séculos XVI e XVII, o que faz deles a "era heroica do capitalismo" (id., 1958b, p.166, 1921, v.1, p.183), a época em que a um capitalismo interiormente fortalecido se unem aliados externos poderosos, sob a forma de Estados patrimoniais com uma burocracia relativamente moderna. Essa é, ao mesmo tempo, a época em que o modo de satisfação das necessidades ainda não é predominantemente capitalista, em que o princípio familiar e o princípio de mercado competem vigorosamente. O combate é decidido em favor do princípio de mercado apenas no século XIX, dando início à "era de ferro do capitalismo" (id., 1961, p.270, 1923 p.315). Isso marca a terceira transformação, ao longo da qual a constelação de fatores passa mais uma vez por uma mudança fundamental em relação às duas transformações anteriores. Coloquemos, portanto, esta questão final: quais são as principais mudanças que encontramos nela?

A terceira transformação: a nova casa da servidão[162]

Para caracterizar essa terceira transformação, é útil lançar um último olhar a Sombart. Como mencionei antes, ele faz a distinção entre o capitalismo primitivo e o avançado e entre o burguês de velho estilo e o de novo estilo. Enquanto para a burguesia de velho estilo o homem continua a ser a medida de todas as coisas (*omnium rerum mensura homo*), para a burguesia de novo estilo isso já não acontece: não é o homem, mas o ganho, ou antes o negócio, que ocupa o centro do palco. As virtudes burguesas segundo as quais a burguesia de velho estilo vivia agora "se tornam componentes objetivos do mecanismo de negócios" (Sombart, 1913. p.236). Objetivação é a palavra que melhor resume esse processo. Por meio desse contraste, Sombart chega à tese de que "na época do capitalismo primitivo, o capitalismo é feito pelo empreendedor; na do capitalismo avançado, o empreendedor é feito pelo capitalismo" (ibid., p.250).

À primeira vista, parece que Weber argumenta de maneira semelhante. Também ele afirma que o capitalismo, quando vitorioso e estabelecido de maneira mecânica, torna objetivas todas as relações econômicas e até sociais e não mais exige um modo burguês de conduta. O capitalismo, na realidade, agora produz esses seres humanos de que precisa para funcionar, e isso vale tanto para os trabalhadores como para os empresários. Enquanto o puritano e seus sucessores seculares da têmpera de Benjamin Franklin ainda queriam ser homens de vocação, "nós somos forçados a sê-lo" (Weber, 1978c, p.170, 1921, v.1 p.203). Assim, a vocação corre o risco de perder o esteio interior que ganhou no capitalismo primitivo; e esse perigo aumenta à medida que esse capitalismo vitorioso, graças a seus sucessos sem rival, constrói sua nova casa de servidão. Essa servidão tem, ao contrário da velha, grilhões de ouro.[163] Suas marcas distintivas são a petrificação mecanizada e um esforço frenético de levar-se a sério, associado à vaidade, esse "inimigo mortal de toda devoção a uma causa e de todo desapego, inclusive e sobretudo, o desapego de si mesmo" (Weber, 1958a, p.116, 1971, p.546). Como acontecia com o ascetismo monástico do além-mundo, também o ascetismo vocacional intramundano se torna presa de seus próprios sucessos. Todavia, ao passo que o primeiro provocava contínuas reformas, o segundo é ameaçado pela petrificação mecanizada (Weber, 1958b, p.174, 1921, v.1 p.195-6).

---

162 *House of bondage*: nome dado na Bíblia ao Egito. Vide *Êxodo*, 3,13 e Deuteronômio, 5,6, em que o Egito é chamado de *domus servitutis* (Vulgata) ou *house of bondage* (King James). (N. T.)

163 Para mais detalhes, vide Schluchter (1985a, introdução).

Paradoxos da modernidade

Contudo, nesse caso, a semelhança entre Sombart e Weber é apenas superficial. Para Weber, a objetivação é um motivo básico situado no coração de um modo de conduta burguês interpretado religiosa ou secularmente. Não é o produto de um desenvolvimento da forma capitalista, mas antes o resultado da constelação psíquica original – de que devemos subordinar-nos a uma causa. É o empreendedor puritano, o burguês de velho estilo de Sombart, que Weber caracteriza como a personificação da objetivação:

> o pensamento de que o homem tem uma obrigação em relação às posses a ele confiadas, a que ele se subordina ou como um administrador obediente ou na realidade como uma "máquina de ganho", apodera-se da vida com sua mão gelada (id., 1958b, p.170, 1921, v.1 p.189).

Esse sentimento continua sendo parte integrante do modo burguês de conduta, enquanto mantém sua orientação axiológica.

O que perturba Weber nessa terceira transformação é que se possa perder tal sentimento, que mesmo o que parece, visto de fora, ser o maior dos sucessos permaneça onerado pela "maldição de futilidade a que todas as criaturas finitas estão sujeitas" (id., 1958a, p.117, 1971, p.548).[164] É uma apreensão que o faz colocar a questão do sentido da vida sob as condições do capitalismo vitorioso. Ela também o incentiva a afirmar quais são as possibilidades que restam para a conduta burguesa dentro e fora do processo de exploração do capital. Qual é o significado da vocação em um mundo de especialistas tecnicamente treinados? Onde e como pode o éthos vocacional ser realizado sob as condições do capitalismo vitorioso? O que se pode fazer nesse sentido para manter a vocação como força cultural? Se dermos rédeas soltas às tendências de desenvolvimento do capitalismo avançado, haveria em última instância apenas aqueles "últimos homens" em um tempo sem deus e sem profetas de que fala Weber no fim de *A ética protestante e o espírito do capitalismo* e Nietzsche no começo do *Zaratustra*.[165] As respostas weberianas a essas angustiantes questões podem ser encontradas no Capítulo 1 deste livro.

---

164 Weber diz isso de políticos que servem uma causa em que não creem.

165 O diagnóstico contemporâneo de Weber é naturalmente mais complexo e inclui um aspecto institucional, além desse aspecto psicológico. A chave para a análise da petrificação mecanizada é o processo de burocratização que precede todas as subordens da configuração geral de ordem na era do capitalismo avançado. Para mais detalhes a esse respeito, vide Schluchter (1979, sobretudo introdução e conclusão, 1989, cap.9, 10). Sobre os fundamentos normativos da reação de Weber ao perigo da perda de sentido e de liberdade sob as condições

O surgimento da modernidade: Max Weber acerca do cristianismo ocidental

Concluamos com uma observação acerca do modelo explicativo de Weber utilizado em sua análise da ascensão do Ocidente. Mantendo a exigência por ele formulada na "Introdução do autor", levei em conta as condições institucionais em favor do capitalismo moderno. Também atentei para as "relações causais que vão na direção oposta", a saber, o papel causal desempenhado pela capacidade e disposição de seres humanos de assumir um modo de conduta burguês. Ao contrário, por exemplo, da reconstrução de Randall Collins, não apresentei uma cadeia causal fechada de fatores, nem, como ele, distingui entre condições últimas, de fundo e de mediação (condições para as quais não fica claro se devem ser entendidas lógica ou temporalmente).[166] Weber não tinha conhecimento nem de um modelo causal fechado, nem de uma classificação de condições nesse sentido. Ele apenas tinha conhecimento de constelações de fatores classificados de acordo com épocas e precondições históricas internas e externas, que são importantes ou não conforme possam ser ligadas de maneira adequada ou apenas por coincidência com consequências em nível institucional ou psíquico. Acima de tudo, porém, Weber tinha conhecimento das heranças históricas. Alguns fatores surgem e continuam a existir "de modo não visível" até, com base em coincidências históricas, serem "pegos" em uma constelação de fatores em que de repente assumem significação cultural (causal) para o capitalismo moderno, embora não tenham sido "inventados" com essa finalidade. Um exemplo é o desenvolvimento medieval da cidade. O *intermezzo* histórico da autonomia urbana cria instituições e estratos burgueses cuja importância cultural para o capitalismo se desenvolve só muito mais tarde, nos séculos XVI e XVII, quando o modo de conduta burguês surge de fontes históricas completamente diferentes. Nesse sentido, o modelo explicativo de Weber consiste na caracterização de uma sequência de constelações individuais de fatores internos e externos classificados em épocas. É controverso, sem dúvida, se as atribuições causais alegadas, sobretudo à luz de novas pesquisas, ainda conservam sua validade. No entanto, o modelo explicativo permanece exemplar para a sociologia histórica (vide Figura 4.1).

---

do capitalismo avançado, vide o Capítulo 2 deste volume Schluchter (1989, cap.8). Vide também Henrich, Offe e Schluchter (1988).

166 Vide Collins (1986, p.28). A *História econômica geral* não foi a última palavra de Weber sobre o capitalismo. Em sua obra posterior, ele não rebaixou a importância dos chamados fatores ideais em relação aos fatores institucionais e não desdenhou a importância da Idade Média para o surgimento do capitalismo moderno.

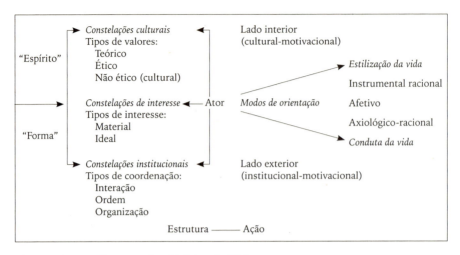

Figura 4.1 Aparelho conceitual básico de Weber

Epílogo
Ação, ordem e cultura

A descrição do perfil político-filosófico e histórico-sociológico de Max Weber convida a uma reflexão. Que significa seguir uma linha de raciocínio que o próprio Weber mais tarde rotulou de sociologia interpretativa?

Depois que Weber se recuperou parcialmente do colapso e voltou a escrever, na primavera de 1902, ele tratou de questões metodológicas. Não por acaso. A crise pessoal tornou-o ainda mais sensível à crise científica na economia do que antes daquele episódio. Os pressupostos gerais que guiavam o trabalho cotidiano em seu campo se mostraram a ele incompreendidos ou mal interpretados. Weber tentou resolver os problemas lógicos do método histórico tal como era entendido pela Escola Histórica na economia alemã. E expôs a fraqueza dessa abordagem por meio de uma crítica ao método histórico de Wilhelm Roscher. Nem o positivismo, nem o intuicionismo serviram de modelo; ao contrário, ele partiu da distinção lógica entre a abordagem teórica e a histórica. De forma diferente daquela de muitos de seus contemporâneos, ele não considerava as Escolas Histórica e Teórica na economia alemã como dois tipos diferentes de economia (*"zwei Nationalökonomien"*, como diz no ensaio sobre a "Objetividade"), mas sim como duas faces da mesma moeda.

Para esclarecer essa distinção lógica, Weber se valeu da justaposição feita por Heinrich Rickert da formação de conceitos generalizante e individualizante. A diferença, alegava Weber, deve ser fundamentada lógica e não ontologicamente. Não importa a qualidade do objeto, mas sim o modo de abstração. Independentemente de sua qualidade, sempre podemos transformar um objeto ou em um exemplar de uma classe ou em um "indivíduo histórico". Weber, porém, não desconsiderava totalmente a qualidade do objeto. Desde o começo, ele frisou que se pode ter acesso às palavras e atos humanos por interpretação, a partir de dentro. Essa possibilidade de acesso dá-lhes um estatuto específico em comparação a objetos a que não podemos atribuir modos de orientação. Quando se lida com tal acesso de maneira metodicamente controlada, estabelece-se um subgrupo de ciências que não casa com a distinção comum entre ciências naturais e ciências da mente. Tal subgrupo pode ser chamado ciências da ação (*Handlungswissenschaften*). A economia pertence a ele. Na medida em que segue uma perspectiva teórica, a economia contribui para a teoria da ação.

Desde o começo, portanto, os problemas metodológicos estão, em Weber, entrelaçados com os problemas da teoria da ação. Ambos são desenvolvidos lado a lado e passo a passo. É bem verdade que as questões metodológicas se destacam primeiro. Mas a ligação jamais é cortada. A teoria da ação precisa de uma teoria da interpretação e vice-versa. A posição madura de Weber, como exposta no primeiro capítulo de *Economia e sociedade* ("Os termos sociológicos fundamentais"), corrobora essa ideia.

Na teoria da ação, Weber começa com o paradigma econômico de um ator envolvido na busca racional do próprio interesse. Nela, o curso da ação pode ser interpretado como a adaptação do ator a uma situação para aumentar ao máximo o seu sucesso. A interpretação permanece pragmática, baseada na reconstrução da lógica de uma situação. Coincidem o ponto de vista do participante e o ponto de vista do observador. Isso não elimina a distinção lógica entre as duas perspectivas, mas indica que a interpretação, como análise a partir de dentro, se torna quase indistinguível da observação como análise a partir de fora.

Depois de 1902, Weber corrige esse paradigma econômico metodológica e teoricamente. Metodologicamente, descobre a interpretação psicológica sem subscrever as ideias de Dilthey. Um importante passo intermediário na direção dessa descoberta é o seu estudo sobre a psicofísica do trabalho industrial. Ao longo desse estudo, Weber se familiariza com a psicologia de seu tempo e seu potencial de analisar os processos subconscientes e pré-conscientes. Isso abrange a psicologia e a psicopatologia experimental, sobretudo o trabalho de Emil Kraepelin e seus discípulos. Essa escola revela-se especialmente forte na análise do comportamento reativo por meio da explicação observacional. Ela obriga a sociologia interpretativa a reconhecer uma importante linha

Epílogo: Ação, ordem e cultura

demarcatória: todo curso de ação é codeterminado por processos que estão além da orientação significativa do ator. Nesse caso, a interpretação não se aplica.

Essa não é toda a história. Também há casos em que o ator é orientado significativamente, mas essa orientação é oculta tanto dele mesmo como do observador. Um bom exemplo é o que Weber mais tarde chamará de "orientação afetiva". Ela abre todo um leque de possibilidades que vão além da explicação observacional ou da explicação pragmática. É o domínio da interpretação psicológica, que exige uma autêntica análise a partir de dentro. Isso não transforma a sociologia interpretativa em uma disciplina subjetivizante, porém. A interpretação psicológica ajuda na atribuição causal, pois a interpretação facilita a explicação dos cursos de ação, e não se opõe a ela.

Essa correção metodológica do paradigma econômico está associada a importantes alterações teóricas. Como mostra a ação orientada para o afeto, a teoria da ação não pode basear-se apenas na ação orientada para o sucesso. Isso vale mesmo se deixarmos de lado as orientações não racionais e nos concentrarmos apenas nas racionais, pois a orientação para o sucesso se une à orientação para os valores, também passível de ser racionalizada. Não é apenas uma variante da orientação para o sucesso. Já em *A ética protestante e o espírito do capitalismo* de 1904-1905, Weber tentou passar essa mensagem a seus colegas economistas. Com o ensaio sobre Stammler de 1907, ele preparou definitivamente o terreno para a demolição do paradigma econômico na teoria da ação. A ação orientada para o sucesso e a para o valor não podem ser reduzidas uma à outra. Elas estão em pé de igualdade.

A ação sempre implica relações com objetos. Eles são parte da situação e podem ser físicos, sociais ou culturais. O ator é condicionado por objetos e orientado para objetos. Ele é forçado a e livre para escolher. Para encontrar um equilíbrio, ele tem de definir uma situação. Ao fazer isso, o ator sempre se vê às voltas com o problema da contingência simples ou dupla.

Nos "Termos sociológicos fundamentais", Weber resume as suas descobertas metodológicas e teóricas. Distingue entre explicações observacionais e interpretativas, e estas últimas entre os modos psicológico e pragmático. Há também sugestões sobre um terceiro tipo de interpretação, a reconstrução de padrões de significado e sistemas de regras. Esse terceiro tipo de interpretação, embora suficientemente desenvolvido em outras partes da obra, não é devidamente tratado no texto em questão, como Alexander von Schelting corretamente observou há muito. Weber também distingue quatro modos de orientação: tradicional, afetivo, instrumental-racional e axiológico-racional.

Paradoxos da modernidade

Tais distinções podem ser arranjadas em uma sequência segundo as seguintes dicotomias: rotineiro *versus* não rotineiro, espontâneo *versus* preso a regras, preso a regras técnicas *versus* preso a regras normativas. Toda orientação significativa pode tornar-se rotineira (tradicional ou habitual). Nesse caso, tal orientação torna-se quase indistinguível do comportamento reativo. A orientação espontânea (afetiva ou emocional) também é quase indistinguível do comportamento reativo. Mas, ao contrário da orientação rotineira, a orientação espontânea é capaz de ser sublimada e, portanto, tem seu próprio potencial de desenvolvimento. Se a sublimação for longe o bastante, a orientação espontânea pode transformar-se em orientação presa a regras. Esta última está aberta para a racionalização. Sua direção é determinada pelo tipo de regra (vide Figura E.1).

Explicação observacional	Explicação interpretativa		Reconstrução
Comportamento reativo	Ação ou ação social		Cultura
Imitação reativa e comportamento condicionado pelas multidões	Tradicional ou habitual / Afetiva ou emocional / Instrumental--racional / Axiológico--racional		Sistema de regras
Estímulo-resposta Causalidade "mecânica"	Meios e fins "Causalidade" motivacional		Símbolo/signo--simbolizado/significado Relações não causais

Figura E.1 Tipologia da orientação da ação de Weber

Nos "Termos sociológicos fundamentais", Weber desenvolve esses modos de orientação. Nenhuma teoria da ação digna do nome pode abrir mão dessa análise. A sociologia interpretativa não seria sociologia, porém, se limitasse as suas distinções a esse nível de análise. Os modos de orientação devem ser coordenados, sobretudo em situações de contingência dupla. Muitos intérpretes da obra de Weber espantaram-se com o fato de ele parecer apresentar duas tipologias da ação, a primeira na seção 2 e a segunda na seção 4 dos "Termos sociológicos fundamentais". Esse enigma pode ser resolvido introduzindo-

Epílogo: Ação, ordem e cultura

-se a crucial distinção entre modos de orientação e modos de coordenação. Essas são duas dimensões independentes, porém interdependentes da análise sociológica. A transição da orientação para a coordenação é operada na seção 3, sob o rótulo "relações sociais". A ordem e a organização são, então, apresentadas como conceitos que pressupõem o conceito de relação social. A ordem exige regras ("a relação social será chamada de 'ordem' somente se a ação for aproximadamente ou em média orientada para certas 'máximas' ou regras determinadas"); a organização exige portadores de sanções. A arquitetura dos "Termos sociológicos fundamentais" reflete essa estratégia conceitual (vide Figura E.2).

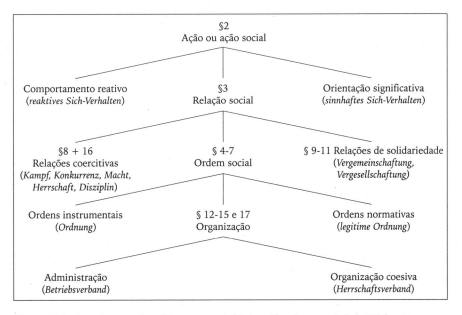

Figura E.2. Arquitetura dos "Termos sociológicos fundamentais" de Weber

Embora a seção 4 trate dos modos de coordenação, ela se assemelha à seção 2 em sua estrutura interna. Isso não é acidental, na medida em que Weber aplica dicotomias semelhantes. A coordenação pode tornar-se rotineira ou não rotineira. Se não rotineira, pode ser espontânea ou presa a regras. Se presa a regras, o modo de coordenação depende do tipo de regra aplicada. A única diferença é que o caso da coordenação espontânea não é desenvolvido. A ênfase é dada à coordenação em virtude de interesses e em virtude de legitimidade, como na sociologia da dominação em geral (vide Figura E.3).

Paradoxos da modernidade

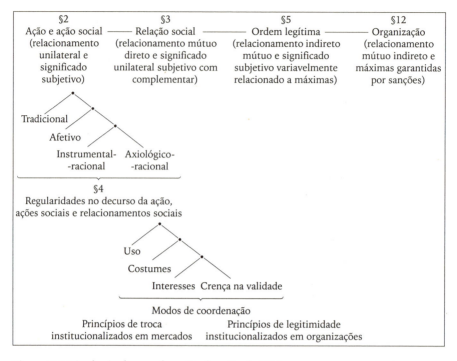

Figura E.3 Tipologia da coordenação da ação de Weber

Este não é o lugar para seguir mais adiante a estratégia conceitual de Weber ou de preencher os vazios em seu aparelho conceitual.[1] Basta dizer que não é suficiente a distinção entre modos de orientação e modos de coordenação. A sociologia interpretativa sempre exige uma análise que inclua a cultura. Jamais poderemos entender a orientação ou a coordenação sem a reconstrução interpretativa de padrões de significado e sistemas de regras. Isso é verdade ainda que a cultura costume ser institucionalizada em organizações, ordens e relações sociais e interiorizada pelos atores. Isso é verdade, embora os modos de coordenação e as culturas sejam reproduzidos apenas mediante a conduta dos atores. A sociologia interpretativa exige uma análise da interação entre a ação, a ordem e a cultura. Requer uma análise em três níveis. Essa é a razão mais importante pela qual Weber rejeitou não só uma construção da história meramente materialista ou idealista, mas também uma construção meramente institucionalista ou mentalista.

---

[1] Isso será feito em meu próximo livro, *Handlung, Ordnung und Kultur. Studien zu Grundlegung der verstehenden Soziologie* [Ação, ordem e cultura: estudos sobre a fundamentação da sociologia interpretativa].

Referências bibliográficas

ALBERT, Hans. *Traktat über rationale Praxis*. Tübingen: J. C. B. Mohr (Paul Siebeck), 1978.

ALEXANDER, Jeffrey. *Theoretical Logic in Sociology*. Berkeley: University of California Press, 1982/1983. 4 v.

ANDERSON, Perry. *Lineages of the Absolutist State*. London: Verso Editions, 1980 [1974].

ARENDT, Hannah; JASPERS, Karl. *Briefwechse 1926-1969*. (KÖHLER, L.; SANER, H., Eds). Munich: Piper, 1985.

BAUM, Rainer C. Part IV: Generalized Media in Action. Introduction. In: LOUBSER, Jan J.; BAUM, R. C.; EFFRAT, A.; LIDZ, V. Meyer (Eds.). *Explorations in General Theory in Social Science*: Essays in Honor of Talcott Parsons. New York: The Free Press, 1976. p.448-69.

BAUMGARTEN, Eduard. *Max Weber. Werk und Person*. Tübingen: J. C. B. Mohr [Paul Siebeck], 1964.

BECKER, Carl Heinrich. *Islamstudiem*. Leipzig: Quelle & Meyer, 1924. v.1.

BECKER, Marvin B. Der Umschwung zur Zivilität in Westeuropa vom späten 13. bis zum 16. Jahrhundert. Eine Untersuchung augeswählter Regionen. In: SCHLUCHTER, 1988b, p.498-528.

BEHREND, F. (ed.) *Der freistudentische Ideenkreis. Programmatische Erklärung*. Munich: Bavaria Verlag, 1907.

BEIERSDÖRFER, Kurt. *Max Weber und Georg Lukács. Über die Beziehung von verstehender Soziologie und Westlichem Marxismus*. Frankfurt: Campus, 1986.

BENDIX, Reinhard. The Protestant Ethic – Revisited. *Comparative Studies in Society and History*, v.9, p.266-73, 1967.

_____. *Kings or People*. Berkeley: University of California Press, 1978.

_____. *Freiheit und historisches Schicksal. Heidelberger Max Weber-Vorlesungen 1981*. Frankfurt: Suhrkamp, 1982.

_____. *Force, Fate, and Freedom*: On Historical Sociology. Berkeley: University of California Press, 1984.

_____. Der Anspruch auf absolute Wahrheit im frühen Christentum. In: SCHLU-CHTER, 1988b, p.129-64.

_____. Sociological Reflections on the Early Christian Claim to Absolute Truth. In: _____. *Embattled Reason*: Essays on Social Knowledge. New Brunswick, N. J.: Transaction, 1989. v.2, p.241-87.

_____; ROTH, Guenther. *Scholarship and Partisanship*: Essays on Max Weber. Berkeley: University of California Press, 1971.

BENJAMIN, Walter. Zur Kritik der Gewalt. *Archiv für Sozialwissenschaft und Sozialpolitik*, v.47, n.3, p.809-32, 1921.

_____. *Gesammelte Schriften*. (TIEDEMANN, R.; SCHWEPPENHÄUSER, H., Eds.) Frankfurt: Suhrkamp, 1977.

BERMAN, Harold J. *Law and Revolution*: The Formation of the Western Legal Tradition. Cambridge, Mass.: Harvard University Press, 1983.

BIRNBAUM, Immanuel. Erinnerungen and Max Weber. In: KÖNIG e WINCKEL-MANN, 1963, p.19-21.

_____. *Achtzig Jahre dabei gewesen. Erinnerungen eines Journalisten*. Munich: Süddeustscher Verlag, 1974.

_____. Transcript of an interview with Horst J. Helle. Max-Weber-Archiv, Munich, 1982.

BLAKE, Stephen P. The Patrimonial-Bureaucratic Empire of the Mughals. *Journal of Asian Studies*, v.39, n.I, p.77-94, 1979.

BLOCH, Marc. *Feudal Society*. Trad. L. A. Manyon. Chicago: University of Chicago Press, 1961. 2 v.

BOURDIEU, Pierre. *Distinction*: A Social Critique of the Judgement of Taste. Trad. R. Nice. Cambridge, Mass.: Harvard University Pres, 1984.

BRENTANO, Lujo. *Die Anfänge des modernen Kapitalismus*. Munich: Verlag der K. B. Akademie der Wissenschaften, 1916.

BREUER, Stefan. Blockierte Rationalisierung. Max Weber und die italienische Stadt des Mitttelalters. *Archiv für Kulturgeschichte*, v.66, p.47-85, 1984.

_____. Der okzidentale Feudalismus in Max Webers Gesellschaftsgeschichte. In: SCHLUCHTER, 1988b, p.437-75.

_____; TREIBER, Hubert (Eds.). *Zur Rechssoziologie Max Webers. Interpretation, Kritikm, Weiterentwicklung*. Opladen: Westdeutscher Verlag, 1984.

BRUBAKER, Rogers. *The Limits of Rationality*: An Essay on the Social and Moral Thought of Max Weber. London: Allen & Unwin, 1984.

Referências bibliográficas

BRUGGER, Winfried.*Menschenrechtsethos und Verantwortungspolitik. Max Webers Beitrag zur Analyse und Begründung der Menschenrechte*. Freiburg: Albers, 1980.

BUBNER, Rüdiger. *Handlung, Sprache und Vernunft. Grundbegriffe praktischer Philosophie*. Frankfurt: Suhrkamp, 1982.

_____. *Geschichtsprozesse und Handlungsnormen. Untersuchungen zur praktischen Philosophie*. Frankfurt: Suhrkamp, 1984.

BÜCHER, Karl. Gewerbe. In: CONRAD, J.; ELSTER, L.; LEXIS, W.; LOENING, E. (Eds.) *Handwörterbuch der Staatswissenchaften*. Jena: G. Fischer, 1909. v.4, p.847-80.

_____. Volkswirtschaftliche Entwicklungsstufen. In: _____. *Grundriss der Sozialökonomik*. Tübingen: J. C. B. Mohr (Paul Siebeck), 1914. parte I, p.1-18.

_____. *Die Entstehung der Volkswirtschaft*. 16.ed. Tübingen: J. C. B. Mohr (Paul Siebeck), 1922. v.I.

BYNUM, Caroline Walker. *Holy Feast and Holy Fast*: The Religious Significance of Food to Medieval Women. Berkeley: University of California Press, 1987.

_____. Mystik un Askese im Leben mittelalterlicher Frauen. Einige Bemerkungen zu den Typologien von Max Weber und Ernst Troeltsch. In: SCHLUCHTER, 1988b, p.355-82.

CHON, Song-U. *Max Webers Stadtknzeption. Eine Studie zur Entwicklung des okzidentalen Bürgertums*. Göttingen: Edition Herodot, 1985.

COLLINS, Randall. *Weberian Sociological Theory*. Cambridge, Eng.: Cambridge University Press, 1986.

CRONE, Patricia. *Slaves in Horses*: The Evolution of the Islamic Polity. Cambridge, Eng.: Cambridge University Press, 1980.

CURTIUS, Ernst Robert. Max Weber über "Wissenschaft als Beruf". *Die Arbeitsgemeinschaft*, v.I, n.2, p.197-203, 1919.

DEUTSCHE AKADEMISCHE FREISCHAR. *Freideutsche Jugend. Zur Jahrhundertfeier auf dem Hohen Meißner*. Jena: Eugen Diederichs, 1913.

DIEDERICHS, Eugen. *Leben und Werk. Ausgewählte Briefe und Aufzeichnungen*. (VON STRAUSS, Lulu; TORNEY-DIEDERICHS, Eds.). Jena: Eugen Diederichs, [s.d.].

DUCHROW, Ulrich. *Christenheit und Weltverantwortung. Traditionsgeschichte und systematische Struktur der Zweireichelehre*. 2.ed. Stuttgart: Klett, 1983.

DUMONT, Louis. A Modified View of Our Origins: The Christian Beginnings of Modern Individualism. In: CARRITHERS, M.; COLLINS, S.; LUKES, S. (Eds.). *The Category of the Person*: Anthropology, Philosophy, History. Cambridge, Eng.: Cambridge University Press, 1985. p.93-122.

DURKHEIM, Emile. Deux lois de l'évolution pénale. *L'Année sociologique*, v.4, p.65-95, 1899-1900.

_____. *Soziologie und Philosphie*. Frankfurt: Suhrkamp, 1967.

_____. *Shriften zur Soziologie der Erkenntnis*. (JOAS, H., Ed.). Frankfurt: Suhrkamp, 1987.

EATON, Richard M. Islamisierung im spätmittelalterlichen Bengalen. In: SCHLU-CHTER, 1987a, p.156-79.

EBBINGHAUS, Julius. *Gesammelte Aufsätze, Vorträge, Reden.* Hilsdesheim: Olms, 1968.

EISENSTADT, Shmuel N. (Ed.). *Kulturen der Achsenzeit.* Frankfurt: Suhrkamp, 1987a.

_____. Webers Analyse des Islams und die Gestalt der islamischen Zivilization (1987b). In: SCHLUCHTER, 1987a, p.342-59.

_____. Max Webers Überlegungen zum westlichen Christentum. In: SCHLU-CHTER, 1988b, p.554-80.

ELIAS, Norbert. *Über den Prozeb der Zivilisation. Soziogenetische und psychogenetische Untersuchungen.* 2. ed. Bern: Franke, 1969. 2 v.

FICHTE, Johann Gottlieb. *Ausgewählte Werke.* (FICHTE, I. H., Ed.) Darmstadt: Wissenschaftliche Buchgesellschaft, 1962. 6 v.

FOERSTER, Friedrich Wilhelm. *Politische Ethik und Politische Pädagogik. Mit besonderer Berücksichtigung der kommenden deutschen Aufgaben.* Munich: Ernst Reinhard, 1918.

FOUCAULT, Michel. Überwachen und Strafen. Die Geburt des Gefängnisses. Frankfurt: Suhrkamp, 1976.

FRANK, Manfred. *Die Unhintergehbarkeit von Individualität. Reflexionen über Subjekt, Person und Individuum aus Anlab ihrer 'post-modernen' Toterklärung.* Frankfurt: Suhrkamp, 1986.

GEERTZ, Clifford. *The Interpretation of Cultures*: Selected Essays. New York: Basic Books, 1973.

GELLNER, Ernest. *Leben im Islam. Religion als Gesellschaftsordnung.* Stuttgart: Klett, 1985.

_____. Warten auf den Imam. In: SCHLUCHTER, 1987a, p.272-93.

GIDDENS, Anthony. *New rules of Sociological Method.* London: Hutchinson, 1976.

GOLDZIHER, Ignaz. *Vorlesungen über den Islam.* Heidelberg: Winter, 1910.

GÖTZ VON OHLENHUSEN, Irmtraut; GÖTZ VON OHLENHUSEN, Albrecht. Walter Benjamin, Gustav Wyneken und die Freistudenten von dem Ersten Weltkrieg. *Jahrbuch des Archivs der deutschen Jugendbewegung,* v.13, p.99-128, 1981.

GOULD, Mark. *Revolution in the Development of Capitalism*: The Coming of the English Revolution. Berkeley: University of California Press, 1987.

GRUNDMANN, Herbert. *Religiöse Bewegungen im Mittlelalter.* Darmstadt: Wissenschaftliche Buchgesellschaft, 1970.

GUNDOLF, Friedrich. *Goethe.* Berlin: Georg Bondi, 1916.

GUTTMANN, Julius. Die Juden und das Wirtschaftsleben. *Archiv für Sozialwissenschaft und Sozialpolitik,* v.36, p.149-212, 1913.

HABERMAS, Jürgen. Wahrheitstheorien. In: FAHRENBACH, H. (Ed.). *Wirklichkeit und Reflexion. Walter Schuls zum 60. Geburtstag.* Pfullingen: Neske, 1973. p.211-66.

Referências bibliográficas

_____. *Moralbewußtsein und kommunikatives Handeln*. Frankfurt: Suhrkamp, 1983.

_____. *Vorstudien und Ergänzungen zur Theorie des kommunikativen Handelsn*. Frankfurt: Suhrkamp, 1984.

_____. *The Theory of Communicative Action*. Trad. T. McCarthy. Boston: Beacon Press, 1984/1987. 2 v.

_____. Entgenung (1986a). In: HONNETH; JOAS, 1986: 327-405.

_____. Moralität und Sittlichkeit. Treffen Hegels Einwände gegen Kant auch auf die Diskursethik zu? In: KUHLMANN, W. (Ed.). *Moralität und Sittlichkeit. Das Problem Hegels und die Diskursethik*. Frankfurt: Suhrkamp, 1986b. p.16-37.

HAHN, Alois. Zur Soziologie der Beichte und anderer Formen institutionalisierter Bekenntnisse: Selbstthematisierung und Zivilisations-prozeb. *Kölner Zeitschrift für Soziologie und Sozialpsychologie*, v.34, p.407-34, 1982.

_____. Sakramentale Kontrolle. In: SCHLUCHTER, 1988b, p.229-53.

HALÉVY, Élie. *The Growth of Philosophic Radicalism*. London: Faber and Faber, 1972.

HALL, John A. *Powers and Liberties*: The Causes and Consequences of the Rise of the West. Berkeley: University of California Press, 1985.

HAMILTON, Gary G. Patriarchalism in Imperial China and Western Europe: A Revision of Weber's Sociology of Domination. *Theory and Society*, v.13, p.393-425, 1984.

HARDY, Peter. Islamischer Fundamentalismus. Glaube, Handeln, Führung. In: SCHLUCHTER, 1987a, p.190-216.

HEGEL, G. W. F. *Werkausgabe in 20 Bänden*. Frankfurt: Suhrkamp, 1969.

HEIDEGGER, Martin. *Sein und Zeit*. 15.ed. Tübingen: Max Niemeyer Verlag, 1984.

HENNIS, Wilhelm. Im "langen Schatten" einer Edition. Zum ersten Band der Max Weber-Gesamtausgabe. *Frankfurter Allgemeine Zeitung*, n.207, p.10, 1984.

_____. *Max Webers Fragestellung. Studien zur Biographie des Werks*. Tübingen: J. C. B. Mohr (Paul Siebeck), 1987.

_____. *Max Weber. Essays in Reconstruction*. Trad. Keith Tribe. London: Allen & Unwin, 1988.

HENRICH, Dieter. *Die Einheit der Wissenschaftslehre Max Webers*. Tübingen: J. C. B. Mohr (Paul Siebeck), 1952.

_____. *Hegel im Kontext*. Frankfurt: Suhrkamp, 1971.

_____. Die Deduktion des Sittengesetzes. In: SCHWAN, A. (Ed.). *Denken um Schatten des Nihilismus*. Darmstadt: Wissenschaftliche Buchgesellschaft, 1975. p.55-112.

_____. *Fluchtlinien. Philosophische Essays*. Frankfurt: Suhrkamp, 1982.

_____. Karl Jaspers: Thinking with Max Weber in Mind. In: MOMMSEN; W. J.; OSTERHAMMEL, J. (Eds.). *Max Weber and His Contemporaries*. London: Allen & Unwin, 1987. p.528-40.

_____. *Eine Republik Deutschland. Reflexionen auf dem Weg aus der deutschen Teilung*. Frankfurt: Suhrkamp, 1990.

_____; OFFE, Claus; SCHLUCHTER; Wolfgang. Max Weber und das Projekt der Moderne. Eine Diskussion mit Dieter Henrich, Claus Offe und Wolfgang Schluchter. In: GNEUSS C.; KOCKA, J. (Eds.). *Max Weber. Ein Symposion.* Munich: Deutscher Taschenbuchverlag, 1988. p.155-83.

HEUSS, Theodor. *Erinnerungen 1905-1933.* Tübingen: Rainer Wunderlich Verlag, 1963.

HILDEBRANDT, Richard. *Recht und Sitte auf den verschiedenen wirtschaftlichen Kulturstufen.* Jena: G. Fischer, 1896. v.I.

HINNEBERG, Paul (Ed.). *Kultur der Gegenwart. Ihre Entwicklung und ihre Ziele.* Berlin: B. G. Teubner, 1906.

HINSKE, Norbert (Ed.). *Was ist Aufklänrung? Beiträge aus der Berlinischen Monatsschrift.* 3.ed. Darmstadt: Wissenschaftliche Buchgesellschaft, 1981.

HÖFFE, Otfried (Ed.). *Einführung in die utilizaristische Ethike. Klassische und zeitgenössische Texte.* Munich: C. H. Beck, 1975.

_____. *Politische Gerechtigkeit. Grundlegung einer kritischen Philosophie von Recht und Staat.* Frankfurt: Suhrkamp, 1987.

HONIGSHEIM, Paul. *Die Staats- und Sozial-Lehren der französischen Jansenisten im 17. Jahrhundert.* Darmstadt: Wissenschaftliche Buchgesellschaft, 1969 [1914].

HONNEFELDER, Ludger. Die ethische Rationalität des mittelalterlichen Naturrechts. Max Webers und Ernst Troeltschs Deutung des mittelalterlichen Naturrechts und die Bedeutung der Lehre vom natürlichen Gesetz bei Thomas von Aquin. In: SCHLUCHTER, 1988b, p.254-75.

HONNETH, Axel; JOAS, Hans (Eds.). *Kommunikativen Handelns.* Frankfurt: Suhrkamp, 1986.

HUBER, Wolfgang. Sozialethik als Verantwortungsethik. In: BONDOLFI, A.; HEIERLE, W.; MIETH, D. (Eds.). *Ethos des Alltags:* Festgabe für Stephan H. Pfürtner zum 60. Geburtstag. Zurich: Benziger, 1983. p.55-76.

HÜBINGER, Gangolf. Kulturkritik und Kulturpolitik des Eugen Diederichs-Verlags um Wilhelminismus. Auswege aus der Krise der Moderne? In: RENZ H.; GRAF, F. W. (Eds.). *Troeltsch Studien. Umstrittene Moderne. Die Zukunft der Neuzeit im Urteil der Epoche Ernst Troeltschs.* Gütersloh: Gerd Mohn, 1987. v.4, p.92-114.

HUGHES, H. Stuart. *Consciousness and Society:* The Reorientation of European Thought, 1890-1930. Ed. rev. New York: Vintage Books, 1977.

HURGRONJE, Christian Snouck. *Mekka. Die Stadt und ihre Herren.* The Hague: Nijhoff, 1888. v.I.

HUSSERL, Edmund. Philosophie als strenge Wissenschaft. *Logos,* p.289-341, 1911.

JAFFÉ, Edgar. Lauenstein. *Europäische Staats- und Wirtschaftszeitung,* v.2, n.42, p.995, 20 Oct. 1917.

JASPERS, Karl. *Allgemeine Psychopathologie. Ein Leitfaden für Studierende, Ärzte und Psychologen.* Berlin: Springer, 1913.

Referências bibliográficas

———. *Psychologie der Weltanschauungen*. Berlin: Springer, 1919.

———. *Vom Ursprung und Ziel der Geschichte*. Munich: Piper. 1949.

———. *Kant. Leben, Werk, Wirkung*. 2.ed. Munich: Piper, 1983.

———. *Nietzsche und das Christentum*. 3.ed. Munich: Piper, 1985.

———. *Max Weber*. Munich: Piper, 1988.

JENSEN, Stefan. Aspekte der Medien-Theorie. Welche Funktion haben die Medien in Handlungssystemen? *Zeitschrift für Soziologie*, v.13, p.145-64, 1984.

JONAS, Hans. *Das Prinzip Verantwortung*. *Versuch einer Ethik für die technologische Zivilisation*. Frankfurt: Suhrkamp, 1979.

KAHLER, Erich von. *Der Beruf der Wissenschaft*. Berlin: Georg Bondi, 1920.

KALBERG, Stephen. Max Weber's Types opf Rationality: Cornerstones for the Analysis of Rationalization Processes in History. *American Journal of Sociology*, v.85, p.1145-79, 1980.

KANT, Immanuel. *The Moral Law*. Trad. H. J. Paton. London: Hutchinson's University Library, 1948.

———. *Religion Within the Limits of Reason Alone*. Trad. T. M. Greene; H. H. Hudson. New York: Harper & Row, 1960.

———. *First Introduction to the Critique of Judgment*. Trad. J. Haden. Indianapolis: Bobbs-Merrill, 1965a.

———. *The Metaphysical Elements of Justice*. Trad. J. Ladd. Indianapolis: Bobbs--Merrill, 1965b.

———. *The Doctrine of Virtue*. Trad. M. J. Gregor. Philadelphia: University of Pennsylvania Press, 1971.

———. *The Critique of Practical Reason*. Trad. Lewis White Beck. New York: Garland, 1976.

———. *Werke in zwölf Bänden*. (Weischedel, W., Ed.). Darmstadt: Wissenschaftliche Buchgesellschaft, 1977.

———. *The Critique of Judgement*. Trad. J. C. Meredith. New York: Oxford University Press, 1982.

———. On the Proverb: That May Be True in Theory But is of No Practical Use. In: KANT, Immanuel. *Perpetual Peace and Other Essays on Politics, History, and Morals*. Trad. T. Humphrey. Indianapolis: Hackett, 1983.

KELLER, Franz. *Unternehmung und Mehrwert*. Paderborn: Schriften der Görres--Gesellschaft, Heft 12, 1912.

KOCKA, Jürgen (Ed.). *Max Weber, der Historiker*. Göttingen: Vandenhoeck & Ruprecht, 1986.

———. *Bürger und Bürgerlichkeit im 19. Jahrhundert*. Göttingen: Vandenhoeck & Ruprecht, 1987.

KOHLER, Joseph. Zum Islamrecht. *Zeitschrift für vergleichende Rechtswissenschaft*, v.17, p.194-216, 1905.

KÖNIG, René; WINCKELMANN, Johannes (Eds.). *Max Weber zum Gedächtnis*. Opladen: Westdeutscher Verlag, 1963.

KUENZLEN, Gottfried. Unbekannte Quellen der Religionssoziologie Max Webers. *Zeitschrift für Soziologie*, v.7, p.215-27, 1978.

KÜRNBERGER, Ferdinand. *Der Amerikamüde*. Frankfurt: Meidinger, 1855.

LAKATOS, Imre. Falsification and the Methodology of Scientific Programmes. In: _____; MUSGRAVE, Alan. *Criticism and the Growth of Knowledge*. London: Cambridge University Press, 1970.

LAPIDUS, Ira M. Die Institutionalisierung der frühislamischen Gesellschaften. In: SCHLUCHTER, 1987a, p.125-41.

LEHMANN, Hartmut. Asketischer Protestantismus und ökonomischer Rationalismus. Die Weber-These nach zwei Generationen. In: SCHLUCHTER, 1988b, p.529-53.

_____; ROTH, Guenther (Eds.). *Weber's Protestant Ethic*: Origins, Evidence, Context. New York: Cambridge University Press, 1993.

LEICHTER, Käthe. Weber als Lehrer und Politiker. In: KÖNIG; WINCKELMANN, 1963, p.125-42.

LENHART, Volker. Allgemeine und fachliche Bildung bei Max Weber. *Zeitschrift für Pädagogik*, v.32, p.529-41, 1986.

LEO, Johannes. Erinnerungen an Max Weber. In: KÖNIG; WINCKELMANN, 1963, p.17-8.

LEPSIUS, M. Rainer. Max Weber in München. Rede anläßlich der Enthüllung einer Gedenktafel. *Zeitschrift für Soziologie*, v.6, p.103-18, 1977.

_____. Ideen und Interessen. Die Zurechnungsproblematik bei Max Weber. In: NEIDHARDT, F.; LEPSIUS, M. R.; WEISS, J. (Eds.). *Kultur und Gesellschaft*. Opladen: Westdeutscher Verlag, 1986. p.20-31.

_____. Die Bewohner des Hauses Ziegelhäuser Landstraße 17 in Heidelberg. 1989. (Manuscrito).

LERNER, Robert E. Waldenser, Lollarden und Taboriten. Zum Sektenbegriff bei Weber und Troeltsch. In: SCHLUCHTER, 1988b, p.312-25.

LEVINE, Donald N. Rationality and Freedom: Weber and Beyond. *Sociological Inquiry*, v.51, p.5-25, 1981.

LEVTZION, Nehemia. Aspekte der Islamisierung. Eine kritische Würdigung der Beobachtungen Max Webers. In: Schluchter, 1987a, p.142-55.

LITTLE, Lester K. *Religious Poverty and the Profit Economy in Medieval Europe*. London: Paul Elek, 1978.

_____. Laienbruderschaften in norditalienischen Städten. In: Schluchter, 1988b, p.383-409.

LÖWITH, Karl. Marx Weber und Karl Marx. In: _____. *Gesammelte Abhandlungen. Zur Kritik der geschichtlichen Existenz*. Stuttgart: Klett, 1960. p.1-67.

_____. *Mein Leben un Deutschland vor und nach 1933. Ein Bericht*. Stuttgart: J. B. Metzler, 1986.

Referências bibliográficas

LUHMANN, Niklas. *Funktion und Folgen formaler Organisation*. Berlin: Duncker & Humblot, 1964.

LUKÁCS, Georg. Von der Armut am Geiste. Ein Gespräch und ein Brief. *Neue Blätter*, v.2, p.67-92, 1912.

_____. Theorie des Romans. Ein geschichtsphilosophischer Versuch über die Formen der Großen Epik. *Zeitschrift für Ästhetik und allgemeine Kunstwissenschaft*, v.II, p.225-71, 390-431, 1916.

_____. *Goethe und seine Zeit*. 2.ed. Berlin: Aufbau Verlag, 1953.

_____. *Geschichte und Klassenbewußtsein. Studien über marxistische Dialektik*. Amisterdam: Thomas de Munter, 1967.

_____. *Briefwechsel 1902-1917*. Stuttgart: J. B. Metzler, 1982.

MAHRHOLZ, Werner. Die Lage der Studentenschaft. *Die Hochschule*, v.3, p.8, 1919.

MARSHALL, Gordon. *Presbyteries and Profits*: Calvinism and the Development of Capitalism in Scotland, 1560-1707. Oxford, Eng.: Clarendon Press, 1980.

_____. *In Search of the Spirit of Capitalism*: An Essay on Max Weber's Protestant Ethic Thesis. New York: Columbia University Press, 1982.

MARX, Karl. *Werke – Schriften – Briefe*. (Lieber, H. J., Ed.). Darmstadt: Wissenschaftliche Buchgesellschaft, 1971. 6 v.

MAURENBRECHER, Max. Der Krieg als Ausgangspukt einer deutschen Kultur. *Die Tat*, v.9, p.97-107, 1917.

MEAD, George Hebert. *Mind, Self and Society*: From the Standpoint of a Social Behaviorist. Chicago: University of Chicago Press, 1962 [1934].

METCALF, Barbara. Islamische Reformbewegungen. In: SCHLUCHTER, 1987a, p.242-55.

MEYER-FRANK, Julie. Erinnerungen an meine Studienzeit. In: LAMM, H. (Ed.). *Vergangene Tage. Jüdische Kultur in München*. Munich: Langen-Müller, 1982. p.212-6.

MILL, John Stuart. *Three Essays on Religion*. London: Longmans, Green, Reader, and Dyer, 1874.

_____. *Über Religion – Natur. Die Nützlichkeit der Religion. Theismus. Drei nachgelassene Essays*. Berlin: Duncker, 1885.

MITTEIS, Heinrich. Über den Rechtsgrund des Satzes 'Stadtluft macht frei. In: HAASE, C. (Ed.). *Die Stadt des Mittelalters*. Darmstadt: Wissenschaftliche Buchgesellschaft, 1976. v.2, p.182-202.

MITZMAN, Arthur. *Sociology and Estrangement*: Three Sociologies of Imperial Germany. New York: Alfred A. Knopf, 1973.

MOMMSEN, Wolfgang J. *Max Weber und die deutsche Politik 1890-1920*. 2.ed. Tünbingen: J. C. B. Mohr (Paul Siebeck), 1974.

_____. Die antinomische Struktur des politischen Denkens Max Webers. *Historische Zeitschrift*, v.233, p.35-64, 1981.

_____. *Max Weber and German Politics, 1890-1920*. Chicago: University of Chicago Press, 1984.

_____. Max Weber. Persönliche Lebensführung und gesselschaftlicher Wandel in der Geschichte. In: ALTER, P.; MOMMSEN, W. J.; NIPPERDEY, T. (Eds.). *Geschichte und politisches Handeln. Theodor Schieder zum Gedächtnis*. Stuttgart: Klett, 1985. p.261-81.

_____. Max Webers Begriff der Universalgeschichte. In: KOCKA, 1986, p.51-72.

_____. The Antinomical Structure of Max Weber's Political Thought. In: _____. *The Political and Social Theory of Max Weber*. Chicago: University of Chicago Press. 1989a. p.24-43.

_____. The Two Dimensions of Social Change in Max Weber's Sociological Theory. In: _____. *The Political and Social Theory of Max Weber*. Chicago: University of Chicago Press, 1989b. p.145-65.

MÜNCH, Richard. *Theorie des Handelns. Zur Rekonstruktion der Beiträge von Talcott Parsons, Emile Durkheim und Max Weber*. Frankfurt: Suhrkamp, 1982.

NAUMANN, Friedrich. *Briefe übere Religion*. Berlin-Schöneberg: Buchverlag Die Hilfe, 1904.

NELSON, Benjamin. *The Idea of Usury*: From Tribal Brotherhood to Universal Otherhood. 2.ed. Chicago: University of Chicago Press, 1969.

NIETZSCHE, Friedrich. *Werke in drei Bänden*. (Schlechta, L., Ed.). 2.ed. Munich: Carl Hanser, 1960.

NOLTE, Ernst. *Der Faschismus in seiner Epoche. Die Action française. Der italienische Faschismus. Der Nationalsozialismus*. Munich: Piper, 1963.

OAKES, Guy. *Weber and Rickert*: Concept Formation in the Cultural Sciences. Cambridge, Mass.: MIT Press, 1988.

_____. *Die Grenzen der kulturwissenschaftlichen Begriffsbildung. Methologie und Werttheorie bei Weber und Rickert. Heidelberg Max Weber-Vorlesungen 1982*. Frankfurt: Suhrkamp, 1989.

OLLIG, Hans-Ludwig (Ed.). *Materialien zur Neukantianismus-Diskussion*. Darmstadt: Wissenschaftliche Buchgesellschaft, 1987a.

_____. Die Religionsphilosophie der Südwesttdeutschen Schule (1987b.). In: OLLIG, 1987a, p.428-57.

OTSUKA, Hisao. *The Spirit of Capitalism*: The Max Weber Thesis in an Economic Historical Perspective. Tokyo: Iwanami Shoten, 1982.

PARSONS, Talcott. *Sociological Theory and Modern Society*. New York: The Free Press, 1967.

PERPEET, Wilhelm. Formale Kulturphilosophie. In: OLLIG, 1987a, p.362-77.

PETERS, Rudolph. Islamischer Fundamentalismus. Glaube, Handeln, Führung. In: SCHLUCHTER, 1987a, p.217-41.

PICHT, Georg. Rechtfertigung und Gerechtigkeit. Zum Begriff der Verantwortung. In: _____. *Hier und Jetzt. Philosophieren nach Auschwitz und Hiroschima*. Stuggart: Klett, 1980. v.I, p.202-17.

Referências bibliográficas

_____. 1985. *Kants Religionsphilosophie*. Stuttgart: Klett.

PIPES, Daniel. *Slave Soldiers and Islam*: The Genesis of a Military System. New Haven, Conn.: Yale University Press, 1981.

PLESSNER, Helmuth. In Heidelberg 1913. In: KÖNIG; WINCKELMANN, 1963, p.30-4.

POGGI, Giafranco. *Calvinism and the Capitalist Spirit*: Max Weber's Protestant Ethic. London: Macmillan, 1983.

_____. Max Webers Begriff des okzidentalen Feudalismus. In: SCHLUCHTER, 1988b, p.476-97.

POPPER, Karl. *Das Elend des Historizismus*. Tünbingen: J. C. B. Mohr (Paul Siebeck), 1965.

RADBRUCH, Gustav. *Einführung in die Rechtswissenschaft*. 2.ed. Stuttgart: K. F. Koehler, 1950 [1913].

RAWLS, John. *A Theory of Justice*. London: Oxford University Press, 1972.

REYERSON, Kathryn L. Der Aufstieg des Bürgertums und die religiöse Vergemeinschaftung im mittlelalterlichen Europa. Neues zur Weber-These. In: SCHLUCHTER, 1988b, p.410-36.

RICHTER, Helmut (Ed.). *Cluny. Beiträge zu Gestalt und Wirkung der cluniazensischen Reform*. Darmstadt: Wissenschaftliche Buchgesellschaft, 1975.

RICKERT, Heinrich. *Die Grenzen der naturwissenschaftlichen Begriffsbildung. Eine logische Einleitung in die histgorischen Wissenschaften*. Tübingen: J. C. B. Mohr (Paul Siebeck), 1902.

_____. Geschichtsphilosophie. In: WINDELBAND, W. (Ed.). *Die Philosophie im Beginn des 20. Jahrhunderts. Festschrift für Kuno Fischer*. 2.ed. Heidelberg: C. Winter, 1907. p.321-422.

_____. Lebenswerte und Kulturwerte. *Logos*, v.2, p.131-66, 1911.

_____. Vom System der Werte. *Logos*, v.4, p.295-327, 1913.

_____. Max Weber und seine Stellung zur Wissenschaft. *Logos*, v.15, p.222-37, 1926.

_____. *Die Grenzen der naturwissenschaftlichen Begriffsbildung*. 5.ed. Tübingen: J. C. B. Mohr (Paul Siebeck), 1929.

_____. *The Limits of Concept Formation in Natural Science*. Trad. Ed. Guy Oakes. New York: Cambridge University Press, 1986.

ROBINSON, Francis. Säkularisierung im Islam. In: SCHLUCHTER, 1987a, p.256-71.

RODINSON, Maxime. *Islam und Kapitalismus*. Frankfurt: Suhrkamp, 1986.

_____. Islamischer Patrimonialismus. Ein Hindernis für die Entstehung des modernen Kapitalismus? In: SCHLUCHTER, 1987a, 180-9.

ROSENWEIN, Barbara. Reformmönchtum und der Aufstieg Clunys. Webers Bedeutung für die Forschung heute. In: SCHLUCHTER, 1988b, p.276-311.

ROTH, Guenther. Introduction. In: WEBER, Max. *Economy and Society*. (ROTH, G.; WITTICH, C., Eds.). Berkeley: University of California Press, 1978.

_____. Marx Webers zwei Ethiken und die Friedensbewegung damals und heute (1987a.). In: ROTH, 1987b, p.201-30.

_____. *Politische Herrschaft und persönliche Freiheit. Heidelberger Max Weber-Vorlesungen 1983*. Frankfurt: Suhrkamp, 1987b.

_____. Rationalization in Max Weber's Developmental History. In: WHIMSTER, S.; LASH, S. (Eds.). *Max Weber, Rationality, and Modernity*. London: Allen & Unwin, 1987c. p.75-91.

_____. Marianne Weber and Her Circle. In: WEBER, Marianne. *Max Weber*: A Biography. 2.ed. New Brunswick: Transaction Books, 1988.

_____. Weber's Political Failure. *Telos*, v.78, p.136-49, 1988-1989.

_____; SCHLUCHTER, Wolfgang. *Max Weber's Vision of History*: Ethics and Methods. Berkeley: University of California Press, 1979.

SALZ, Arthur. *Für die Wissenschaft gegen die Gebildeten unter ihren Verächtern*. Munich: Drei Masken Verlag, 1921.

SCHACHT, Joseph. Zur soziologischen Betrachtung des islamischen Rechts. *Der Islam*, v.22, p.207-38, 1935.

SCHELER, Max. Weltanschauungslehre, Soziologie und Weltanschauungssetzung. *Kölner Vierteljahreshefte für Sozialwissenschaften*, v.2, n.I, p.18-33, 1922.

SCHELTING, Alexander von. *Max Webers Wissenschaftslehre. Das logische Problem der historischen Kulturerkenntnis. Die Grenzen der Soziologie des Wissens*. Tübingen: J. C. B. Mohr (Paul Siebeck), 1934.

SCHIELE, Friedrich Michael; ZSCHARNACK, Leopoldo (Eds.). *Die Religion in Geschichte und Gegenwart. Handwörterbuch in gemeinverständlicher Darstellung*. Tübingen: J. C. B. Mohr (Paul Siebeck), 1909-1913. 5 v.

SCHLUCHTER, Wolfgang. *Wertfreiheit und Verantwortungsethik. Zum Verhältnis von Wissenschaft und Politik bei Max Weber*. Tübingen: J. C. B. Mohr (Paul Siebeck), 1971.

_____. *Die Entwicklung des okzidentalen Rationalismus. Eine Analyse von Max Webers Gesellschaftsgeschichte*. Tübingen: J. C. B. Mohr (Paul Siebeck), 1979.

_____. Value-Neutrality and the Ethic of Responsibility (1984 [1979]). In: ROTH; SCHLUCHTER, 1979, p.195-206.

_____. *Rationalismus der Weltbeherrschung*. Frankfurt: Suhrkamp, 1980.

_____. *The Rise of Western Rationalism*. Trad. G. Roth. Berkeley: University of California Press, 1981.

_____ (Ed.). *Max Webers Studie über Konfuzianismus und Taoismus. Interpretarion und Kritik*. Frankfurt: Suhrkamp, 1983.

_____. *Aspekte bürokratischer Herrschaft. Studien zur Interpretation der fortschreitenden Industriegesellschaft*. Frankfurt: Suhrkamp, 1985a.

Referências bibliográficas

_____ (Ed.). *Max Webers Sicht des antiken Christentums. Interpretation und Kritik*. Frankfurt: Suhrkamp, 1985b.

_____ (Ed.). *Max Webers Sicht des Islams. Interpretation und Kritik*. Frankfurt: Suhrkamp, 1987a.

_____. Modes of Authority and Democratic Control. In: MEJA, V.; MISGELD, D.; STEHR, N. (Eds.). *Modern German Sociology*. New York: Columbia University Press, 1987b. p.291-323.

_____. Gesinnungsethik und Verantwortungsethik. Probleme einer Unterscheidung (1988a). In: SCHLUCHTER, 1988d, v.I, p.165-338.

_____ (Ed.). *Max Webers Sicht des okzidentalen Christentums. Interpretation und Kritik*. Frankfurt: Suhrkamp, 1988b.

_____. Religion, politische Herrschaft, Wirtschaft und bürgerliche Lebensführung. Die okzidentale Sonderentwicklung (1988c). In: SCHLUCHTER, 1988d, v.2, p.382-505.

_____. *Religion und Lebensführung*. Frankfurt: Suhrkamp, 1988d. 2 v.

_____. *Rationalism, Religion, and Domination*. Trad. N. Solomon. Berkeley: University of California Press, 1989.

_____. *Unversöhnte Moderne*. Frankfurt: Suhrkamp, 1996.

_____. *Handlung, Ordnung und Kultur. Studien zu einem Forschungsprogramm im Anschluß an Max Weber*. Tübingen: Mohr Siebeck 2005.

_____. *Grundlegungen der Soziologie. Eine Theoriegeschichte in systematischer Absicht*. 2v. Tübingen: Mohr Siebeck, 2007.

_____. *Acción, orden y cultura. Estudios para un programa de investigación en conexión con Max Weber*. Trad.: Lia Cavadas. Buenos Aires: Prometeo libros, 2008.

_____. *Die Entzauberung der Welt. Sechs Studien zu Max* Tübingen: Mohr Siebeck, 2009.

SCHMID, Michael. Struktur und Selektion. Emile Durkheim und Max Weber als Theoretiker struktureller Evolution. *Zeitschrift für Soziologie*, v.10, p.17-37, 1981.

SCHMITT, Jean-Claude. Vom Nutzen Max Webers für den Historiker und die Bilderfrage. In: SCHLUCHTER, 1988b, p.184-228.

SCHNÄDELBACH, Herbert. *Philosophie in Deutschland 1831-1933*. Frankfurt: Suhrkamp, 1983.

SCHÖLLGEN, Gregor. *Handlungsfreiheit und Zweckrationalität. Max Weber und die Tradition der praktischen Philosophie*. Tübingen: J. C. B. Mohr (Paul Siebeck), 1985.

SCHREINER, Klaus. Die mittelalterliche Stadt in Webers Analyse und die Deutung des okzidentalen Rationalismus. In: KOCKA, 1986, p.19-50.

SCHULZE, Friedrich; SSYMANK, Paul. *Das deutsche Studententum von den ältesten Zeiten bis zurt Gegenwart*. Munich: Verlag für Hochschulkunde, 1932 [1931].

SCHUMPETER, Joseph A. Sombarts Dritter Band. In: vom BROCKE, B. (Ed.). *Sombarts "Moderner Kapitalismus". Materialien zur Kritik und Rezeption*. Munich: Deutscher Taschenbuch Verlag, 1987. p.196-219.

SCHWAB, Alexandr. Die Richtung in der Meissner Bewegung. In: VORORT DER DEUTSCHEN FREIEN STUDENTENSCHAFT (Ed.). *Studentenschaft und Jugendbewegung*. Munich: Max Steinbach, 1914. p.34-46.

SCHWAB, Franz Xaver. Beruf und Jugend. *Die weissen Blätter. Eine Monatsschrift*, v.4, p.97-113, 1917.

SEEL, Martin. Die zwei Bedeutungen "kommunikativer" Rationalität. Bemerkungen zu Habermas' Kritik der pluralen Vernunft. In: HONNETH; JOAS, 1986, p.53-72.

SELGE, Kurt-Victor. Max Weber, Ernst Troeltsch und die Sekten und neuen Orden des Spämittelalters (Waldenser, Humiliaten, Franziskaner). In: SCHLUCHTER, 1988b, p.326-54.

SIMMEL, Georg. *Schopenhauer und Nietzsche. Ein Vortragszyklus*. Leipzig: Duncker & Humblot, 1907.

_____. Das individuelle Gesetz. Ein Versuch über das Prinzip der Ethik. *Logos*, v.4, p.117-60, 1913.

_____. *Brücke und Tür. Essays des Philosophen zur Geschichte, Religion, Kunst und Gesellschaft*. (LANDMANN, M.; SUSMAN, M., Eds.). Stuttgart: Köhler, 1957a.

_____. Vom Heil der Seele (1957b). In: SIMMEL, 1957a, p.122-35.

_____. *The Philosophy of Money*. Trad. T. Bottomore; D. Frisby. London: Routledge & Kegan Paul, 1978.

SIVIN, Nathan. Chinesische Wissenschaft. Ein Vergleich der Ansätze von Max Weber und Joseph Needham. In: SCHLUCHTER, 1983, p.342-62.

SOMBART, Werner. *Der moderne Kapitalismus. Die Genesis des Kapitalismus*. Leipzig: Duncker & Humblot, 1902a. v.1. (2.ed. rev., 1916.)

_____. *Der moderne Kapitalismus. Die Theorie der kapitalistischen Entwicklung*. Leipzig: Duncker & Humblot, 1902b. v.2.

_____. *Die deutsche Volkswirtschaft im 19. Jahrhundert*. Berlin: Bondi, 1903.

_____. Der kapitalistische Unternehmer. *Archiv für Sozialwissenschaft und Sozialpolitik*, v.29, p.689-758, 1909.

_____. *Die Juden und das Wirtschaftsleben*. Munich: Duncker & Humblot, 1911a.

_____. Verlagssystem (Hausindustrie). In: CONRAD, J.; ELSTER, L.; LEXIS, W.; LOENING, E. (Eds.). *Handwörterbuch der Staatswissenschaften*, v.8, p.233-61. Jena: G. Fischer, 1911b.

_____. *Der Bourgeois. Zur Geistesgeschichte des modernen Wirtschaftsmenschen*. Munich: Duncker & Humblot, 1913.

_____. *Händler und Helden. Patriotische Besunnungen*. Munich: Duncker & Humblot, 1915.

_____. *Der moderne Kapitalismus*. 2.ed. rev. Munich: Duncker & Humblot, 1916. 2 v.

_____. *Der moderne Kapitalismus*. Munich: Duncker & Humblot, 1927. 3 v.

SPEER, Heino. *Herrschaft und Legitimität. Zeitgebundene Aspekte in Max Webers Herrschaftssoziologie*. Berlin: Duncker & Humblot, 1978.

Referências bibliográficas

SPRANGER, Eduard. *Der Sinn der Voraussetzungslosigkeit in den Geisteswissenschaften.* Darmstadt: Wissenschaftliche Buchgesellschaft, 1929.

STAUTH, Georg; TURNER, Bryan S. Nietzsche in Weber oder die Geburt des modernen Genius' im professionellen Menschen. *Zeitschrift für Soziologie,* v.15, p.81-94, 1986.

STOCK, Brian. *The Implications of Literacy: Written Language and Models of Interpretation in the Eleventh and Twelfth Centguries.* Princeton: Princeton University Press, 1983.

_____. Rationality, Tradition, and the Scientific Outlook: Reflections on Max Weber and the Middle Ages. *Science and Technology in Medieval Society: Annals of the New York Academy of Sciences* (Long, P. O., Ed.), v.441, p.7-19, 1985.

_____. Schriftgebrauch und Rationalität im Mittelalter. In: SCHLUCHTER, 1988b, p.165-83.

STRIEDER, Jacob. *Zur Genesis des modernen Kapitalismus. Forschungen zur Entstehung der großen bürgerlichen Kapitalvermögen am Ausgang des Mittelalters und zu Beginn der Neuzeit, zunächst in Augsburg.* Leipzig: Duncker & Humblot, 1904.

_____. *Studien zur Geschichte kapitalistischer Organisations-formen. Monopole, Kartelle und Aktiengesellschaften im Mittelalter und zu Beginn der Neuzeit.* Munich: Duncker & Humblot, 1914.

TAYLOR, Charles. Sprache und Gesellschaft. In: HONNETH; JOAS, 1986, p.35-52.

TENBRUCK, Friedrich H. Abschied von *Wirtschaft und Gesellschaft. Zeitschrift für die gesamte Staatswissenschaft,* v.133, p.703-36, 1977.

THEUNISSEN, Michael. *Der Andere. Studien zur Sozialontologie der Gegenwart.* Berlin: Walter de Gruyter, 1977.

TIBI, Bassam. *Der Islam und das Problem der kulturellen Bewältigung des sozialen Wandels.* Frankfurt: Suhrkamp, 1985.

TREIBER, Hubert; STEINERT, Heinz. *Die Fabrikation des zuverlässigen Menschen. Über die "Wahlverwandtschaft" von Kloster- und Fabrikdisziplin.* Munich: Heinz Moos Verlag, 1980.

TROELTSCH, Ernst. *Der Historismus und seine Probleme. Das logische Problem der Geschichtsphilosophie.* Tübingen: J. C. B. Mohr (Paul Siebeck), 1922.

_____. *Die Soziallehren der christlichen Kirchen und Gruppen.* Aalen: Scientia Verlag, 1977 [1912].

_____. *Aufsätze zur Geistesgeschichte und Religionssoziologie.* Aalen: Scientia Verlag, 1981a [1925].

_____. Die Revolution in der Wissenschaft. Eine Besprechung von Erich von Kahlers Schrift gegen Max Weber: "Der Beruf der Wissenschaft" und der Gegenschrift von Arthur Salz: "Für die Wissenschaft gegen die Gebildeten unter ihren Verächtern" (1981b.). In: TROELTSCH, 1981a, p.653-77. (Originalmente, *Jahrbuch für Gesetzgebung, Verwaltung und Volkswirtschaft im Deutschen Reich,* v.45, n.4, p.65-94, 1921.)

TURNER, Bryan S. *Weber and Islam*: A Critical Study. London: Routledge & Kegan Paul, 1974.

ULRICH, F. *Die Vorherbestimmungslehre im Islam und Christentum. Eine religionsgeschichtliche Parallele.* Gütersloh: C. Bertelsmann, 1912.

WAGNER, Gerhard. *Geltung und normativer Zwang. Eine Untersuchung zu den neukantianischen Grundlagen der Wissenschaftslehre Max Webers.* Freiburg: Alber, 1987.

_____; ZIPPRIAN; Heinz. The Problem of Reference in Max Weber's Theory of Causal Explanation. *Human Studies*, v.9, p.21-42, 1986.

WATT, W. Montgomery. *Muhammad*: Prophet and Statesman. Oxford: Oxford University Press, 1964.

WEBER, Marianne. *Fichte's Sozialismus und sein Verhältnis zur Marx'schen Doktrin.* Tübingen: J. C. B. Mohr (Paul Siebeck), 1900.

_____. Der Krieg als ethisches Problem. *Die Frau*, v.23, p.705-20, 1915-1916.

_____. *Frauenfragen und Frauengedanken. Gesammelte Aufsätze.* Tübingen: J. C. B. Mohr (Paul Siebeck), 1919.

_____. *Max Weber. Ein Lebensbild.* Tübingen: J. C. B. Mohr (Paul Siebeck), 1926.

_____. *Max Weber.* Trad. Harry Zohn. New York: Wiley, 1975.

WEBER, Max. *Entwickelung des Solidarhaftprinzips und des Sondervermögens der offenen Handelsgesellschaft aus den Haushaltsund Gewerbegemeinschaften in den italienischen Städten.* Stuttgart: Gebrüder Kröner, 1889a.

_____. *Die Geschichte der Handelsgesellschaften um Mittelalter. Nach südeuropäischen Quellen.* Stuttgart: F. Enke, 1889b.

_____. Zur Lage der bürgerlichen Demokratie in Rußland. *Archiv für Sozialwissenschaft und Sozialpolitil*, v.22, n.I, p.234-353, 1906a.

_____. Rußlands Übergang zum Scheinkonstitutionalismus. *Archiv für Sozialwissenschaft und Sozialpolitil*, v.23, n.I, p.165-401, 1906b.

_____. Gutachten zur Werturteilsdiskussion im Ausschuß des Vereins für Sozialpolitik. 1913. (Impresso apenas para a conferência. Reimpresso em BAUMGARTEN, 1964, p.102-39.)

_____. Der Sinn der "Wertfreiheit" der soziologischen und ökonomischen Wissenschaften. *Logos*, v.7, n.I, p.40-88, 1917.

_____. *Gesammelte Aufsätze zur Religionssoziolpogie.* Tübingen: J. C. B. Mohr (Paul Siebeck), 1920-21. 3 v.

_____. *Wirtschaftsgeschichte. Abrib der universalen Sozial- und Wirtschaftsgeschichte.* (HELLMAN. S; PALYI, M., Eds.). Munich: Duncker & Humblot. 1923.

_____. *Gesammelte Aufsätze zur Sozial- und Wirtschaftsgeschichte.* Tübingen: J. C. B. Mohr (Paul Siebeck), 1924a.

_____. *Gesammelte Aufsätze zur Soziologie und Sozialpolitk.* Tübingen: J. C. B. Mohr (Paul Siebeck), 1924b.

_____. *The Methodology of the Social Sciences.* Trad. Ed. E. A. Shils; H. A. Finch. New York: The Free Press, 1949.

Referências bibliográficas

_____. *Gesammelte Aufsätze zur Wissenschaftslehre*. 2.ed. Tübingen: J. C. B. Mohr (Paul Siebeck), 1951.

_____. *Ancient Judaism*. Trad. Ed. H. H. Gerth; D. Martindale. Glencoe, Ill.: The Free Press, 1952.

_____. *From Max Weber*. Trad. Ed. H. H. Gerth; C. W. Mills. New York: Oxford University Press, 1958a [1946].

_____. *The Protestant Ethic and the Spirit of Capitalism*. Trad. T. Parsons. New York: Charles Scribner's Sons, 1958b.

_____. *The Religion of India*. Trad. Ed. H. H. Gerth, D. Martindale. New York: The Free Press, 1958c.

_____. *General Economic History*. New York: Collier, 1961 [1927].

_____. *The Religion of China*: Confucianism and Taoism. Trad. Ed. H. H. Gerth. Reimp. New York: Macmillan, 1964. (1.impr. New York: Free Press, 1951.)

_____. *Gesammelte politische Schriften*. 3.ed. Tübingen: J. C. B. Mohr (Paul Siebeck), 1971.

_____. *Wirtschaft und Gesellschaft*. (WINCKELMANN, J., Ed.). 5.ed. Tübingen: J. C. B. Mohr (Paul Siebeck), 1972 [1921-1922].

_____. *Gesammelte Aufsätze zur Wissenschaftslehre*. 4.ed. Tübingen: J. C. B. Mohr (Paul Siebeck), 1973 [1922].

_____. *Roscher and Knies*: The Logical Problem of Historical Economics. Guy Oakes, trans. New York: The Free Press, 1975.

_____. *The Agrarian Sociology of Ancient Civilizations*. Trad. R. I. Frank. London: New Left Books, 1976. (Inclui tradução em inglês de "Agrarverhältnisse im Altertum", publicado em *Handwörterbuch der Staatswissenschaften*, 1909, e reimpresso em *Gesammelte Aufsätze zur Sozial- und Wirtschaftsgeschichte* [vide WEBER, 1924a].)

_____. *Critique of Stammler*. Trad. G. Oakes. New York: The Free Press, 1977.

_____. Anticritical Last Word on *The Spirit of Capitalism*. Trad. W. M. Davis. *American Journal of Sociology*, v.83, p.1105-31, 1978a.

_____. *Economy and Society*. (ROTH, G.; WITTICH, C., Eds.). Berkeley: University of California Press, 1978b.

_____. *Max Weber*: Selections in Translation. (RUNCIMAN, W. G., ed.). Trad. E. Mathews. Cambridge, Eng.: Cambridge University Press, 1978c.

_____. *Die protestantische Ethik II. Kritiken und Antikritiken*. (WINCKELMANN, J., Ed.). Gütersloh: Siebenstern, 1978d.

_____. *Zur Politik um Weltkrieg*. Ser. I, vol. 15 of *Max Weber-Gesamtausgabe*. (MOMMSEN, W. J.; HÜBINGER, G., Eds.). Tübingen: J. C. B. Mohr (Paul Siebeck), 1984.

_____. *Zur Neuordnung Deutschlands*. In: MOMMSEN, W. J.; HÜBINGER, G. (Eds.). *Max Weber-Gesamtausgabe*. Tübingen: J. C. B. Mohr (Paul Siebeck), 1988. ser.I, v.16.

_____. *Die Wirtschaftsethik der Weltreligionen. Konfuzianismus und taoismus*. In: SCHMIDT-GLINTZER, H.; KOLONKO. P. (Eds.). *Max Weber-Gesamtausgabe*. Tübingen: J. C. B. Mohr (Paul Siebeck), 1989. ser.I, v.19.

_____. *Wissenschaft als Beruf/Politik als Beruf*. In: MOMMSEN, W. J.; SCHLUCHTER, W.; MORGENBROD, B. (Eds.). *Max Weber-Gesamtausgabe*. Tübingen: J. C. B. Mohr (Paul Siebeck), 1992. ser.I, v.17.

_____. *Zur Psychophysik der industriellen Arbeit*. In: SCHLUCHTER, W.; FROMMER, S. (Eds.). *Max Weber-Gesamtausgabe*. Tübingen: J. C. B. Mohr (Paul Siebeck), 1995. ser.I, v.II.

_____. *Wirtschaft, Staat und Sozialpolitik*. In: SCHLUCHTER, W.; MORGENBROD, B. (Eds.). *Max Weber-Gesamtausgabe*. Tübingen: J. C. B. Mohr (Paul Siebeck), 1996. ser.I, v.8.

WELLHAUSEN, Julius. *Das arabische Reich und sein Sturz*. Berlin: Reimer, 1902.

_____. *Reste arabischen Heidentums, gesammelt und erläutert*. 2.ed. Berlin: De Gruyter, 1927 [1897].

WELLMER, Albrecht. *Ethik und Dialog. Elemente des moralischen Urteils bei Kant und in der Diskursethik*. Frankfurt: Suhrkamp, 1986.

WINCKELMANN, Johannes. Max Webers Dissertation. In: KÖNIG; WINCKEL-MANN, 1963, p.10-12.

_____. *Max Webers hinterlassenes Hauptwerk. Die Wirtschaft und die gesellschaftlichen Ordnungen und Mächte*. Tübingen: J. C. B. Mohr (Paul Siebeck), 1986.

WINDELBAND, Wilhelm. *Lehrbuch der Geschichte der Philosophie*. Tübingen: J. C. B. Mohr (Paul Siebeck), 1907.

_____. *Einleitung in die Philosophie*. Tübingen: J. C. B. Mohr (Paul Siebeck), 1914.

WOLANDT, Gerd. Überlegungen zu Kants Erfahrungsbegriff. In: OLLIG, 1987a, p.78-95.

Índice

A

ação, 42, 58, 100, 130, 175, 329
  axiológico-racional, 99 n.61
  axiológico-racional *versus* orientada para
    o sucesso e instrumental ou racional
    segundo meios e fins, 92-3, 97, 328, 330
  causa de e concepção de sucesso e
    validade como, 93, 169-70
  ciências da (*Handlungswissenschaften*), 326
  consequências de, 53, 68, 79-80, 87,
    87 n.35, 89, 128, 129
  econômica, 93-4, 266-7, 305
  e norma, 105
  ética, 79-80, 87, 89, 280
  humana, 76, 174, 322
  intramundana, no protestantismo
    ascético, 244, 320
  justificação da, 79-80, 87, 132
  modos de coordenação de, *versus* modos
    de orientação, 328-9, 330
  moral, 89, 103 n.68, 111 n.85, 116-21,
    128-9, 141, 142
  normativo-prática/moral-prática *versus*
    técnico-prática, 95, 100
  operada por senso do dever, 106, 108, 121
  orientações, 94-5, 141, 328
  orientada para o afeto, 327
  orientada para o sucesso, 130
  orientada para o sucesso *versus*
    orientada para os valores/racional,
    93-7, 327
  orientada para o valor, 99-100 n.61
  orientada para o valor *versus* orientada
    para o sucesso, 95-6, 327
  pessoal, 85, 87, 131
  política, 11-2, 35, 53-4, 85
  racional instrumental ou segundo meios
    e fins *versus* racional quanto aos
    valores, 93, 96
  racional instrumental ou segundo meios
    e fins (*zweckrationales Handeln*), 93
  religiosa, 105, 122
  salvação, 118, 173, 225, 316-7
  situações de, 116-7
  teoria da, 33, 326, 327, 328
  tipologias da, em "Termos sociológicos
    fundamentais", 329
  valor de convicção de, 53, 89, 130
  valor de sucesso da, 67, 89
  controle de, 45-6, 142
    no protestantismo ascético, 123-5,
      189, 307-8
    tipos de, 122-5, 143
  veja também sanção

administração, 166, 202, 208, 215, 262, 296, 329
  da justiça, 208, 218-9
  da riqueza, 268
  graça, 279
  A economia e as ordens e os poderes sociais, 32, 158, 159-60, 164, 200, 211, 223, 233
  A ética protestante, 5, 31, 55, 100, 102, 149, 151, 159, 164, 165-6, 169, 178-9, 182, 187, 188, 231, 233, 236-7, 238, 241, 247, 249, 250, 253, 302, 308, 312, 316, 318, 322, 327
    tese, 231, 249, 307-8
afetos
  e lei moral, 119-20, 139
  versus paixões, 120 n.104
Agostinho, Aurélio, 277, 284 n.95
Ahlborn, Knud, 52 n.106
Akosmismus, 80, 80 n.23
Alberti, Leon Battista, 103, 103 n.69, 309, 311-2
Alemanha, política externa e doméstica da, 12, 25
  posição de Weber sobre a, 18
Alexander, Jeffrey, 151 n.8
Anderson, Perry, 207 n.73
Anstaltsstaat, 156, 165, 203
Antiguidade, 59-60, 160-1, 176-7, 240-9, 265, 281, 287, 298-320
  capitalismo da, 152, 255-61
  cidades na, 210-5, 292-3
  veja também Condições agrárias na Antiguidade
Antônio de Florença, 249, 305 n.134, 309
Arco-Valley, Anton Graf von, 21 n.34
Arendt, Hannah, 3
arte, 20, 33, 60, 59, 62, 71-2, 118-9, 155, 168, 240, 300, 312
ascetismo, 27, 189, 235, 296
  do trabalho, 285-6, 287-8, 323
  e monaquismo, 281, 285-6, 316, 320
  e salvação, 225
  intramundano, 46 n.92, 184, 244, 252-3, 284-5, 319-20
  veja também protestantismo, ascético

associação, 34, 193-4, 247-8, 293, 297-8
  feudal, 200, 289, 291
  política, 66, 211, 214, 288, 291
ator, 122, 140, 324, 326, 327
  moral, 128-9, 130, 138
  na teoria da ação de Weber, 324, 326-27
atribuição causal, 157, 164, 229
autodeterminação, 12, 21, 23, 110, 111, 116, 130, 180
autonomia (*Eigengesetzlichkeit, Eigenrecht*), 36-7, 75-6, 79-80, 133-4, 201, 209, 220, 279
  conceito de Weber de, 171
  urbana, 210-3, 230-1
  urbana e autocefalia da cidade, 211-2, 299, 323
autoridade, 26, 36, 116, 192, 274-93
  central *versus* local, na revolução feudal, 290-2
  dominação em virtude de, 95
  no patrimonialismo oriental e no feudalismo ocidental, 190-205
avaliação, 72, 106
  e relação de valor teórico, 72-3 n.8, 153-4 n.11, 187 n.56
  política, 30
  versus esferas de cognição, 42-3, 98-9

B

Baumgarten, Eduard, 21 n.34, 24 n.46, 26, 29, 31 n.60, 32 n.63, 65, 81-2 n.25
Baumgarten, Otto, 40 n.80
Baum, Rainer, 123 n.109
Becker, Carl Heinrich, 157, 157 n.20, 191, 199 n.67, 205-7
Becker, Marvin B., 301 n.128
Beiersdörfer, Kurt, 70 n.6
bem
  conceito kantiano de maior, 119-20, 125
  de salvação, 121
  e mal, 104, 120, 128
  moral, 119-20
Bendix, Reinhard, 196 n.63, 250 n.32, 253 n.36, 256 n.44, 283 n.93, 296 n.121
Beneficium, 201, 206

Índice

Benjamin, Walter, 36 n.70, 57 n.114
Bergson, Henri, 59 n.117, 61 n.125
Berman, Harold J., 263, 264 n.56, 264 n.58, 265, 276-8, 281 n.88, 287 n.102
Bernardino de Siena, 249, 309
Bernstein, Eduard, 235
Bethmann-Hollweg, T. von, 25, 26
Birnbaum, Immanuel, 30, 38 n.75, 41-51, 42 n.83, 47 n.95, 48 n.96, 65, 66
Bismarck, Otto von, 15 n.19, 74, 93, 94
Bloch, Marc, 264-5 n.58, 287-8 n.103
Bourdieu, Pierre, 92 n.42
Brentano, Lujo, 28-9, 35 n.69, 48, 100, 100 n.63, 171 n.41, 251-2, 251 n.33, 252 n.34, 255 n.42, 308, 309-10, 309-10 n.346, 311, 316 n.155
Breuer, Stefan, 150 n.6, 203 n.70, 219 n.86, 287-8 n.103, 295 n.119
Brugger, Winfried, 77 n.18
Bubner, Rüdiger, 116 n.96
Bücher, Karl, 239-40 n.9, 257-8, 258 n.49, 258 n.50
budismo, 5, 148, 158-63, 243-4, 278
burguês/burguesia (*Bürgertum*), 11, 19, 35, 66, 73, 160-1, 196, 212, 213, 242, 265, 270-81, 292, 293, 297-8
  capitalismo, 270, 314-5
  cidades produtoras (*Gewerbestädte*), 294-7
  conduta, 54
  espírito, 270-311
  estrato(s), 175, 215, 262, 270, 298-9, 323
  ocidental, 248
  pequeno, 184-5, 315
  religiões (*bürgerliche religionen*), 186
  revolução na Rússia, 76-86
  sociologia do, 150-1
  transição de urbano para nacional, 301
  velho estilo *versus* novo estilo, 321
  virtude(s), 236, 313, 320, 321
  veja também capitalismo
burocracia, 18, 220, 248, 278, 320
  racional, Igreja como a primeira, 265-6, 287, 291-2
burocratização, 50, 290-1, 322-23 n.165
Bynum, Caroline Walker, 285 n.98

C

calvinismo, 164, 223, 224-6, 317
  eleição pela graça no, 173, 177
  ética religiosa do, 169-90
  predestinação no, 173, 176, 188, 317
  veja também protestantismo, ascético
capital, 101, 164-6, 207-8, 252-3, 266-73, 307, 316, 322
  contabilidade de, 254, 268-71
capitalismo, 68, 151, 169, 199, 229-33, 252, 262, 264
  antigo, 152, 255, 258-9,
  economicamente e politicamente orientado, 166-7, 184-5, 208-9, 222, 301
  heroico e idade de ferro do, 102-3, 174-5, 188, 258-9, 320
  industrial, 153, 207-8
  espírito do (moderno), 100-1, 149, 169-70, 188, 236-7, 249-56, 262-3, 267, 302-3
    Brentano, Marx, Sombart e Weber sobre o, 171 n.41, 251 n.33, 252 n.34, 255 n.42, 307-11, 309-10 n.146, 308 n.141, 308 n.142, 316 n.155
  moderno, 266-73, 300
    cidades medievais e surgimento do, 292-3, 300
    desenvolvimento do, 151, 303, 307, 313-4, 323
    distinto do antigo, medieval e do moderno primitivo, 258-9
    modelo explicativo para, 323
    precondições históricas do, 151, 262-4
    Weber, Marx, Simmel e Brentano acerca do, 251 n.33, 271-3
    veja também capitalismo, espírito do moderno
  primitivo e avançado, 101-3, 258-9
    distinção de Sombart entre, 310-1 n.147, 321
    distinção de Weber entre, 258-9
  racional, 165-9, 185-6, 190, 240-1
    e a análise comparativa da cidade e do direito de Weber, 210, 216, 220

Paradoxos da modernidade

e obstáculos colocados pelas
firmações estatais islâmicas, 199,
203-4, 220
carisma, 193, 221, 309-10, 317
de ofício, 277, 281, 282, 284-5
de ofícios *versus* pessoal, 280-91,
299-300
dons carismáticos, 51, 282
e legitimação, 196, 290-1
e o Islã, 189, 190-1, 196
e relação feudal, 201
era carismática, 61, 217, 222
hereditário, 197, 288
Carlos Magno, 273
casa familiar
economia, 158
e mercado, 312, 320
princípio de *versus* princípio de mercado,
208, 320
separação da firma, 236-7
versus empresa orientada para o
lucro, 158
catolicismo, 61, 124-5, 180-1, 184-5, 223,
249, 259, 307, 309, 313-4, 316, 317
Sombart e Weber sobre, 309-17
cesaropapismo, 278
chamado (vocação), 26, 29, 30, 49-50, 58,
301, 319-20
ideia de dever de, 171, 303-20
vocacional, 180-1, 252-3
Chon, Song-U, 210 n.75
cidade(s), 273, 274
classificação de Weber das, 210
da Antiguidade, 210-4, 299
medieval, 209-15, 274, 293, 295-300
ocidental, 23, 209-14, 260, 265
ocidental, como um caso especial de
desenvolvimento, 167-8, 212, 255-6
oriental, 167-8, 190, 209-15, 294 n.117
sociologia da, 159-60, 164, 168-9
veja também autonomia, urbana; comuna
urbana; economia, urbana
ciência, 4, 40-4, 103, 152, 165, 168, 216,
247, 285
Associação de Ciência Social, 22-3, 66

cultural, 12, 157, 187, 261
da ação, 55, 326
da realidade (*Erfahrungswissenschaft*), 33
diletantismo e, 33
e ética, 84-5, 104-5, 136-7, 142-3
econômica, 74
moderna, 57-64, 97, 152
natural, 39, 326
racional, 62-3, 156, 167-8
social, 63, 234
weberiana, 59, 62
veja também cognição, científica;
erudição
Ciência como vocação, 1, 9-14, 24, 25,
34-56, 137-8
datação de, 64-6
debate inicial sobre, 57-64
ciência racional, 156, 167-8
civilização (Kulturkreise)
conceito de Weber de, 57-8, 104, 148-58,
216, 274
islâmica, 159-60, 163, 185-6,
209, 222-3
islâmica *versus* ocidental *versus* oriental,
185-6, 232
mediterrâneo-ocidental, 240, 243-4,
250, 256
ocidental, 12, 157-8, 167-8
classes
burguesas, 73, 150-1, 270, 272 n.71,
314-5, 318
e estratificação, 298
e grupos de *status*, 240-1
e religião, 164-5, 185-6, 241, 298, 318
operárias, 19
cognição, 57, 62
científica (racional, empírica), 84-5
esfera de, 42-4
Collins, Randall, 264, 266, 323
comuna urbana, 211, 212, 214, 298
comunidade
cristã, 213, 235, 282, 286, 296-7
de estudantes universitários, 37
de seres racionais, 110, 116
ética, 125, 142

Índice

étnica, 158
islâmica, 183, 189, 194
judaica, 193, 194, 314-5
política, 142
urbana, 194, 298
veja também comuna urbana
conceito(s) de classe
genética, 105
ideal-típico (*idealtypische Gattungsbegriffe*), 253-4, 266-7
Condições Agrárias na Antiguidade, 149-52, 242-3, 255
conduta, 5, 64, 68, 69, 92, 150-6, 223, 233, 330
de vida, racionalização da, 182, 285, 302, 307
e ética (religiosa), 106, 111, 119-27, 133-4, 151-2, 168, 175
e instituições (religiosas), 186-7, 247-8
modo burguês de, 54, 273, 307, 310, 315-6, 319-20, 321, 322
modo cavalheiresco de, 201, 202, 206
no Islã, 180, 182-3, 230-1
confucionismo, 5, 16, 31, 158, 159, 160, 161, 162, 163, 223, 278
conhecimento, 33, 57, 74, 129
científico, 43
fé e, 59
nomológico e de valores, 97
consciência, 92, 104, 131, 306
autônoma, 108, 124
e ética de convicção/responsabilidade, 108, 129
Kant e Weber acerca da, 110-1
Constantino I, 273
construtos ideal-típicos, 153
contrato, 201-3, 207, 290
convicção, 38-9, 46, 80, 143, 213, 225, 284
crítica formal da, 85, 131, 134
e valor(es), 53, 130-41
moral, 85, 128, 131, 137, 140
política, 12, 21, 27, 51-2, 54, 131, 139-40
sagrada, 105, 225
veja também ética de convicção

corpo de cidadãos, 235, 244-5, 246
corporação
conceito de, 279 n.80
e direito islâmico, 214, 221
Igreja medieval ocidental como, 287
secular, 287, 292, 300
cristianismo, 140, 213, 249, 274-5, 283-4, 286, 294-7
antigo, 164, 265-6
distintividade do, 249
estudos projetados de Weber sobre, 158-64, 302, 316
fé e conhecimento, 225
medieval, 163-4, 259, 264
ocidental, 160-1, 235-3
ocidental, comparado ao Islã, oriental, 160-226, 176, 179, 185-6, 197-8
oriental, 160-1, 163
primitivo, 5, 163, 223, 224, 225, 226, 238-9, 284-5
crítica técnica, 97
Crone, Patricia, 189-92
Crusius, Otto, 34
cultivo, 44, 73, 134
moralização e, 84, 100
cultura, 18, 23, 33, 86, 92, 143, 187, 215-6, 228, 242, 297
antiga, 152, 273
conceito de, 148-9 n.2, 155 n.12
ética, 76
história da, 261
ideais e, 110
medieval, 290-2
moderna, 43-4, 100, 261, 274
ocidental, 10, 61-2, 156, 164, 235, 240-1, 242, 252-3
progresso e, 78, 99, 152
teoria da ação, ordem e, 33, 325-6, 328
teorias da, 133
unificada (Einheitskultur), 277-86, 301-2
urbana, 274, 292-3
veja também ciência, cultural; valores, culturais
Curtius, Ernst Robert, 56-7, 61-2, 63 n.126

D

decisões definitivas, 55, 132, 140
Deininger, Jürgen, 150 n.6
desenvolvimento
Deus, 3-4, 62
  e moralidade, 79-80, 87
  no cristianismo, 178-9, 194, 224, 305
  no Islã, 176-97, 224
  no judaísmo, 189, 195, 224, 314
  no protestantismo ascético, 178-9, 184,
    224, 312, 317
deuses
  árabes funcionais e locais, 195
  batalha (combate) dos, 58, 63
  demônios e, 104
dever vocacional (*Berufspflicht*), 53-6, 100,
  102, 175, 185
dever(es), 100-6, 129, 193, 201, 265,
  289, 311
  concepções de, 92-3, 94, 155, 273
  de vocação, 319-20
  do professor universitário, 43
  em Kant e Weber, 95, 110
  e utilidade, 104, 311
  histórico, 93
  legal e de virtude, 95, 142
  moral, 113, 116, 133
  político, 20, 131
  religioso, 168, 173-81, 218-9
  senso do, 106, 108, 121, 180
  vocacional (*Berufspflicht*), 53-6, 100, 175
dia a dia *versus* extraordinário, 46-7,
  182-3, 204
  veja também ética, cotidiana; vida,
    cotidiana; necessidades, do dia
    a dia
diálogo, 25, 117, 130-1, 134-7, 142, 143
Diederichs, Eugen, 45 n.89
Dilthey, Wilhelm, 61 n.125, 326-7
Diocleciano, Gaius Aurelius Valerius, 273
direito, 35, 142, 156, 168, 225
  canônico, 216, 220, 221, 265, 276, 287,
    292, 305
  coercitivo (*Zwangsgesetze*), 142
  do "deve" (*Sollensgesetze*), 75

ética do, 105, 144, 191
  geral, 130, 140
  germânico, 203, 220
  governo do (*Rechstaat*), 199-200,
    202, 270
  individual, 134, 140
  islâmico, 147, 180, 188-9, 193, 199-200,
    217-20, 227
  lei da razão pura prática, 111, 113
  lei marxista do
    desenvolvimento, 153 n.11
  lei moral, 111-8, 120, 141
  lei prática, 117-8,
  leis de virtude, 125, 142
  natural, 126, 220
  racional, 156, 302
  religioso, 105
  respeito pela lei, 116, 119, 120, 139, 317
  romano, 221, 244, 280
  sagrado e profano, 215, 218, 220, 221
  sociologia do, 126-7, 227
direitos humanos, 20, 77
dogma, 60, 63, 85
  metafísico, 85
  no calvinismo, 173, 175-6
  no cristianismo, 279, 283-4
  no Islã, 180, 182
dominação, 95, 156, 164, 278, 291, 298
  na sociedade islâmica, 185, 197-8, 204,
    214, 232, 278
  patrimonial, 202, 205-6, 232, 276
  política, 168, 190, 199-200, 204, 208,
    212, 215, 222, 240, 248, 278, 287-8
  política e hierocrática, 209, 222, 276-8
  sociologia da, 22-3, 32, 95, 150, 159-60,
    163, 190, 200, 209, 212, 245-6, 248,
    266, 329-30
  territorial, 200, 214
  tipos legítimos de, 22-3
Dostoievski, Fiodor M., 70 n.6
Duby, Georges, 287-8 n.103
Dumont, Louis, 319 n.160
Duns Scotus, John, 249
Durkheim, Émile, 96, 96 n.52, 108 n.78,
  120, 120 n.105, 143 n.134, 307 n.138

Índice

E

Eaton, Richard M., 199 n.68
economia, 30-2, 149-50
  capitalista, 208, 254, 258
  como ciência ética, 75
  e política, 71-3, 293, 301
  e racionalização, 252, 310
  escola teórica e histórica de, 75-6, 325
  Estado e, 268-70
  estágios de desenvolvimento de
    Bücher, 257-8
  estratificação da, 92, 282
  história da, 248-9, 308-9, 313-4
  mercado, 268-9, 273, 274, 301
  monetária, 205, 207, 274
  nacional, 71-3, 258, 274
  natural, 205, 287-8
  orientação(ões) da, 210, 222, 301, 306
  política, 34, 74
  pré-capitalista, 103
  psicologia da, 302-3
  sociologia da, 150, 165-6, 212, 254
  troca, 259-60
  urbana, 258, 297
  veja também ação, econômica;
    capitalismo; Economia e sociedade;
    A economia e as ordens e os poderes
    sociais; ética, econômica; história,
    econômica; interesse, econômico;
    mentalidade, econômica; ordem,
    econômica; espírito, econômico;
    tradicionalismo econômico
Economia e sociedade, 24-5, 31, 147,
  159-60, 200, 223, 235, 248, 326
  primeira versão, 248, 258, 266, 289,
    290, 308, 314,
  segunda versão, 165-6, 248, 254,
    262, 271
educação, 50, 74, 216, 316
  política, 74
  sociologia da, 216 n.81
  tipos, 44 n.88
  universitária, 36-7, 43-4
  valor educativo, 35, 42, 43

efeito psicológico
  de fundamentos religiosos, 175-6,
    182-3, 188
  de uma ética, 172, 311-7
  versus efeito lógico, 176
Eisenstadt, Shmuel N., 104 n.70, 148-9
  n.2, 199 n.68, 291 n.110
Eisner, Kurt, 21 n.34, 27, 52, 52 n.106, 54,
  54 n.108
eleição
  obras como sinal de, 173
  participação de Weber na campanha, 13, 34
  pela graça, 173, 174-5
Elias, Norbert, 124 n.110, 301 n.128
empresa (*Betrieb*), 158, 228
  capitalista, 156, 260-1, 268, 304, 306
  colonial, 166-7
  comercial, 207-8, 268
  comercial medieval, 236
  conceito de, 267 n.65
  em busca do lucro, 166-7, 266-73
  racional, 166
Engels, Friedrich, 232
Ensaios reunidos sobre a sociologia da religião,
  32-3, 159, 160, 162, 163, 168-9, 238,
  261, 267, 272
entendimento, 179, 310, 318-9
epistemologia, 76
época
  capitalista e pré-capitalista, 169-70, 259-61
  conceito de, 253-62, 264-5, 323
  veja também fase
equipe administrativa, 186, 201-2, 204, 215
  no feudalismo oriental e ocidental, 198-
    209, 290-2
Ernst, Paul, 70-1 n.6
erudição, 58-61
  e política, 50-1
  no Islã, 226
  Weber como homem de, 23, 29-36, 64, 69
esfera avaliativa (*Wertungssphäre*), 43, 110-1
  e esfera cognitiva, 97
  versus esfera de valor, 97
esfera privada, separação entre esfera
  comercial e, 236, 268

especialistas (*Fachmenschen*), 42-6, 60-1,
215, 217, 304, 322
sem espírito, 44
espírito, 20, 34, 48-9, 64, 219, 221, 222, 270
alemão, 10-1, 61
aristocracia do, 35-6, 55-6, 61
econômico, 152, 171, 184-5, 222
especialistas sem, 44
forma e, 36, 151, 201, 212
revolução do, de Kahler, 58
veja também capitalismo, espírito do
Estado, 81, 156, 167, 228-30, 262, 265,
268, 269, 269, 272, 275, 276, 277, 281,
291, 314
absoluto, 301
alemão, 11, 19
Estado-nação, 26
Igreja e, 203, 265, 276
islâmico, formação do, 199, 214, 230
moderno, 19, 268, 294
natural e cultural (*Kulturalität*), 84, 104-5
natural (*Naturalität*), 84, 105, 125, 142
patrimonial, 203, 215, 274, 275
pequeno *versus* grande, 18
sociologia do, 22, 30, 300
veja também Machstaat; Ständestaat
estágio de desenvolvimento, 295
conceito de, 255-61
veja também época; fase
estética, 118-20
estratificação
cultural, 92
de grupos de *status*, 189, 198, 298
econômica, 92
religiosa, 92, 148, 225, 282
social, 186, 210, 282
veja também massas; *virtuosi*
estrato, 183, 201, 276, 293, 299, 314-5, 318
burguês, 175, 262, 323
portador, 5, 220
religião do dominante (*Herrenreligion*), 186
social, 210, 270
estudantes, 25, 34-48
associações de, 40
Associação de Estudantes Livres, 34-53, 66
fraternidades, 35, 36, 37, 41

éthos
do protestantismo ascético, 101, 314
econômico, 246-7, 301-2
racional, para a conduta da vida, 167-8
vocacional, 302-3, 319-20, 322
ética
absoluta, 80 n.22
capitalista, 318
cognitivista, 116, 135
cotidiana, 91 n.41
de individualidade
(*Persönlichkeitsethik*), 107-8
de normas (ritualistas e jurídicas), 105,
144, 190-1
de normas *versus* de princípios, 123
de piedade filial/submissa, 201-2, 207
de Weber, 133-4
do cristianismo ocidental, 259, 285, 302-3
do desempenho (*Leistungsethik*), 215
do diálogo, 136
dos *virtuosi* e das massas, 83, 85, 88-92
e conduta, 126-7, 150, 169-71, 172,
175-6, 206
e doutrinas prudenciais, 76, 90-3, 311-2
e estética, 118-9
e estrutura social, 233
efeitos lógicos *versus* pragmático-
psicológicos da, 176
e política, 20, 54, 73-4, 76-7, 93-4
estado natural da, 125, 142
feudal, 201-2, 206, 290-1
formal, 110-1, 119, 127
formal em Kant *versus* Weber, 135-6
guerreira, 183, 233
heroica, 183, 208
heroica *versus* cotidiana, 83, 90
limites da, 68-9, 85, 87
mágica, 104-8
monástica, 249
orientada para grupo de *status*, 208, 219
orientada para o sucesso (*Erfolgsethik*),
78-9, 85, 88-9
orientada para o sucesso *versus* pan-
-moralismo, 80

Índice

problema da, 71, 83

psiquiátrica, 81-6

rejeição por parte de Weber do eudemonismo na, 76, 84

rigorismo *a priori* na, 118, 119

tipologia da, 69, 90, 103, 122, 136-7, 139, 144

vocacional, 208, 215

versus felicidade, 73, 84, 90, 94

veja também ética de convicção; ética da responsabilidade; pan-moralismo
de Kant, 75-6, 108-27, 130-1, 134-6

  de princípio reflexivo, 113-4

  e o protestantismo ascético, 123-4
de princípios, 104-8, 123, 125-6, 129

  cognitivista e criticista, 144

  versus ética de normas, 123

  versus ética de princípio reflexivo, 121, 125-6
de princípio reflexivo, 108-44

  distinta da ética de princípios, 121, 125-6

  ética de Kant como, 113, 117-8, 125-6

  ética de responsabilidade como, 127
econômica, 166-7

  católica, 249, 307, 316, 317

  da Igreja pré-Reforma, 306

  dos escotistas, 249

  estudos de Weber sobre, das religiões mundiais, 4-5, 12-4, 15, 24-5, 31-2, 90-2, 117-8, 156-64, 232-3, 237-44, 247-8, 260

  islâmica, 230-1

  pequeno-burguesa, 308
religiosa, 108-9, 126, 158, 168, 188-9, 238, 308-9

  de fraternidade, 87, 129, 138

  de normas *versus* de princípios, 108

  do judaísmo e do cristianismo, 185-6, 223, 244, 307, 313-4

  do protestantismo ascético, 150-1, 171, 185, 223, 246, 307, 313-4

  islâmica, 176, 180-1, 185, 204, 228-33

  orientada para a salvação *versus* ética feudal orientada para a honra, 290-1

relação com os modos de conduta, 175, 185, 233, 247-8

tipos de, 105-6

versus doutrinas prudenciais e magia, 104, 105

veja também ética de convicção, religiosa

ética da responsabilidade, 51, 88-9, 108, 139

  como ética de princípio reflexivo, 127, 129

  conceito de, 127, 136, 138

  versus ética formal de convicção e substantiva, 126-7, 139, 144

  formal, 127-8, 136-7

    criticista e cognitivista, 135-6, 139, 144

    versus ética formal de convicção, 129, 135, 138-9, 144

  versus ética de convicção, 127-8, 137-8, 140-1, 144

    como princípios alternativos e tipos diferentes de ética, 89-90

    uso polêmico da distinção, 67-70

ética de convicção, 41, 86-90, 174-5, 180-1, 190, 225

  católica, 317

  cognitivista, 137-8

  ética religiosa *versus* ética de normas, 108

  na visão de Kant, 79, 118-9

  religiosa, 105-6, 118, 120-1, 125-6

  substantiva *versus* ética de responsabilidade e ética formal de convicção, 126-7

  substantiva, 129, 139, 144

  formal, 108-27

    cognitivista, 135-6, 139

    criticista, 139, 144

    ética de Kant como, 116-7, 126

    princípio universalizante da ética de responsabilidade, 131-2

    versus ética formal de responsabilidade, 129-30, 135-6, 138, 140-1, 144

    versus ética substantiva de convicção, 126-7

    versus ética de responsabilidade, 127-8, 137-8, 140-1, 144

Paradoxos da modernidade

como princípios alternativos e tipos
diferentes de éticas, 89-90
uso polêmico da distinção, 67-70
eurocentrismo heurístico, 164
versus normativo, 156, 264-5
explicação
condições explicativas e condições
definitórias, 229-30
histórica, 186-7, 229-30, 246-7, 261
interpretativa *versus* observacional,
métodos econômicos de, 327, 328
métodos econômicos de, 267 n.64
modelo explicativo de Weber do
desenvolvimento do Ocidente, 252,
271, 294-5, 300, 323
extraordinário *veja* dia a dia

F

fase
conceito de 256
de desenvolvimento, 165, 216
veja também época; estágio de
desenvolvimento
fé, 52, 54, 104, 173, 273, 315, 317-8
e razão, 58, 84-5, 114, 179, 230-1
ética e, 133
no cristianismo, 79-80, 114-5, 173, 179,
225, 283-4
no Islã, 179, 185, 197-8, 206-7, 230-1, 233
felicidade, 44, 62, 225, 311
versus ética, 73-4, 84-96
feudalismo, 36
ocidental, 265, 278, 287-302
oriental comparado a ocidental, 168-9,
190-209, 221-2
veja também associação, feudal; ética,
feudal; revolução, feudal
feudo, 202-3, 205-6, 287-8
Fichte, Johann Gottlieb, 45-6 n.91, 50
n.101, 89, 89 n.39, 91 n.41, 110,
110 n.83, 117 n.99, 129
fidelidade, 201, 202, 207, 289
filosofia, 3, 57, 167-8, 308
concepção weberiana de, 60-4
de Kant, 60-1, 95, 136

dos valores, 61
vitalista, 86
firma (*Unternehmung*), 237, 267, 268
conceito de *versus* conceito familiar,
158, 166
definição de Weber de capitalista
moderna, 268
Fischer, H. Karl, 100 n.63, 149 n.5
Foerster, Friedrich Wilhelm, 40, 40 n.80,
41, 41 n.82, 54, 128 n.115
forma e espírito, *veja* espírito e forma
formação de conceitos, 62, 230, 234, 325-6
generalização e individualização na, 325-6
Foucault, Michel, 108 n.78
Franklin, Benjamin, 100-3, 266 n.62, 309,
311, 312, 319, 321
Freud, Sigmund, 82, 83 n.28, 91 n.41, 112
n.85
Fugger, Jakob, 101, 101 n.65, 103

G

Geertz, Clifford, 313 n.151
Gellner, Ernest, 185, 218 n.84
George, Stefan, 56 n.110, 57, 61
Goethe, Johann Wolfgang, 9, 45 n.89, 55,
61, 119 n.103, 135, 186 n.55
Goldziher, Ignaz, 157, 191
Gould, Mark, 318 n.157
graça, 57
doutrina da eleição pela, 173
instituição da, sacramental, 177, 279,
316, 317
no Islã, 179
Gregório VII, 277, 280 n.82, 281
Gross, Otto, 82
Grundmann, Herbert, 281 n.86, 284
grupo de *status*, 202, 208, 218, 219, 225,
293, 298
acadêmico, 35-6
direito do, 218
e classes, 240-1
e estratificação, 189, 198, 298
e ética, 208, 218, 219
interesses do, 20
ocupacional, 240-1, 298-9
organização do, 212

Índice

guerra, 184, 204, 206, 301, 308
  culpa da Alemanha, 20-1
  herói de 201, 226
  Primeira Mundial, 10-32, 37, 39, 60
  santa, 181, 183, 193, 197-8
  veja também religião, guerreira.
Gundolf, Friedrich, 45 n.89, 55, 61 n.125
Guttmann, Julius, 308 n.140, 310-11
  n.147, 315 n.154, 316

H

Habermas, Jürgen, 115 n.95, 116, 117,
  126, 135, 143, 154 n.11, 170 n.38
Hahn, Alois, 124 n.110, 186 n.101
Halévy, Elie, 102 n.66
Hall, John A., 218 n.84
Hardy, Peter, 199 n.68
Harnack, Adolf, 81 n.25
Harnisch, Elisabeth, 268 n.106
Hegel, Georg Wilhelm Friedrich, 109 n.79,
  115 n.95, 256
Heidegger, Martin, 141 n.132
Helle, Horst J., 47 n.95, 48 n.96
Helmholtz, Hermann Ludwig Ferdinand, 61
Hennis, Wilhelm, 72 n.8, 82 n.28, 98
  n.57, 100 n.63, 127 n.114, 149 n.5, 154
  n.11, 186 n.55
Henrich, Dieter, 60 n.123, 64 n.128, 69,
  111 n.85, 112-3 n.86, 133, 134, 140,
  186 n.55, 323 n.165
heroísmo, 47, 61, 91, 184, 201, 202
  e ética, 183, 208
  e ligação intrínseca com a virtuosidade, 91
  veja também capitalismo, heroico e idade
    de ferro
Hertling, Georg Graf von, 25, 26
Heuss, Theodor, 13 n.11, 27, 72 n.8, 75 n.11
hierocracia, 278, 289
  na Igreja medieval ocidental *versus*
    islâmica, 188-9
  na Igreja ocidental medieval, 281, 284-5
Hildebrandt, Richard, 257 n.47
hinduísmo147 n.1 estudos de Weber
  sobre, 5, 16, 148, 158-63, 243-4

Hinneberg, Paul, 149 n.3
história, 24-5, 71, 104, 152-5, 171, 227,
  229, 235-6, 261, 330
  alemã, 30, 37, 61
  das cidades, 292-3, 295
  deveres históricos, 93-4
  do homem econômico moderno (de
    Sombart), 308-9, 311, 313-4
  do Islã, 191, 194, 231
  do mundo, 16-7, 265-6, 287
  do Ocidente, 248-9, 254, 261-2,
    277, 291-2
  econômica, 242-3, 255, 274-5
  Marx e Weber acerca da, 202, 264-5
  método histórico, 325
  religiosa, 124, 196, 238, 275
  responsabilidade perante a, 11, 18, 20,
    74, 93
  social, 248-9
  universal, 153, 259, 261
  verdade histórica, 187, 234
  veja também explicação histórica;
    história, econômica; indivíduo
    histórico; sociologia, histórica
história do desenvolvimento, 152, 245,
  246, 256, 261, 262, 290
História econômica geral, 161-9, 245, 248-9,
  258-9, 260, 272, 301-2
Höffe, Otfried, 102 n.66
Honigsheim, Paul, 249 n.30
Honnefelder, Ludger, 279 n.80
honra, 17, 94
  conceito de na ética feudal, 201-2,
    290-1
  estudantil, 35
  social, 123, 126
  versus desgraça, 20
Huber, Wolfgang, 68 n.3
Hübinger, Gangolf, 45 n.89
humanidade, 20-1, 49, 59, 177, 263, 264-5,
  275, 287
Hurgronje, Christian Snouck,
  157-8, 213-4
Hus, Johannes, 249
Husserl, Edmund, 41-2, 43 n.86, 61 n.125

I

Idade Média, 152, 160-1, 177, 203, 237, 242, 243, 245, 248, 255-6, 261, 264, 265, 278, 281, 285, 287
  cidade na, 210, 211, 235, 236, 292-3, 297, 323
  transformações ocorridas na, 152-3, 240-1, 262-3
  veja também cristianismo, medieval,
ideais, 20, 42, 73, 74, 83, 94, 103, 111, 134, 140, 253-4, 284,
  culturais, 110, 112
  éticos, 306
idealismo, 54, 84
  e materialismo, 187
ideia de prova(ção)
  no cristianismo, 249, 304-5
  no judaísmo, 315-6
  no protestantismo ascético, 173, 224, 316
  no protestantismo ascético comparado com o Islã, 178, 180
ideias
  como fatores na história, 228
  e interesses, 171-2, 174, 304
  religiosas, 247
Igreja, 209, 214, 317
  burocracia, 265-6, 287, 290
  Católica Romana, 222, 244, 263-4
  como instituição de graça sacramental, 177, 189, 226, 279-80
  cultura unificada, 278-84, 301-2
  e Estado, 202-3
  e Estado, separação da, 265, 276-7
  ética de Kant e, 113-4, 125
  nacional e universal, 276, 287
  organização, 169 n.36
  oriental, 262-3, 275-6, 277
  seita, 281, 284-5
  medieval
    e cidade medieval, 292-302
    e revolução feudal, 287-92
    e revolução papal, primitiva, 273-87
iluminismo, 45-6, 58, 59, 60
imperativo
  categórico, 95, 113

categórico *versus* hipotético, 95
de autonomia, mudança de perspectiva e coerência, 133-4
de ética e política, 21
de ser racional, 133, 136, 140, 143
ético, 75-6, 78-84, 110
ético e não ético, 81
incondicional, 92-3, 111-2
império da lei, 199-200, 203, 289
inclinação, 101, 103, 111
individualismo, 10-1, 55, 140, 284, 319
indivíduo histórico, 101, 187, 230, 326
  em Rickert e Weber, 153 n.11
instituição
  capitalista, 188, 304, 306, 320
  de discussão de valores em Kant e Weber, 134, 142, 143
  de graça sacramental, 177, 279, 316, 317
  e mentalidades, 237-8, 254-5
  e motivos, 186-7, 190
  jurídica, 214
  no Islã, 213-4
  princípio de (*Anstaltsprinzip*), 213
integração, 168, 244
  desintegração, 142, 204, 205, 209, 214-5
  em virtude de inclusão *versus* assimilação, 282
  normativa, 107
interesse, 103, 119-20, 186-7, 330
  conflito de, 173-4, 182
  constelações de, 94-5, 171, 324
  dominação em virtude de *versus* por autoridade, 95
  econômico, 74, 214, 262, 294-5
  ideal e material, 94, 175, 197, 233
  ideal, 21, 94, 95, 103, 108, 111-2, 197, 233
  ideias e, 172, 304
  legitimação do, 183, 185-6
  na salvação, 94-5, 172-3, 184, 306-7
  próprio, 269
  religioso, 172-3, 182, 185, 225
irracionalidade
  da fé, 114
  do mundo, 68, 80
  problema da, nas ciências da ação, 54-5

Índice

Islã
comparado ao cristianismo, 176, 179,
185-6, 197-8, 224-6
comunidade do, 183, 189
conceito de Deus no, 175-97, 224
concepção da predestinação no, 176-82,
185, 229
crítica da abordagem de Weber do, 227-34
direito no, 217, 219, 221, 227
dominação no, 185, 198, 204, 214,
232, 278
e capitalismo, 199, 204, 207, 215, 230-1
e judaísmo, 151, 157, 160, 176-7,
184-98, 220, 223, 307
estudo de Weber sobre, 4-5, 147-64,
157-72, 200-1, 222, 245-6
ética religiosa do, 204, 218-9, 228, 232
ética religiosa do, comparada com o
calvinismo, 175-88
fé no, 179, 185, 197-8, 207, 230-1, 233
história primitiva do, 147, 191, 193-7, 231
instituições no, 203, 217-8, 220, 228
liderança carismática no, 191, 196
patrimonialismo no, 214-5, 227
patrimonialismo no, comparado ao
feudalismo ocidental, 168-9, 190-209,
214, 219
primitivo, comparado com o judaísmo
primitivo, o cristianismo e o
protestantismo, 224-6
xiita e sunita, 189-90, 197

e cristianismo, 179, 196, 197-8, 223-6
e Islã, 151, 157, 160, 176-7, 184-98,
220, 223, 307
e luteranismo e catolicismo, 184-5, 223,
307, 313-4, 316
e protestantismo ascético, 184-5, 223-6,
307, 313-7
e puritanismo, 308-9, 314
e religiões asiáticas, 223, 313
estudos de Weber sobre, 5, 13, 16, 157-64,
223, 238-9, 241-6, 263-4
ideia de provação em, 315-6
juízo
moral *versus* de gosto, 119, 131
prático, 107
teleológico, 111 n.85
de valor, 21-2, 85
debate sobre, 41-2
liberdade, em relação ao, 40-1
versus juízos de fato, 43
versus juízos de gosto, 131
justiça, 80, 166
administração da, 208, 217
kadi, 168, 219
justificação, 175-6
da ação (ética), 79-80
na ética, 82-3, 135, 172
princípio de, 135
juventude
acadêmica, 12, 25, 33, 38, 41, 54
movimentos de, 34-53

J

Jaffé, Edgar, 77, 82 n.27
Jaffé, Else, 21 n.34, 26, 28 n.54, 29, 32 n.61
James, William, 172, 307 n.139
Jaspers, Karl, 3, 4, 10, 10-1 n.2, 12, 17
n.25, 30 n.57, 62, 64, 91 n.41, 98 n.57,
107, 107 n.76, 302 n.130, 302 n.131
Jensen, Stefan, 123 n.109
Jesus, 177, 191, 196
Jonas, Hans, 141 n.131
judaísmo, 22, 160-2, 176
e calvinismo, 176, 185-6, 317
e comunidade, 193, 194, 246

K

Kahler, Erich von, 56-61, 59 n.118, 60
n.122, 61 n.125
Kaiser, Hellmuth,, 132 n.120
Kant, Immanuel, 45, 57-62, 76, 81-1,
107-44
Keller, Franz, 309 n.144
Keyserling, Hermann Graf von, 61 n.125
Khaldun, Ibn, 185
Kierkegarrd. Søren, 1, 91 n.41
Klages, Ludwig, 91 n.41
Knapp, Georg Friedrich, 256 n.45,
257 n.47

Knies, Karl, 54-5, 133 n.122, 303 n.132
Kocka, Jürgen, 272 n.71
Kohler, Joseph, 157-8, 157 n.20
Kraepelin, Ernst, 302 n.131, 326-27
Kuenzlen, Gottfried, 149 n.4
Kulturstaat, 18, 88 n.37
Kürnberger, Ferdinand101 n.64

L

Landauer, Gustav, 21 n.34
Lapidus, Ira M., 148 n.1, 184 n.54
Lask, Emil, 88 n.37, 109 n.79
legalidade, 105-6, 108, 226, 315
legitimação, 214, 280-300
  carismática, 196
  democrática, 300
  religiosa e não religiosa, 175-6, 185-6
legitimidade, 278, 288, 329, 330
  e dominação, 22-3
Lehmann, Hartmut, 5 n.1, 318 n.157
Leichter, Käthe, 18 n.30
Lenhart, Volker, 216 n.81
Leo, Johannes, 14 n.16
Lepsius, M. Rainer, 25 n.48, 256 n.43, 272
  n.71
Lerner, Robert E., 249 n.29, 285 n.98
Levtzion, Nehemia, 184 n.54, 195 n.60
Lewien, Max, 52 n.106
liberdade, 21, 39, 95-6, 115, 116
  acadêmica, 39
  causalidade através da, 84 n.30, 96 n.52
  como condição de calculabilidade e de
    objetivação do entendimento, 133 n.122
  de consciência no protestantismo
    ascético, 190 n.58
  de mercado, 166
  e juízos de valor, 40-1
  esfera de conceitos da liberdade *versus*
    esfera de conceitos naturais, 97
  e valores, 21-2, 40-1
  e vontade, 133 n.122
  ideia de, em Kant, 84 n.30, 96 n.52, 111
    n.85, 121-2 n.108
  interior e exterior, 106, 142
  leis da *versus* leis da natureza, 116

perda da, 322-23 n.165
  veja também trabalho formalmente livre
líder, 47, 191
  carismáticos, 196
  e professor, 41, 47
  político, 25, 26, 50, 51, 74, 191
Liebknecht, Karl, 27 n.53
Lietz, Hermann, 49 n.99
Litt, Theodor, 63 n.127
Little, Lester K., 298 n.124, 306 n.136
Löwith, Karl, 25, 25 n.50, 26, 47, 65-6,
  186 n.55
lucratividade, 254, 267
  versus satisfação das necessidades, 270-1
Luhmann, Niklas, 127 n.114, 154 n.11,
  283 n.90
Lukács, Georg, 33, 33 n.64, 45 n.89, 50
  n.101, 70-1 n.6
luteranismo, 124-5, 180-1, 181 n.50, 184-5,
  223, 307, 313-4, 316
Lutero, Martinho, 61, 79 n.21
Luxemburgo, Rosa, 27 n.53

M

Machtstaat, 18, 72 n.8, 73, 88 n.37
  e *Kulturstaat*, 18, 88 n.37
magia
  e ética, 104-27, 144, 314-5
  e religião, 167-8, 177, 182-3, 214, 229,
    314-5, 317, 319
Mahrholz, Werner, 47, 48 n.96
Maomé, 176, 177, 183, 189-98, 209-10, 213
Marshall, Gordon, 318 n.157
Marx, Karl, 58, 167 n.34, 186 n.55, 202,
  228, 232-4, 251-2, 251 n.33, 264, 265,
  265 n.58, 266, 267 n.63, 272, 307
massas, 77, 78, 271, 275, 312
  religiosidade das, 90-1, 182-3, 189
  versus virtuosi, estratificação religiosa
    entre, 148, 282
  versus virtuosi, ética de, 83, 90-1
materialismo
  e idealismo, 187
  histórico, 152 n.10
Maurenbrecher, Max, 11 n.3

Índice

máxima, 42, 132, 135, 143
  da ética de responsabilidade *versus* da
    ética de convicção, 89, 129, 136-7
  de conduta, 101
  ética, 87, 95, 101, 112-3, 116, 312-3
Mead, George Herbert, 117, 117 n.98,
  120 n.105
medieval; Igreja medieval
Meinecke, Friedrich, 48
Meitzen, August, 256 n.45
Menger, Carl, 155 n.14
mentalidade, 201, 237, 254
  capitalista, 101 n.65, 240 n.9
  econômica, 150, 184, 190, 230, 263,
    270, 314, 315
  econômica tradicional, 305, 311, 311
    n.147, 313
  revolução na, 307, 309-10
mercado, 166, 208-12, 259-60, 293, 312, 330
  ação orientada para o, 299
  de ações (bolsa de valores), 268-9, 269 n.68
  de capital e de mercadorias, 166
  economia de, 268-9, 273, 274, 301
  empresa orientada para o
    mercado, 260-1, 266-73
  liberdade de, 166, 269
  princípio de, 208, 260, 320
  princípio de *versus* princípio familiar,
    208, 320
Metcalf, Barbara, 183 n.52
método, 58, 228, 229, 253, 311
  da sociologia interpretativa, 303 n.131
  fenomenológico, 42 n.84
  histórico, 325
  metodologia e, 253 n.36
  proposto em *A ética protestante*, 159, 164-5
metodologia
  em Weber, 10, 234
  em Weber e Rickert, 253 n.36
Meyer, Eduard, 299 n.125
Meyer-Frank, Julie, 46 n.92, 54 n.108
Michaelis, Georg, 25
Michels, Robert, 80 n.23
Mitteis, Heinrich, 213 n.80
Mitzman, Arthur, 260 n.53

modernidade, 57, 152, 260-1
  e racionalismo, 60-1, 263-4, 272-3
  obstáculos a, 147
  problema da, 91-2 n.41
  surgimento da, 235
  veja também capitalismo, moderno;
    cultura, moderna; ciência, moderna;
    Estado, moderno
Moisés, 196
Mommsen, Theodor, 186 n.55
Mommsen, Wolfgang J., 10 n.2, 34 n.67,
  72 n.8, 154 n.11
monaquismo, 281-7, 316, 320
  carisma do, 235, 281, 299-300
  ética do, 240
monoteísmo, 224
  dos valores, 138 n.128
  no Islã primitivo, 189, 192-6
  versus politeísmo ritual, 185, 190-1
moral
moralidade, 47, 314
  concreta, 115-6, 143
  concreta *versus* abstrata, 115-6, 143
  dever moral, 116, 133
  e felicidade, 111 n.85
  e legalidade, 106, 108
  e negócios, 208, 314
  e Sittlichkeit, 143
  regras morais, 95-8, 125, 126, 144, 312-3
  sentimento moral, 120, 127, 141
  veja também ação, moral; ator, moral;
    convicção, moral; bem, moral;
    motivação, moral em Kant e Weber
motivação, 103, 108, 255
  moral em Kant e Weber, 119-20, 127,
    139, 141, 143
motivos, 121
  e ética de convicção/responsabilidade,
    118, 139
  instituições e 186-7, 190
  utilitaristas (utilitários), 101-2, 170
  versus tendências, 304
Mühsam, Erich, 21 n.34, 52 n.106
mundo
  adaptação ao, 22, 103, 226

Paradoxos da modernidade

cidadãos do, 125, 142
conquista do, 148, 169-90, 191
desencantamento do, 23
fuga do, 22
história do, 16-7, 266
irracionalidade ética do, 68, 80
moderno, 4, 56-64
postura em relação ao, 80, 98, 185
rejeição do, 184
relação com o, no judaísmo primitivo,
    cristianismo primitivo, Islã primitivo
    e no protestantismo ascético, 226
religiões do, 13, 15, 24-5, 31, 118,
    184-5, 189, 241, 247, 256
senhorio do, 168, 169-90
transcender as ordens do (*Akosmismus*),
    80, 88-9
visões de (*Weltanschauungen*), 38, 69,
    155, 171, 174, 223, 231, 296
vital, 113, 115, 116, 132, 143

N

nação, 18, 67, 74
    alemã, 10, 18, 26, 74, 277
nacionalismo, 11-21, 40
    caráter nacional, 73, 187
    economia nacional, 257-8, 274
    igreja nacional, 276
    Machstaat nacional alemão, 93, 94
    movimentos nacionais árabes, 148, 191
    national versus nacionalista, 10 n.2
naturalismo, 42, 60
    falácia naturalista, 73
    ilusões naturalistas, 42-3 n.85
    monismo naturalista, 74
natureza, 62
    conceitos de, 96 n.52
    e ciências, 39, 326
    estado de, 125, 136
    humana, 82, 83, 119
    leis da, 84, 116
    veja também Estado, natural
Naumann, Friedrich, 15, 74 n.10, 75 n.11,
    88 n.37
necessidades
    do dia a dia, 166, 208

modos de satisfação de, 166, 259-60,
    269-70, 320
negócios, 101, 193, 237, 272, 315, 315
    n.153, 321
    empresas, 270, 301
    esfera, separação entre privado e, 236,
    268, 271-2
    moral, 208, 315-6
Nelson, Benjamin, 165 n.32, 306 n.136
Neurath, Otto, 54 n.108
Nietzsche, Friedrich, 3-4, 44, 56 n.110,
    61, 61 n.125, 83-4 n.28, 91-2 n.41, 103
    n.68, 114 n.93, 134, 141 n.132, 186
    n.55, 322
Noack, Frithjof, 36 n.70, 52 n.106, 65
Nolte, Ernst, 72 n.8
normas, 62, 105, 132, 216-7, 219, 277,
    312, 315
    e ação, 104-5
    ética da, 123-4, 144
    éticas, 75-6, 104-8, 110-1, 221-2, 310
    individuais, 105, 219
Noth, A., 191

O

obrigações, 14, 57, 98, 105, 132, 143,
    289-90
    de valor, 94-5
    em relação às posses, 237, 322
    ética, 112, 280
ocidente, 4-5, 161, 189-90, 202-3, 207,
    208, 214-5, 228, 273
    capitalismo industrial no, 152-3, 167,
    207-8, 222
    características distintas do, 5, 237-8, 265
    cidade do, 209-15
    desenvolvimento do, 241-55, 264, 291
    direito no, 220
    e cultura européia, 48-9, 61-2
    revoluções ou transformações no, 261-2
    veja também burguês/burguesia,
    ocidental; cristianismo, ocidental;
    civilização, ocidental; cultura,
    ocidental; feudalismo, ocidental;
    racionalismo, ocidental

Índice

Offe, Claus, 69 n.4, 102 n.66
ofício, 263-4, 294-5
  carisma de, 282, 284, 299-300
  carisma de, e carisma monástico de
    pessoa, 235, 281, 299-300
  conceito romano de, 244, 263-4
Ohlenhusen, Götz von, 36 n.70
ordem, 165, 324, 325, 329
  capitalista, 267
  conceito de, 186
  concepções sobre a validade da, 94-5
  configurações de, 92, 261
  configurações de, ocidental, 165, 220
  de cavaleiros, 183-4
  de vida, 217-8, 314
  do mundo transcendendo (*Akosmismus*), 80
  econômica, 267, 268
  formal, 269
  jurídica, 142, 166
  medieval, de estados, 244, 263-4
  monástica, 284
  política, 261
  real *versus* ideal, 217-8
  religiosa, 188
  social, 162, 232, 329
  sociologia como teoria da, 33, 186, 330
  veja também A economia e as ordens e os
    poderes sociais
organização, 226, 247, 324, 329
  aplicação da ordem formal
    (*Ordnungsverband*), 269
  capitalista, 166, 252, 260-1, 268-71, 273
  conceito de, 186, 328-9
  corporativa, 221, 227, 300
  eclesial, 188
  eclesial ocidental, 276-87, 296-7
  econômica, 152-3
  militar, 203, 206, 213, 214
  novo princípio de, na revolução
    urbana, 295
  política, 152-3
  social, 123, 156, 213-4
  tribal árabe, 221, 227
  urbana, 209-10, 212, 292
orientação afetiva, 141, 327

orientação(ões)
  afetiva, 141, 327, 328
  cognitiva e moral, 120
  e ação, 94, 141, 328
  econômica, 210, 222, 301
  ética religiosa, 228
  instrumental (racional), 324, 327-28, 330
  modos de, 324, 326, 328-29, 330
  para o sucesso, 129-30
  para o sucesso *versus* para valores, 94,
    101-2, 104, 327
  para valores, 131, 169-70,
  política, 38, 53, 210
  política de Weber, 19, 21-2
  racional segundo meios e fins, 92-3, 96-9
  significativa, 326-27, 328, 329
  tradicional, 327, 328
  valor-racional, 95 n.49
  veja também orientação ou perspectiva,
    comparativa; orientação
    ou perspectiva, segundo o
    desenvolvimento
orientação ou perspectiva
  comparativa, 4, 5, 17, 151, 236,
    242, 307-8
  segundo o desenvolvimento, 12, 104,
    126-7, 236, 247
Ostwald, Wilhelm, 42 n.85
Otsuka, Hisao, 318 n.157

P

pacifismo, 11, 40, 41
Palyi, Melchior, 237 n.6
pan-moralismo, 80, 88, 112
Parsons, Talcott, 122, 123 n.109, 143
  n.134, 282 n.89
particularismo, 133, 137, 189, 191, 193,
  195-6, 218-9, 225
Pascal, Blaise, 114 n.93
patrimonialismo, 227, 288-90
  oriental comparado com o feudalismo
    ocidental, 190-209, 214-5, 219
personalidade, 34, 41, 45, 124, 140, 180,
  223, 317-8
  conceito de Weber de, 53-4, 134

conceito romântico de, 54-5
e ordem vital, 186 n.55
teoria metafísica da, 133
pessoa, 84, 139, 287-8
e personalidade, 54-5
jurídica, 221, 227
princípio pessoal (*Personalprinzip*), 213
Peters, Albrecht, 79 n.21
Peters, Rudolph, 148 n.1, 178 n.49
Philippovich, Eugen von, 23 n.38, 24
Picht, Georg, 68 n.3, 96 n.52
Pipes, Daniel, 204
Platão, 59, 61, 62, 114 n.90
Plessner, Helmuth, 43 n.86, 46 n.92
poder, 52, 175-6, 224, 226, 315-6
central, 193, 199, 200, 204, 295
Estado alemão poderoso, 11, 19
política de, 20, 88-9, 90
político, 172-3, 226, 290, 292, 294-5
político e hierocrático, 189-90, 199,
203, 226, 247, 295
puro, 51-2, 139
Poggi, Gianfrancesco, 5 n.1, 203 n.70, 288
n.103, 318 n.157
politeísmo, 58, 63, 185, 191-4
política, 3-4, 9-14, 17-27, 36-7, 42, 51, 52,
73, 74, 150, 211, 290-1
abandono por parte de Weber da, 29
de convicção, 12, 27
e comunidade, 142
e ética, 20, 76, 93
e poder puro, 19
e religião, 189, 191, 197, 247-8, 320
veja também associação, política;
dominação, política; líder político;
ordem política; poder político;
valores, políticos
de responsabilidade
versus política de poder, 88-9
versus realpolitik, 20, 68, 88-9
Política como vocação, 9-14, 20-34, 41, 48, 49,
51, 52, 53, 56-7, 65, 66, 68, 86-90, 139
datação de, 64-5
político, 23, 64
de convicção, 20-1, 51-2, 54, 139

de responsabilidade, 139
e poder puro, 51, 139
real-político (*Realpolitiker*), 68
responsável *versus* de princípios, 50-1, 52-3
Weber como, 25, 29-30
veja também política, de responsabilidade
portadores, 75, 290-1, 329
estratos, 226
sociais, 206-7, 212 n.78, 216-21, 224,
270, 296
prebendalismo, 199-209, 214, 221, 230, 278
predestinação
no Islã, 229
no protestantismo ascético
(calvinismo), 173, 188, 317
no protestantismo ascético comparado
ao Islã, 175-82, 185
princípio
fundacional, 139
fundamental, 113
princípios-pontes (de equilíbrio e
hierarquia), 130, 136-9
professor
líder, 41-2, 47
universitário, 42-53
Weber como 25
profeta, 9, 47, 57, 224, 244, 322
Maomé como, 176-7, 190-1
Maomé como, comparado com os
judeus, 190-1, 192-3, 195-6
no Islã, 180-1, 217
pré-exílico do fim do mundo, 16-7, 16 n.24
progresso, conceito de, 97 n.54
cultural, 78
técnico, 98, 99, 152
versus desenvolvimento, 256-7
protestantismo, 63, 237-8
ascético, 102, 150-1, 237, 245-56, 263-4
comparado com as religiões asiáticas, 223
comparado com o catolicismo e o
luteranismo, 124-5, 184-5, 222-3,
307, 316
comparado com o cristianismo
primitivo, 222-6
comparado com o Islã, 164, 178-90, 222-6

Índice

comparado com o judaísmo, 184-5, 222-6, 307, 313-7
e a ética de Kant, 123-5
estudos de Weber sobre, 44, 54, 160-1, 171, 188-9, 236-56, 263-4, 307-8, 313-4
veja também calvinismo; seitas, protestantes
prudência, 95, 116
doutrina de, (*Klugheitslehre*), 171-2, 311-2
doutrina de *versus* ética, 76, 90-103, 105, 144, 169-70, 311-4
psicologia, 33, 302, 311, 326-27
puritanismo, 185, 303, 308-9, 314, 316

R

Rachfahl, Felix, 100 n.63, 149, 149 n.5, 234, 246 n.21, 303
racionalidade, 45-6, 98-9, 115, 166, 208, 299
de correção objetiva (*Richtigkeitrationalität*), 97
de meios e fins, 97, 208-9
do Ocidente e do Islã, 227
e burocracia, 265, 287, 290-1
forma, na economia de mercado moderna, 268-9, 270
procedimental *versus* substantiva, 166, 227
veja também capitalismo, racional; irracionalidade; lei, racional; orientação, racional
racionalismo, 58-60, 155, 168, 230, 312
científico, 41, 47, 155
de senhorio do mundo, 223, 233, 252-3
de Weber, 58
moderno, 60-1, 263-4, 271
ocidental, 4, 167-8, 250-1, 258-9
veja também cognição, científica
racionalização,
econômica, 251-2, 310
segundo valores, 97
segundo valores *versus* meios e fins, 96
subjetiva *versus* objetiva, 97
Radbruch, Gustav, 62, 75 n.11
razão, 58, 68, 125, 135-6, 140
fé e, 84-5, 113-4, 179, 230
prática, Kant sobre, 95-6, 110-6, 119-20, 130-1, 133, 139

uso crítico *versus* doutrinal da, em Kant, Durkheim e Weber, 96 n.52
Realpolitik, 81, 87
e política de responsabilidade, 20, 68, 88-9
Realpolitiker (realpolítico), 68
Rechtsstaat (*lichkeit*), 203, 269, 290, 301
regras normativas *versus* técnicas/teleológicas, 103, 144, 328
regras técnicas *versus* regras normativo-morais, 94-103, 144, 328
relação (relacionamento) social, 93, 321, 329
relativismo, 58, 60, 63, 64, 69, 144
religião, 20, 147, 149, 173, 230, 240, 241, 248, 249
árabe, 194
asiática, 176-7, 186, 223, 245, 313
burguesa (*bürgerliche Religionen*), 186-7
chinesa, 242
condicionamento da mentalidade econômica pela, 150
cristã, 55, 114-5, 178-9, 284, 296-7
da salvação, 124, 198, 224, 304-5, 318-9
de estrato dominante (*Herrenreligion*), 186
e ação, 104-5, 122, 190
e dominação, 4, 156, 164, 165, 247-8
e economia, 156, 164-5, 222, 230-1, 247-8, 304
e legitimação, 175-6, 183, 185-6
e ordem, 188
e política, 189-90, 197, 261
e postura ante o mundo, 169-90
escritural, 217, 224, 230
ética, 105, 194-5, 197-8
guerreira, 183, 191, 197, 233
história da, 124, 195-6, 249, 274-5
indiana, 242
Kant acerca da, 108-9, 113-4, 136
Kulturreligion versus Kulturkreis, 148 n.2
monoteísta, 185, 194-5, 224
mundiais/grandes, estudos de Weber sobre as ética econômica das, 12, 90-3, 157-64, 232-3, 255-6
mundial/grande (*Kulturreligionen*), 158, 159, 165, 184, 189, 233, 241, 247, 256
natureza condicionada pelas classes da, 150, 164-5, 298, 317-8

ocidental, 185-6, 227, 244-5
política, Islã como, 190-1
positiva, 112
que rejeitam o mundo e que se adaptam a ele, 162
revelacional, 194-5, 224
valores da, 102, 280
veja também dever, religioso; história, religiosa; magia, e religião; estratificação, religiosa
sociologia da, 21-2, 32, 122, 298
    e concepções dos deveres e ética religiosa, 92-3, 104
    e ética de convicção, 90, 126
    em *Economia e sociedade*, 161-2, 248, 266, 307-8
    estudos de Weber sobre, 149, 157, 161-2
    e tipologia da ética, 69-71, 104, 105, 108, 144
    temas/questões fundamentais na, 90
    tipologia das visões de mundo e modos correspondentes de conduta, 170, 223
    veja também Ensaios reunidos sobre a sociologia da religião
religiosidade, 90, 182, 189, 191, 283-4, 316
responsabilidade, 33, 51, 67-70, 78, 82-3, 118, 180
    pelas consequências da ação, 78, 87
    perante a história, 11, 18, 20, 74
    político de, 139
    senso de, 136, 139, 141
    veja também ética, de responsabilidade; política, de responsabilidade
revolução, 26, 47, 48, 240, 275, 318
    americana, 262
    burguesa russa, 76-86
    da Alta Idade Média, 266
    de Novembro, 12-3, 30, 35, 36, 68
    e o destino do Ocidente, 261-2
    feudal, 287-92
    francesa, 60, 264-5
    inglesa, 262
    na mentalidade, 307, 309-10
    papal, 264, 273-87, 292

russa, 18
sexual-erótica, 76-86
urbana, 292-302
Reyerson, Kathryn L., 236 n.4, 291 n.111, 306 n.136
Rickert, Heinrich, 3, 42, 48, 62, 63, 153-4 n.11, 155 n.14, 187 n.56, 230, 230 n.91, 253 n.36, 253 n.37, 257, 325-26
Riesebrodt, Martin, 65
riqueza, 94, 173, 176, 205-6, 307, 312
    comercial *versus* privada, 237, 268-73
Ritschl, Albrecht, 114 n.93
Rodinson, Maxime, 199 n.68, 218 n.84, 228, 228 n.89, 229 n.90, 230, 231, 232
romantismo, 47, 62-3
Roscher, Wilhelm, 133 n.122, 155 n.14, 303 n.132, 325
Rosenwein, Barbara, 281 n.86, 281 n.87
Roth, Erich, 63 n.127
Roth, Guenther, 4, 5 n.1, 55 n.29, 68, 68 n.1, 68 n.2, 75 n.13, 76 n.17, 81 n.25, 104 n.71, 150 n.6, 153 n.11, 252 n.35, 253 n.36, 318 n.157
Rothacker, Erich, 63 n.127

S

salvação, 94, 106, 123, 171-2, 173, 174, 175, 177, 249, 279, 284, 304, 305, 307
    bens de, 121, 225
    certeza da (*certitudo salutis*), 173-4, 181-2, 285, 316
    conceito de prova de, 249, 316, 317
    interesses na, 94, 171-2, 184, 307
    movimentos cristãos, 247
    religiões, 124, 198, 224, 304, 317
Salz, Arthur, 56-7, 60, 60 n.121, 60 n.122, 61, 61 n.124
sanção, 122, 123, 127, 143
    conceito de, 122
    e tipologia da ética, 103, 106, 122-7, 142
    psicológica, 312, 316
    substituição da externa pela interna, 108
Sartre, Jean-Paul, 141 n.132
Schacht, Joseph, 218 n.83, 218 n.85, 219 n.87, 221, 227

Índice

Scheler, Max, 57, 62, 63, 63 n.127
Schelting, Alexander von, 141, 327-28
Schiele, Friedrich Michael, 149 n.3
Schmid, Michael, 151 n.9
Schmitt, Jean-Claude, 279 n.81
Schmoller, Gustav, 75-6, 83 n.28, 109, 110 n.81
Schnädelbach, Herbert, 75 n.12
Schopenhauer, Arthur, 61 n.125, 83 n.28
Schreiner, Klaus, 210 n.75
Schulze, Friedrich, 40 n.81
Schulze-Gaevernitz, Gerhart, 48, 114 n.93
Schumpeter, Joseph A., 251 n.33, 252 n.35
Schwab, Alexander (Franz Xaver), 48, 49, 49 n.98, 49 n.99, 50, 50 n.101, 54, 58
secularização, 102, 105, 217, 312, 317-8, 319
Seidler, Irma, 70 n.6
seitas, 82, 112, 125, 226, 249, 281, 284
   protestantes, 125, 181, 189, 241
   veja também protestantismo
Selge, Kurt-Victor, 249 n.29, 285 n.98
sentido, 4, 42, 47, 98
   conceito de sentido subjetivamente intencionado, 187 n.56
   da vida, 44, 49-50, 55, 319, 322
   e orientação, 327, 329
   perda de, 322 n.165
Shakespeare, William, 56 n.111
Siebeck, Paul, 33 n.65, 150, 158, 159, 241, 245
Simmel, Georg, 3, 42, 61 n.125, 83 n.28, 119 n.102, 134 n.123, 140, 140 n.130, 251, 251 n.33
Sittlichkeit, 109 n.79, 95 n.115, 143
sociedade limitada (*Kommanditgesellschaft*) e ilimitada (*offene Handelsgesellschaft*), 206-7, 236, 268, 300
sociologia, 3, 32, 150, 223, 230, 278
   da arte, 33, 155-6
   da dominação, 22-3, 95, 164, 190, 200, 209, 212, 246, 329
   da economia, 150, 212, 254
   da música, 33, 157
   do direito, 126-7, 227, 266
   do Estado, 22-3, 30, 300

histórica, 127, 323
   interpretativa, 187, 325-30
   política, 150
   veja também cidade, sociologia da; religião, sociologia da
solidariedade, 194, 213, 227
   relações de, 329
Sombart, Werner, 77, 92 n.41, 100, 100 n.63, 101, 101-2 n.65, 171 n.41, 239 n.7, 239 n.8, 249, 251, 251 n.33, 259, 260, 260 n.53, 263, 299 n.125, 301 n.128, 308-17, 308 n.140, 309 n.143, 309 n.144, 309 n.145, 309 n.146-7, 310 n.147-8, 321-22
Speer, Heino, 288 n.103
Spranger, Eduard, 63 n.127
Ssymank, Paul, 39 n.76, 40 n.79, 40 n.80
Stammler, Rudolf, 95, 95 n.48, 96 n.52, 170 n.38, 327
Ständestaat, 200, 202-3, 207, 221-2, 291, 293, 300, 301
Stauth, Georg, 84 n.28
Steiner, Rudolf, 61 n.125
Steinert, Heinz, 285 n.100
Stock, Brian, 263 n.55, 292 n.112
Strack, Max, 245 n.20
Strieder, Jakob, 299 n.125
sucesso, 117-8, 141, 326
   ação orientada para o, 93-7, 327
   ação orientada para o sucesso *versus* ação orientada para valores/racional, 92-7, 327
   busca do, *versus* de obrigações de valor, 94
   como causa de ação, 92-3, 169-70
   ética orientada para o (*Erfolgsethik*), 78-9, 85, 88-9
   ética orientada para o sucesso *versus* pan-moralismo, 80
   orientação para o sucesso *versus* orientação para os valores, 94, 101-2
   validade *versus*, 42
   valor de sucesso e valor de convicção, 67, 89, 128-9, 136-7
   valores relacionados ao, 102
sultanismo, 199, 200, 202

T

técnico-prática, ação *versus* ação normativo--prática/moral-prática, 95, 100
tecnologia, 152, 166, 240, 247, 259, 302
  científica, 104, 105, 240, 259-60
Tenbruck, Friedrich H., 154 n.11, 159
  n.24, 165 n.32
tendência(s)/impulso(s)
  aquisitivas, 303, 315, 319
  motivos *versus*, 304
  psicologia do, 302 n.130
teocracia, 190, 226, 278
teodiceia, 177-8, 224
teologia, 158, 167-8, 178, 191, 220, 316
  moral, 113-4
teoria da evolução, 231, 256-7
Tertuliano, 114, 114 n.90
Tibi, Bassam, 181 n.51, 231
Tobler, Mina, 24 n.46, 28, 31 n.60, 32
  n.61, 33 n.64
Toller, Ernst, 18 n.30, 21 n.34, 40 n.81, 52
  n.106, 54 n.108
Tolstoi, Lev N., 70 n.6, 78, 80, 80 n.23, 81
Tomás de Aquino, 305 n.134
tomismo, 249, 309, 316
Tönnies, Ferdinand, 84-5, 97 n.55, 98,
  131, 186 n.55
trabalho
  ascetismo do, 285, 319
  divisão do, 162, 246, 274, 297
  formalmente livre, 161, 252, 263, 268-73
  industrial, 315
  industrial, psicofísica do, 149-50, 326
  intelectual, como vocação, 13-4, 48, 53-4
  organização capitalista do, 266-73
tradicionalismo econômico, 305, 306
Treiber, Hubert, 219 n.86, 285 n.100
treinamento técnico, 209
Treitschke, Heinrich von, 11
Troeltsch, Ernst, 57, 59, 60 n.120, 61, 61
  n.125, 62, 63, 71 n.6, 158, 241, 259, 262
  n.54, 275, 275 n.77, 276, 277, 277 n.78,
  278-9, 279, 279 n.80, 280, 280 n.84,
  281, 281 n.87, 282, 283, 283 n.92, 285-6
  n.101, 309 n.144, 309 n.146, 319 n.160
Trummler, Erich, 52 n.106

Turner, Bryan S., 84 n.28, 151 n.8, 228,
  232, 233

U

Ulrich, F., 178, 180, 181, 272 n.71
universalismo, 189, 225
  regulador, 143
  regulador e constitutivo, 133
universalizante, princípio, 113, 121, 125-6,
  131-2, 143
  e princípios-pontes, 136-9
  tipos de, 134-5
universidade, 36, 215, 220
  de Berlim, 43-4
  de Freiburg, 71
  de Heidelberg, 3, 34-5
  de Munique, 29, 35, 40, 66
  de Viena, 14 n.16, 23 n.38
  professor universitário, 43, 45-6, 50
  retorno de Weber ao ensino na, 14-34
  tarefa da, 43-6
utilitarismo, 102, 184, 296, 309

V

valores
  ação axiológico-racional, 96, 328, 330
  axiomas de, 107, 134
  como concepção de validade que se
    torna causa de ação, 93, 169-70
  compromisso de, 84-5, 92-3, 98
  culturais, 20, 69, 76-90, 100, 111, 112,
    131, 156
  debate sobre a neutralidade dos, 75-6, 87
  de convicção, 100, 129-30, 137, 139
  de sucesso, 90, 99, 100, 129, 130, 138
  discussão sobre, 134-8, 142-3
  educativos, 35, 42, 43
  ético, 20, 69, 78-93, 90, 92, 93, 99, 131,
    133
  filosofia dos, 61
  liberdade em relação a, 21-2, 42
  não éticos, 43, 80, 81, 86, 110
  orientação axiológico-racional, 141,
    322, 328
  orientação para o, 94-5, 101-2, 104,
    131, 169-70, 327

Índice

políticos, 20, 86, 90, 93
posição de Weber, 72, 108-9
problema dos, 59, 61, 85
racionalização dos, 96, 108
religiosos, 102-3, 106, 280
teoria dos, 4, 21, 22, 43, 69, 86, 110, 126-7
teóricos, 156, 187, 324
tipos de, 98, 324
últimos, 20, 55
esfera de (*Wertsphäre*), 69-70, 76, 86, 87, 118
versus esfera avaliativa, 97
juízo de, 85
debate sobre, 21-2, 41-2
liberdade em relação a, 40-1
versus juízo de fato, 43
versus juízo de gosto, 131
relação com, 12, 21, 153
teórica, 99, 151
verdade, 54, 61, 110, 192
conceito weberiano de, 142-3
e questões práticas (morais), 98-9, 116, 119
histórica, 187, 234
vida
conduta da, 101, 152, 168, 317, 324
cotidiana, 281
de Weber, 24, 29, 31, 32, 88, 159
estilização da, 324
estilo de, 103
filosofia de, 57, 69
mundo vital, 113, 115-6, 132, 143
ordem judaica da, 314
racionalização da, 182, 285, 310, 319
sentido da, 44, 49-50, 55, 319
virada(s) axiológica(s), 69, 75-6, 84, 105, 127, 170, 223
veja também valores, teoria dos
virtuosi
ética de, e de massas, 82-92, 147-8
ética do, 112-3
religiosos, 105, 189, 266, 282, 283
religiosos e massas, 189, 282
vocação, 81, 180-1, 183, 215, 246-7, 292, 301, 314-22
ciência como, 51-2

homem de, 263, 285, 321
política como, 51
provar-se a si mesmo em 175, 314, 318
Schwab sobre, 48-9
veja também política como vocação; ciência como vocação
vontade, 111
boa, 89, 121, 133, 141
determinação da, 116-7, 128, 136-7

W

Wagner, Gerhard, 230 n.91
Watt, W. Montgomery, 193
Weber, Alfred, 32 n.61, 49
Weber, Helene, 13 n.13, 14 n.17, 15 n.18, 16 n.23, 17 n.29, 23 n.40, 24 n.45, 32 n.62
Weber, Marianne, 10, 13 n.13, 14 n.17, 15 n.18, 16 n.21, 16 n.23, 17 n.26, 17 n.29, 23 n.40, 24 n.44, 24 n.45, 25, 28, 32 n.61, 32 n.62, 36 n.70, 52 n.106, 54, 64-5, 70-1 n.6, 81 n.25, 88 n.37, 89 n.39, 132 n.120, 149, 155, 158, 186 n.55, 223, 237 n.6, 238, 245 n.20,
Wehler, Hans-Ulrich, 272 n.71
Wellhausen, Julius, 157, 157 n.20, 191-6, 195 n.62
Wellmer, Albrecht, 113, 113 n.88, 116 n.96, 117 n.97, 132
Weltanschauung, veja mundo, visões
Wesley, John, 251 n.32
Winckelmann, Johannes, 10, 47 n.95, 65, 158 n.22, 160 n.25, 161 n.27, 236 n.1, 241 n.14, 242 n.15, 258 n.49
Windelband, Wilhelm, 76 n.15, 100 n.62, 114 n.91
Wittich, Werner, 257 n.47
Wölfflin, Heinrich, 48
Wundt, Wilhelm, 96 n.52
Wycliff, John, 249
Wyneken, Gustav, 36, 36 n.70, 40 n.78, 49 n.99

Z

Zipprian, Heinz, 230 n.91
Zscharnack, Leopold, 149 n.3

SOBRE O LIVRO

Formato: 16 x 23 cm
Mancha: 11,8 x 18,5 cm
Tipologia: Iowan Old Style 10/14
Papel: Off-white 80 g/m^2 (miolo)
        Cartão Supremo 250 g/m^2 (capa)
1ª edição: 2011

EQUIPE DE REALIZAÇÃO

Assistência Editorial
Olivia Frade Zambone

Edição de Texto
Tatiane Ivo / Ab Aeterno (Copidesque)
Tatiana Ferreira de Souza (Preparação)
Carmen S. da Costa (Revisão)

Editoração eletrônica
Eduardo Seiji Seki (Diagramação)

Capa
Estúdio Bogari

Thony Print
EDITORA GRÁFICA LTDA